ちくま学芸文庫

世界市場の形成

松井 透

筑摩書房

はしがき

「世界市場」という用語には、史学上一定の意義・用法が確立されているとはいいがたい。事実それは多くの意味に用いられてきたし、また用いることができる。時にそれは人類史上何度か登場したある種の広域市場の呼び名として用いられ、時にはまた、いまだそのようなものは存在せず、ただ形成途上の世界市場が現在そこにあるだけだ、と主張される。

しかし本書では、世界市場とは一六世紀ごろからしだいにヨーロッパ資本主義先進国を中心にして形成され、世界史上はじめて全地球的規模に達したそれを意味することとし、その意味においては人類史上ただ一回だけ出現して現在に至る特定の世界市場を、われわれの考察の対象にしようと思う。〔補記〕時代的にはとくに一九世紀はじめごろに至る期間に焦点を絞って検討することにしたい。その後現代にまで及ぶ世界市場を歴史的・巨視的に捉えるとき、その基本的な骨格はこの期間において形成されたと考えるからである。

右のようにいうと、話題としてはすでにたびたび論じられて古くなったものをふたたび蒸し返すにすぎないように見えるかもしれない。しかし現代世界市場の諸問題の背景をこの時代に遡って考察しようとすると、とくに近年かなり使いやすくなった統計史料の分析を足場にしてそれを行なおうとすると、これに係わる史的検討はけっして十分には行なわれていないように思う。

この点をもう少し明らかにする手がかりとして、世界市場が論じられるときよく現われてくる問題のからみ具合いを、いま大まかに整理してひとつのラフな見取図を作ってみよう。第一章で立ち入って考察する予定であるが、ここで出発点におきたいのは、近現代ヨーロッパの史的発展、とくに社会経済的発展にとって「世界市場」要因ははたしてどれだけの意味をもったか、という設問である。

これについて第一の立場は、ヨーロッパの史的発展にとって「世界市場」要因は本質的意味をもたなかった、方法的にはまず捨象して考えるのがよい、数量的に評価してもその後の発展にせいぜい数パーセント程度の寄与しか行なっておらず、これがなくてもさして変わらぬ史的な歩みを、確実に達成するだけの「内的」条件を先進ヨーロッパはもっていた、と主張する。この見地に立って後発諸地域を見るとき、どうすれば本質的に同様の内的条件をそこに整えて、先進諸国のあとを追う発展の途の上にこれを導くことができるのか、という問題意識に結びつくことが多い。

これに対して第二の立場は、ヨーロッパの史的発展は大きく「世界市場」要因に依存しており、イギリス産業革命などもこれがなければ少なくともはるかに遅れたに相違ない、と主張する。この場合、発展に寄与したヨーロッパ外の地域が、そのために無理を強いられて根深い貧困に陥ったことが強調され、困難に直面するこれらの地域の現状を先進諸国による長年の収奪によって説明し、さらに、どのような国際的な規制や施策を求め、それをどのように推進して行けば現状打破が可能になるのか、と考えを進めていく問題の捉え方につながることが多い。

理論的には第一の立場について、ヨーロッパ先進地域は他地域と比較して、問題の時代におけるその内的条件の到達水準が一段と高かったことを説得的に説明する必要があり、また当時の先進地域のその後現在に至る史的発展が、かならずしも予測された通りとはいえず、むしろ屈曲したコースとなったことをどう理解するか、あるいは当時の先進地域と同じような内的条件を現在の後発地域に整えることがそもそも可能なのか、というような問題が残ってくる。とくに「世界市場」要因との係わりについていえば、この要因を取り除いてもヨーロッパの発展は「さして変わらぬ」ものであったろうと、本当に考えていいのか。もし単に印象的な感想を述べるだけでないとすれば、そのような判断を下す具体的手続きはどうあるべきなのか。

しかし、これら多くの疑問にもかかわらず、ヨーロッパ「内的」要因の考察はその重要性を失っていない。少なくとも、これなくしては世界市場形成の機軸となったヨーロッパ史の展開や、その果たした人類史的役割を考えることができないのはいうまでもない。

以上との対比で第二の立場について見落としてならないのは、世界市場内に組み込まれていったヨーロッパ外の地域にとって、「世界市場」要因のもつ意味や重さがずっと太きかったのではないか、というポイントである。もし先進地域による世界市場形成・世界支配という要因がなかったとしたならば、これらの地域の歴史はどのようなものになったであろうか。それはいったい現実の場合と「さして変わらぬ」ものだと評価できるであろうか。むしろこのような設問自身が、現実から離れすぎてほとんど意味をなさないのではないか。

実際はこの要因がその後のこの地域の歩みを大きく規定して、現代まで残る人類世界の構造的問題の史的根底となっているのでないか。もちろん、世界市場の形成を前提として、先進文明世界と「後進」「停滞」「未開発」の世界という世界区分、というよりむしろ、そのように分ける世界認識が、初めて人類史上現実の問題として登場し、現代世界の難問の根を深くしたことも忘れてはなるまい。このようにして、避けて通ることのできない現代世界の与件が長い歴史の中で作られてきたのである。

本書では右記の見取図の最初の設問に見られるような、ヨーロッパ史の側から接近する発想にはあまり深入りせず、むしろ逆に先進ヨーロッパ以外の地域から見る歴史的視野を失わずに、「世界市場の形成」という歴史的現実を捉える試みを行ないたいと思う。それはけっきょく世界市場の形成をわれわれの観点から考えなおし、現代世界の現実を捉えるときに不可欠な問題点を、歴史的に洗いなおす作業にほかならぬことになるであろう。いうまでもなく、これはけっして世界市場形成の中核となった先進ヨーロッパを、史実の中からはずして考察しようという試みなどになるわけではないけれども。

なお最後の論点との係わりでさらに念を押して明らかにしておきたいことがある。われわれはややもすると世界市場の形成を、西欧を中心とする生産力の発展にともなう副次的付随現象と考え、生産力の発展さえあればその結果として商業貿易・金融・保険・流通のインフラストラクチュアなどのために生産諸要素が自動的に配分され、市場経済が広く形成されるものと受けとりすぎてきたのでないか。この点の反省から本書では、世界市場の形成を西欧における生産力発展の単なる従属変数と捉えたり、ただその発展を計る指標とみなしたりするような立場を用いなかった。また右にも述べたように、西欧における生産力の発展に世界市場はどれだけ寄与したのかしなかったのか、という点に神経を集中する問題の捉え方にも縛られなかった。

われわれの取り扱う時代のヨーロッパの商業貿易・金融・保険などは、当時発展渦中にある情報産業ともいうべき性格が濃く、そのころの技術革新・先端産業と密接に結びつきつつその一翼を担い、同時にヨーロッパ外の地域における新商品の獲得、その新方式による生産、また多様な商品の新販路・新流通経路の拡大とも密着して、形成途上の国民国家の勢力浮沈にも係わる直接的要因の一つとなった。本書はこれらを総括する世界市場そのものに直接焦点を合わせて、その形成過程を具体的かつ多面的に捉え、これをそれ自身の歴史的意味や役割をもつ独自の史的要因としてまず考察する、という傾向の強い論考になったように思う。

全体的構成として本書は、まず第一章において、右に述べてきたような世界史論的背景について論考する。つぎに第二章において、きわめて多様な側面をもつわれわれの研究対象を、一八世紀末ないし一九世紀初めごろまでの時代について検討する。「世界市場の形成」に関する中心的考察はこの章に収められる。第三章では、その後の世界市場の展開を第一次大戦ごろに至るまで追跡し、さらに世界市場の歴史的性格について一考し全体をしめくくる。

本書の特色の一つは論考の全体に一貫した数量的裏打ちを試みた点にあろう。ただしその基礎作業にあたってとくに新しい原史料の掘り起こしはなく、すでに整理され出版されている統計史料の分析を行なったにすぎない。しかし筆者の見るところでは、学界に用意されているそうした史料の分析は、十分に進められたというに程遠い状態にある。曲がりなりにも長い時代幅をカバーしつつその総体的分析を新たに試みた本書が、関係する問題の研究に対してなんらかの独自の寄与となれば幸いである。

ただここで、数量的検討の対象としえたのはほとんどイギリス側史料のみに限られたことをお断りしておかなければならない。明らかにこれが本書の研究の大きな限界となっているが、こう限定してもなお、資料の収集・整理、細部に及ぶ史料批判、データの修正・調整、その全体的整理統合、情報の圧縮・変換・組合せ、それに基づく図表作成、他の史料ともつき合わせる分析・綜合のプロセスなど、それぞれに多くの試行錯誤をともない行きつ戻りつして、作業は大きな時間と忍耐と労力を必要とした。これに加えてイギリス以外のデータにも手をのばして同様の作業を積み上げ、これらすべてを一貫性あるデータファイルにまとめてさらに大きい綜合的検討を行なおうとしても、とうてい現在の筆者の力の及ぶところでなく、今回はこれを見送って一応の区切りをつけざるをえなかった。

　本書の中で数量的検討を行なっている部分を読まれれば気付かれることと思うが、その細部においては依拠するデータのすべてを掲載しきれてはいない。[1] たとえば本書を書くために作成し、執筆にあたって参照し検討した図の数は七〇〇を超えている。そのうち本書に収録しえたのは全部で六五にすぎない。しかも掲載にあたって図はかなり小さなサイズに縮小され、読み取れる情報量ははるかに少なくなってしまった。

　さらにまた、これらの図の作図のデータはほとんどの場合、出発点にあったいくつかの統計表の数字にさまざまな操作を加えた結果の数字であって、原史料を生のまま用いている例はきわめて少ない。となれば、図を細かく検討したり、具体的な数量を図から読みとりたい場合のためにも、各図の作図のもとになるデータの表を収録しておくに越したことはないであろう。しかしこれもまたかなりの紙数を要し、一般読者にはほとんど無縁の数字の羅列となるであろうから、その掲載は見あわせざるをえなかった。[2]

本書のようなテーマをとりあげれば参照すべき史料・文献の数は当然厖大なものになり、しかも年々重要なものがそれに追加される。[3]一応これを、またあれを読んでから、などといっていると、つねに書き変えて永久に完結しない草稿を抱いて悩み続けることになる。本書に手を付けて一〇年余、世界にさまざまな事件も起こって内容に不満も残るが、このあたりで見切りをつけなければならないものと心を決し、現在あるがままの形で公にすることとした。思わざる誤りや問題点も多いのではないかと恐れている。本書への批判そのものが、学問的に実りある結果になることを望むのは高望みであろうか。

歴史家としては本書の全体を、同じペースで楽に通読できる平明な文章に仕立て、読み進むうちに次第に歴史像が浮かび上がり、おのずから問題点も鮮明になるという書物にまとめたかったが、そうは思うようにことを運べず、時に問題の考察に理屈が過ぎ、時に数量的検討が無味乾燥に流れたのではないかと思う。いや「時に」ではない、という批判を浴びる恐れも感じるが、面倒に思われる部分は適宜斜め読みして頂けないかと考えている。[4]

本書のテーマは筆者が史学研究に入ってからずっと、心のどこかに抱き続けてきた問題であった。それだけにその業績の重みを肌に感じ、さまざまな形でその学恩に接し、研究を続ける刺激や激励を受けた方々の数は多く、とうていその名をすべてここに掲げることはできない。

最近まで岩波書店編集部におられた松嶋秀三氏は、長年月にわたって休みなく筆者をはげまし、本書の完成・出版のために尽力して下さった。また長田和子氏からは、データの整理に始まる基礎工事から作図や原稿の入力に至るまで、面倒な作業にあたって多大の助力を仰いだ。そのほかにも本書のために教示や援助を与えられた方は少なくない。

これらすべての方々に本書の完成を報告し、筆者の心からなる感謝の気持ちを捧げたい。

一九九一年五月末

松井　透

1　それらのデータのもとになる統計史料はもちろん、本文・注の中にすべて明らかにしてある。

2　いずれの図についても、その依拠する原データ、原データのもつ問題点、原データから出発してその図の作成に至る操作の道筋などは、すべて本文および注に記してある。ただし、いくつかの図に通ずる問題点ならば、本文・注のどこか一箇所にまとめて説明するという便法に従ったことが多い。また図の内容の分析・比較検討などは、観点の変わるごとに別の箇所で行なうという例が少なくない。

結果としては、一つの図の説明や考察があちこちに分かれて現われることになる。このままでは、本文の進行と関係なくある特定の図を利用されるときなど、大いに不便であろうから、巻末にかなり詳しい図表索引［B］を用意することにした。また同じテーマに関する図で、対象年代の違うものをすべて拾いだして参照したいことなどもあるに相違ない。このような場合の便をはかるためには図表索引［A］を付しておいた。不十分とは思うが適宜ご利用頂ければ幸いである。

3　しかし本叢書の性質上、注記にさけるページ数には限りがあって、本書の準備期間中に作成した参照書目のリスト全部を、その限度内に収録することはとうてい不可能であった。すべてをもう一度見直して「代表的」なものを選ぶこともむずかしく、けっきょく、本文中にはっきりした引用個所のある場合の注記を第一とし、他には本書でとくによく利用した文献と、それぞれのテーマに関してかなりよいビブリオグラフィーを含む書物とを拾うように努めるのが精一杯であった。多くの準備が生かしきれず注記に粗密が残って残念であったが、研究手引書を作成するのが目的でない以上やむをえない処置であった。当然言及すべき書物・論文の名が挙がっていないこともあるのではないかと思う。失礼の段も多いかと恐れるが、事情をお察しの上お許し頂ければ幸いである。

4　理論的考察に興味の薄い方は第一章あたりを、数量的検討を面倒と思われる向きは第二章4、7節、第三章1節などをさらりと流して頂いても、本書の一応の内容を捉える上にそれほどのさわりにはなるまいと思う。

〔補記〕

なお、この点に関しては、次の書（共著、筆者編著）をご参照いただければと思う。限定された「世界市場」「グローバリゼーション」の考察を超え、より広い世界史の中で商人や市場の多様なあり方に触れて、さらに大きな視野で人類「近現代」の再考を行うための、ささやかな一助とでもなれば幸いに思う。

岩波講座「世界歴史」15『商人と市場――ネットワークの中の国家』一九九九年刊。

（二〇〇一年九月）

目次

本書は岩波書店より刊行された『世界市場の形成』
（一九九一年／二〇〇一年）を文庫化したものである。

世界市場の形成

第一章　世界史論的背景

1　「従属理論」・「世界システム論」

世界市場形成の考察を試みるにあたって、最初にいわゆる「従属理論」あるいは「世界システム論」をとりあげ、これを手がかりにして本書の論述の背後にある一般的問題に一考を加えておこう。もちろんここで、この系列に入る議論[1]のすべてに深く立ち入り、個々の所説の差違について論ずるつもりはないし、また、本書の性質上その必要もあるまいと思う。少々乱暴な話になるかも知れないが、この系列の論者をまとめて便宜上「従属学派」[2]とよぶこととし、その論議の世界史理解にかかわる全般的特徴を、まず考察することにしよう。ただし話題としては古くなりながらもいまなお過去のことといえぬ「南北問題」、それもとくに「低開発」にかかわる諸問題をとりあげ、この点から論議を始めよう。

第二次大戦後の用語で、あるいは「後進国」といい、あるいは「未開発国」・「低開発国」といい、「発展途上国」という。呼び名はかわっても、そこにはひとつの共通する発想があったのではないか。すなわち、世界史上の開発ないし発展という現象は、まずどこかの先進国・先進地域で始まり、その地域で成就されたあとで次第にそれが他地域にも及ぶ、という見方である。この場合ある地域に現在「低開発」があると認めることは、すなわち、そこでは開発が不十分だ、本質において先進国がかつて経験した低次の発展レベルが今もってそこに存在する、と問題を受けとめることにほかならない。つまり人類史上「開発」とか「史的発展」とかは、多くの社会がそれぞれに経験する同様の現象なのであるが、ただこの場合どうしてもタイムラグ（時間的前後関係）が伴うために、低開発現象が生ずるにすぎない。

そしてこの「開発」ないし「発展」を過去・現在または未来においてひとしく経験するというかぎりにおいて、人類社会はすべて本来的に同じものであり、したがって発展の理論は基本的にひとつでよい。しかもそれは先進国の史的経験から抽出することができるから、後進国はここに「開発」なり「発展」なりの指針を見出せるはずである。こうして世界近代史上の「開発」ないし「発展」を地理的に見れば、要するに同一現象のひろがりによる世界均質化の進行にほかならぬこととなる。もちろん次の発展段階へ進む地域が出てきてタイムラグが再発するというような現象があるとすれば、今これを別にしての話であるが。

かなり平板な概括になったが、このような単線発展理論にタイムラグを重ねて世界の現状を理解し、低開発問題も世界均質化の基本線の上でのいまだ均質化の及ばざる問題だととらえようとする見解は、わが国社会科学の伝統の中でおそらく正統的地位を占め[3]、一般にも広く受容されて社会通念に近いものとなってきたのではないかと思う。

「従属学派」・「従属理論」の全般的な特徴は、このような見地に対して全面的に反対し、「低開発」に独自の歴史的意義づけを行なう点に求められる。このことは、たとえば「従属理論」発展の初期にその主張を鮮明な形で打ち出して、学派のいわば古典ともなったA・G・フランクの論文『低開発の発展』[4] Development of underdevelopment において、すでにきわめて明瞭であった。かれはこの論文の標題においてコピーライターへの適性を示しており、標題そのものがこの学派の旗じるしとして見事なものであった。同じ development ということばを「開発」および「発展」と二様に訳しているために、日本語ではせっかくの「コピー」の印象がぼけてしまっている。低開発 underdevelopment とはけっして、開発 development が低い under 状態がいまもって存在することではなく、実はそれ自身、歴史的発展 development の所産なのだ、ということをきわめてクリアに示す逆説的な表現がそこにある。

この論文の中でかれは、低開発国の過去や現在を先進国がかつて経験した歴史的段階と同じものとみなすことに反対し、資本主義体制は総体として、一方の極に経済的発展を、そして他方の極に低開発を、同時に発生せしめるものだと主張して、互いに結びつくこの両者を同時に産み出すことこそ、世界的規模における資本主義体制の構造と発展の本質をなすものと考える。そしてまさにこの点がその後の「従属学派」を「従属学派」たらしめる特徴となる。

ここにおいて「低開発」は「開発」とあい携えて世界史的に発生する新しい現象であり、両者を単線的発展理論上のタイムラグととらえる試みは頭から拒絶される。先進国の史的経験や、その中から抽出された発展のモデルを、低開発問題を解くために利用しようと考えたり、先進国からの資本導入やその他の影響の波及によって低開発の克服されることを期待したりすることは、無益というよりも有害な誤りである。こうして、近代世界史上の資本主義的発展は、世界均質化の進行ではなく、当初から不均質化の進行という本質をもつ。あるいは世界の不均質性が原因ともなり結果ともなりつつ、資本主義体制は世界的規模で発展する。

その世界的不均質を特徴的にとらえるために、フランクは「中枢」・「衛星」ということばを用意した。単に「低開発」の「開発」といっているのでは不十分であり不適当だというわけである。この中枢・衛星という訳語には少々問題があったように思うが[5]、近年は一般に「従属学派」の用語として「中核」・「周辺」ということばが多く使われるようになった。これはS・アミンやI・ウォーラーステインら[6]の用語である。ウォーラーステインの場合は、さらに加えてこの中間に「半周辺」という概念を立て、不均質な資本主義的世界は三つの異なった部分よりなるものと主張する。

いうまでもなく、これは用語の差だけの問題ではない。論者によって概念の意味内容が異なり、そこには「従属学派」内外における論争の積み上げが反映しているのであるが、ここでそれに立ち入ることは差し控えたいと思う。ただ、いずれの場合にも共通するつぎの点だけは注意しておきたい。すなわち「従属学派」の主張に従うと、発展にともなって生じた質的に異なる二つあるいは三つの部分は、互いに別個の機能を担いつつ構造的に結びつき、一つの体制、一つのシステムを構成して動いてきたのであって、けっして互いに切断されて別個に存在してきたのではない。また、それだからこそ、全体を一つの視野に収める世界的規模において、はじめてそこに生じた史的発展を把握しうることになるのである。

この場合、異質のものが結び合って何らかのシステムを構成するという事実は、世界史を理解するために本質的な第一義的な意味をもち、簡単にこれを捨象してしまうわけにはゆかない。少なくともこれを捨象して構想された世界史は、「低開発の発展」をとらえることができぬばかりでなく、先進国の史的経験も十分に説き明かすことができない、ということになる。

同時に、いわゆる「二重社会論」[7]のような考え方も、「従属学派」の目から見ると誤っている。これは、先にふれたフランクの初期の論文においてもすでに明確にのべられている。二重社会論はなるほど異質の部分が同時に存在することを認める。しかし、両者が構造的に結びつきひとつのシステムとして動くことを認識せず、逆にこの結びつきの契機が弱いことを、むしろ逆に両者が互いに切り離されその間に影響が十分及ぼされぬことを、両者によって構成されるある種の社会の基本的特徴としてとらえる。これは近代資本主義的セクターから伝統的低開発セクターへ、近代的要因が、あるいは「開発」が、本来波及すべきものと考える均質化論的発想に根底においてとらわれているから、それが簡単にはそう行かない点に問題を感じて、右のような論議が組み立てられることになったにすぎない。「従属学派」的な見地に立てばまずこのような批判が生まれ、けっきょく、異質の二つの部分の本質的・構造的結びつきという重要なポイントを見落としている点において、「二重社会論」は根底から誤っている、ということになる。

ところで、この「結びつき」の具体的内容や理論的位置づけであるが、これまた論者によって、さらには論議が重ねられるに応じて、立論の仕方にも取り扱いの密度にも大きな差異が生じている。[8] だがここではやはり、公約数的な記述で満足することとしよう。

いうまでもないことであろうが、「従属理論」が「従属理論」とよばれるのは、この「結びつき」の性質を二者が対等に結合するものととらえず、異質の二者の一方が他方を自己の都合のよいように従える、ととらえるからにほかならない。以下、中核・周辺という用語を用いることとすれば、二者のうち周辺はこれによっていちじるしく自立性を失い、中核の利益に沿った機能を与えられ、中核に向かって組織されたシステムの中に組み込まれてしまう。ここで中核の「利益」といったのは、公約数的には中核の経済発展であり、「世界的規模における資本蓄積」[9]であるといっていいであろう。

こうして周辺は、世界的システムの織り出す外的条件によって縛られ、中核からの収奪をうけながら身動きがとれず、容易に「低開発」から脱却できぬこととなる。とくに、歴史的には食料・原料など第一次産品のモノカルチュア的生産が周辺経済の主軸となり、しかもその生産物の市場は大きく国外に依存し、工業製品の供給は主として国外（中核地域）からの輸入に頼らざるをえぬこととなる。つまり、「歪んだ」形で「世界市場」の中に取り込まれ、何かにつけてそれに左右され、それを通じて収奪される経済的体質が作り出される。同時に、「開発」のための資本も中核地域からの流入に依存し、それとともに生産への投資や社会投資についての決定権が失われ、外部依存性の強い政治・経済構造がさらにいっそうその特性を強めてゆく。

こうして、さまざまな要因にがんじがらめとなった「低開発」が、史上はじめて生み出され、押し広げられてゆく。その一方においては、このような「低開発」の周辺を気持ちよく内部に組み込んで大きな世界システムが機能し始め、それを通じて「世界的規模における資本蓄積」が推進され、中核のいっそうの経済発展がもたらされる[10]、というのである。

本書は主として、一六、七世紀から一九世紀前半に至る世界市場の形成について考察する予定であるが、「従属学派」はこの時代をほぼ以上のような世界史的コンテクストの中でとらえようとする。そこにおいては、世界市場の形成は容易に捨象することの許されぬ問題であり、第一義的重要性をになう世界史的要因のひとつにほかならないのである。

2 オブライエン・ウォーラーステイン論争

このような「従属学派」の論議に対しては、また種々の批判や疑問の投げかけられていることも忘れてはならない。たとえばヨーロッパの経済史学界の受け取り方も、時にかなり冷ややかなものがあるように見うけられる。そこで次にそのような例として、「ヨーロッパの経済発展と周辺の寄与」について考察したP・オブライエンの論文[11]をとりあげ、本書にも関係の深い具体的な史実につぎつぎと言及しつつ議論を展開するかれの所説を紹介して、以下二、三の検討を加えてみたいと思う。

「従属学派」を批判するというかれの論文は、しかし、その全面的・全体的な批判にはなっていない。またそれを意図してもいない。主として批判の対象になっているのはフランクやウォーラーステインであるが、論議としてはとくにウォーラーステインと嚙み合う所が多い。フランクの場合がそうであるように、元来「従属理論」は低開発地域の現実の中に根を下ろし、そこにおける強い実践的関心を伴いつつ成長した理論であるが[12]、その論理が「低開発」の国内的解釈にとどまりえず、当初から世界史的見通しをもたざるをえぬ性質のものであったことは、すでに見た通りである。ただこのことと、実際にこの立場から世界史を把握し直す試みを行なうこととは別の話である。

その意味でアナール派、とくにヨーロッパ史学界の大御所的存在となったF・ブローデル[13]の影響を大きくうけつつ、「近代世界システム」の史的把握を試みたウォーラーステインの大著は画期的な仕事であった[14]。この著作は世界史への強い関心から生みだされた研究であると同時に、問題の中心を中核側に据えつつ「世界システム」の形成を歴史的に論じている点において特徴的であった。そしておそらくこのことが、経済史家オブライエンをして、主としてウォーラーステインに照準を定めて論議を展開せしめた理由となったものと思われる。

とくにオブライエンの論文が、考察対象をヨーロッパ経済史、つまり「中核」側に限定し、産業革命に至る近代ヨーロッパの経済発展のために、周辺地域との結びつきがはたしてどの程度の寄与をなしたか、という問題を設定して、この問題に限って考察を進めようとするものである以上、ウォーラーステインとの係わりが深くならざるをえない。この論文が「従属学派」への全般的批判ないし疑問を提出する挑戦状であるにもかかわらず、その中からとくにウォーラーステインがこれに答える役割を買って出たのも[15]、そしてこれに対してオブライエン自身が再び反論[16]を行なうことになったのも、おそらくこれゆえと思われる。いずれにせよ、批判・反批判を重ねたこれら三つの論述は、本書のとりあげる研究対象と係わりが深く、問題の世界史的コンテクストを明らかにする上で有益と思われるので、以下、順を追ってその紹介と考察を試みることにしよう。

まず上記のオブライエンの論文であるが、それによると「従属学派」に共通の欠陥は、その所説の基本的仮説に対してシステマティクな統計的裏付けを何ら試みていないところにある。たとえば、西ヨーロッパ、とくにイギリスの、長期的な経済発展は世界的規模の分析によってはじめて明らかになしうる、という。だが、数量的に検討した時ほんとうにそういえるのであろうか。おもにP・ベーロクの研究[17]などによりつつ、オブライエンはこれに対して懐疑的な答えを出す。

まずヨーロッパ諸国の輸出中、アメリカ新世界（のちの合衆国北部を除く）、アジア・アフリカへ向けられたものの比率は、一七世紀半ばまではほとんどとるに足らず、一八世紀末になってもせいぜい二〇パーセントというところである。一八世紀末のヨーロッパ諸国の輸出は総生産の四パーセント程度と見積られるから、上記の「周辺地域」に向けられた輸出は一八世紀末で総生産の一パーセント以下になる。輸入についての同様の数字は輸出の場合よりやや大きいが、しかしごく低いパーセンテージであることにかわりはない。

イギリスのような海上貿易国の場合ですら、周辺地域へ向けられた自国産品輸出額は総生産の五パーセント以下であり、同地域からの輸入額は輸出より大きいが八パーセントを超えない。このように下がった時代で、しかもこのように低い数字だとすると、産業革命に至るヨーロッパの経済発展に対して、周辺地域の寄与したものが大きいとはとても考えられない。つまり西ヨーロッパの経済発展は、世界的規模の分析を必要とせずに説明されるのではないか。

さらに問題を明らかにするために、資本形成に話を進めて、オブライエンは周辺地域との取引がこの点はたしてどの程度の寄与をしたかと問いかける。たとえば一四五〇年から一七五〇年の間の世界史上の決定的なターニング・ポイントで、周辺地域との貿易が重要な役割を果たし、以後ヨーロッパ資本形成の途を平坦にした、とでもいえるならば話は説得性をもってくるであろう。しかし、「従属学派」の議論はブローデル流のコンジョンクチュール[18]概念などを持ち出してはみても、けっきょくは、あることが決定的だ、あるいは核心的意味をもつ、と形容詞に依存する説明を展開するばかりで、論議の数量的裏付けをまったく欠いている。

そこでオブライエンは、ベーロク、R・デイヴィス[19]などのいくつかの業績によりつつ、自らひとつの数量的見積りを試みる。まず、産業革命期のイギリスをとりあげた時、その資本形成に周辺地域との取引がはたしてどの程度寄与したであろうか。かれの計算によると、それは多くみて総投資支出の一五パーセント程度であり、これはイギリス以外のケースではとうてい手のとどかぬ上限の数字とみなしうる。たとえば一八〇〇年の西ヨーロッパ全体の場合ならば一〇パーセント以下の見積りとなる。だとすると、「世界経済システム」や「世界的規模における資本蓄積」を唱える「従属学派」は、大陸間貿易が西ヨーロッパ資本形成に与えたインパクトに関して、かなり誇張した見方をとっているのではないか。

周辺地域との貿易が「収奪的」・「略奪的」であり「不等価交換」である、という主張にもまた、オブライエンによると誇張がある。スミスやマルクスやケインズからの引用で、この貿易が異常な高収益をあげる経済活動分野であったということが証明されるわけではない。むしろきわめて投機性が強く危険な企業であり、最近の研究でも長期的利潤率は一〇パーセントの域を出ぬものと考えられている。周辺地域物産の長期的な値下りがあり、独占の試みもさほどの成果がなく、航海法の効果にも疑問が提起されている。奴隷貿易ですら、E・ウィリアムズ[20]の論議にもかかわらず、一七世紀後半からはもう高利潤が期待できず、この非人道的取引でもうけたのは、アフリカの奴隷商とヨーロッパの消費者（安価な熱帯地域物産の供給、ただしその全体的影響は軽微）だけ、ということになる。こうして大陸間貿易は、けっして「正常以上の利潤」を生み出したわけではないとオブライエンは推論する。

周辺地域との貿易はまた、ヨーロッパの経済発展に何らかの外部効果ないし副次的な影響を及ぼしたかもしれない。ウォーラーステインの主張に従えば、世界経済システムへの周辺地域の編入は掠奪と高利潤とによる資本獲得の道を提供したばかりでなく、さらにまた新しい分業発展のチャンスをも、ヨーロッパにもたらした。こうして、「中核における趨勢は多様化と専業化へ向かうものであったのに対して、周辺における趨勢はモノカルチュアへ向かうものであった」[21]ということになる。しかしオブライエンによれば、この面における周辺地域のヨーロッパ経済発展への寄与も、実はさしたるものではなかった。周辺との貿易が全体の中で小さな割合しか占めていなかったことはもちろんであるが、さらにその内容に立ち入って検討しても、たとえばモーロのフロー・チャート[22]も示すように、ヨーロッパの産業構造の多様化や分業の進展がこれによって大きく促進されたとは考えにくい。

香辛料・砂糖などの熱帯産消費物資の輸入は、当時の上流社会層の消費の多様化をもたらしたであろうが、これが分業や競争原理の進展に力があったとはとても思えない。これに対して、周辺地域との交易が創出した市場は一定のインパクトをヨーロッパ経済に与え、製造工業はもちろん、海運・造船・金融・保険業などに新しい発展の機会を用意したであろう。しかし、この面での効果も、周辺との取引がヨーロッパ経済全体の中で占める割合の低さを考えると、過大評価は禁物である。

問題は新しい原料・食料・手工業製品の輸入であろうが、これとても決定的影響を及ぼすというには程遠いものであった。東インド産品の輸入に触発され、アジア・アメリカ産原料の輸入に支えられて発展した綿工業を見落とすわけにはゆくまいが、しかし、このような、原料を周辺地域に仰ぐ工業についてもその重要性の数量的評価を忘れてはならない。よい例が産業革命もかなり進んだ一八四一年のイギリスであって、その綿工業は国民総生産の約七パーセントを占めるにすぎない。まして中核ヨーロッパ全体となれば、かりに周辺からの輸入を切断されたとしても、その損失は短期的に工業生産の三、四パーセントを失う程度にとどまったに相違ないのである。

西ヨーロッパ経済発展はイギリスにひきずられて起こり、イギリスの経済発展は綿工業に主導される、というような単純モデルにとらわれてはならない。ヨーロッパ中核地域の工業化はずっと広い戦線をもっており、ランカシア綿工業という一前進部隊が補給路を断たれて敗退したぐらいではびくともするものではなかった、とオブライエンは主張する。

それでは新世界からの貴金属流入の影響はどうであろうか。この貴金属の流入がヨーロッパ経済に、誰にもはっきり形の見えるインパクトを与えたこと、そしてこの問題について多大の研究がなされてきたことは周知の通りである。しかし、フランクのいうように、これが「全世界における商取引の拡大や、ヨーロッパ中枢における資本の蓄積、資本主義の発展[23]」に貢献したと、手放しで考えてよいであろうか。そもそも「従属学派」の業績は、この問題の研究史に何か新しいものを寄与したといえるであろうか。オブライエンはこの第一の点についてはかなり留保的な、第二の点についてはまったく否定的な評価を与える。

まず流入した貴金属の総量であるが、この点についても過大評価に陥ってはならない、新世界由来の貴金属は従来からの旧世界内のストックの半量にも達しなかったものと考えられており、ブローデルとスプーナーによれば、一六五〇年になってもそれはヨーロッパ内の金銀量を総計で二五パーセント増加させるのが精一杯だったと見積られるからである。[24]西ヨーロッパ経済が、当時より多くの貨幣、より多くの流通手段を必要としていたことは論をまたないが、この必要に対応するためには、ヨーロッパ内の貴金属産出量の増加、貨幣の改鋳（貴金属の節約）、流通速度の加速、紙幣の発行、信用決済制度の発達など多くの手段があり、新世界からの金銀輸入はこれらと並ぶひとつの手段であったにすぎない。一五〇〇年以降増大をつづける貨幣需要に即応して、その大部分をみたしたのが新世界由来の貴金属であったとか、もしこの供給が断たれればヨーロッパ経済は大変な困難に遭遇したであろうとか、これに類する想定を立てるのは勝手であるが、それらはおよそ根拠にとぼしい空論にすぎない、とオブライエンは主張する。

新世界の金銀がアジアやバルト海沿岸諸国からの恒常的輸入超過を決済する手段として役立った、という主張もある。[25]アジア貿易がヨーロッパから銀を流出させたという論議はあまりにも著名であるが、しかしヨーロッパ中核地域の全貿易・全経済活動の中でとらえてみると、アジア貿易の比重は微々たるものであり、輸入の内容は奢侈品にかぎられ、しかも銀で支払うべき赤字幅は減少していったものと考えられる。

バルト海貿易はこれに比べると量的にも大きく、輸入の内容も中核地域の経済発展にとって「戦略的」重要性をもつ商品であった。しかしそのような商品の供給の中でバルト海諸国由来のものの占める割合は低く（たとえば、一、二パーセント）、しかもその中で金銀で決済されたのは三分の一程度にとどまるものと考えられる。そこでオブライエンの考えでは、たとえバルト海貿易の金銀決済が不可能になったとしても、ヨーロッパ経済にとって解決できぬ難問がこれによって生じたとは思われず、したがってこの貿易におけるアメリカ産銀の役割を誇張する見解に対しては、そんなことが分かるわけがない、と史家は答えるべきことになる。

最後に残るのが新世界からの銀流入とヨーロッパの価格動向との関係、さらにはそれらとヨーロッパの経済発展との結びつきであるが、これを直線的・決定論的な因果の環で結びつける学説が、今日とうてい一般的に受け入れられないというヨーロッパ学界の状況であることは、オブライエンならずとも周知のところと思う。E・J・ハミルトン[26]やJ・M・ケインズ[27]の与える説明が論理としてはよく通っても、その論理がかならずしも事実によって裏打ちされず、実証的研究はむしろ他の要因にこそ重点を置くべきことを示唆している。ウォーラーステインやフランクも、この問題については含みのある発言をして直線的アプローチを避けているように見えるが、にもかかわらずオブライエンはつぎの点でかれらに批判を加える。

すなわち、「従属学派」は問題をことばの上でいいぬけており、その提起する論議はけっきょくのところハミルトン学説の焼き直しにすぎない。これについては、実証的研究成果の蓄積の中から多くの疑問が生じているはずなのに、それに答えるべき新しい研究成果は何も提出されていない。もし、この問題に関連して「ヨーロッパの経済発展は全世界的枠組みの中でのみ理解しうるのだ」と主張するのならば、少なくともヨーロッパの価格動向に対してアメリカ産銀の与えたインパクトの大きさを、できうるかぎり実証的に測定し、分析する義務があるはずである。ところが、今日の学界状況から見て当然と思えるその義務を果たす努力を、かれらはなんら行なっていない。この点が弱いかぎり、ヨーロッパの価格動向や長期的経済成長に及ぼしたアメリカ産銀の影響は、つまるところあまりさえない補助的役割にとどまる、という評価が妥当なものとなるであろう、と。

ほぼ以上のような論述のまとめとしてオブライエンの引き出す結論は、すでに想像に難くないであろう。西ヨーロッパの資本家たちが周辺との貿易に投下した資本と企業力とは、今もし周辺との貿易がなかったと仮定すれば、ヨーロッパ内で何か別の場所に投下されたに相違ない。この仮定に基づいて推定される全般的事情と現実の歴史とを比較した時、周辺貿易があるために現実の場合ははたしてどの程度まで仮定の場合より有利になっているのか。そしてその差はどの程度まで西ヨーロッパの資本蓄積に貢献したのであろうか。この問題をしめくくりに置いたオブライエンは、まずイギリスを取りあげてかなり多い目にみた上限を試算し、産業革命期イギリスの資本形成に対する周辺の追加貢献は、年間投資支出でみてせいぜい総額の七パーセントと見積り、つぎにイギリス以外の場合については、これよりずっと下の数字が出るに相違ないものと推定する。

かれによると、重商主義時代の人々も後世の歴史家も、海洋貿易をめぐる富や戦争に目を奪われてあまりにも多くの文書を残し、あまりにも多くの記述を試みすぎた。貿易や商船や商人や金貸しや、そして都市や、諸国間の対立や、あらゆる華々しい物語りに満ちている一六世紀地中海世界を描いた[28]かのブローデルが、全体としてこの世界を農業世界ととらえ、それ以外のものはただの上部構造で、いわばあだ花の類にすぎず、「農民と作物が、つまり食料供給が、人口の大きさとともに、無言のうちに時代の運命を決定した」と結んでいるのを、オブライエンは引きあいに出す。さらにこれに農業の改良と工業の技術革新を付け加えた上で、これらこそが重商主義期ヨーロッパの運命を決定した土台であり、海洋貿易などこれに比して微々たる要因にすぎず、「世界的視野」は産業革命に至るヨーロッパの発展を説明する上に必要でない、国際商業を過大視して「世界経済」という実体に作り上げることは、けっきょくのところ、現代にしか通用しない今日の観念を過去に持ちこんだ概念の誤用にほかならない、とかれは結論する。

　このようなオブライエンの議論は、いいたいことをはっきりいっているだけに多くの問題を呼び起こす。当然第一に考えるべきことは、批判の対象に選んだ論議をはたしてかれが正しくとらえているか、というポイントである。これについては論文の最初にオブライエン自身も断っているが、複数の論者をまとめてひとつの「学派」と扱うことに伴う本来的な困難があり、何らかの単純化、多少の曲解はさけ難いことといえるかも知れない。しかしウォーラーステインでもフランクでも、時にはウイリアムズまでも、批判しやすいものを批判しやすい形で拾って来て、好きなように下ごしらえをすませた上で簡単に料理してみせる、そのようなきらいがかれの論議にないわけではない。しかし、この個々のポイントに深入りすることは本書の任でない。ひとまとめにして扱ったことには、またそれなりの意味があり、説得性もあると思われるので、ここではすぐ続けてウォーラーステイン自身の反論を要約しながら、この点にも多少ふれるにとどめておこう。

まず当然予想されることであるが、ウォーラーステインは中核と周辺の地域特定について苦情をのべる。すなわち、一九、二〇世紀ならいざしらず、それ以前の時代についてかれがヨーロッパを中核、アジア・アフリカ・ラテンアメリカを周辺とみなしているわけでないことは、その著書を一見してただちに明らかである。一六、七世紀の主要な周辺的地域の中に、かれは東ヨーロッパと南ヨーロッパを入れており、さらにアイルランドやスカンディナヴィアも「居心地よく」その中に加えうるものと考えている。その一方で、アジア・アフリカ・オスマン帝国・ロシアなどは、西ヨーロッパを中核とする単一の分業圏にまだとりこまれていないという理由で、「世界経済」内の周辺を形成するものとはみなしていない。となるとオブライエンの計算は、集計単位が違うのだからウォーラーステイン批判になっていないことになる。

しかし話はこれだけではない。ウォーラーステインはさらに続けて、「中核」と「周辺」の区分線に国境をそのまま利用するのをいましめ、この二つの概念を国に冠せる形容詞として使ったのは、かれ自身も少々粗雑だったと反省し、両者は相互関係的な過程に係わる概念であって、そもそも「経済的な過程がぴったり国境で区切られるとは限らないのだ[29]」と主張する。となると、当然「中核国」内部の周辺的地域も計算に入れなければ、周辺の寄与を正しく見積ることはできないことになる。

また、今かりにオブライエンの「中核」・「周辺」の区分を用いるとしても、なおかつ、かれの論文中に使われているデータそのものに偏りがあるという問題が残る。ウォーラーステインによると、対価を支払われぬ労働は地理的偏在性を示しており、しかもそれがいずれは利潤として実現されるはずでありながら、国際貿易統計の数字には十分とらえられていない、だからオブライエンのデータは取引される商品の真の価値のかなりの部分を蔽い隠し、全体を過小評価する偏った数字だ[30]、ということになる。

周辺との貿易が「正常以上の利潤」を生み出したかどうかについても、ウォーラーステインは概念上の問題を提起する。かれによると資本にとって「正常（ノーマル）な」利潤とか、「正常でない」利潤とかいうものは存在しない、獲得された利潤はすべて「正常な」

利潤なのだ。もちろん、市場を通じて利潤率を均等化しようとする力が持続的に働き、その圧力の制約をうけつつも実際に獲得される利潤はケースごとに高低さまざまとなって現われるであろうが、そのひとつひとつにこだわってみてもはじまらない、というのがウォーラーステインの考えである。

かれは周辺地域の産物が、その地域における最初の生産過程に入ってから、最終生産物となって消費者の手にわたるまで、長く複雑な連鎖[31]で結びあわされていることに注意を向ける。問題はむしろその全連鎖が単一な形に統合されているかどうかであって、連鎖の中の周辺側あるいは中核側の一過程をとりあげて利潤率の高低を論じてみても役に立たない、経済的結果を分析する時には全連鎖について考察すべきだ、ということになる。

周辺との貿易が西欧の経済成長にとって「決定的」な要因として働いたかどうか、というような問題の立て方も、ウォーラーステインは気にいらない。仮にオブライエンのいうように、「周辺」との貿易がイギリスの年間総投資に七パーセントだけ追加貢献したものとしよう。その時われわれは、たった七パーセントなら、それがなくてもイギリスの経済発展はさして変わらぬものであったろう、と推論すべきものなのか？　ではウェールズも七パーセント貢献し、スコットランドもコーンウォールも同じであるとすれば、これをつぎつぎ切りすてて同様の推論を続けるべきことになるのか？　「いったいこの架空の切りすて作業は、どこで止めればよいのだろう？」。要するにイギリスは、史的発展の総体の結果として史実として現われたような発展をみせたのであって、周辺の七パーセントの寄与が「決定的」であったとかなかったとかは論ずる意味がない、それが七パーセントなら、その七パーセントがなければ総利潤は減少し、資本蓄積は減速したに違いないとのべて、それで十分なはずだ。

このようなウォーラーステインの主張は、史実は細部に至るまで史実であって個々の要因をとりだしてその大小を評価しても無意味だ、といっているようにみえる。しかし、それが「決定的」かどうかという論争は拒否するとしても、かれが大小の問題になお十分こだわっていることは、これに続く文章に察することができる。

「オブライエンの架空の歴史の中では、もしイギリスが周辺との貿易から除外されたなら、すぐその間隙をねらって後釜にすわり、利をむさぼろうとする他国のあることなど、考える余地がないのだろうか？ いってほしい、このたったの「七パーセント」の獲得以外に、いったい何の目的あってかの第二次百年戦争を英仏両国は戦ったのか？ すべてはみな空騒ぎなのか？ とするとショアズール公を説き伏せるよう、オブライエンは強く迫られることになろう」。

一八世紀の架空の世界史の中で「たったの七パーセント」のために戦い続けるよう、当時のフランス外相を説得する役割をオブライエンに押しつけたあとで、ウォーラーステインは多少ひかえ目にかれの論評を結ぶ。

かれによると、オブライエンの主張は要するに一六世紀の「世界経済」はまだ「幼弱な赤ん坊」だという一語に尽きる。この場合オブライエンのいうほどそれが幼弱だったかどうかは問題だが、ともかくそれを赤ん坊と考えることにしたとき、「まだ非常にちっぽけだ、ちっぽけだ」といい続けるよりは、これを立派な一個の生物学的構造をもつ人間とみなして考察する方が、その機能の仕方に関してわれわれの理解が深まるのでないだろうか。これがウォーラーステインが主張したい第一のポイントである。

統計的基礎工事が欠けているというオブライエンの批判に対してウォーラーステインは、これをまことにその通りと受容した上で、しかし、二〇〇年もの間、別のことを考えて作られてきた統計データに代わるべき新しい基礎統計を用意するのはまだまだ時間がかかる、それができるまでドアを閉めずに待つべき時に、猜疑の山で口をふさごうとするのはいかにもせっかちなやり方だ、と猶予と忍耐を要請する。これがウォーラーステインの主張の第二のポイントである。

そこで次は、以上のような論評に対するオブライエンの反論であるが、短いその反論の中でとくに興味があるのは、何が「中核」で何が「周辺」かを問い直したつぎの点である。すなわちウォーラーステインとかれの間で、この両概念の意味する地理的範囲が食い違うのはそれぞれの自由で、そうとはっきりしていればそれでいいはずだが、しかし、そもそも「周辺地域」と「半周辺地域」と「世界経済システム」に属さぬ「外部地域」とを、いったいどういう基準でウォーラーステインが分類したのかはさっぱり分からない、のみならず、これを謎と思う歴史家はひとりオブライエンのみにとどまらない、というのである。

この謎解きの鍵はおそらく、「中核」とか「周辺」とかを地理的用語でなく「相互関係的な過程」にかかわる用語だとする、ウォーラーステイン自身の主張の中にある。この考えを貫けば周辺とは要するに資本蓄積過程で収奪される社会集団のことだ、ということになりそうで、もしそうとすると、周辺はどこにだってある、イベリアにも、アイルランドにも、スコットランドにも、ウェールズにも、コーンウォールにも。

もちろんこうしてヨーロッパ内部へ、さらには「中核国」内部へと周辺の範囲を広げれば、資本形成に対する周辺の寄与はずっと大きくなるであろう。しかし、そんなことを続けると中核と周辺の観念に通常ともなう地理的・政治的な具体的イメージがすっかりそこなわれて、ほとんど空っぽのことばになってしまうのではないか。オブライエンの考えでは、ウォーラーステインの学問の真価はやはりいわゆる国際経済史への貢献にあり、この枠を踏み外した時かれの仕事のもっともよいところが失われるように思う、というのである[32]。

こうして、「イギリスは史的発展の総体の結果として、史実として現われたような発展をみせたのだ」というウォーラーステインの記述に至って、オブライエンもようやく同意できる点を見出す。ただし、その総体の中で、周辺との関係という要因の占める大きさを測ってみることには固執して、それを過大評価する傾向をいましめる論議はあくまでも撤回しない。最後に残ったショアズール公の説得も、オブライエンはそのころまだ印象の鮮明であったフォークランド紛争の例をあげて、めんどうなその役割を回避する。すなわち、イギリス政府はこの紛争で、ありやなしやもはっきりしない小さな利益のために大いに戦争をやる気をみせたのであって、この点は一八世紀フランスもまったく同様であった、「空騒ぎ」をさせるのに格別の「説得」など不要だ、というのである。

ところで、このショアズール公と相対して、平和条約（一七六三年、パリ条約）の交渉を行なったイギリスの宰相ビュート伯は、当時イギリスでかなり評判が悪かった。かれはイギリス占領下にあったフランスの西インド植民地を返還し、代わりにカナダを獲得する取引に同意したのであるが、今日の世界史地図の色分けでは大いに有利に見えるこの交渉も、「たくさん金貨のつまった財布をからっぽのカバンと交換した」ものだと、当時非難攻撃の的となったのである。要するにビュート伯の側にもかれを攻撃した側にも、それぞれに利益の計算があり、ただそこに評価のくいちがいが存在していたわけである。一方これに対するショアズール公の方であるが、かれにもかれなりの計算があって戦争に走り、平和を交渉したのであって、簡単にこれらを「空騒ぎ」ともいえぬところが問題の微妙なところである。[33]

近代ヨーロッパの経済発展に対して、周辺の存在、周辺との取引が何をもたらしたかを、数量的に測定するには多くの困難がともなう。しかし困難があるということは、それをしないで自由な論議を展開してよいという保証になりはしない。そこでともかくも現状で解答を試みたのがオブライエンの論文であり、その結論は既に述べた通りで、ヨーロッパの経済発展を分析する時、「周辺」の存在は副次的な小さな問題に過ぎない、ということになる。

これが「従属理論」を歓迎した「周辺」諸国の人々からみて、けっして愉快な結論でないことはただちに察しがつく。長年にわたって貢がされた「巨額」の富を、それをむしりとってきた側があとになって「われわれの大きな致富の歩みの途上で、少しばかり小銭をもらっても結果は大して変わらない、それはごく副次的な小問題に過ぎない」と宣言するのであるから、かなり刺激的な話になる。[34]

しかしそれを百も承知の上でオブライエンの論文は執筆されており、周辺諸国の経済史はいざ知らず、少なくともヨーロッパ経済史に関するかぎり、憶測にもとづく誇張した世界経済の見方など持ち込んでほしくない、とつっぱねてみせたのである。たしかにかれの計算はその細部において、最近の研究水準をふまえた一定の根拠をもつデータと、結論の安全性を保つための余裕をかなり十分にみた推定とに基づいており、ウォーラーステインならずとも、これに対しては一応の敬意を払わざるをえないであろう。だがしかし、はたしてかれの結論には何の問題もないであろうか。

まず第一に、オブライエンは全体を多くの問題に分解して、そのそれぞれについて「ヨーロッパの経済発展への寄与は、無視しうるほど小さなものだ」と解答を出してみせるけれども、それらの問題がすべて積みかさねられた時、はたしてその総体についても同じ解答を繰り返すことができるのであろうか。かれの見積りに従えば、一八世紀末ごろヨーロッパは、輸出入の二〇パーセントを周辺地域に向けており、総投資支出はその一〇パーセントを周辺に負うている。その消費生活は熱帯産品によって多様化し、海洋貿易の発展によって造船・海運・倉庫・通商・金融・保険業などの進展がもたらされ[35]、先進綿工業は原料の供給をすべて周辺地域に依存し、流通手段・支払手段としての貴金属は周辺からの流入によって、一六五〇年にすでに二五パーセントほどストックを膨らませている。その他も含めてこれらすべての影響の総体を、まとめて無視してよいであろうか。とくにその影響を強くうけたスペイン、オランダ、イギリスの歴史などは、全ヨーロッパの歴史の中ではどちらに転んでも大差のない小地方史にすぎないであろうか。

さらにもう一歩ふみこんで、そもそも七パーセントとか一〇パーセントとかいう数字の大小を、今日の通念に基づいてその額面通りに評価してよいであろうか。歴史の中に何らかの新しい要因が登場してくる時、それはあらゆる所に満遍なく、それも突如としてかなり大きな割合を占めて、出現するものではあるまい。「近代的」な経済発展も、その初めはおそらくは伝統的経済の大海の中で、こちらの一角やあちらの隅に、目立たぬ小島のように頭を出してくるものでなかろうか。だとすると、「国民経済」の成立も未熟なこの時代のヨーロッパの大きな地域をとりあげて、ある要因の総生産（GNP）に対する比率をいきなり計算し、そのパーセンテージによって経済発展に対するその要因の寄与の大小を評価してよいであろうか。[36]

比率を計算する時の分母は、比率の意味を明らかにしうるように選ばねばならぬはずである。ある地域の「総生産」がいつの時代でも自動的に分母になるわけではあるまい。われわれの問題に立ち戻れば、たとえばウォーラースティンなら周辺・半周辺に数える東欧・中欧・南欧の大きな地域を含めて、ヨーロッパ全域の総生産を見積り、これを分母にとって「周辺」との貿易額のパーセンテージを計算してみても、その数字はほとんど物の役には立たないであろう。

もう少し地域を限って「西欧やイギリスのこの時代の経済発展に、周辺との貿易がどの程度の寄与をしたか」を評価する問題を考えても、貿易額の地域総生産に対するパーセンテージがそもそも何を意味するのか、けっして自明とはいいきれないであろう。オブライエンのいうように、一八四一年のイギリス綿工業が国民生産の七パーセントを占めるにすぎぬとするならば、「一八世紀末の周辺地域への輸出額は国民生産の五パーセント以下、輸入額はこれより大きいが八パーセントを超えぬ」というかれの数字は、いったい大きいのか小さいのか？

架空の世界史の中で、ウォーラーステインとオブライエンが共同でショアズール公を悩ませた七パーセントという数字にしても、そのままうのみにはしにくいように思われる。これは西ヨーロッパが周辺との関係をいっさい失い、したがって周辺との貿易などに投ぜられていた資本が、代わりにヨーロッパ内で何らか別の経済活動に投ぜられた場合を想定し、現実の場合と、この架空の場合の差を見積って、イギリスなら年間投資支出の七パーセント程度が減少するであろう、と推定した、そういう性質の数字なのである。この架空の歴史は現実との対比の対象としては、あまりにも現実離れしていないであろうか。

新世界などといっさい交渉がなく、外部周辺地域との取引に投ぜられた資金はすべてヨーロッパ内で投資し続けて、自ら満足しているヨーロッパ。まずそれを頭に思い描いて、さてそれと現実との差を細かく計算してみろというのでは、ショアズール公を納得させるのも並み大抵の業ではあるまい。このような七パーセントという数字よりもむしろ、現実の歴史の中で、イギリスの資本形成に対する周辺の寄与は約一五パーセントだったという、オブライエンが別の箇所に与えている数字の方がずっと安定感があるように思われる。[37]分母をどうとるか、という上記の問題に、中核・周辺の地理的範囲をどう確定するかという問題がからんでくることは、ウォーラーステインもオブライエンもひとしく認める通りである。ただこの点に関してはオブライエンの指摘するように、ウォーラーステインの方法は理論的に必ずしも十分でないように思われる。すなわち、かれが中核と半周辺と周辺、さらには世界システムにまだ属さぬ外部経済を、互いにどのような根拠にもとづいてどのように区分すべきものと考えているのか、われわれはなかなか読みとることができない。

とくにそれぞれの機能を担って世界システムを構成するこれらの諸類型が、けっして地域ごとに固定されたものでなく、外部経済が世界システムに組み込まれて周辺となり、古い中核が脱落して半周辺と化するというような下降過程があると同時に、現実世界の中では半周辺が中核へ上昇し、外部経済ないし周辺が半周辺へ転化するというような上昇過程の可能性も残されているとなると、諸類型の理論的取扱いは動態的になされねばならぬはずである。しかしこれにかかわるウォーラーステインの叙述は叙述として魅力的なものでありながら、理論的説得性において十分でない[38]。本書の性質上この点にこれ以上立ち入らないが、かれのその後の理論的著作には半周辺への言及がまったくない例があることを[39]、ここで注意しておこう。

地域の取扱いについて具体的問題をさらにひとつ付言する。それは北米植民地（独立してアメリカ合衆国）の取り扱いにほかならない。のちにも検討するように（第二章4、7節参照)、一八、一九世紀のイギリスの貿易においてこの地域のもつ重要性は大きい。にもかかわらずオブライエンの計算では一貫してこの地域が除外されている。もちろん、それはこの地がのちに中核化することを考えてのことであろうが、周辺のヨーロッパ経済発展に対する寄与を考察するに際しては、この処置はかなり不当なものと思う。

というのも、たとえば一八世紀後葉においてイギリスの輸出の四分の一余りがこの地域に向けられているのを見落とせないからである。これに対してこの地からイギリスへ向けられる輸出ははるかに小さい。この収支の帳尻はけっきょくこの地域から西インドなど周辺地域への大きな輸出によって合わされており、さらにそれを当該周辺地域がイギリスに対する出超で埋め合わせるという、当時の世界市場を特徴づける「三角貿易」がここにからんでくるわけである。そこで、アメリカ合衆国の北部(になる)地域をつねに除外して計算するオブライエンの方法は、少なくともイギリスの経済発展に対する周辺の寄与を評価する上に、かなり問題のある処置といわざるをえない。

これはひとつの例であるが、オブライエンの数量データにもかなり疑問を感ぜざるをえない。もともと「周辺の寄与」には一律な取り扱いの難しい問題が多々存在し、どうしてもどこかで無理が出るのかもしれないが。ちなみに、ウォーラーステインはオブライエンとの論争の中では北米植民地問題に言及していない。しかしかれの別著では、「近代世界システム」域外の「外部地域」であった「無用の植民地」が周辺化の危機を乗りこえ、一七世紀末に「半周辺」の地位に上昇し、一九世紀以降中核への途を歩む、という取り扱いになっている。[40] もっとも合衆国の南部に入る地域は、オブライエン同様、「周辺」の中に含められるわけである。常識的といえば常識的処置かも知れず、南欧・東欧とともにこの地域を「半周辺」の一角とする根拠も明確とはいいがたいが、オブライエンの無神経な機械的処理に基づく計算との差は明らかと思う。もっともウォーラーステインは、ここでも叙述はするが計算はしないけれども。

最後にこの論争の中で言及されながら、論議の展開されぬまま終わっている論点をひとつ、拾っておきたいと思う。それはその入口では貿易統計データの質の問題であるにすぎない。しかし話をすすめるとすぐ、めんどうな理論的問題に突き当たるため、論争当事者たちも短い文章の中で意を尽せぬままに終わったのではないかと思われる。

既述のようにウォーラーステインによれば、通常の貿易統計の中の価格にかかわる数字は、商品それぞれの価値を（それらの生産のために投入された労働量を）すんなりそのまま反映するものではなく、むしろそのかなりの部分をまったく示さず、真実を被い隠している。しかも価値を形成し利潤を産み出す源でありながら、対価を支払われぬ労働は、地域的には周辺地域に偏って存在するのである。このことを頭に置くと、貿易統計という、経済活動の連鎖をその中間の一断面でとらえる数量データは、中核の経済発展に対する周辺の寄与を測定する情報源としては、かなり偏ったデータというべきであり、過小評価の大きな原因となる、というのである。

この問題に対して、オブライエンの論文にも一応の用意がある。その詳細は省略したが、かれの見積りは輸出入貿易利潤のみを対象としたものではなく、運輸・保険その他のサービス生産、再輸出など輸出入の前後の商取引、中核・周辺両地域内における輸出入品の生産・加工・精製など、輸出入以外の数多の経済活動にまつわる利潤（厳密にはそのうち中核地域に関係する部分）をも、その見積り計算の対象に含めている。さらに、たとえ利潤ないし資本蓄積という形をとらなくても、中核地域における分業の発展や競争原理の浸透、この地域に対する流通手段の供給など、多くの面における周辺の寄与についてそれぞれ考察を加えており、輸出入貿易のみにとらわれた分析ではなかったのである。

しかしオブライエンの論議は、提起されている問題にかならずしも正面から答えたわけではなく、ウォーラーステインも問題を十分に説き明かしているとは思えない。といっても、いわゆる「国際価値論争」などに立ち入るのは著者の力に余ることであり、また本書の任でもないと思う。[41] ここでは世界市場の形成による国際的商取引の進展が、原理的に「全当事者の利益」になるはずだというJ・ヒックス流の論議[42]が、けっしてそのまま通用するとは思えない理由について、ごく簡単なモデルを用いて一考を加えるにとどめたいと思う。

もちろん、あからさまな掠奪・力による収奪が、ヨーロッパ中核諸国による世界市場の形成に際してつねに純経済活動に随伴し、むしろそれを先導したことはまぎれもない歴史事実であり、この点はヒックスにしてもはっきり認める通りである。[43]しかし、とくに初期において乱暴な形をとるこのような掠奪だけが、周辺の中核に対する経済的寄与の源泉なのではない、ということがここでの問題である。[44]

そこで今、世界の一地域ないし全システムの一構成部分（以下Pとよぶ）において、安価な（生計維持賃金ないしそれ以下の）労働力の供給が、何らかの事情によって当面際限なくありうるものとしよう。A・ルイスのいうような意味における「無限の労働力供給」仮説[45]だと考えて頂いてよい。そしてこの部分（P）は、賃金水準の実質的にずっと高い「先進」経済（以下Cとよぶ）と、自由な市場で結ばれて一つの全体をなすものとしよう。つまり「周辺」と「中核」とが世界市場で結ばれて全体をなすということを、このようなP・Cモデルに単純化するわけである。

この場合、もし同一労働が同一の価値を生み出すとすれば、労働コストの低いPの企業の方がCの企業よりはるかに大きな利潤を手にしうるはずである。しかし実際はそうならない。ウォーラーステインとの論争におけるオブライエンのことばを借りれば、ひとつの市場に結ばれた全体の中で「正常以上の利潤」をあげ続けることは難しい。正常以上の利潤のある所に資本が集中してその生産物の供給が増大し、結果としては利潤率をならして全部を標準化してしまうからである。もちろん、利潤率が完全に均一化することはないだろうし、またこの場合は、平均利潤率ではなく限界利潤率をこそ考えるべきかもしれない。しかし、オブライエンもいうように、初期において高価であった周辺地域の産物は、その故に大きな投資をヨーロッパから引き出したかもしれないが、まもなく供給が増大して国際市場における交易条件が悪化し、長期的値下がり傾向のためにかつての高利潤は期待できなくなる。こうして大きな労働力投入の必要な熱帯産物は、そのことを思えば信じられぬほどの安値で国際市場で取引されることになる。

とすれば、ここで世界市場を介して生起したことを、全体としてどうとらえればよいのか。原理上はPの企業の手にすべき利潤が現実には下がっている分だけ、けっきょくはPからCへの価値移転が生じたことになるのではないか。とすると共通の市場が異常な高利潤を許さず「正常」以上の利潤をつぶし全体を標準化してゆくという、まさにそのことによってPからCへの恒常的価値移転が導き出されるわけである。そしてこの価値移転を実現するメカニズムは、けっきょくは市場における「不等価交換」、あるいは「不等労働量交換」ということになるのである。

同様のことは労働調達コスト面における差でなくて、固定資本の比率に地域間格差がある場合にも生ずるであろう。つまり、Cに比べてPにおいては固定資本コストが全般的に低く、労働の生み出す価値をそれだけ大きい比率において手にしうるはずだ、という場合がこれに当たるであろう。けっきょく全体を包む市場を介して、ここにおいてもPからC

への価値移転が生じ、「正常以上の利潤」は消滅するわけである。

ところで、このような単純化されたモデルが現実の世界史に近似的にあてはまるとした時、オブライエン的発想に立てば当然尋ねるべき問題がある。それは、そのような価値移転はいったいどの位の量であったか、そしてそれはヨーロッパの資本蓄積に何パーセントほど貢献したのか、という疑問にほかならない。これに答えるためには、この価値移転によって生じた中核側の利潤率上昇の見積りを必要とするであろうが、単純化された抽象的モデルと、現実に手にしうる数量データの距離は余りにも大きく、同時に既述の地域的範囲の確定問題もからんで来るので、試算的にもここで解答を出す用意はない。印象論的には、オブライエン方式で全ヨーロッパ的大海の中に浮かべた時には、当時の世界市場を通じて生じた中核側の利潤率上昇は、それほど大きな数字となって現われないのではないかと思う。

ただここで注意しておきたいのは、この価値移転プロセスを利潤率や資本蓄積という面でだけ評価して、それで終わりと考えてはならぬということである。たとえば一七世紀から一九世紀にかけて、周辺地域物産の長期的値下がりは顕著なものであった。砂糖などはそのよい例である。この場合、世界市場で安く評価されるようになった砂糖は安いままヨーロッパ消費者の手に渡り、安いままその胃の腑に収まったという側面を見落としてはならない。それ故に経済発展への貢献としてはゼロになる、というニュアンスでオブライエンはこの点に言及している。しかし砂糖消費が大衆化し、市場がそれだけ深化して活発になったというだけでなく、ヨーロッパの賃金水準が実質的にそれだけ高められたことになるのを、ここで注意したい。

ところでこの理論的モデル設定のはじめにおいてふれたルイスの論文は、労働価値説に立って論議を展開しているわけではない。そこでは不等労働量交換はそれ自体としては問題になっていない。代わりにかれが注目しているのは、もっと具体的な交易条件の変化である。といっても、上述のように不等労働量交換も、理論上のみならずしばしば現実の上でも時間の中における交易条件の変化を通じて現われたとすれば、論理の基本には当然相通ずる点がある。

そこでルイスであるが、かれは「無限の労働力供給」のある地域、上記モデルでいえばP地域について、どうすれば経済発展が達成されるかを考察する論文の中で、「輸出向けの商業的生産にはいくら外国資本が投下されても」この地域で「実質賃金の上昇がもたらされることはない」と指摘する。そのようなセクターでの生産性向上の成果は、国際市場における交易条件の変化を通じて、全部外国消費者のものになってしまうからである。換言すれば、資本投下が地域内消費向け産物の生産性向上に結びつかぬかぎり、実質賃金の上昇に結びつかないことになる。[46]

賃金上昇をきらう資本家たちは、自給セクターの労働生産性を低位に保つことに直接的利害関心を示す。それゆえにこそ、「近代アフリカにおける帝国主義列強の記録はすべて、自給経済セクターの貧困化をはかりつづけた記録にほかならず」、「ヨーロッパ人の農業・鉱山業のための施設に費やされた資本金に比べると、アフリカ人農業の改善をはかるために費やされた支出など、ほとんどものの数に入らない」ことになる。こうして一般に「帝国主義が生活水準引き上げをなしえなかった事情を、すべてかれらの私利私欲に帰することは無理としても、多くの場合その原因をたどってゆくと、帝国資本を（輸出向け）農業・鉱山業ばかりに投下させてきたことにじかに行きあたるのである」[47]。その結果がすなわち、一方における輸出産業の進展および生産性向上と、他方における低水準の実質賃金のそのままの持続にほかならぬことは、いうまでもない。

このような論議を支えるルイスの理論的モデルを、ここで詳しく検討する余裕はない。また、いうまでもなくルイスの頭においているのは、今われわれが考えているのよりずっと後の時代である。しかし、一六、七世紀から一九世紀にかけて、本書のとりあげる世界市場形成の全プロセスを通じて、周辺地域に投下されたヨーロッパ資本のほとんどすべてが、地域内消費物産の生産にではなく外部市場向け輸出品の生産に、直接・間接結びつくものであったことを注意してよい。同時に、その結果として周辺地域物産の世界市場における値下がりが導き出され、それに応じて中核地域の生活水準向上がもたらされたことを思い合わせるべきであろう。

外国市場向け生産が創設され、拡大され、この面における生産性向上のみが独走したとしても、それが周辺地域の社会経済に何の変動ももたらさなかったとは、もちろんいえない。それは少なくとも新しい雇用を増大させ、何らかの剰余をその地域にとどめたであろう。しかし、上記のように前者は実質賃金の上昇（ないし一般生活水準の向上）と結びつかず、後者はただ、周辺地域に来住したヨーロッパ人や、中核地域と利害が直結し中核地域に顔を向けた少数社会層の、ただでさえ豊かなふところを潤すにとどまる、という傾向を否定できない。

もちろん地域・時代による差異も著しく、一概なことを述べるのは難しいが、ここでこの点との関わりで、D・C・M・プラットの「従属学派」批判[48]について多少ふれてみたいとおもう。このプラットはかの「自由貿易帝国主義論」にかみついたプラットで、つまりあちこちにかみつく論者だということになるが[49]、その議論はただちにS・JおよびB・H・ステインの反論を呼び、興味ある論争のきっかけとなった[50]。興味ある、といったのはあるいはプラットには少々酷であったかもしれない。というのは問題の論文は論争術にはたけていても出来がそれほどともいえず、面白いのはステインの反論の方ばかり、という傾きがあるからである。しかしわれわれにとって、ここに戦わされた議論の中には、つぎの考察のきっかけとしてきわめて興味のある論点が少なくとも二つ含まれている。

そもそもプラットの論文は「一歴史家は抗議する」という副題にも明らかなように、時代と場所を独立後のラテンアメリカ諸国に限定し、そこにおける史実が「従属学派」の主張とは異なることを主張しているが[51]、しかし問題を限定するといいながら、その実プラットは一般的論議にも十分色気をのぞかせている。それによると、独立後のラテンアメリカは中核地域などへ結びつけられてはいない。事実はその逆で、主要産物のヨーロッパ市場での需要が落ちて慢性的に売れゆき不振となり、したがって代わりに買うべきものも買えず、「その志に反して非従属的・自給的経済となり」世界市場から切断されてしまった、というのである。史実がかならずしもそうといえないことについてはステインの反論の方にまかせるが、ここで注意したいのはプラットが「その志に反して」孤立化したという時の、志の担い手がいったい誰だったのかという問題である。

一六、七世紀から開発されてきた「低開発」社会の特徴として、これらの土地には「ヨーロッパ的刻印を押された社会をそのままに保つために」(ステイン)、つねにヨーロッパとの輸出入貿易に頼らざるをえない「エリート社会層」が成長し、かれらがその地の希望を「代弁」していた。外部に直結したこの階層が、権力を手中にして世界市場向けの経済開発をはかると同時に、他方において自給セクターの労働生産性を低位に保つ政策をとり続けても、何の不思議もない。プラットの論議はこの階層の姿をわれわれの眼前に引き出してくれる。

プラットの持ち出すもうひとつの基本的な論点は、「スペイン植民地アメリカの経済を、輸出志向経済と述べるのは正しくない」ということである。というのは、輸出向け生産は広大なラテンアメリカのごく一部で行なわれた経済活動であるにすぎず、その一方でそこではもっぱら地域内需要に応えるための生産がつねに継続して行なわれており、この「内部へ顔を向けた経済」の大海の表面に浮かぶ鉱山やプランテーションに目を奪われて、従属学派は近視眼的錯覚に陥った、というのである。

もちろん西インドの島々の中には、大部分の土地が輸出向け農作物にあてられ、労働者の日常必需品まで外部からの供給に仰がねばならぬ地域が存在していた。しかし、多くの「低開発」社会において、輸出セクターの作り出す日常的需要に対応し、さらには輸出によって栄える港市を支えるために、農業・牧畜業が地域内部に広く行なわれており、むしろこのような農牧業セクターを内にかかえる形の方が、一般的にみられる形態というべきであったと思われる。

同時に、前述のような安価な労働力の「際限ない」供給を確保するためには、生産性の低い自給セクターの広汎な併存が重要な意味をもちうることを忘れてはなるまい。従属学派がこれらの点を認識していないと考えるのはプラットの誤解にすぎないが、しかしこの問題を鮮明に浮かび上がらせた点は十分意味あることであった。

いうまでもなく、輸出セクターの開発のためにコストの安い労働力がどのようにして動員されたか、「無限の労働力供給」はどのようにして確保されたか、また開発にともなって生ずる生活必需品の需要増大にどのような形で対応したか、はその社会の置かれた自然的条件・歴史的条件、さらにはそれをとりまく世界史的条件のあり方などに左右されて、さまざまに異なったものとなった。こうして輸出セクターに直接関係のない遠くの地域までまきこんで、植民地的周辺社会に多様な形態を生みだすことになった。[52] とすればすべてを簡単な一般論で一括するわけにゆかないのは当然で、この点にかかわる論議はプラット・ステイン論争の中でもいろいろ形を変えて現われてくる。

ここでその諸形態の類型論を展開するつもりはない。ただ、一七、八世紀の周辺地域への資本投下・開発によって生じた変動の根は深く、表面は世界市場に接触しているとは見えぬ「前近代的低開発」社会も、その世界史的脈絡をたどってみると周辺化の渦にまきこまれている可能性の濃いことを、ここであらためて指摘しておきたい。

世界市場形成の考察を試みるにあたってまずその世界史論的背景を論述してきたが、そこに浮かび上がった理論的問題を以下において全面的にとりあげ、ひとつひとつに具体的解答を与えてゆく意図はもっていない。本書の分析や叙述はその逆に、とりあげる問題・地域・時代のいずれをとってみてもはるかに限られた性質のものとならざるをえない。むしろそれ故にこそ、出発点において以下の考察の世界史論的背景を、一定の角度からではあるができるだけ広く確かめようと試みた次第である。

1　ここにその詳細な文献目録をかかげることはできない。容易に邦訳の入手できる主要著作だけを拾っておく。Frank, Andre Gunder, "The development of underdevelopment," *Monthly Review*, 1966. Frank, A. G., *Capitalism and underdevelopment in Latin America*, New York and London, 1967. Frank, A. G., *Latin America: underdevelopment or revolution*, New York and London, 1969.

最初にかかげたのがしばしば引用される初期の代表的論文であるが、これは三番目の一九六九年の著作の中に収録された。この論文をふくめて、右の諸著からフランク自身によって選出された論文がまとめて邦訳されている。次の書物である。A・G・フランク、大崎正治（他）訳『世界資本主義と低開発』柘植書房、一九七六。なお三番目の著作については、武藤一羊氏による紹介がある。連帯編集部編『新帝国主義論争』亜紀書房、一九七三、を参照。Frank, A. G., *Lumpen-bourgeoisie and lumpen-development*, New York and London, 1972. 西川潤訳『世界資本主義とラテンアメリカ』岩波書店、一九七八。Frank, A. G., *Dependent accumulation and underdevelopment*, New York and London, 1979. 吾郷健二訳『従属的蓄積と低開発』岩波書店、一九八〇。Amin, Samir, *L'Accumulation à l'échelle mondiale*, Paris, 1970; Eng. tr. by Brian Pearce, *Accumulation on a world scale*, New York and London, 1974. 野口祐（他）訳『世界資本蓄積論』、野口祐・原田金一郎訳『周辺資本主義構成体論』、原田金一郎訳『中心＝周辺経済関係論』柘植書房、一九七九〜八一。Amin, S., *Le développement inégal: essai sur les formations sociales du capitalisme périphérique*, Paris, 1973;

Eng. tr. by Brian Pearce, *Unequal development: an essay on the social formations of peripheral capitalism*, New York, 1976. 西川潤訳『不均等発展』東洋経済新報社、一九八三。Amin, S., *L'échange inégal et la loi de la valeur: la fin d'un débat*, Paris, 1973. 花崎皋平訳『不等価交換と価値法則』亜紀書房、一九七九。Dos Santos, Theotonio, *Imperialismo y dependencia*, Mexico, 1978. 青木芳夫・辻豊治・原田金一郎訳『帝国主義と従属』柘植書房、一九八三。

Wallerstein, Immanuel, *The modern world-system*, 3 vols., New York, San Francisco and London, 1974-1988. 川北稔訳『近代世界システム』岩波書店、一九八一（和訳は二分冊となっているが、あわせて原著第一巻の訳）。Wallerstein, I., *Historical capitalism*, London, 1983. 川北稔訳『史的システムとしての資本主義』岩波書店、一九八五。

以上の論議を経済学的により広い視点から位置づけるために、小野一一郎編『南北問題の経済学』同文舘、一九八一、などを参照されたい。

2　これらをひとまとめに扱うことは、細かい内容に立ち入るまでもなく、かなり無理があることを覚悟せねばならない。その関心のあり方、取り扱う問題の重心などの点で、「従属理論」と「世界システム論」との間に微妙なズレがあることは後にも多少ふれるが、いずれも「近代化」論への根底的批判であるという点において共通するものがあり、まとめて大づかみにとらえることに十分意味があると思う。ここでは相互の基本的親近性について、ここでひとまとめにした論者のそれぞれが十分意識していると思われること、またこのような発想はけっしてかれらのみの独創的発案とはいえず、第二次大戦後まもなく世界の各所にそれぞれ独自にくすぶっていたと考えられること、わが国もその例外とは思えぬことなどを指摘しておきたい。以上の点について、柴田三千雄『近代世界と民衆運動』岩波書店、一九八三、序論、およびあまりよい例ともいえまいが、次を参照されたい。松井透「インド近代史における「後進性」について」『歴史学研究』二六二、一九六二。Matsui, Toru, "A methodological consideration in modern Indian history," *Quarterly Review of Historical Studies,* VI-2, 1966. 松井透「十九世紀インド経済史研究の方法論的検討」『アジア研究』一三―四、一九六七、一五～一七頁など。

つぎにまた、dependency theory (or school) とか dependentista とかいう用語がどの程度定着しているか、それが適切な用語かどうかについても、多くの問題があるであろう。一九七八年にフランク自身も「従属理論は死んだ、階級闘争を唱える新従属論万歳」と論文の副題をつけており（前掲、大崎（他）訳『世界資本主義と低開発』二六七頁）、アミンについては「新従属派」と呼ぶこともよろしくない、もはや「従属」の呼称はさしひかえるべきだ、という原田金一郎氏の意見などもある（前掲、S・アミン、野口・原田訳『周辺資本主義構成体論』解説、一五七～八頁）。後出のオブライエンはこのことばを避け、new school of development theory と呼んでいる。ヨーロッパ史に重心を置いたウォーラーステインの「世界システム論」を「従属理論」といってしまうのに、抵抗があったのであろう。ここで異を唱えるつもりはさらさらないが、他の適当な用語が定着しているようでもないので、あくまでも便宜上の措置として「従属」の用語を用いる。

3　大塚史学の「横だおしの世界史」論などもその壮大な構想例といえるように思うが、W・W・ロストウの「経済成長の諸段階」などの流れの「近代化」論もその中に入るであろう。もっともここでいうような発想は、ずっと卑近な日常生活の中においてもしばしば出会うものと思う。この点について上掲の柴田三千雄氏の著作を参照されたい。

なお、「均質化」ということばは耳なれぬ用語かも知れないので、一言付け加えておく。その対極に「不均質化」ということばを置くことを予定したものであるが、ここで頭に置いているのは、従属学派の unequal development あるいは inequalities などの用語である。「不均等」という訳語があてられることがあるが、この「ならして等しくする」を否定する意味あいの日本語は、量や程度が等しくないという響きが強すぎるように思う。量や程度の差に還元できぬ質的な違いも、unequial ということばの意味に含まれていると思うが、このニュアンスを生かすために「不均質」という表現を試みに用いることとした。

4　上記、注1の最初の論文。

5　metropolis を中枢というのはいいとしても、satellite を衛星というのはどうであったか。「人工衛星」というような当時はやりの用語にひきずられたのかも知れないが、ラテン語語源のこのことばは元来ボディーガードや従者の類をさし、「従属」の意味が濃い。地球本体よりも一見スマートな「人工衛星」の輝きを、訳語に与えるのは感心できない。なおフランク自身がこのことばに固執せず、しばしば「中核」「周辺」について語っていることを注意しておこう。また、この箇所で用いている「不均質化」「不均質性」というような表現については、右の注3を参照されたい。

6 アミンは「中核」とはいっていないかもしれないが、要するに訳語の問題になるからここではこだわらぬこととした。また「周辺」は意味からいうと「周縁」の方がよいかもしれないが、その差がそれほど意識されるとは思えぬので、日常的用語の「周辺」の方が通りがよいと考え、これを用いることとした。

7 「二重経済論」あるいは「二重社会論」などの理論は、さまざまの角度から論ぜられ、批判もされてきた。しかしこの理論がその発想の根底においた現実そのものが、少なくとも現象的には理論に対応するような形をとどめてそこにあることに変わりはない。それゆえにこそこの理論が死滅することなく、たびたび想起され、形をかえつつ再生するのではないかと思う。近年和訳されたブーケの古典的著作をかかげておく。Boeke. J.H., *Economics and economic policy of dual societies as exemplified by Indonesia*, Haarlem, 1953. 永易浩一訳『二重経済論――インドネシア社会における経済構造分析』秋董書房、一九七九。この書物のオランダ語の原著やその後の研究史については、本訳書巻末の加納啓良氏の解説を参照されたい。

8 たとえば、注1にかかげたフランクとアミンの著作を比べて頂きたい。

9 これはアミンの著作の標題となっているが、「世界」と「蓄積」とはこの学派のいわばキー・コンセプトともいうべきで、このいずれかのことばを標題に含む著作・論文は非常に多い。以下の本書の内容ともかかわりの深いものを、一例としてかかげておく。Frank, A. G., *World accumulation, 1492-1789*, New York and London, 1978.

10　以上は「従属学派」の論議のあら筋を、筆者が印象論的にたどったものにすぎず、この「学派」の個々の論者をとれば、それぞれに異なる視角、理論的骨組み、独特の方法をもつことはいうまでもない。なおこの点に関係して、後述（本章3節）を参照して頂きたい。

11　O'Brien, Patrick, "European economic development: the contribution of the periphery," *Economic History Review*, 2nd series, XXXV-1, Feb. 1982.

12　一例をあげれば、フランクの初期の諸論文もまさにその類である。「低開発の発展」に述べる五つの仮説など、この点をぬきにしては理解できまい。

13　最近邦訳が進行中の左記の著書に、その学風を察することができよう。Braudel, Fernand, *Civilisation matérielle, économie et capitalisme, XVᵉ–XVIIIᵉ siècle*, 3 tomes, Paris, 1979. 村上光彦訳『物質文明・経済・資本主義、15-18世紀、Ⅰ日常性の構造』全二冊、みすず書房、一九八五。山本淳一訳『物質文明・経済・資本主義、15-18世紀、Ⅱ交換のはたらき』全二冊、みすず書房、一九八六～八八。村上光彦訳『物質文明・経済・資本主義、15-18世紀、Ⅲ世界時間』全二冊、みすず書房、一九九六～九。本書については、左記の著書も参照。Braudel, Fernand, *Afterthoughts on material civilization and capitalism*, tr. by P. M. Ranum, Baltimore, 1977.

14　本章注1を参照。なおこの著作の書名について一言付言すれば、ウォーラーステインの

「世界システム」論は、（A）世界近代史をばらばらの国民経済の発展に分解してしまうことを拒絶し、単一の分業でまとめられる一つのシステムととらえる、（B）「世界システム」は世界史上、近代以前にも「世界帝国」という形態をとって存在したものと考える、という二点において、空間的にも時間的にも広大な構想をもつ理論となっている。そして、この著作はその中の近代の部分を扱うためのものであるので「近代世界システム」と名付けられたわけである。この点について「社会変動の研究」についてのこの著作の序章のほか左記を参照。Wallerstein, I., "The rise and future demise of the world capitalist system: concepts for comparative analysis," in Wallerstein, I., *The capitalist world-economy*, Cambridge, 1979. Wallerstein, I., "A world-system perspective on the social sciences," *ibid.*

なおブローデルとの関係については、簡単には『近代世界システム』の訳者である川北稔氏によるこの著作についての解説（I「まえがき」xii、xiv頁など）や、『日常性の構造』の訳者である村上光彦氏による解説（訳者あとがき四六四〜六五頁など）を参照されたい。なお、ウォーラーステイン自身がFernand Braudel Centerの中心人物であることを申しそえておこう。

15 Wallerstein, I., "European economic development: a comment on O'Brien," *Economic History Review*, 2nd series, XXXVI-4, Nov., 1983.

16 O'Brien, P., "European economic development: a reply," *ibid.*

17 Bairoch, P., *Commerce extérieur et développement économique de l'Europe au XIX*e *siè-*

cle, Paris, 1976. Bairoch, P., “Geographical structure and trade balance of European foreign trade,” *Annales, ESC*, mars-avril, 1973.

18 さまざまのニュアンスで用いられる用語で、簡単には扱えない。一定の訳語を機械的にあてる弊をさけた川北稔氏の和訳の方針を正しいと思う。『近代世界システム』I xiv、二七頁参照。

19 Davis, Ralph, *The industrial revolution and British overseas trade*, Leicester, 1979. Feinstein, C.H., “Capital formation in Great Britain,” in Mathias, P. and Postan, M.M., eds., *Cambridge economic history of Europe*, VII, Cambridge, 1978.

20 Williams, Eric, *Capitalism and slavery*, Chapel Hill, N.C., 1944, London, 1964. 中山毅訳『資本主義と奴隷制』ちくま学芸文庫、二〇二〇。Williams, Eric, *From Columbus to Castro, the history of the Caribbean 1492-1969*, New York, 1970. 川北稔訳『コロンブスからカストロまで』全二冊、岩波書店、一九七八。Engerman, S.L., “The slave trade and British capital formation in the eighteenth century: a comment on the Williams thesis,” *Business History Review*, 1972.

21 Wallerstein, I., *The modern world system*, I, p. 102. 川北訳、I一三八頁。Cf. Wallerstein, I., *The capitalist world-economy*, p. 38.

22 Mauro, Frederic, “Towards an intercontinental model: European overseas expansion between 1500 and 1800,” *Economic History Review*, 2nd series, XIV-1, 1961.

23 これはつぎの箇所からの引用である。ただフランクのこの問題に対するアプローチは、ここで書かれているほど単純ではない。ややかれは揚げ足をとられた観があるように思う。Cf. Frank, A. G., *World accumulation 1492–1789*, p. 44.

24 Braudel, F. and Spooner, F., "Prices in Europe from 1450 to 1750," in Rich, E. E. and Wilson, C. H., eds., *Cambridge Economic History*, Vol. IV, p. 446.

25 Chaudhuri, K. N., *The trading world of Asia and the English East India Company 1660–1760*, Cambridge, 1978. Chaudhuri, K. N., *Trade and civilization in the Indian ocean*, Cambridge, 1985.

26 Hamilton, Earl Jefferson, *American treasure and the price revolution in Spain, 1501–1650*, Cambridge, Mass., 1934. Hamilton, E. J., "American treasure and the rise of capitalism (1500–1700)," *Economica*, Nov., 1929.

27 Keynes, John Maynard, *A treatise on money*, 2 vols., London, 1930; Vols. V & VI of The collected writings of John Maynard Keynes, 30 vols., London, 1971–, Vol. V, pp. 132–45. 鬼頭仁三郎訳『貨幣論』全五冊、同文舘、一九三二〜三四。小泉明・長沢惟恭訳『貨幣論』(ケインズ全集、全三〇巻、東洋経済新報社、一九七六〜の第五、六巻)。

28 Braudel, Fernand, *La Méditerranée et le monde méditerranéen à l'époque de Philippe II*, 1949, 2e ed. revue et augmentée, 2 tomes, Paris, 1966; Eng. tr. 1972.

29 Wallerstein, I., "World-system analysis: theoretical and interpretative issues," in Kaplan,

B. H., ed., *Social change in the capitalist world-economy*, Beverly Hills, 1978. pp. 219-20.

なおウォーラーステインのこのような主張は単なる思いつきではなく、中核・周辺構造を一国の内部においてもまた展開するものととらえるいくつかの研究を、念頭に置いたものと思われる。「イギリス」の中でもケルト辺境地域が国民経済的統合にあずかることができず、内部植民地化したと論ずるつぎの書物を参照（この書物については川北稔氏の御教示をえた）。Hechter, M., *Internal colonialism: the Celtic fringe in British national development, 1536-1966*, 1975.

さらにまた、ウォーラーステイン自身の民族（エスニック）集団や辺境地域のひとびと、あるいは女性、「少数派」集団の取扱いについてはつぎを見られたい。Wallerstein, I., *Historical capitalism*, pp. 75-93. 川北訳、一〇五〜三〇頁。

30　このあたりウォーラーステインの論旨は、叙述も簡略化されており、すっきりとはよみとりにくい。ここはかれの近著 *Historical capitalism* などを頭において、筆者が多少整理した。なお、次節（五〇〜五四頁など）を参照されたい。

31　「連鎖」のウォーラーステインの理解は、この論文と同じころ執筆されている上掲書により詳しくのべられている。*Historical capitalism*, pp. 16-17, 28-34. 川北訳、七〜九、二九〜三九頁。

32　これに関するウォーラーステインの考え方やかれのグループの仕事について、注29を参照されたい。

33 Cf. Crouzet, F., "The sources of England's wealth: some French views in the eighteenth century," in Cottrell, P. L. and Aldcroft, D. H., eds., *Shipping, trade and commerce, essays in memory of Ralph Davis*, Leicester Univ. Press, 1981, pp. 61–79.

34 「周辺にとって大きなものでも、中核についてみるとさしたる比重を占めていない」ということは、従属派の論者がいつも見落としているというわけではない。たとえば、時代はずっと下るがアミンはこれを明らかに指摘している（『世界資本蓄積論』九三頁など）。西ヨーロッパ諸国の資本主義的発展を考える時、周辺との関係を捨象して分析するという限りにおいては、オブライエンと軌を一にする方法をわが国の社会科学もしばしば用いてきたと思う。

35 これらの点において当時急速に伸展しつつあった遠洋貿易は、ヨーロッパ、地中海を舞台とする近海貿易と比べて、その取引量の比率では測りきれない大きさの効果をもたらしたことを注意しておくべきであろう。この意味では遠洋貿易は当時の経済の一翼を担いつつひとつの主導的役割を果たしたものといってよい。Cf. Davis, Ralph. *The rise of the English shipping industry in the seventeenth and eighteenth centuries*, London, 1954.
「貿易の拡大はそれを支えるための商工業諸職業を生み出した。商人、船員、倉庫業者、造船業者、荷揚業者、帆製造業者、諸事務員、荷馬車業者などである。雇用と投資の成長（に与える効果）は取引価格統計の数字によっては適切に計ることができない。というのは、貿易の外形的特徴が変わってきたからである」。以下、信用面にもふれるR・デイヴィスの簡明な叙述をつぎの箇所に見られたい。ロンドンを始めとする海港都市の発展が世界市場形成に大きな意味をもったことはいうまでもあるまい。Davis, R., *English overseas trade, 1500-1700*, London, 1973, pp. 9-10.

36　総生産に対する比率を計算すれば、きわめて多くの要因は現代の感覚からみると信じられぬほど寄与が小さいのではないかと思う。モノグラフィカルないくつかの研究の経験に基づく憶測の域を出ないが。

37　もちろんこれは、史実とは異なる条件下で何が生起しえたかを分析するよりも、あくまでも史実の個別性に執着する伝統的方法に「安定感」の名を与えてみただけの話であるが。この点については下記を参照。芝井敬司「ニューエコノミック・ヒストリーをめぐる方法論争」『西洋史学』一二六、一九八二。芝井敬司「ロバート・フォーゲルとクリオメトリクス」『人文学報』五四、一九八三。

38　もちろん、三区分についてウォーラーステインは一定の基準を用意している。それはとくに労働の存在形態、あるいはその管理形態の形式的区分に帰着する。ただその区分の基準は、それにもとづく実態的分析の結果、世界が三地域に区分されたというよりは、一般的常識とウォーラーステインの適宜の判断によって区分が行なわれたあとで、それを説明するための根拠として引きあいに出された、という域を出るものでないように思う。とくにその形式的区分がいかに歴史の中で動態的なものとなるかについては、個々のケースに関する特殊な史的条件による説明にまかされている。Wallerstein, I., *The capitalist world-economy*, pp. 19-23, 26-29, 33-34, 68-75, 84-85, 89-91, 95-118.

39　Wallerstein, I., *Historical capitalism.* 川北訳『史的システムとしての資本主義』を参照。ウォーラーステインの理論構成の中で、「半周辺」がなければならないのはいったい理論のどのレベルにおいてなのか、そもそも「半周辺」は理論構成上不可欠なのか、それとも歴史事象に即した経験的な分類概念なのかも、かならずしも明確に読みとることができない。少なくとも *Historical capitalism* のレベルの論議においては、この概念が浮かび上がる必然性はないようである。

40　Wallerstein, I., *The modern world system*, II, pp. 236–41.

41　Emmanuel, Arghiri; Bettelheim, Charles; Amin, Samir; Palloix, Christian, *Imperialismo y comercio internacional: intercambio desigual*, México, 1971. 原田金一郎訳『新国際価値論争』柘植書房、一九八一。名和統一「国際不等価交換について」『現代の理論』一四一、一九七五、一〇月。田中素香「西ヨーロッパにおける国際価値論争」上・下、『世界経済評論』二一〜二七、一九七一、七月。

42　Hicks, John R., *A theory of economic history*, Oxford, 1969, pp. 44, 51. 新保博訳『経済史の理論』日本経済新聞社、一九七〇。ここではこの経済史への理論的著作ゆえに、ヒックスにリカードや新古典派的な立場の代表をつとめてもらうこととした。

43　*Ibid.*, pp. 52–53. 世界市場の形成は多くの地域の植民地化をともなったが、「土地を奪われた土着民もやがて利益にあずかる時がくるだろう」と強弁するのは無理な話で、「植民者との交易で土着民も最後には経済的利益をうる可能性がある」と考えることはできても、「マサチューセッツのいったいどこに、今インディアンがいるのか？ 例外なのは、（比較的）ハッピーなエンディングの方なのだ」。右はアメリカに関するヒックスの記述の要約であるが、インドの場合についてのかれの記述も、興味深い。

44 インドの場合を例にとると、初期の露骨な掠奪が終息したあとで、種々の名目による本国向けの富の流出が恒常化し、その国民的損失の大きさが民族運動のメイン・テーマとなることになった。経済史家、R・C・ダットはこれを慢性的な輸出超過の大きさで測定することを始め、以後それが植民地時代における代表的な経済史学説となった。しかし、古典経済学の影響が圧倒的な当時のことではあり、以下にのべるような不等価交換論的発想の生まれることは難しかった。Cf. Dutt, Romesh Chunder, *The economic history of India under early British rule*, London, 1901, 1956, etc., new ed., Delhi, 1960. Do., *The economic history of India in the Victorian Age*, London, 1903, 1956, etc., new ed., Delhi, 1960. 松井透「十九世紀インド経済史研究の方法論的検討」『アジア研究』一三―四、一九六七。

45 Lewis, W. Arthur, "Economic development with unlimited supplies of labour," *The Manchester School of Economics and Social Studies*, 22-2, 1954, pp. 139–91, also in *Selected economic writings of W. Arthur Lewis*, New York, 1983, pp. 311–64.

46 *Ibid.*, pp. 181–89.

47 *Ibid.*, pp. 149–50.

48 Platt, D. C. M., "Dependency in nineteenth-century Latin America; an historian objects,"

Latin American Research Review, XV-1, 1980.

49 もっとも手あたり次第にかみつくのではなく、「自由貿易帝国主義論」を批判したことと一連の連続的意味をもっている、とステインは指摘している。下記を参照。毛利健三『自由貿易帝国主義』東京大学出版会、一九七八、四八〜七〇頁。

50 Stein, Stanley J. & Barbara H., "D. C. M. Platt: The anatomy of 'autonomy'," *Latin American Research Review*, XV-1, 1980.

Platt, D. C. M., "The anatomy of 'autonomy' (whatever that may mean): a reply," *ibid.*

51 そのような主張が正しいかどうかについての事実に即した細かい検討は、前注50のステインの論文をみて頂きたい。

52 諸類型の形成を「世界システム」の成立、世界市場の形成といった一様な世界史的要因によって説明し切ることは、本来不可能であろう。「無限の労働力供給」を可能ならしめている条件を分析するルイスの叙述は、発展途上国の多様な現実をふまえた魅力的なものであるが、問題はけっきょく、世界市場への編入に先行するその地の社会経済的条件、あるいは編入過程にまつわる史的条件といったものに帰着する。それらの条件の性質をふたたび単線的発展理論によって測定できるかどうかは問題があろうが、しかし、さまざまな変種の存在を単に並列的に分類すればそれですむという問題でもない。理論的に解決ずみとはいえぬことと思うが、いわゆる「接合論」の論議もここにかかわってくるわけである。なおこの点については下記を参照されたい。Cf. Matsui, Toru, "Bengal agriculture (1900–1920) —a quanti-

tative study of colonial economic development," *The Calcutta Historical Journal*, IX–2, 1985.

第二章　世界市場の形成

1　問題の所在

本章で「世界市場形成」の具体的考察に入るが、始めに直接の研究対象の輪郭を明らかにして、関係する論議のポイントをあげておきたい。そこでまず「市場」であるが、いうまでもなく何らかの財貨交換の存在を前提として、その行なわれる場、そこでの営み全体が、以下われわれの研究対象となる。この場合、理想型としては、そこでは常時多くの財貨が取引され、そのための便宜が整い、安全が保証されている、そこへはだれでも参入できるよう門戸が開かれており、そこでは全当事者の自由な競争により取引の価格が形成される、というような場を想定することとなる。

しかしこのような条件を厳密に考えれば、「世界市場」は史上まだ実現されたことがなく、その「形成」などは史学上の研究テーマとして成り立たないことになりかねない。実際上、以下においてはずっと緩やかに物事を考えた上でわれわれのテーマの考察を進めるが、ではいったいどのように右の諸条件を緩めてしまうのか。明確な一線をひいてこれに答えることは難しいが、最初に一応の目安ぐらいはつけておく必要があろう。

過去から現在までに実在した市場は、しばしばそこへの自由な参入、自由な競争、安全の保証などに欠ける点が多かったことはよく知られている通りである。しかし市場という以上、それは少なくとも財貨の交換を目的とする場でなければならず、その目的のために集まる取引の主体がなければならない。ただ単に財貨のAと財貨のBがすれ違いに移動するという事実が存在するというだけでは、ここに市場関係を認めることはできない。たとえば貢として財貨Aが諸方からかなりの距離を輸送して献上され、これに対して財貨Bが下賜されたとしても、ただそれだけではなんら「市場」とは関係がない。

また明らかに商取引が行なわれた事実があったとしても、それが単発的であるならば、これで市場の存在が立証されるわけでもない。古い時代に、たとえば絹・工芸品・貴金属、あるいは香辛料・砂糖などが、なんらかの事情で遠い距離を運ばれて異国に達したという歴史的事実があっても、それらすべてを本書の考察の対象に入れる必要はない。

そこでわれわれは、財貨の交換そのものを目的として複数の主体が登場し、単に単発的・散発的にではなく、かなり恒常的ないし定期的な取引の場が設けられ、そこにおいては実質上の競争がなんらかの程度存在する、ということを市場存立の一応の目安と考えておきたいと思う。たとえば外部の力の介入によって独占状態が作り出されたとしても、その介入を介入と意識して独占の網を掻い潜る取引がさかんに行なわれている、あるいはその可能性が常に存在して、これを無視した価格操作は困難だ、というような事態があるならば、ボーダーラインになってくるが、これについてはすでに実質上の市場関係が生じているか、生じうるものとみなすことになる。

市場を素朴な形で考えれば、たとえば村の市《いち》とか、どこかの町のバザールやマーケットなどが思い浮かべられるであろう。そこでは限られた空間に多くの人々が集まって、賑やかに騒がしく売買が行なわれる。その場その場の競《せ》りで価格などの取引条件がなりゆきによって決められる。むろん完全な競争を期待するのは無理かもしれない。しかし個々の取引の様子は自然に洩れて皆の知るところとなり、非常識な、とんでもない価格での取引はめったに成立する余地がない。

牧歌的な市場風景であるが、これと似たような状況が複合してより広い空間の中に作り出されることもありうるであろう。商品集散の中心となる町や都市などその例である。この場合、素朴な市場が複合・交錯してその間に自由な参入、自由な競争、ないしそれに近い状態が生み出されるためには、欠かせない条件がひとつある。財貨の取引に関する諸情報の流通がそれである。

ただし、関係者全員への完全な情報伝達の保証は歴史上ほとんど実在しないから、多くの場合かれらの間への不完全な情報の伝達という条件の下で競争が行なわれることになる。

つまり市場に参入した個々の主体は、それぞれ手にしている十分とはいい難い情報を頭において、競争に加わる。そこでの勝負は、しばしばどれだけよい情報をどれだけ早く入手しているかという点での勝負になる。ただし一手遅れの過去の情報でも、それなりに市場に広く伝われば、当然つぎの競争の共通の前提となる。これは歴史上つねにそうであったし、現在もなおしばしばそうであろう。けっして完全とはいえぬ情報流通と過去の情報の蓄積という条件の下で、市場はいやがうえにも活気づくのである。

ところで、ここに述べた市場の空間的広がりは、歴史的な社会経済条件の変化に応じてある限度まで拡大してゆく可能性をもっている。たとえば市の立つ村や市場都市を商業の網でつなぎ、生産者から消費者までを大小さまざまの商人たちの連鎖組織がカヴァーして、かなりの広さの地域が、緩やかではあるがひとつの市場にまとまってゆくことが可能であろう。

ただし、市場の拡大には歴史的条件に即応した一定の限界が現われる。それには地理的条件や言語・宗教・政治など多様な問題が係わってくるが、何よりそれが商業で結ばれる経済機構である以上、取引を行ない財貨を運ぶコストやリスクをカヴァーしてなおかつかなりの利潤を見込むことができるという、計算が立たなければならない。

早い話が、市場の拡大があれば、当然それに応じて、より長い道のりを陸上・水上で物を運ぶ必要が生じる。そこで運輸の手段として、何をいくらのコストで利用できるのか、また財貨の輸送にともなうリスクがどの程度のもので、安全保証にはどのくらいの経費がかかるのかを、いつも頭に置いて計算しなければならないことになる。

利がのる見込みが立つには、もちろん離れた地域間の価格差が十分に大きいことが条件となる。そのためには、ある地域で比較的安価に生産される特産物が存在し、別の地域でその産物に対するかなりの価格での有効需要が存在せねばならず、とくに市場圏内にそのような生産と需要のさまざまな組合せのあることが必要であった。ここで仮に「特産物」といったが、それは主として自然条件の差異によって生ずる特産物であってもよいし、技術的・経済的発展に基づく地域間分業の結果として生み出されるその地域特有の産物であってもよい。ともかく地域間に商取引を成り立たせるのに十分なだけの価格体系の差がないかぎり、それらの地域をつないだひとつの市場は成立しない。

こうして多くの歴史的条件に対応して市場が成立し、おのずからある範囲まで広がったひとまとまりの市場圏が形成されることになる。具体的には人類の歴史の中で、右のように緩やかに定義された市場圏はけっしてはっきりした境界線で囲われるものとは限らず、商品の種類によって広がりの異なる市場圏がたがいに重合して認められたり、隣接する市場圏が縁のところで部分的に重なりあって、それを手繰ってゆくと、いわば芋づる式に大陸の端から端までつながってしまうようなこともありえたであろう。だがたとい漠然としたものであれ、緩やかにひとまとまりをなす市場圏が、それぞれの時代に応じて現われたのも事実であった。

ここでひとつ注意しておきたいことがある。右のように市場圏を考えてゆくとき、市場の拡大を導き出してそれをひとつにまとめあげていく具体的な個々のポイントのすべてにわたって、情報の伝達や情報の蓄積が欠くべからざる前提となっている。大きな店舗を構える卸売商もみすぼらしい行商人も、手堅い取引の老舗も新参の無謀な冒険商人も、市場にはさまざまの人間模様があるであろう。しかしコストやリスクや物価体系や、特産物の存在やその需要のあり方や、利用しうる輸送手段や見込まれる利潤や、それらのすべてについて、質の良否はともかく、何らかの情報のないかぎり市場が市場として成り立たないのである。そこである地域がひとつの市場圏にあるという場合、その中にはその市場に特有の情報の流通や蓄積が存在し、その外に出ると情報の流通や蓄積に障害が生ずる、ないしはそれが経済的に無意味になる、という限界が存在するものと考えてよいであろう。情報は市場の限界のメルクマールになる、といってもよい。

「絹の途」や「陶磁器の途」には人類史のロマンが漂う、という。確かにそうであろう。そしてそのロマンには、砂漠や海原の遠いかなたに果てしなく広がるという未知の国、見知らぬ世界への夢が込められていよう。そこでとつぜん夢から現実に戻って恐縮だが、この「未知」とか「見知らぬ」とかいうのは、つまるところ「情報の伝達がない、不十分だ」ということに他ならない。その点を考えると、ひとつの市場圏というのは要するに日常的な、手垢のついた情報蓄積の世界であり、ロマンからは程遠い金儲けの世界である。

だからわれわれは、たとえば中国の絹がヨーロッパへ運ばれていたという事実を与えられても、当のヨーロッパ商人が絹がどこでどのように生産されいくらで仕入れでき、いくらでヨーロッパまで運べるかについてまったく無知ならば、中国とヨーロッパをひとつの市場圏の中にあったというわけにはいかない。ましてペルシアのガラス器が正倉院にあったからといって、日本とペルシアが同一市場圏内にあったとはとうてい主張できない。われわれの定義ではそうなる。芋づる的につながっているということと、ひとつの市場圏にあるということとは別の話なのである。

ほぼ以上のように考えて、われわれは「世界市場」の形成を考察の対象とするのであるが、ここでもうひとつ「世界」の定義が残っている。今たとえば地中海世界とか南アジア世界とかいうように、人類史上のいわゆる文明圏などに「世界」の名称を与えることにすれば、われわれはおそらく多数の世界市場の興亡を歴史の中に辿ることとなろう。しかし本書ではこのような見方を用いない。われわれのいう「世界」はあくまでも文字どおり全地球的規模のものと考えて頂きたい。

となるとそのような規模の市場が形成されたのは人類史上ただ一回であり、われわれの考察するのはその歴史的個体としての世界市場のみということになる。すなわち資本主義的発展の途に足を踏み出したヨーロッパ経済を中心にして世界各地がひとつの市場システムの中に編入されてゆく、その世界史的経過をわれわれは追うことになる。とくに本書では見方によってはまだ進行中とも考えられるその全経過のうち、この世界市場形成の大勢を決定的なものにした環大西洋的規模の市場圏の形成に重心をおいて考察を進めることにしたいと思う。

取り上げるべき論議のポイントは多々存在する。われわれは市場の条件として、ある財貨が取引された証拠があっても、それが単発的あるいは散発的であったのでは不十分と考えた。多数の財貨が恒常的に広く交換されているという状態が必要であった。ということはつまり、取引される財貨の種類、年々の取引量、さらには取引の頻度というような数量的要因が、ここで無視しえぬ論議のポイントとして登場することとなる。

ただし、これらの数量をただ何トンとか何ポンドとかいう数字で表わして捕捉しておけばそれでよいというわけではない。またその数字が二、三年の間に二倍になったなどと書き添えてみても、実はあまり意味がないことが多い。その数量が実際どの程度大きいのかを、他の何かと比較してわれわれが理解する手続きが必要なのである。このためには、まずこれらの数量的情報をできうる限り長期の時系列としてとらえ、二〇世紀にまで至る大きな史的動向の中で、前後の時代を比較しつつ「世界市場の形成」全体を視野の中に収めることが望ましいということとなろう。

さらにまたそれぞれの時代の各地域経済の生産・流通・消費に関するデータとひきくら

べて、世界市場が地域経済をどの程度捕捉していたか、またその捕捉の度合いにどのような史的変化が現われたかを考えてゆくことも望ましいであろう。といっても、この度合いや程度を単純な指標で表わすのが主眼ではない。構造的な見地から世界市場要因が地域経済の中に占める位置・役割や及ぼした影響の深刻さを測れれば、それに越したことはあるまいと思う。ウォーラーステイン・オブライエン論争がしばしばこの点にかかわる論議を展開していたことはすでに前章に述べた通りである。

「世界市場の形成」についてはまた、その質の問題を考えることが必要であろう。たとえばそこに参入して財貨の取引を行なった主体はどのような人々であったか。かれらの取引量や影響力はどのようなものであったのか。この点からみてその時代の「世界市場」には、はたしてどの程度まで偏らぬ自由な参入が実質上ありえたのか。カヴァーする地域全体を見渡したとき、市場の構成は均質かつ均等であったのか。あるいは逆にどのように不均質・不均等であり、「歪められて」いたのか。そしてそれはけっきょく、どのような構造の世界経済と結びつく性質のものだったのか。

具体的にはまた、世界市場の市場としての機能、それを支えるインフラストラクチュアのあり方なども検討すべき論点に入ってくるであろう。たとえば取引の決済、価格形成、交易条件の決定は実質上どこでどのように行なわれ、取引の場、貯蔵の施設、運輸の手段はどんな形で準備され、為替・金融・保険の便宜、あるいは情報の収集・伝達などのサービスは、誰によっていかなる条件で提供されていたのか。そしてこれらすべてが、それまでの時代といかに異なり、その後いかなる時代的変遷を経過するのか。

こうして頭に浮かぶ論点を並べてみると、われわれの直面している問題が容易ならざるものであること、現在の研究状況から見てとうてい全面的には扱いきれぬものであることが明らかであろう。本書では具体的な考察の対象を限定し、時には論証というより例証によりつつ、できる限り明確なイメージと仮説的な照合・論考の枠組みとを用意し、限られた対象を一定角度からとらえつつも全体的視野への見通しを失わぬよう努めるのが、精一杯であろうと思う。

以下においてはまず、一五、六世紀のヨーロッパに視座を移し、手がかりをイギリスの場合に求めつつ、漸次考察の対象を広げてゆくことにしよう。

2　世界市場の史的前提

世界史の大きな観点に立つとき、世界市場の形成にイギリスがもっとも大きな役割を演じたことは、改めて論ずるまでもないことと思う。しかし少し時代を遡ると、ヨーロッパの中においてすらイギリスの地位はけっして大きなものではなかった。それが、ともかく西欧・中欧諸地域の中に伍してひけをとらぬ所にまで成長を遂げたのは、一六世紀のことと見てよいものと思う。国際経済の中でこれを象徴する事象をひとつ求めるならば、一四七五年ごろから一五五〇年前後にかけてのイギリス海外貿易の急増をあげるべきであろう。その後は何回かの谷間を経験しながらも、一六世紀後半全体としてはゆるやかな上昇を保っているのであるが、これは動乱・戦禍の影響をまともに受けた大陸側諸地域と比べたとき、好対照をなしているといってよかろう。

ここで、一五世紀末から一六世紀の対外貿易急増の実情を視覚的に示すデータを参照してみてもよいのではないかと思う。当時イギリスの貿易を輸出面でとらえると、その大半を占めるのがよく知られている毛織物であった。一時代前の原料羊毛の輸出はほとんど姿を消し、仕上げ工程未了の厚手毛織物が輸出の主軸をなしていた。その輸出の動向であるが、ほとんど一直線の上昇ぶりを図1に見ていただきたい。[1] 古い時代についての統計データの常として問題を挙げだせばきりがないが、持続的な増加が一五五〇年頃まで維持されていることに、まず疑いがない。

八〇年余の間に三倍を超えるというこのケースの成長率を指数曲線を当てはめて試算してみると、年率にして一・三五パーセント（最後の二つのデータを除くと一・五〇パーセント）という数字になる。[2] 図のもとは量的データであるから、この間における価格動向も考慮にいれねばなるまいが、それにしても今日の目からみれば緩慢な上昇で、まず取るに足らぬものと映るかも知れない。しかし、このように長期にわたってこれだけの成長が持続されたことは容易ならぬ問題で、当時のヨーロッパ経済の諸条件の下では一国の産業の地位を大きく引き上げるに十分な出来事であった。

ところでこのような輸出増大の背景には、もちろんヨーロッパ大陸側の経済的変動があった。とくに重要なのは、一五世紀中ごろに始まる中部ヨーロッパ鉱山業の採鉱・精錬における技術的発展と、それにともなう銀・銅の生産の急上昇であった。たとえば一四六〇年から一五三〇年の間に、中欧の銀産は五倍にふくれたという。この鉱業の発展とともにこの地域の経済は全般的に活況を呈し、外部地域との各種産物の取引も大きな増大を見せた。

とくに南方・東方ではイタリアや中東から、北西方ではネーデルラント・イギリスからの輸入が、この地域の銀・銅などの輸出の増加にともなって大きく膨張した。図1の示すイギリス毛織物輸出の上昇は、主としてこの膨張する需要に応じて中部ヨーロッパ市場へ向けられたものであり、まさに全ヨーロッパ的現象の一局面をなしていたわけである。もちろんこの他にも、中部ヨーロッパの富裕階層の間で、毛皮よりは厚手の毛織物を、というファッションの変化が進行したこと、イギリスの毛織物生産がフランドルの同種織物生産との競争に勝利を収めたことなど、多くの事情を考慮すべきであろうが、しかしもっとも顕著な要因は、やはり中部ヨーロッパにおける鉱山業の繁栄にともなう購買力の急増であった。

図1は、以上の外にもうひとつ明らかな歴史事象の存在を証言している。それは、一六

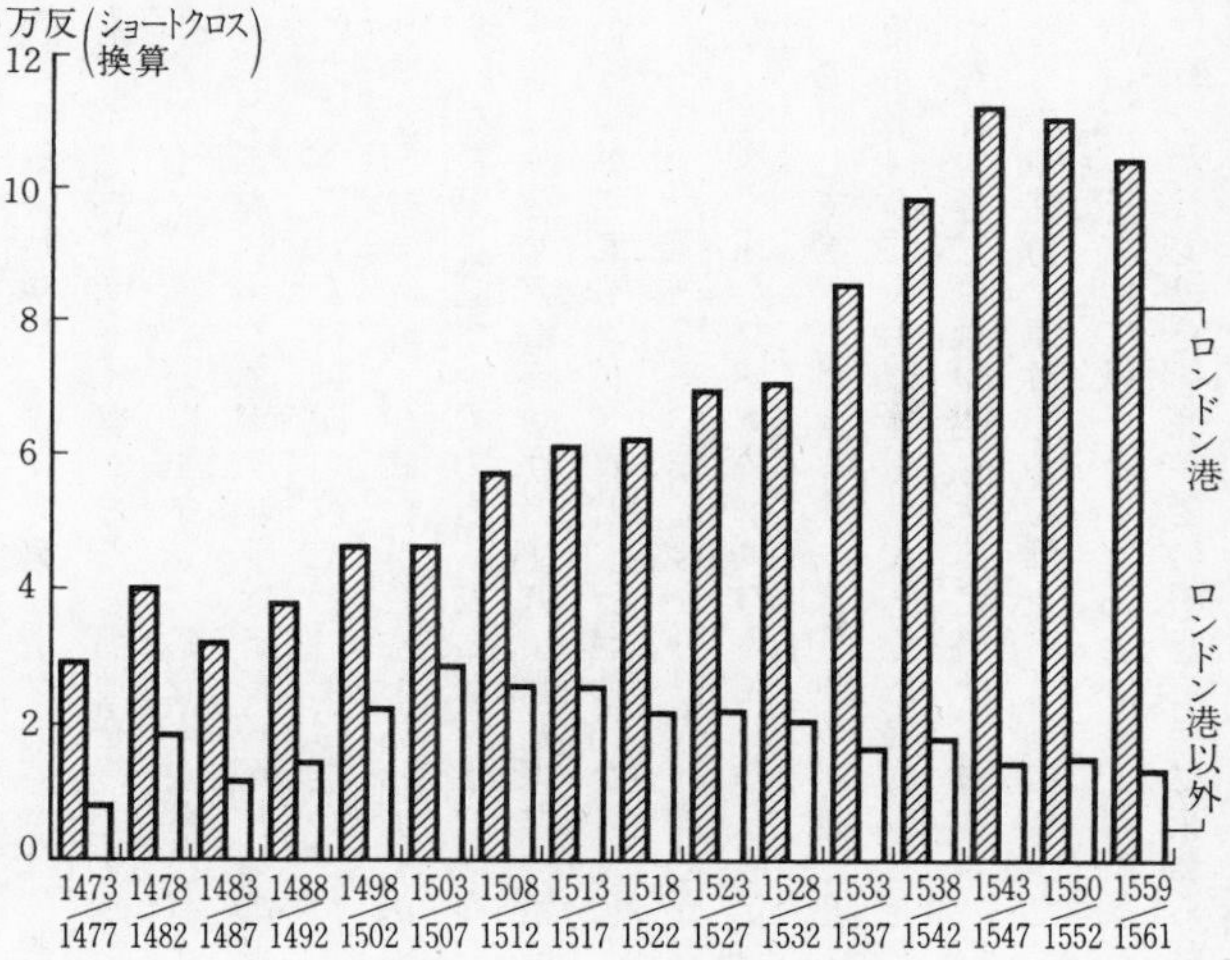

図1　イギリスの毛織物輸出

世紀に入るとともにイギリスからの輸出がロンドン港に集中してゆくという趨勢にほかならない。ロンドンからの輸出に持続的上昇がみられる一方において、ロンドン以外からの輸出が減少を続ける様子を、同図上に確認して頂きたい。この全般的趨勢の背後には、ふたたびヨーロッパ大陸側の事情がひかえていた。それは、何よりも諸物産の中間的取引市場としてのアントウェルペンの、同じ時代における急成長という事実であった。すなわち当時、この地はまず地中海商業圏を北欧やイギリスと、中欧経由で結びつけるヨーロッパ縦断国際貿易の中心市場となっていた。

今日ドイツ観光の目玉に成長した

観のあるいわゆる「ロマンティーク街道」は、その通商路の名残であるが、イタリアから南ドイツへ、南ドイツからこの街道を経てケルンへ、そしてケルンからアントウェルペンへ、ドイツ、あるいはイタリアの商人がさまざまな商品の取引をめぐって往来し、このアントウェルペンでネーデルラントやイギリスの商人と相会した。もちろん、通商路も商人たちも、これだけに限られたわけではない。たとえばノルマンディーの商人、さらにギリシアやシリアの商人、時にはインドの商人の姿も見られたという。「どのような国のどのような言葉を話す」ものも、ここアントウェルペンでは自由に取引ができた。

早くからマデイラやカナリアなど大西洋の諸島で砂糖の生産に手をつけ、アフリカ西岸からやがて東インドへ進出したポルトガル人もまた、この市場に姿を見せ、その繁栄の支えとなった。一五三〇年前後からは大西洋のかなたとの物資のやりとりの拡大を背景として、スペイン人やジェノヴァの商人の姿も目立つようになった。

こうしてアントウェルペンは、世界各地からもたらされ、また各地へ運び出されるべき商品を自由に入手できる一大国際市場に成長した。同時に市場としての機能、取引の決済や為替送金、金融の便も次第に整い、ヨーロッパ主要都市をひとつに結ぶ国際通商中心市としての魅力と便益をかね備えるようになった。もちろん当時の一般的な経済事情を頭においておけば、その中ではそういえるというだけの話であるが、これまでは各地方間で思い思いに行なわれていた通商がこの中心市場に束ねられてゆき、ここで売り、ここで買い、ここで決済するという商慣習が、広く生み出されていったのもこのためであった。アントウェルペンに向かって、一種の求心力が働いていたのである。

イギリス商人たちもこの求心力に吸いよせられ、同時に自らもこの傾向の増幅に一役買っていた。中でもロンドン商人たちはいち早くこの傾向に即応し、いわばロンドン・アントウェルペン枢軸を形成しつつ、ロンドン以外の諸港をけおとしてイギリス対外貿易の主導権を確立していった。われわれもそのひとつの現われを、図1に読みとることができるのである。

ところで、アントウェルペンに結節点を見出した当時の国際市場がこのようなものであるとするならば、すでにそこにわれわれは世界市場の形成を認めてもよいであろうか。微妙な問題が含まれるが、これに対するわれわれの答えは「否」である。なるほど、アントウェルペンでは世界の多くの地域から来た物産が取引されていたであろう。しかし、なんといっても取引の大半を占めたのはやはりヨーロッパの産物にほかならず、とくにその中でもヨーロッパ各地域特産の織物が重要であった。

その上、喜望峰廻りの東インド（およびブラジル）はポルトガルの、そして新世界はスペインの独占的権益下にあるものとされ、建前としてヨーロッパの他国に開かれておらず、ただスペイン・ポルトガルの手を通じてのみ、その物産がヨーロッパ市場に持ち込まれるにすぎなかった。またかれらの現地からヨーロッパにいたる産物調達のプロセスが、はたして商業の枠内におさまるものかもかなり疑問であった。そこで市場原理の現実的機能という点から見るとき、ヨーロッパ外の地域、ヨーロッパ外の市場が、ひとつの世界市場の中に組み込まれたというには程遠かったと考える。

ところでそのスペイン・ポルトガルの「世界的進出」であるが、われわれはとかくこれをヨーロッパ近代の夜明けに結びつけ、進出をうけた地域の史的経験についても、これをヨーロッパ的近代からの衝撃の最初の一ページとしてとらえすぎてきたのではないであろうか。この点に関しては、しばしば同じ章立て、同じ叙述が繰り返されるにもかかわらず、決定的にそうと断ずべき論議は意外に不十分であって、それに対する反論の論拠となるべき事実も多々存在するのではないか。いわゆる「地理上の発見」とその後をうけたスペイン・ポルトガルの世界的進出は、これを直接「ヨーロッパ近代の夜明け」と見るよりは、むしろ中世世界の遺産、ないし地中海世界の最後の光輝と考え、やがて全体が「近代の夜明け」に流れ込んでゆくのだとしても、そこには別個の史的要因が結びつく必要があったという点を、われわれは重視しておきたいと思う。

まずポルトガル人の場合について一考してみよう。よく知られているように、かれらは一四世紀以来の封建社会の動揺の中で、十字軍からレコンキスタにいたる宗教的情熱を背景にアフリカ迂回の途を走り続け、やがて新航路の発見によってインド洋へ向けての進出をはたした。そこには明らかにカトリック伝道の使命感が息づき、やがてかれらはアジアの地へ宣教の一歩を踏み出すことになる。

いうまでもなく、かれらを駆り立てた動機には世俗的な金儲けの野望も存在した。ここでまっ先に浮かび上がってくるのは、南アジア物産入手の欲求であった。それは今までロマンのヴェールに隠されて遠い彼方にあった供給の源へ、直接乗り込む途を探求しようとする欲求であった。そこには、ありふれたヨーロッパ産品の販路を開拓しようという動機などきわめて希薄であった。ムスリム商人の長年の活動を通じて地中海世界で熟知され、ヨーロッパ社会上層に需要の大きい南アジアの諸産物こそが眼目であり、その生産地での直接の入手とヨーロッパでの販売が、それによって期待できる巨大な利益の実現が、何よりも大きな目的であった。ただし、中心になって南アジア海域進出のこの事業を推進したのは商人たちではなかった。中世の遺構を引きずるポルトガルの政治的・宗教的権力であった。

折しも地中海世界にはルネサンスの花が開き、イタリア諸都市はその最後の繁栄に酔っていた。ポルトガルの手をつけたこの新事業に対して、当時の経済的条件の中では巨額というべき資金貸付・資金参与の主役になったのは、地中海世界とくにジェノヴァの商業金融資本家たちにほかならなかった。いや資金だけではなく、商業・航海のための知識も技術も人も南ヨーロッパをかなり自由に移動して、インド洋へ向かうポルトガルの進出の条件を整えた。こうしてポルトガルは背後から地中海世界に支えられて、金儲けと宣教と冒険の野心的事業に走ったのである。

ここに述べたことを客観的に眺めなおしたとき、変動期のヨーロッパ市場からひとつの触手が南アジアに伸びつつあった、と評価することは可能であろう。しかしヨーロッパ市場の拡大に南アジアが呑み込まれて、ついにその一部に組み入れられたとみなすのは、はなはだしく無理というものである。しかも歴史的条件に問題のあるこの触手は、それ自身としては立ち枯れの運命にあった。

そもそもポルトガル人の南アジア進出は、その後の歴史の中に自ら何を生み出したであろうか。とくにかれらの南アジア海域にくりひろげた「商業帝国」はいったい何であり、何を後世に残したであろうか。

当時明らかなことは、かれらの大洋航行船隊に集約される軍事技術の優位と、そしてそれを背景にしていくつかの港市に築かれた商業拠点の政治経済的圧力とであった。ただし軍事的優位といっても、もちろん相手との関係においての話である。ポルトガルが進出したその時点において、南アジア商業圏で活動していたのはあくまでも多様な商業民の群であって、直接の軍事力を背景に掠奪をも辞さず、国家的事業として通商路制圧に乗り出そうというような、乱暴な勢力は洋上に存在しなかった。

アジアの主要な軍事力は、まず内部へ注意を向ける内陸志向的な権力の手中にあった。海上貿易はかれらにとって傍系の関心事であり、そこから貢納があり資金がえられれば、そして内陸戦に有効な軍事技術や情報がえられれば、提供者がだれであろうと問題はなく、場合によってはその中からよき臣下を求めることも可能と見るのが、当時むしろ現実的であった。

ポルトガルのインド洋制海権を確立する転機となった一五〇九年のディウ沖海戦はこの意味で象徴的であった。すなわち、この海戦でポルトガル船隊と戦った主体は西方エジプト・アラブの連合船隊で、軍資金源としてはヴェネツィアがその一翼を担っていた。ということは西方の問題を東方に持ち込んだ、遠来の勢力どうしの争いという色彩が濃厚であった。インドからはグジャラートなど地方ムスリム政権の参加協力があったものの、内陸中央政権が本腰を入れて正面からポルトガル勢力と戦うというには程遠い戦争であった。そもそもそのような戦争を行なう主体も用意も十分な意図も、アジア側にはなかったものといえるのではないかと思う。

注意すべきはポルトガルによって築かれた「商業帝国」の内容である。この帝国はけっしてこれまで何もなかった所に新しい市場を創設したものではなかった。もし、そのなしとげた事業を一言で要約することができるならば、これを「既存市場への乱入」というべきであろうか。

よく知られているように、アジアの南方海域にはかれらの出現するずっと前からさかんな商業が行なわれていた。なるほどそこでは、東南アジア一帯とペルシア湾・紅海・東アフリカとを直結するような、インド洋横断の大洋航行通商こそ少なかったであろう。無理をしてまでそのような企てを試みる必然性に乏しく、下手をすれば採算も合わなかったはずである。だが東方では、たとえばマレー半島のマラッカ、中央ではインド半島諸港、西方ではペルシア湾・紅海や東アフリカ東岸の諸港など、殷賑な中継諸港が各地に存在し、これらをつないで東アジアから西アジアまでに及ぶ独自の市場圏が形成されていた。そこでは各地市場で商品がさかんに売買されるばかりでなく、土地の商人が代理商になったり、他国の商人が移住して居留地を作ったり、商業金融で近隣市場が結ばれたりする例も多く見られた。それはまた西方において、西アジア市場を介して地中海市場にも口を開き、香辛料・染料・織物などの東方物産が、中部ヨーロッパ産の銀・銅や西アフリカ産の金・象牙などと取引されていた。

ポルトガルの商業帝国はこのような南アジア市場に乱入し、そこに自らの秩序を押しつけようとするものであった。秩序を保つといってもけっきょく、アジア諸港間貿易の一部を押さえて自らの手中に収め、あわよくば独占し、押さえきれぬ場合にも自由な通商を阻害して「通商税」を取り立て、この秩序に服さぬものを攻撃するという類の行為の集積であったといえよう。帝国の側からそれを見れば、押し売りではあっても一種の「サービス輸出」になるであろうが、既存南アジア市場の商人たちからこれを見れば、突然出現してなわばりを主張する暴力組織の所行に等しく、「近代の夜明け」にしてはかなり「近代的」

でなく、それも少々乱暴すぎるやり方であった。

注意すべきは、どこのどの産物がどこのどれと交換されるかという市場関係にはほとんど変化がなく、ポルトガルの持ち込んだ秩序はあくまでも既存の市場関係に寄生するものであったことであろう。「既存市場への乱入」は、既存市場を前提とするものであってこれを崩壊させるものではありえなかった。とくに諸商品の仕入れ・販売の商業組織は、従来のものがほとんどそのままに機能し、「帝国」はその上に乗る目の粗い網というべきであった。この意味では、アジア市場は微動だにしていなかったのである。

変化したものありとすれば、それは通商の上部担い手と通商路とにおいてであった。アジア諸港間貿易においては、その一部が新来のポルトガル人の手中に落ち、古くからの商人層の一部がはじきだされた。インド西岸において西アジア・エジプトからの居留民の姿がその数を減じたことなど、明らかな現われのひとつであった。だがとくに目立ったのは、ヨーロッパ・アジア間貿易の、担い手と通商路とにおける変動であった。

よく知られているように、西アジアを経て地中海市場へ顔を出す陸上通商の犠牲において、喜望峰廻りのポルトガル船隊の役割がふくらんだ。そもそもこれこそが、南アジア商業帝国設立の本来の目的にほかならなかった。これによってポルトガルがアジア産品のヨーロッパにおける唯一の供給者となり、そこに生ずる独占利潤をヨーロッパ市場内において実現することができて、はじめて帝国存立の目的が十分に達成されたことになる。

これに比べると、アジア諸港間貿易への介入などは、ポルトガル本国側から見た時、目的達成の一手段に過ぎなかった。とはいっても、本国側で輸入したいアジア産品があっても、その対貨のヨーロッパにおける調達にはとかく困難がつきまとった。対貨なしにアジアから商品が届いてくれれば、これに越したことはなかった。そこでアジア諸港間貿易への介入によって利をあげ、この「サービス輸出」によってアジア産品の仕入れができるとすれば、まず何よりの話であったはずである。

だが、このあたりにポルトガルの弱点があった。帝国は力で作られ、力で維持されていた。南アジア海域を押さえるためのこの粗大組織を目的に即して十分機能させるには、資材と人員をさらにつぎこみ、規則的な補給体制をとることが何より大切であった。だがそれを実行するには、ポルトガルの国力が十分でなかった。しかもこの商業帝国は、アジアのみならずヨーロッパにも敵をもち、その中でポルトガルの国力は、これを背後から支えてくれる力と前後してともに相対的低下の途を駆け下りつつあった。帝国は、樹立するより維持する方が困難であった。

ポルトガルの独占は短命であった。いかに海上で強力であろうとも、遠く散らばった拠点から作戦行動する何隻かの艦船だけで、ヨーロッパの顧客たちだけでなくエジプト・トルコ帝国へまで広く商品を供給して繁栄する商業全体を、永久に封じ込めることなどとても望めなかった。[3]

西アジアから陸路地中海商業圏へ出る通商路が完全に閉じられたことはついに一度もなく、通路の狭められた時期はあっても、まもなく復活のきざしが現われ、これに結びつく地中海商業圏に活気が戻って、ヴェネツィアなどの商人が取り扱うアジア産品は、価格においても品質においても、喜望峰廻りの商品に比べて遜色を見せぬようになり始めた。事業不振のあおりも受けて、一五六〇年にはポルトガル国王の財政も破産し、資金の提供者を道連れに転落の途を急ぎ始めた。

ヨーロッパにおける利潤の実現には、もともとアジア産品のヨーロッパにおける販売ルートの確保が不可欠であった。ポルトガルはこの点でも弱体であった。しかも時の経過とともにその弱体性がいっそう顕著になった。ヨーロッパ経済の重心は南から北へと移りつつあった。その重心の移動に即応した販売網の変動に、ポルトガルはついてゆけなかった。とくに何より頼みとするアントウェルペンの没落が、取り返しのつかない痛手となった。すでに一六世紀半ばには、アントウェルペンの中継市場としての圧倒的地位に影がさし始めていた。中央ヨーロッパでの長引いた戦乱はその後背地を脅かし、フランス・スペイン両王家の破産は大きな金融ショックとなった。新大陸産銀の流入は、南ドイツの繁栄に回復不能の打撃を与えつつあった。一方イギリス・スペイン関係の悪化によって、スペイン領であるアントウェルペンのイギリスとの通商もしばしば脅かされ始めた。商取引の足場がこうして大きく揺らぎ始めたアントウェルペンに、とどめの一撃を加えたのはオランダ独立戦争であった。戦乱の渦中に巻き込まれて、一五七六年にはスペイン軍の大掠奪を受け、一五八五年には今度はオランダによって海から切断された。こうしてアントウェルペンは急速に没落に向かい、旧き日のその繁栄はやがて新興アムステルダムに移ってゆくこととなる。ヨーロッパ市場を揺るがすこのような激動の時代を乗り切り、アジア産品の有利な販路を確保し続けることは、地中海世界の絆につながれたポルトガルにとってかなりの難事であった。

こうした本国側の動揺とともに、南アジアのポルトガル商業帝国も本来の機能を失い始めた。それは次第に分解して各地に散らばる地方勢力となり、本国との縁が薄れてアジア内で土着化する傾向を見せ始めた。目的達成の手段であったはずのものが目的から切り離されて、仲介貿易を営む商業民はそのままアジア社会に吸収され、やがて歴史に忘れられたように遠く孤立して細々と命脈を保つことになる。とくにポルトガル本国がスペインによって併合された一五八〇年以降は、かつて帝国の威光を支えた商業拠点もそれぞれに歴史の忘却の袋小路へ迷い込んで、帝国はもはや追憶の世界に形骸をとどめる抜け殻と化していった。

今かりにポルトガル人がかれらのインド帝国を十六世紀末に見捨てて立ち去ったとするならば、おそらくはギリシア人、スキタイ人、パルティア人が残した程度の痕跡すらその地にとどめることはできなかったであろう。[4]

この点でポルトガルの商業帝国も、人類史上度重ねて経験された征服・支配の事例と変わらぬものであった。それはつまるところ既存の市場に乱入して作られた寄生組織であり、その上にかぶせられた目の粗い網にすぎず、アジア社会の根底にふれる衝撃にはなりえなかった。

スペインの場合も、その出発点はポルトガルと同類であった。違う所があったとすれば、それは計画がずさんで、結果も当面思わくはずれであった点であろう。アジア市場へ向かう航路探求が経済上の目的であることはスペインもまったく同様であった。またレコンキスタの宗教的情熱が背後にあることも、変わりがなかった。だがジェノヴァ生まれのコロンボ（コロンブス）という男のもちこんだ計画は、「西に向かってもきっとインドへ着けるでしょう」というややたよりない話で、横目にインド洋をにらみながらアフリカ西岸を一歩一歩探索南下し続けていたポルトガル人の着実さとは、とうてい比較にならなかった。

計算がしっかりしている商業資本が、じかにこんな話に乗るはずはなかった。たとえ金の出所がさして変わらぬとしても、夢に乗せられそうなのはまず王室ぐらいのものであった。その夢というのが、船の到着した先には賑やかなアジア市場があり、そこに拠点でも設けていい品物を安く仕入れましょう、という話である。だが航行距離すらどうもはっきりしない大洋横断往復の航海は、今日では想像もできないほど危険性に満ちた冒険的・投機的な難事業であった。スペイン王室がよくもそんな話に乗ったものである。

幸いにして、いや到着先の先住民にとっては不幸にして、この事業は完全な失敗にはならず、その本来の目的地であったはずのアジアの東端の国の後世の世界史教科書にも「コロンブスのアメリカ発見」と特記され、あらゆる受験生がその年号を暗記する破目におちいる。だが発見後しばらく、この事業は成功からは程遠い状態にとどまっていた。着いた先こそ陸地であったが、そこには賑やかな大市場など見当たらず、植民地建設も成果に乏しくて今後の見通しもはっきりしなかった。

これが先細りになってついにみじめな撤収という結果に至らずにすんだのは、一に掛かってこの「新世界（とは気付かなかった新世界）」の産出する貴金属のためであった。と同時に、それを粗野なスペイン人にもよく見える形に仕上げて目の前にちらちらさせることのできるレベルには、とうの昔に到達していた先住民文明の高さの致す所でもあった。大航海事業を失敗から救いだしてゆく上に、最初に大きな役割を果たしたのは西インド諸島の金であった。

「われわれスペイン人は心の病にかかっている。これに効く特効薬は金なのだ」と、ただ金のために遠路をいとわずやってきたスペイン人が、西インドの島から島へと金を求めて狂奔した。このあやしく輝く金属は特効薬というよりは麻薬であった。そしてこれが西インド諸島の先住インディオにとって大いなる災いの源となった。二度、三度と渡来して「心の病」をつのらせた乱暴者のために、多数のインディオが命を落とした。スペイン人と戦って殺されるもの、慣れぬ労働を強いられて使い殺されるもの、ヨーロッパ渡来のまったく免疫のない病魔に冒されて斃れるものなど後を絶たず、みるみる人口が細って、コロンボ自身が、いま自分の目にしていることがとても信じられない、となげく有様となり、かれの「発見」から二、三〇年の間に西インドの多くの島の先住民人口は、ほとんど絶滅の状態となってしまった。

しかし、その頃スペイン人はカリブ海諸島から大陸への進出を始め、メキシコ・中央アメリカ・ペルーなどの発達した古文明社会を襲っていた。ここでのスペイン人にとっての切実な問題は、土着民からいかに労働力を調達するかということであった。そしてインディオにとっての絶望的な問題は伝統文明・伝統社会の壊滅であり、人口への大打撃であった。たしかに新世界の金資源は枯渇しはじめていた。だが悪いことにこれに代わって銀資源が発見された。そしてスペイン人の「心の病」にはこの銀もまたよく効くことが証明された。そこで一六世紀の後半、メキシコ・ペルーの銀産は急上昇を続け、多量の「特効薬」が大西洋を渡ってセビーリャに運ばれていった。

新世界の銀産を代表するのは、一五四六年に発見されたペルーのポトシ銀山（現ボリヴィア領）であった。この銀山のために、ポトシの町が富士山より高い山岳地帯の上に出現し、二、三〇年のうちにこれが同時代のパリやローマと並ぶ人口を擁する大都市となり、一七世紀にはついに西半球最大の都市に発展した。「われは富めるポトシ、世界の秘宝、山々の王者、世の王者たちの垂涎の的」[6]という異様な鉱山都市が、インディオの社会を破壊し、不健康で過酷な労働をかれらに強制しつつ、ヨーロッパのあらゆる奢侈を運び込んで山岳地帯に成長した。

　われわれはウォーラーステイン・オブライエン論争との関係で、わが身を削って貢ぐよう人に求めて富を取り立てながら、その時受け取ったのは自分のその後の成功にとってあってもなくてもさして変わらぬ小銭程度と冷やかに評価するという、苦い例話を第一章に記した。以上に述べてきた一連の出来事はこの話に類する半面をもっている。

　新世界のインディオたちにとって、スペイン人の侵攻は驚天動地の大事件であった。しかし身を転じてヨーロッパの側の立場に立てば、何もそれほどの大事には見えなかった。たしかにヨーロッパ人にとって、「新世界」との遭遇はひとつの大きなカルチャー・ショックだったであろう。だがインディオの経験したのは、単なるカルチャー・ショックではなかった。かれらの築き上げてきた文化や社会や人口そのものが、無惨に破壊されたのである。これと比べれば、ヨーロッパ人の日常生活と新世界との係わりは薄く、けっきょくにおいてすべてはスペイン王室の裏庭で起こったことに過ぎなかった。中欧とイベリア半島に大所領をもつハプスブルク家の財政が豊かになり、ヨーロッパ内の勢力関係に微妙な変動が生じたかもしれないが、それはそれだけの話であって、ことの起こりはあくまでもスペインの手の中の遠い世界の出来事であった。

一六世紀の前半には、ハプスブルク家世襲領の中欧の鉱山は、セビーリャに送られてくる銀と比べて、ずっと多量の銀を産出し続けていた。世紀の半ばごろ両者の比重に変動が起き、やがて本当に大量の銀が新世界から到来し始める。しかし当のスペインでは貨幣価値の下落による財政上の損失が大きく、大量の銀も、王室財政にとってはそれを目当てに借金をする以上の役には立ちそうにも見えなかった。こうして大西洋のかなたはまだ余りにも遠く、人々の目は何よりもまずヨーロッパの内側に向けられていた。

だが一六世紀の後半も時代が下るにつれて、話が少々変わってきた。最初のうちこそ、そうと意識されなかったかもしれないが、スペインにとって裏庭の銀山の占める比重は次第に大きくなり、やがてそこを単なる裏庭とはいいきれなくなった。裏庭が大きくなったのかそれとも母屋の方が小さくなったのか、そこの所は大いに問題であるが、スペインはヨーロッパ内部に顔を向けた帝国から、次第に海洋的な大西洋帝国へと変貌を余儀なくされることとなる。だがこの帝国は、すでに自らの資源・経済力・財政基盤からみてあまりにも肥大化し、あまりにも軍事費を費やし、ますますイタリアとくにジェノヴァ資本などに依存する赤字財政の深みにはまっていた。

とくにヨーロッパの経済発展の重心が次第に北に移り、新たに力をつけたオランダ・イギリスなどがスペインの裏庭に目を向け、大西洋から新世界にまで出没し始めると、帝国維持の財政的負担はいっそう重くならざるをえなかった。これに対してスペイン本国は消費性向ばかり強く、人口は減少し、経済は空洞化し、頼みの海軍力も手痛い敗北を喫する有様で、ついに海洋的な帝国が制海権を失って手足をもがれる事態が生じ、スペインの手を離れた大きな遺産が、やがてヨーロッパの他国に継承されることとなる。

ところで以上述べた所を世界市場形成の観点から考え直してみると、そこにはポルトガルの南アジア進出の場合と異なる重要なポイントがあった。もちろんスペインの新世界との交渉は国の事業として独占的に統轄されており、国際市場に対してはセビーリャなどヨーロッパ内でのみ口を開いていたにすぎない。この点はポルトガルの場合と変わらず、世界市場がすでに成立しているものといいきるにはまだまだ無理があった。

だが海の向こうの「新世界」では、大異変が発生していた。そこでは、先住民社会を破壊しつつ何らかのシステムで労働力を安価に調達し、新しい産業を「開発」してその産物をヨーロッパへ送らせるというプロセスが、目ぼしい産物のある地域を中心にして進行しつつあった。

もちろんこのプロセスを可能にした背景には、新世界で一旗あげようというヨーロッパ人が、つぎつぎと大西洋を渡って移動していたという事実がある。移民はそれだけで大きな資金を要し、物の流れを伴う。移民が継続的現象となれば、それを支えるための財貨の動きも常時必要となる。また移住後もヨーロッパ風な生活を続けようとする人たちであるなら、行き着いた先に長期間ヨーロッパからの補給を要する社会が生ずることとなる。

同時にそこでは、かれらの日常生活や、新しい産業の設立・経営や、そこに動員する労働者の日々の生活を支えるために、あらたに物資の供給が確保される必要があった。この日常必需物資の供給には、主として周辺の土地の生産者が当たることとなり、この面でも既存社会の再編成を伴わざるをえなかった。たとえば今日のアルゼンチン・チリに「開発」が波及したのも、けっきょくは新鉱業地帯への補給地確保のためであった。これらの国の「開発」が海港から内陸へ向かうものでなく、ペルーの内陸山岳部から漸次山を降りて広がってくるものであったことは、まさに特徴的な出来事であった。

こうして、ポルトガルの南アジア商業帝国の場合と比較して、スペインの新世界経営はヨーロッパ産物のずっと大量かつ継続的な供給によって支えられ、ヨーロッパ産業による大きな裏打ちのあることが必要であった。ところがスペイン本国の産業がそれに応ずるに十分ではなく、しかもその中に空洞化が進行したとなると、大西洋を越えてスペインに送られてくる銀がつぎつぎとヨーロッパ内での支払いに消えてゆき、スペインの国力低下が露呈されることになっても、何の不思議もなかった。

他方スペインの新世界経営は、開発対象地に深刻な社会的・経済的変動を及ぼすものであった。もちろん新天地のアメリカはあまりにも大きく、そこにはスペイン人の手の及ばぬ広大な地域が存在していた。しかし、たとえその一部においてではあれ、ヨーロッパ側の必要に基づく開発が行なわれれば、先住民社会には想像も及ばぬ変動が持ち込まれ、必需物資や労働力の調達のために新たな強制のシステムが創出され、その影響は広く周囲に波及せざるをえなかった。スペインによる新世界経営は、これらの点でまさに世界市場形成の先触れであり、また事実上そのために地ならしをする役割を果たした。

いうまでもなく本書において、われわれはポルトガルやスペイン一国の興亡にのみ目を奪われていてはならない。両国はいずれも南欧・地中海圏の絆を引きずりつつ、北方諸地域を包みこむ大きな経済変動の渦中に否応なしに巻き込まれた、ヨーロッパ内の一地域であるにすぎなかった。そして自らその変動の一要因としてある時代にある役割を演じ、やがて歴史の舞台の陰に退いたのであった。

3 「繁栄」の構図

ヨーロッパ経済の重心が南から北へ移動したことについては、前節においてとくに説明を加えることなく何度か言及してきた。これについてはいわゆる「繁栄中心の移動」が一昔前からしばしば論じられてきたが、この問題にはヨーロッパ内部の事情によって説明されるべきことが多く、しかもこれをめぐる研究の最終的結論が出たとはいいがたい点が今もなお多々残されている。ここでその検討に立ち入ることはとうてい困難であるが、われわれの主題である「世界市場形成」との関係も深いので、その限りにおいて多少の考察を加え、論議の係わりを明らかにする試みを行なっておきたいと思う。

実は「繁栄中心の移動」ないしこれに類する考え方は、かなり古くからヨーロッパに行なわれており、一六世紀もその例外ではなかった。ただしこの場合、方向は南から北へではなく、「世界の覇権と文明の中心は東から西へ漸次移動してゆくものだ」と考えられていた。すなわちペルシアやカルディアからエジプトへ、さらにギリシアへ、そしてイタリアへ、やがてフランスへと移動してついにスペインに至り、今やここが世界の中心になったという筋書きであり、さてその先はもう海しかないから、「中心は逃げようにも逃げ場がなくて」「西端のこの地で行き止まり」ということになるはずであった。[7] ところが文明の中心は、残念ながら西へ向かってばかり移動するとは限らず、スペインの手からあわただしく北方に逃げていったのである。いったいどういう事情でこんなことが起こってしまったのか。後世の史家にとってもこれは興味ある問題であった。

近代ヨーロッパの史的経験の中で北方へ向かった繁栄中心のこの移動は、そもそも何だったのか。「最終的」にはイギリスが繁栄を呼び込むことになるが、その秘密はどこにあったのか。いや、より一般的に、真の社会経済的発展を約束する基本的な条件はいったいい何なのか。その答えをヨーロッパ史の中に読みとろうと懸命の努力を行なうことは、わが国においても長年にわたって続けられてきた。

一般にこのような努力の基底には、Aという国ないし地域で起こったことと本質的に同じ事がBという国ないし地域にも起こるものと考える発想があり、第一章に述べたような単線的な一般発展理論を前提とする物の考え方が後ろにひかえていた。さらにAとBとを並べて「本質的に」同じと見る場合、ふつう基本的な問題はそれぞれの内部にあり、外的な条件は副次的要因ないし媒介項として最初は捨象しておく、というのがとるべき研究上の手続きとされた。

つまり本質的に同じという次元の問題は、内的要因に基づく発展という局面においてはじめてとらえられるものと考えられたのであり、またそうであるからこそ、究極的には状況を自らの手で統御できるものとみなす信念ないし願望がこれに結びつくことができた。もし主体となるそれぞれの国ないし地域について、その繁栄や本来的発展の成否をその内的条件如何に帰することができるとすれば、しかもこのような内的発展のモデルは西欧に、それもとくにイギリスに求めることができるのだとすれば、そこにおける史的経過の本質を明らかにすることによって、後発国は自らの実践的課題を見定めることが可能となるはずである。

このような立場から見たとき、「世界市場」の形成や拡大は世界史の中であくまでも副次的要因であるにすぎず、諸国の内的条件が熟すればそれに応じて自然に後に続いてくるものであり、その後も一国の内的発展があってはじめてその発展を増幅させる要因として作用するにすぎない。それを逆に、外的条件の如何によって内的発展の方が左右されると考えるならば、それは基本的な方法において誤っているととらえるのが、この場合の論議の筋道であった。

かなり大づかみな話であるが、これに対して、たとえば第一章でとりあげたウォーラーステインあたりはどのような論議を展開しているであろうか。まず、ヨーロッパの中からポルトガル・スペイン・オランダ・イギリスというような諸国を、国を単位にとり出して対等に並べ、その間における「繁栄中心の移動」をそれぞれのかかえる内的条件の差によって説明する、という方法自身をかれは基本的に採用しない。といってもかれの書物は、その饒舌な博引旁証が論旨の円滑な進行を阻害しているという傾きをとうてい否定しがたい。ある箇所でかれのシェーマが提起されたあとでこれについてはすでに述べたといわれ、あわてて読み返してもさてその具体的論証がどれでどこにあるのか、なかなか見当もつかぬこと一再ならずである。そのためどうしても印象論的な部分的整理とならざるをえないが、外見上「繁栄中心の移動」と見える現象は一国単位の観察の生み出す虚像であって、かれの立場からみるとこの時代に進行していたのは、もっと大きな全ヨーロッパ的ないし環大西洋的次元においてこそ考察すべき史的変動過程にほかならない。

これをいま三つの局面からとらえると、その第一は一五世紀ごろに始まり一七世紀に至ってもまだ続く、東ヨーロッパの「周辺」化現象がそれである。すなわち初発における史的要因の複合の仕方のわずかな差が時間の進行とともに不可逆的に拡大し、それによって西ヨーロッパが東ヨーロッパを従え、これを組み込んで自らの資本蓄積にのみ一方的に有利に働くシステムを作り出す結果になったというのである。

その第二は、ポール・ケネディの『大国の興亡』にも一脈通ずる論議が顔を出すが、一六世紀後半を中心とするスペイン「帝国」の挫折という、これはもうヨーロッパからアメリカに及ぶ史的現象がそれである。ここでは、一六世紀末から一七世紀初めにかけて全ヨーロッパを覆った多面的かつ全般的な「危機的状況」が、密接にこれとからむものとして考察される。そこで第三に、このような危機的状況から西北ヨーロッパのみは免れてその外にいることができたという現象が注目され、このこととの関係でこの地域の「国民国家」、とくにイギリスが、ヨーロッパからアメリカに及ぶ「世界経済」との有利な結合によって自らを支えることができたという事実が指摘される。

こうして、古くから「繁栄中心の移動」と見えてきたものは、以上のような大現象のいくつかの小部分に、つぎつぎとスポットライトをあてることによって作り出された誤った印象にほかならない。ウォーラーステインの本に文字どおりそのように記した文章があるわけではないが、かれの考え方からすると当然そうなると思う。

そして問題は、本来、より広い次元における多くの要因の複合によってこそ説明さるべきことなのであるから、「外的条件」を捨象して一般的発展理論を一国の史的経験から抽出し、発展のモデルや指針をその中から引き出そうとする企ては根本的に誤っている。そもそも一国の次元で状況を自らの手で統御してゆくこと自身が、しばしば容易には期待しがたい話なのである。

と同時に世界市場の形成は、近現代世界を理解する上に第一義的意味を担う、きわめて重要な史的要因となってくる。ただしここにいう「世界市場」はけっして均質平坦な性質のものではなく、その中に中核・周辺（および半周辺）を含んで不均質・不均等な構造をもつ「世界経済」の、ひとつの局面として把握すべき存在ということになる。第一章にふれたヒックス流の国際市場[8]の考え方とはおよそ異なる発想に立つわけである。[9]いうまでもなく後年のヨーロッパ諸国「国民経済」の枠組みを、その形成される前や形成途上期に遡及的にもちこんで議論することはかなり危険な試みである。たとえば一六世紀の国境線は現在の日本人の通念に比べてはるかに柔構造かつ未確定であり、それで区切られる範囲を考察単位としてつねに相互の比較を試み、つねに「内部」・「外部」の分け目とみなして因果関係を整理する必要はない。歴史事象そのものから必然的にそのような方法が導き出されると無意識に考えて、硬直した姿勢に陥ってしまってはならない。

すでに述べたように、スペイン・ポルトガルの世界的進出は、イタリアとくにジェノヴァの資本や技術や人によるところが多かった。この場合イベリアへ来て海外進出の新事業に参加する人も資本も、今日われわれが考えるよりはるかに自由に「国境」を越えて移動し、出身地との連携を保ちつつも土地に居着いてイベリア化してゆく傾向が顕著であった。アントウェルペンとアムステルダムの間には「国境線」というべきものはまず存在しなかった。オランダ・フランス・イギリス間も流動的で、戦乱や宗教的迫害があるたびに人や資本が当時の先進技術を携えて移動し、とくにイギリスに流入したものはそのままイギリス化して経済の新しい展開を支える一力となっている。

「イギリス」という時われわれはふつう漠然とブリテン諸島を頭に描くことが多いのではないかと思うが、今たといこれをイングランドに限定するとしても、大陸から区切りとられたオランダと呼ばれる地域とこの「イギリス」とを対等に並べて比較する方法が、考察する問題との関係ではたして妥当・適切なものかどうか、かなり疑問といっていい。またイギリス経済の発展に際しては、イギリス内諸地域の間で大いに「繁栄中心の移動」が生じたが、こちらの方がなぜ同様に問題にならないのかも考えていいはずである。

いずれにせよわれわれが研究対象とする地域や地域区分については、歴史事象そのものの中から自動的に定まってくるというよりは、研究者側の問題視角・研究方法に即応して定まってくるという側面のあることを忘れてはならず、研究視角に対応する答えが方法に応じて出てくるもので、歴史事象の全体像ないし「本質」が史料をつついているうちに自然に浮かび上がってくる、という性質のものではないことを忘れてはならない。

すでに述べてきたところにも明らかであろうが、本書では国を単位とする比較史的アプローチは用いない。国という形でとらえられる限りで同格・対等なゲームの参加者が、同じひとつの「繁栄」を目標に勝ち残りを目指すバトル・ロイヤルを戦い、それによって繁栄中心が移動するという発想にはとらわれない。むしろ全体をヨーロッパのサクセス・ストーリーである大現象ととらえ、その中でゲーム参加者と見えたものは実は同質対等な個々の主体ではなく、それぞれに役柄の異なる部分現象に過ぎないものと扱いたいのである。

大まかな方法論となったが、さきに「複合した史的要因」と述べた点についても、ついでに一言付け加えておきたい。アナール学派的「コンジョンクチュール」の概念をウォーラーステインがしばしば用いていることを念頭に置いての一考察であるが、ここに「要因の複合」という場合、そこにとりあげられている諸要因は、因果関係ないし何らかの理論によって互いに結びつけられるものをその中に含まない。その意味で諸要因の「複合」とは、互いの関係を一種の出会い・めぐり合わせとして扱われるいくつかの要因の集合ということになる。

ただし歴史的事象の考察にあたっては、この「出会い」は時間の一断面・一時点における出会いというより、ある時間的な幅の中での出会いというべきものであり、考察する問題によってはその幅がかなりの長さのものとなっておかしくない。かりに今、要因A、B、C、……の複合によって大きな歴史事象Xが説明されるとすると、一要因Aは、それに先立つ要因Bのみならずその後に発生する要因Cとの「出会い」を待ってはじめてXと結びつけられるという関係が成り立つこともあるであろう。ウォーラーステインが「コンジョンクチュール」を口にする時、一時点における諸要因の整列を初期条件と考え、それらの総体によって爾後の事象を説明するという手続きを繰り返すことが多い。しかしそのようなとらえ方ばかりでなく、ある歴史事象Aについて考察する時、それに先立つ事象Bのみならずその後に起こった事象Cとの複合によって全体として事象Xが説明されるという形で、事象Aの歴史的意義をとらえるという論理的手順も十分成り立つはずである。

ポルトガルのアジアへの進出もその一例で、これは全ヨーロッパ、とくに北西ヨーロッパに生起した歴史事象によるバックアップないしフォローアップがあって、はじめて重要な世界史的意味をもちえたことがらであって、「なぜとくにポルトガルが?」「その後どうしてポルトガルは?」などとこの事象そのものにこだわって多様な条件を検討してみても、論旨を不必要に込みいらせたあげく、大きな論議の筋道を読みとりにくくさせるだけの結果になるのではないか。見るところウォーラーステインにはかなりその気味があるが、もちろんここに述べたのは「世界市場形成」という問題視角から眺めたときの話である。

ところで「ヨーロッパのサクセス・ストーリー」と上に述べた大現象のその「サクセス」の内容であるが、これはもちろん近代資本主義の形成・発展そのものにほかならない。といっても、本書においてその「資本主義」とはそもそも何で、それは前近代的社会体制の中からどのようにして生み出されたのか、ないしは生み出されるものなのかという、すぐれて理論的な問題に立ち入るつもりはもっていない。またそのような史的発展を支える多くの要因の中でどれが「決定的」であったのかという問題の立て方も用いない。というのは何が決定的かという判断を下すメルクマールは、ふつう事実からというよりは、それに接近するときの問題意識や先行する理論そのものから導き出されるものだからである。ここではどこまでも世界市場の形成という史的現象に即しつつ、ヨーロッパに資本主義が発展し、「繁栄が移動」していくと見えるプロセスにおいて、市場経済の拡大がどうかかわったかを考察するにとどめたい。

この点については、よく知られてしばしば通俗化した図式が存在する。すなわち大航海時代から新しく開かれた世界的な物の流れは、ヨーロッパの毛織物、新世界の銀、南アジアのこしょう（香辛料）という三大商品によって代表され、ヨーロッパの繁栄中心の移動はこれらの取引をめぐる国際商戦の結果にすぎず、けっきょくは毛織物の資本主義的生産の途を切り開いたイギリスが、この争いにも最終的勝利をおさめたというのである。この図式で繁栄の移動をとらえる論議は図式として見やすく、説明も通りやすいために、今日においても意外に手軽に世界史の概説に利用されているのではないかと思う。

だがはたしてこの論議がどの時代にどの程度まで現実に接近しているかを問題にし始めると、少々別の話となる。私見によれば、少なくとも一七世紀あたりでこの図式はかなりあやしく、これでイギリスの「成功」を説明しようとするのはそうとうに無理がある。この点は多少次節にもふれることになるが、ただ一六、七世紀を通じてヨーロッパ国際市場で取引された最大の商品が繊維製品であり、その中でも毛織物が重要であったことには疑いがない。

この場合、そもそもの事の起こりは別として、一度ある織物の生産がある地方で一定規模に達すると、市場経済の中でその規模の大きさそのものが有利な条件として作用していっそうの技術的・体制的改良が可能となり、これがその競争力をさらに一段と引き上げてゆくという、いわゆる「規模の経済」原理が当時においても有効に働いていた。もちろん消費者の側に生活様式の変化や移り変わる流行現象があり、その動きをいかにうまくキャッチし、利用するかという流通・情報面での努力や競争も見落とすことはできない。

だがごく大きくとらえると、何よりもこの規模の経済の原理によって特定の産物、特定の銘柄の織物生産がある地域に集中することとなり、こうして地域間分業が進展すれば、ヨーロッパ内市場、さらには形成期の世界市場がいっそう活性化されることとなる。このような傾向は一六、七世紀を通じて存在し、その代表的な商品といえば、イギリス・オランダ・イタリア・スペインなどの特産地の毛織物、フランス・オランダなど大陸側特産地の亜麻布、そしてイタリア・フランスなどのいくつかの町の絹などがそれであった。中でも環大西洋世界の国際市場にヨーロッパ側が提供する最大の商品となれば、毛織物にほかならなかったのである。

いうまでもなく当時の国際商業戦においても、けっして貿易だけが独走できるわけではない。けっきょくはしっかりした後背地経済をもち、生産・消費両面で活力ある経済に支えられていることが大きなウェイトを占めていた。そこで今述べた毛織物というような代表的な国際商品の生産が、商業戦に勝ち残るためにとくに重要な役割を果したことはいうまでもない。長期の戦乱によって後背地の経済的基盤が混乱ないし荒廃したり、疫病や宗教的迫害によって多数の人口や資本を失ったり流出させたりしたことは、国際商業戦においてしばしば大陸側諸国・諸地域への打撃となった。イギリスの航海法が自らの首をしめることにならず、競争相手の弱点をつくという結果をもたらしえたのも、つまるところしっかりした自国内経済に支えられていたからこそであった。

ところで問題を裏返して考えることになるが、逆にある地域あるいはある国の経済の発展は海外貿易によってどの程度支えられていたであろうか。この点に深入りすることは本書の守備範囲をはずれて行くおそれがあるけれども、第一章にふれたウォーラーステイン・オブライエン論争の核心はこの点にあり、本書の主題の歴史的意味を測る上にも大きな係わりがある問題なので、つぎにイギリスに例を求めつつ多少の考察を試みることにしよう。たしかに一国一地域の経済発展に対する海外貿易の寄与の程度は簡単に測ることが難しい。R・デイヴィスのいうように、[10]「海外貿易はひじょうに目立つ現象である。それは商人の富や論争のパンフレットの山や政府の干渉や公的記録を生み出す。そこで、うっかりすればいとも簡単にわれわれは海外貿易のもつ意味を過大評価してしまう。しかし数量的比較を機械的に行なえば、同じようにいとも簡単にそのもつ意味を過小評価してしまうことになるのである」。

一七世紀のヨーロッパは、どこであっても全経済の中で圧倒的な比率を占めるのが農業であった。一七〇〇年のイギリスですら雇用労働の三分の二は農業に従事し、残りの三分の一の中でも家内労働のシェアが大きかった。そこでヨーロッパ経済の発展ということになれば、量的にはやはり農業の動向が全体を左右して当然であった。いうまでもなくヨーロッパの農業は畜産業と一体をなしていたが、それがなんらかの程度成長して市場向け生産を高めることになれば、それに応じて全経済の発展が引き出されることに疑問はない。事実このような現象は、一七世紀終わりごろからヨーロッパ、とくにイギリスに広く見られるところであった。

後にも多少ふれるが、しかしいずれにせよ農業の場合においては、海外市場との直接の係わりはそれほど大きくなかったものと思われる。ウォーラーステインの東西ヨーロッパを結ぶ穀物貿易の評価には多少疑問がある。一七世紀までの穀物貿易と一九世紀の穀物貿易とは大きな差があるにもかかわらず、かれは後世の史実をとかく前の時代に読み込みすぎたのではないだろうか。あるいはここでも、東ヨーロッパにとって大問題であっても西ヨーロッパから見れば些細な事にすぎぬという行き違いが存在するのかもしれない。

いずれにせよ、今試みにこの農業を別にすることにすれば、国ないし地域の経済に対する海外貿易の係わりは数字的にもかなりの線に達してくる。一六八八年に関するG・キングの見積り[11]を参照してよいとすれば、イギリス手工業生産の四分の一、とくに毛織物ウールン生産の半分は国外の市場に依存していた。また国内で消費される手工業製品の四分の一近くは外国からの輸入であり、また国産品の中にも輸入原料を用いているものが多かった。

イギリス毛織物工業についてもう少し立ち入ると、大ざっぱにいってそれには広く行なわれていた地場市場向け生産と、特産地における外部市場向け生産との二種類があった。このうち中世後期よりとくに伸びたのは後者であった。すでに一五世紀頃からその発展は外国市場に依存することが多くなっていたという。すでにふれたように、国外市場の動向に関する情報に即応しつつ特定の品質をもつ銘柄の生産に専門化するという傾向がこの場合顕著となっており、これによって初めて分業の推進・技術的向上・体制的合理化が可能となっていたのである。ただしイギリス手工業の中では、国際市場を相手とする規模の経済により国際競争力を高めるという域に達しえたのはほとんど毛織物工業だけであったけれども。

ところで上に「市場向け生産」について述べたけれども、これを支える商業・貿易自身が、当時にあっては急成長をとげつつある「先端産業」そのものであったことを指摘しておく必要がある。その背後には商業技術の進歩があり、多量の情報操作があった。それは本来情報産業であって、新しい商品、取引の新ルート、新市場の開発が一定期間大きな開拓創業利潤をもたらす可能性を秘めていた。海外貿易の発展がこの先端産業発展の重要な一翼を担ったことは明らかであろう。

さらにまた商業・貿易拡大の波及させる経済的効果の大きさは、単に取引額の増大だけで測りきれない次元の広がりをもっていた。この点については、貿易の物理的性格が近海型から遠洋型に一変し、世界的規模に拡大した市場システムが出現してきたことが密接に関連している。取り扱う商品が少量高価なものから大量安価なものへと向かう軌道上を漸次移動し、輸送が近距離から遠距離に変わるにつれて、各種流通施設の新設や拡大が必要となった。それに応じて投下すべき資本の総額が大型化し、しかもその回転が長期間を要することとならざるをえなかった。これには当然危険も伴うから、大きな長期信用とともに保険が必要となった。

とくに輸送手段としての船舶が問題であった。まずそれは長期の外洋航海に耐えるものでなければならず、しかも一度に積載される積荷の量や全体としての貨物量が格段と大きくなっていたから、貿易の新展開は新しい造船業の発展によって支えられる必要があった。もちろん船舶艤装・港湾・荷役・倉庫などの諸分野における発展も伴わねばならず、これらに投下される労働力も当然大きなものとならざるをえない。当時ロンドンに流入した人口のかなりの部分が、このあたりに吸収されていたという。

以上の中でも、とくに造船業についてさらに一考を加えておこう。というのも、現在からは想像しにくいが、当時製造工業の名に値するものはまず繊維工業、そして次にくるのがこの造船業であり、この点だけからみても一国の経済発展の重要な支柱をなしていたからである。しかもこれらは、当時の高度技術によって支えられた一種の「ハイテク産業」であったのを見落としてはならない。

一七世紀は商船と軍艦との間に一線が引かれ、両者の違いが次第にはっきりしてくる時代であった。この傾向は、比較的海上の安全が保証されていた北海・バルト海あたりで顕著であった。大砲などを積み込まない専用商船の造船について、維持されている技術水準の高さや新技術の開発が問題となるが、この点において当時はオランダの右に出るものがなかったという。狭くて浅い内陸水路でも、波浪の荒い海洋上でも、同じように能率的に操船できる木造帆船を可能な限り安価に造る、これは技術の結集を要する容易ならぬ課題であった。この点では現在世界のいずれの国の造船業も、当時のオランダが到達していた技術水準には及ぶまい。

オランダ人は積荷の種類に応じて専用の船舶を設計し、これを標準化して大量に生産した。そこには製造のコスト面でも船舶の強度・性能面でもあらゆる工夫がこらされていたが、まさに規模の経済の原理がここに働いてよりよいものをより安く製造することが可能になり、オランダはヨーロッパ全体を相手とする造船業者としての地歩を固めたのであった。

こうして約二世紀の間にオランダ自身の保有船舶は一〇倍に膨らみ、一六七〇年におけるオランダ船の総トン数は、スペイン・ポルトガル・フランス・イギリス・スコットランド・ドイツをあわせた全保有トン数よりも大きかった。しかも自国建造の船舶ばかり用いるオランダ海運業は、たとえばイギリスの業者に比べて平和時には三割ないし五割安で積荷を輸送することができたという。もちろんオランダ以外の諸国の船の中にもオランダで造船されたものがかなり含まれていたから、オランダ造船業の地位ということになるとさらに圧倒的なものであった。イギリスの追い上げが一七世紀末近くかなり急になっていたとはいうものの、一七〇〇年ごろに至ってもイギリス保有船舶はオランダの半分に及ばず、しかもそのうちおそらく四分の一以上がオランダ建造船を買い入れたものであったという(イギリス船舶の場合について図2参照)[12]。

右のようにいっても、武装した商船が一七世紀の間になくなってしまったわけではけっしてない。急激に発展しつつある大西洋上の貿易に従事する船舶は単に大型であるばかりでなく、大砲を積載して武装したタイプのものが圧倒的であった。総取引量はずっと小さいアジア貿易のための船舶も、また依然として危険の多い停滞的な地中海内貿易のための船舶も、この点においては同様であった。一六世紀以来のことであるが、これらの水域においては軍艦と商船と海賊船との間の距離は至近であって、三者の間に流動性すら認められた。商船と思えば海賊船であり、海賊船が即軍艦であり、これら全体が一国の洋上勢力をなしていたのである。

専用商船であれ武装船であれ、帆船であることには変わりはない。帆船の運航にとって必要不可欠なものは一定数の乗組員であった。発動機や燃料の必要はないから、甲板の下はすべて船艙であって積荷を満たすことができた。そして乗組員はほとんど甲板上かマストの上かで働き続けた。航海中のきびしい生活は生命をすり減らすものであったから、かれらの数には余裕を見ておくのがよ

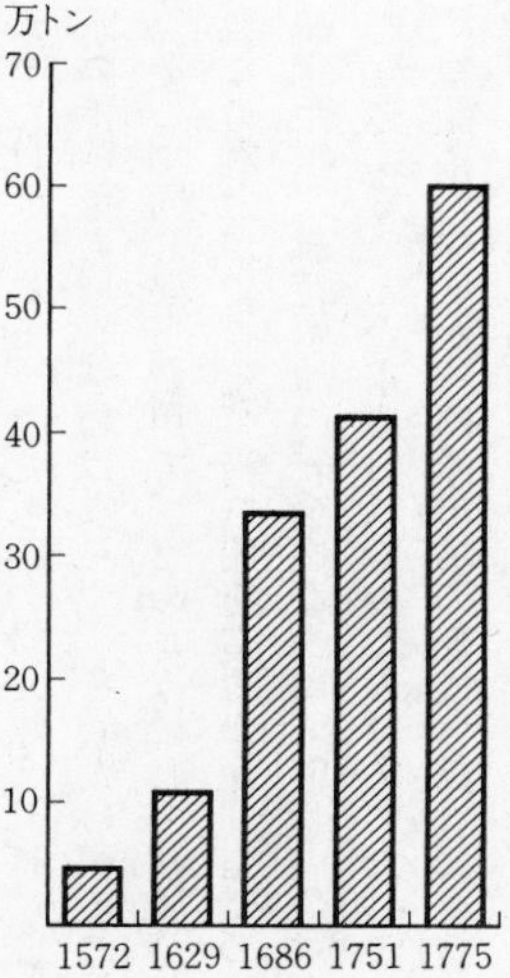

図2　イギリス籍船舶総トン数

かったはずである。ただしその数が増えれば、支払い給与の増加はもちろんとして食料や水の積載量も増やさねばならず、それだけ積荷の量を減らすことになった。

そこで同じ建造費用で、どのようにして積載可能な積荷の量が大きく、しかも操船に必要な労働力が少なくて済む船を造るかが、当時の造船技術の見せ場であった。積荷の性質、航行距離、航行水域の安全性などに即応しつつ、もっとも経済的な運航を可能にする船舶を建造することが求められていたのであった。このような性格をにない技術の最先端を行く造船業の発展が、国際市場の形成・拡大に密接に結びつき、これによって生み出されたものであることはいうまでもない。

R・デイヴィスのまとめに従えば、[13] 一六世紀のイギリスの海外貿易成長率は国民所得の成長率より下であった。しかし一七世紀になるとこの関係は逆転し、海外貿易成長率の方が上になった。海外貿易を支えるために直接・間接投下される資本や労働力の成長率ということになれば、以上述べたところからも察せられるようにさらにその上であった。一七世紀重商主義期の経済論が何かと海外貿易に注意を集中したのも、このあたりに理由があった。

もちろん貿易という以上、輸出にばかり目を奪われてはならない。後述するようにむしろ輸入にこそ注意を注ぐべき問題点がある。これについては今は立ち入らないが、少なくとも一七世紀において海外からの輸入品はイギリスのほとんどすべての世帯の生活に入り込んでいた。そしてこの輸入あるがゆえに、国内生産物のかなりの部分を海外に輸出することも可能となった。こうして国の内外をつなぐ市場は多くのレベルで多数の人々の身近なところに様々な致富の機会を用意し、人々の企業心を駆り立てた。投資の機会が増大しただけでなく、投資すべき資本の蓄積も社会の各所に進んでいた。イギリスの繁栄の背後にはこのような構図があったのである。

経済が繁栄に向かい資本主義が成長してゆく西ヨーロッパ、とくにイギリスにおいて、成功の好機が多数の人々に向かって開かれ、致富の機会は手の届くところにあった。これが顕著な歴史事象として浮かび上がるのは、もちろん一昔前の時代に比較しての話であるが、ただ勤勉と商才と幸運にめぐまれればチャンスはかならずあるという雰囲気が、社会のかなりの範囲に及んでいたということがポイントである。

ただひたすらなる勤勉のための勤勉、つまり報酬から切り離された勤労が、目的とは別にひとり歩きしてひとつの社会現象となったことは、人類史上おそらく一度もなかった。もちろん強制された労働を勤労とは呼ばないこととしての話であるが、大きな富や豪奢な生活が目の前に存在しても、それが手の届かぬ別世界の出来事であるかぎり、人々は勤勉に働き始めたりはしなかった。いくら働いてもその成果がその別世界のために吸い取られることが分かっている時、人々は勤勉に働いたり成功の運試しをしたりはせず、もっとずっと確かなレジャー（＝なまける）という形で生活を享受しようとしたのである（ということは、「プロテスタンティズムの職業倫理」が資本主義の発展に寄与したというよりも、その前に、資本主義の発展を生み出した同じ条件が「プロテスタンティズムの倫理」をも育んだのだ、と考えることになろうか)。

成功の機会が開かれたことはこうして市場経済の拡大とさまざまなレベルで密接に関連しており、市場向け生産の拡大、市場と結びついた消費生活の多様化といった現象が広くこれを支えていたことはいうまでもない。その中で発展の担い手たちが発展の成果をどれだけ自らの手にすることができるか、またこのような発展に対してどれだけ促進的な条件が体制的に用意できているかという点が、問題のポイントになる。

そしてまさにこれらの点において環大西洋的規模における世界市場の形成が、上述してきた多くの係わりからみてひとつの確かな促進要因として働いたことに、疑問の余地はあるまい。ただしそれがいかに「決定的」な意味をもつ要因であったかなかったかというような問題の立て方は、すでにふれたようにここでは用いない。この点でわれわれはただ「史的発展の総体の結果として」歴史的現実の展開が導き出されたものと考える、ウォーラーステインとオブライエンの合意の線に沿うこととなる。[14]

こうして複合する史的要因に押し流されるように、「繁栄中心の移動」と見える現象は、多くの問題をはらみつつ人々の眼前で進行した。かつての「スペインの裏庭」はみるみる侵食されてヨーロッパ新勢力の草刈り場となり、南アジアにはりめぐらされていたはずのポルトガル商業帝国もたちまち色あせて過去の世界に取り残されてしまった。寄せては返す波のように局面の新展開に新展開が重なる国際商業戦の中で、世界の海洋はヨーロッパ諸勢力に向かって開かれ、新しい土地の領有は実質的な占拠によってのみ主張しうることとなり、ローマ教皇の権威を借りたスペイン・ポルトガルの世界分割は急速にその形が崩れていった。国境争いもさることながら、海軍・海賊・商船の洋上勢力の争いを通じても「国民国家」や「国際関係」のあり方が固まりはじめ、新しい世界秩序を定立する国際法が形成されていくことになる。

ただし、ここにいう「国際」法はヨーロッパに生まれた主権国家群が相互の争いの中で自国の立場や自国の権益を主張しあうときの世界秩序原理として作り出されたものであり、「世界」に含まれる主体はあくまでもヨーロッパ主権国家のみという枠組みを踏み越えるものではなかった。アメリカの先住民はその中に取り込まれたとき、主権もなければ領有権も所有権もなく、単に草刈り場をうろうろしている潜在的労働力であるにすぎなかった。

アジアはこの点多少事情が異なっていた。その中の政治権力が国際社会を形成する一員として迎え入れられたわけではないが、ヨーロッパ諸国にとってその地を実質的に占拠することが困難であったから、新しい世界秩序・国際関係の外に残された。こうして地中海世界の西端のイベリア二国による「世界分割」が崩壊した後に登場するのは、西ヨーロッパを中核とする環大西洋世界と呼ぶべきものになる。

4 イギリスの貿易からみた一七、八世紀

ヨーロッパ的規模から環大西洋的規模に拡大して、はじめてその名に値する「世界市場」の様相が次第にあらわになってくる。そのプロセスを前節までは主として理論的枠組みとの係わりから考察してきた。本節においては一七、八世紀における「世界市場」形成の具体的な様相を、主として数量的なデータを検討しつつ確かめてゆくことにしよう。ただし以下にとりあげるデータそのものは何ら目新しいものではない。しかもこれがイギリスに関するものに限られていることをあらかじめお断りしておかねばならない。

いうまでもなく、同時代の史料は他の諸国についてもさまざまの形で存在し、史家の手による整理・検討を経て公表されているものも少なくない[15]。しかしそれらをただ散漫に引用するのでなく、互いに行き違いなく対比しうる形に揃え、大きな時系列としての一貫性を全体に与えて見通しのよい議論を引き出そうとなると、あちこちに障害が生じて事は簡単に運ばなくなってくる。

その点は、実はイギリスに関するデータに限って取り扱ってみてもなお同様で、多くの海港の記録、限られた問題や限られた期間についてのみ存在する史料、さらには各種関連データなどすべてを追いかけて使いこなそうとしてみても容易な仕事ではなく、とうていそれはいまの筆者のよくするところでない[16]。以下においては、この時代に関してよく知ら

れたいくつかの研究結果（第二次データ）の中でも、とくに有用なものと考えられるR・デイヴィス提供の統計情報を中心にすえ、必要に応じて他も参照しつつ考察を進めることにしたいと思う。[17]

ただ、すでに述べたように、本書にとりあげるのはけっしてイギリス一国の「サクセス・ストーリー」ではない。当面イギリスのデータに集中するとしても、視野に収めるのはずっと広くて時代的にも長期にわたる問題である。そうした事柄の性質上どうしても試論的ないし仮説設定的な大局把握の論議が入るのをお許し願いたいと思う。細部の技術的問題には極力立ち入らない考えであるが、まず図3によって一七〜一八世紀イギリスの輸出入貿易動向を眺めつつ、必要最小限の二、三の点にふれておくこととしよう。

まずこの図左半の一七世紀の部分について。われわれはイギリス（イングランド）全体の輸出入額を詳細に確かめることができていない。一六二一年の棒グラフの基礎になる数字はA・M・ミラードによるものであるが、[18]情報はロンドン港での輸入に限られる。一七世紀前半の輸出については著名なF・J・フィッシャーの研究があるが、[19]これは量データの評価が難しく、図中に含めることができなかった。一六六〇年代は一六六三年、六九年の二年の平均値を、ロンドン港だけの貿易の場合（輸出と輸入）と、他の港も含めたイギリス全体の貿易の場合（輸出・再輸出、および輸入）と、両者を並べて図示することにした。このうち取引の商品構成や相手地域構成について情報の得られるのは、前者のロンドン港

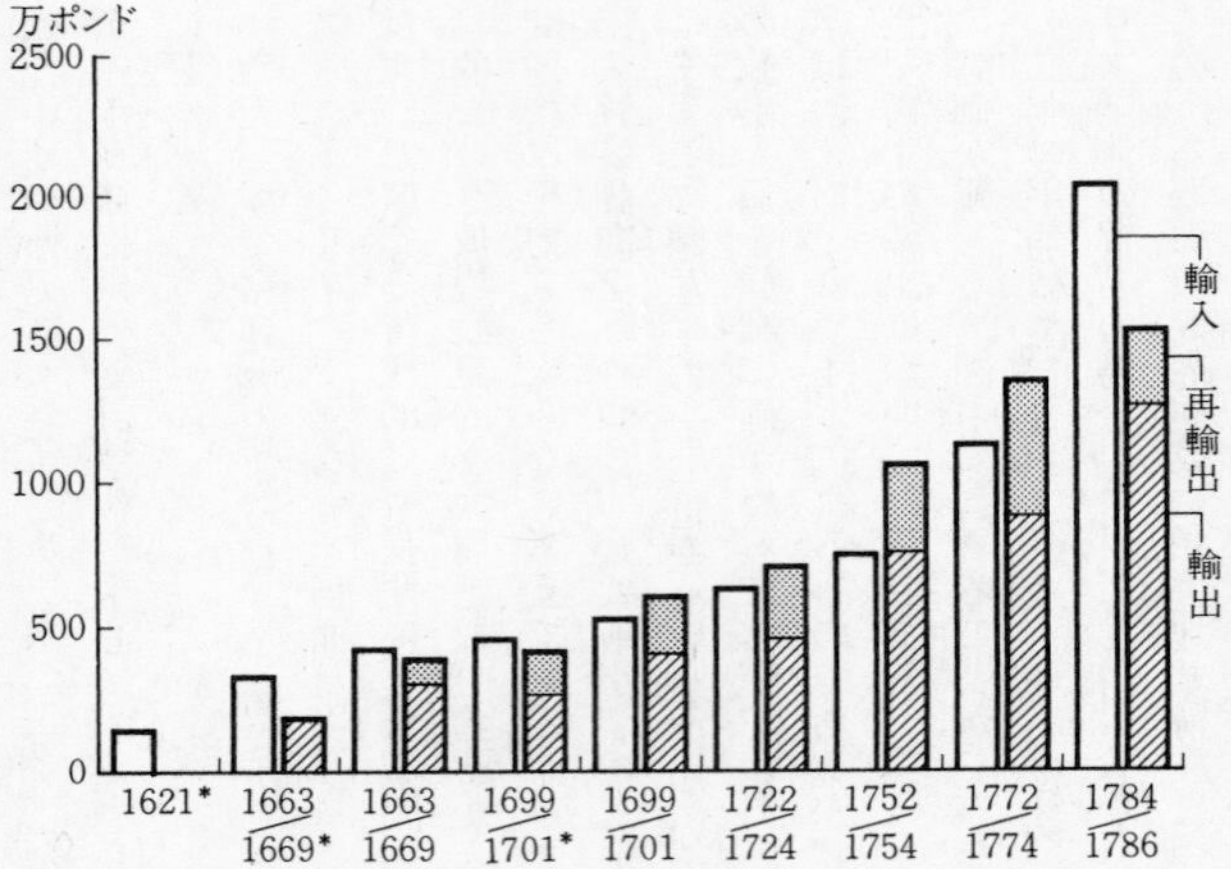

図3　イギリスの貿易（*印の期間はロンドン港のみ）

貿易の場合についてだけである。いずれもデイヴィスの掲げる数字によるが、後者のイギリス全体の貿易額は、かれがロンドン港以外における輸出入額と全体としての再輸出額とを大まかに見積って、これを前者に上のせして作られた数字である。[20]

イギリス貿易統計については、よく知られているように一七世紀も終わりに近く一六九七年に至ってようやく詳しい資料が税関の記録を整理して継続的に用意されるようになる。図3中の一六九九〜一七〇一年の三年間を平均した情報は、以後の四つの三年間平均情報と同じく、デイヴィスがこの貿易統計に検討を加え一定の操作を経てわれわれに提供してくれたものである。[21] このうち一七〇〇年前後三年平均情報は、見られる通りロンドン港だけの場合とイギリス全体の場合と、二つのケースを並べて図中に表示してある。そのいずれについてもわれわれは、商品構成・相手地域構成の情報を手にすることができる。二つのケースを並べたのは、不十分な一七世紀の情報をこの時以降の情報とつなぎ合わせる手がかりを、何とか準備しておくための工夫にほかならない。なお全体を通じてブリテン諸島内の取引額は、「イギリス」の貿易額から差し引いておいた。その額は全体の中では大きなものではなく、少なくとも図3に表わしうる程度の精度なら誤差の範囲内におさまってしまうかもしれないが、後年の統計情報との接合をいささかでもよくしようと配慮した結果である。

また図3右半の一八世紀については後段（第三章）において、年ごとの時系列データを用いて一九世紀の動きとともに別角度から検討する予定であるが、話の連続性を確保するために、ここでは左半と同系のデータに基づく一八世紀の棒グラフを加え、一七世紀から一八世紀へと向かう押しとどめることのできぬ時の流れを、より詳しい情報を介してとらえておきたいと思う。ただし、のちに述べるように一八世紀の七〇年代には歴史の曲がり角があって、一七世紀からのイギリス対外貿易の趨勢にもかなりの変様が訪れる。図3の右端八〇年代の棒グラフは、この点を明らかにして後の時代への橋わたしとすることをねらったものである。[22]

「押しとどめることのできぬ時の流れ」などと騒いでみても、図3を眺めた正直な印象は、ごくありふれた長期的上昇という、ただそれだけのことだといわれるかもしれない。いや実はそれどころか、気安く「上昇」を口にするのをためらわせるほどの低率上昇である。試みに成長率を計算してみると、一六六〇年代から一七七〇年代にかけての年率は輸出で〇・九九、再輸出で一・四五、輸入で〇・八三パーセントという低い数字となる（指数曲線をフィットした計算、既述の事情により一七八〇年代は除外、またもちろんロンドン港のみのデータも除外）。もっとも大きい上昇を示す再輸出の場合でも、これではその総額が二倍になるのに五〇年ほどを要し、輸出や輸入の場合ともなると、かなり頑張って長生きしても、一生の間に二倍にふくれるのを見届けるのが至難の業という数字である。

しかし人類の悠久な歴史を振り返ると、産業革命以前におけるこのような持続的成長はむしろ異例の事態であり、とくに再輸出の場合など大変な出来事と解すべきであろう。拡大の大勢は輸出・輸入については一八世紀中ごろからさらに加速するが、再輸出については多少減速の傾向を見せる。一七世紀末以降各年の時系列データ（後出図46および図53参照）について、一七〇六～七五年の成長率を試算すると、輸出は一・三八、再輸出は一・三二、輸入は一・二五パーセントの年率となり、すべてが一パーセントを超える水準に達する（この点、長期傾向の計算には少々不向きな図3のデータについて計算してもほぼ同様）。いま再輸出を別とすれば、そこにあるのは同じ調子の上昇大勢ではなく、その中に波長の長いうねりがあったと見てよいのでないか。すなわち一七世紀中葉以降の貿易拡大基調が、一七世紀末から一八世紀の半ば近くまでやや中だるみに陥り、その後ふたたび大きな拡大期に入ったのであり、これが計算される成長率の微妙な差をひき起こしたと考えられるのである。

ところで右に保留した再輸出のケースであるが、一七世紀から一八世紀にかけてはその約束する利潤率が高く、異例の急成長を続けて「重商主義」を生み出すひとつの重要な基盤となった。外国で仕入れたものをそのまま別の外国へ転売するだけでなく、たばこや砂糖の例に見られるように、何らかの精製加工を加えて輸出するケースも含む再輸出を、単なる仲介貿易と解するわけにはいかないが、ともかくこれもすべて含めて再輸出にまつわる諸取引はイギリス商人層の致富に貢献し、ロンドン商業資本を大きく膨らませた。のみならず、この貿易はイギリス・オランダ抗争の一大争点に発展し、かの航海法のひとつの重要条項のねらいもこの点に絞られていたという。それはまさにF・J・フィッシャーの指摘した通りであった[23]。

ただし時代を遡って一七世紀初頭に戻れば、再輸出はまだごく小さなものにすぎなかった。たといその額をはっきりした数字でとらえることが無理としても、イギリス総輸出中、再輸出の占める割合はまず無視しうる低レベルのものであった。一六四〇年に至ってもこの割合はせいぜい三、四パーセントの水準に達した程度だったという[24]。しかし一六六〇年代の再輸出額は、デイヴィスの見積りによれば約九〇万ポンドに達していた。図3中にはこの額が図示してあるが、総輸出額の約二二パーセントにあたる数字である。九〇万ポンドというのはどちらかといえば多い目とデイヴィスは考えているが、その後再輸出はさらに総輸出中の比重を高め、図4に見るように、一八世紀に入るとその四分の一から三分の一あたりを上下するようになった。[25] これは今日にわかには信じ難い大きな割合といってよいであろう。

さらにこのあとこの比率がどうなったかについては、図5[26]を参照して頂きたい。一見して明白なように、それは大きな上下動を繰り返しつつも大勢としては漸次下方に向かい、

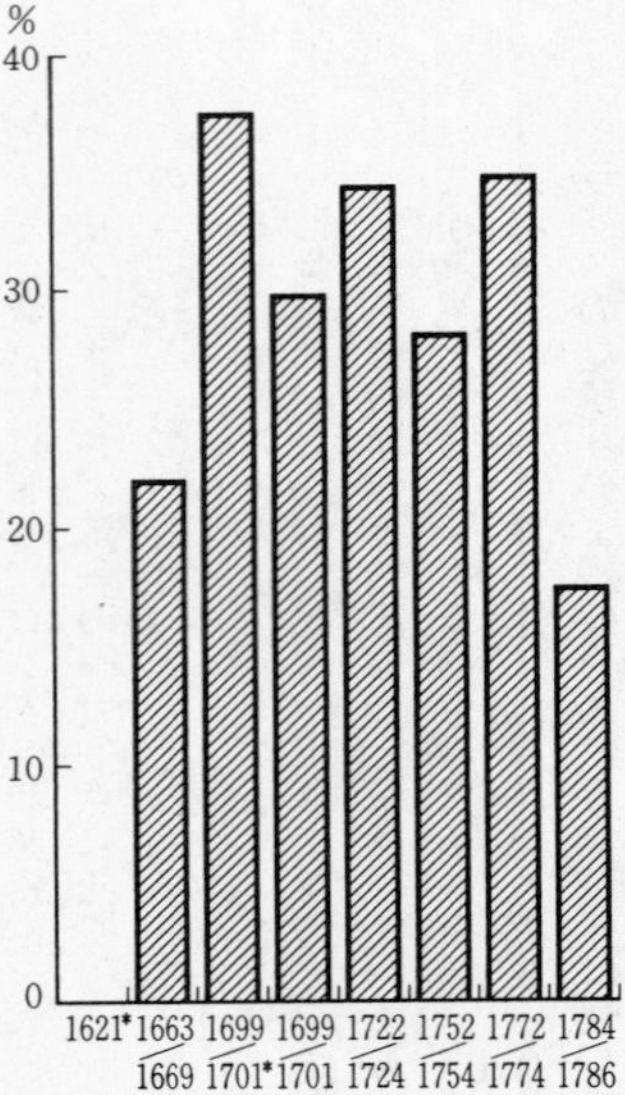

図4　総輸出中における再輸出
（*印の期間はロンドン港のみ）

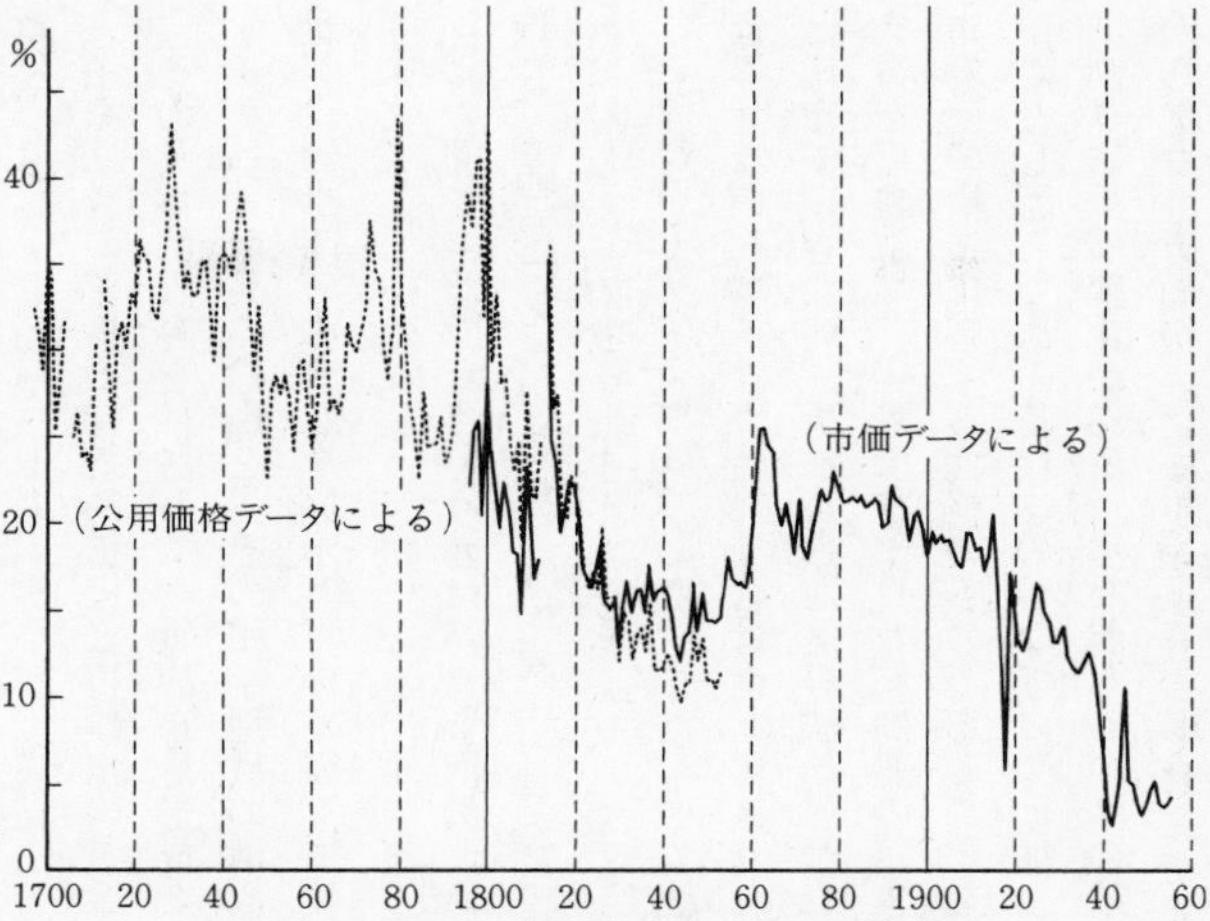

図5　イギリス総輸出中における再輸出

一九世紀前半に五分の一以下の水準に落ちこんでからは、いわゆる帝国主義期に多少の回復をみせるもののその後はさらにかんばしくなく、現在に至るまでのイギリスの歴史を通じて一八世紀が最高の時代ということになった。換言すれば、一七、八世紀は再輸出が急上昇してその黄金時代を迎える世紀ということになる。おそらくこの点に一七、八世紀という時代の特殊性が現われており、当時形成されつつあった世界市場の一様相、その中でのイギリスの役割が凝縮した形で示されているのではないかと思う（図5の左半の点線は公用価格、右半の実線は市場価格に基づく統計から算出されたグラフであるが、この問題に関する技術的説明は第三章に記した。なお図中一七九〇年代からは実線の方が経済の実態に近いものとみて頂きたい）。

イギリスの貿易の持続的拡大と再輸出の黄金時代とに注目してきたわけであるが、つぎにその具体的内容を検討して、世界市場形成との係わりをたぐってみることにしよう。まずイギリス産品の輸出を、その相手地域の構成という角度から考察する。図6[27]は一七、八世紀におけるその変動を図示しているが、まずそこに用いられている地域区分について一言しておこう。

この図で「北欧」というのはバルト海沿岸北欧諸国・ノールウェー・デンマークなどを指し、「西欧」というのはオランダ・フランドル・フランス・ドイツなどを意味する。これに対して「南欧」はポルトガル・スペイン、それに地中海沿岸全域（北アフリカ・トルコを含む）よりなる地域である。また「アジア」というのは「喜望峰以東」の全域、「新世界」ないしアメリカというのは南北アメリカ・西インドのほかに西アフリカを含む地域と考えて頂きたい。少々奇妙な区分法と思われるかもしれないが、これは当時のものの考え方を反映して、実際にヨーロッパ商船の行き交う航路に即し、形成されつつある「世界市場」の構造に応ずる性格のものであることを留意しておこう。

ただし図6で次の時代へのつなぎにつけ加えた一七八〇年代の棒グラフについては、地域割りに少々変化がある。すなわちこの図の基礎となったデイヴィスの統計では、この時からアフリカの扱いに変更があり、それまで北アフリカは「南欧」、西アフリカは「新世界」、東アフリカは「アジア」に入っていたのを根本的に改め、以後アフリカを独立した一項として扱うことになっている。また同時に、地中海沿岸ということで南欧の中に含められていたトルコ領も、以後近東という項目を設けて独立した扱いとなった。統計が近現代の地域区分の通念に近づいたわけであるが、ここでの問題は、項目内容の変更のために前後をつないで一貫性ある時系列を作り出すことが困難となる点にある。古

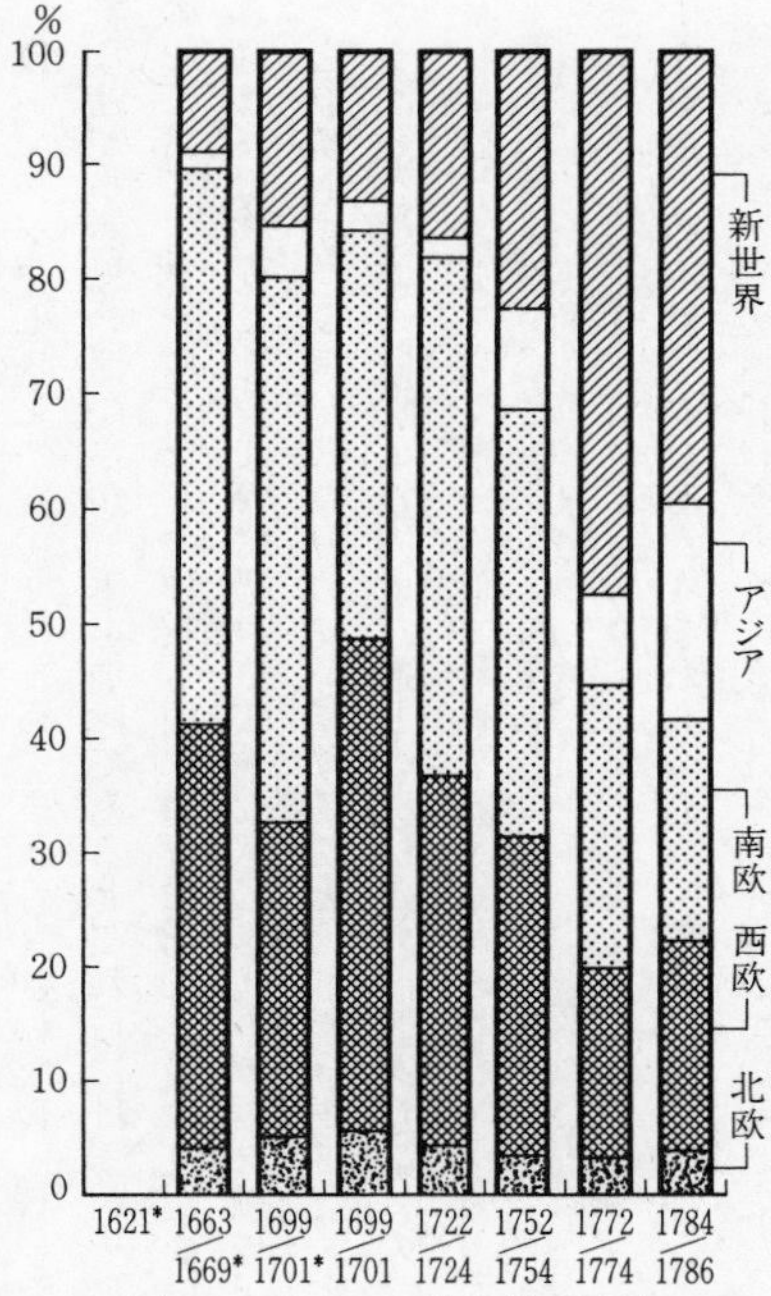

図6　イギリスの輸出相手地域
（＊印の期間はロンドンのみ）

くからあるD・マクファースンの書物やこまめにまとめ直されたE・B・シュンペーターの統計史料などが当然思い浮かぶが[28]、手をつけてみるとこれらにはまたそれなりの問題があり、その中からデータを取りなおす作業も同じようにあまり役に立たない。

そこでわれわれは当面ごく大まかに扱って、一七八〇年代のデータ以後、近東もアフリカもアジアと合算してアジア・アフリカを一括することとした。あえて一七八四〜八六年の棒グラフを図6右端につけ加えたのは、ひとつにはこの問題を意識にのぼせるためにほかならない。いま試みに右端の棒グラフで白抜き部分のアジア（右に述べたようにアジア・アフリカを一括した地域）が、どのような内容をもつかを数値で示すと、総額二三六万六〇〇〇ポンドのうち七六・六パーセントがアジア、二〇・七パーセントがアフリカ、二・七パーセントが近東という計算となる。すなわち一七八〇年代にアジアのシェアが増えたことは明らかであるが、この図にはそれが二割あまり誇張されていることになる。これをすぐ左の一七七〇年代と正しく対比するためには（当面東アフリカの無視が許されるとして）、その白抜き部分から二三・四パーセントほど差し引いて、その分を南欧とアメリカに割り振らなければならないことになる。どれだけずつ割り振ればいいかが悩みの種であるけれども、まずかなりの部分は南欧と考えて大過あるまい。

それはともかく、ここでは一七八〇年代には多くの新要因が入って話が少し変わってくることを心にとどめて、以下においては一七七〇年代までの大局的把握に努めることにしたいと思う。前置きばかり長くなったが、ふたたび図6を注意してみると、一七世紀から一八世紀の初めにかけてイギリスの輸出先は八割以上ヨーロッパであった。この点はもちろん時代を遡っても同様であった。ただし一七世紀初頭のイギリスの輸出先はその九割が手近な西欧であったという。それが世紀が進むとともに「南欧」が伸び、世紀後半には図6の示すように南欧の方に比重が移ってしまった。その背後には、大陸側での流行の変化とともに売れ筋の毛織物が変わって薄手の品物となり、織物消費市場の多様化が進むとともにイギリス国内の織物産地にも変動が生じ、一方イタリアやスペインの毛織物業が急速に衰退して、そこに生じた地中海沿岸市場の空白に新しいイギリス毛織物がなだれ込むという事情が存在している。

いうまでもなく当時のヨーロッパにおける資本・技術・企業家・労働人口の流動性や、うち続く戦乱と市場や生産のからみ具合も忘れてはなるまいが、図6はこのようなヨーロッパ内の史的変動をその背後にもっているわけである。よくみると、一七世紀後半からイギリス産品市場としてのヨーロッパの占める割合が下降気味で、一七世紀の九割の線から一八世紀初めにかけて漸次八割の線へ近づいてくる傾向を否定しがたいようである。しかし、ともかくヨーロッパがイギリスの主たる輸出先であることには変わりがなかった。

ただし当時の貿易統計は、輸出商品の行き先を最後に行きつく目的地までは追ってはいない。アムステルダムで売ったものは、たといそれがそのまま中欧・東欧・バルト海域へ送り出されようとも「西欧」への輸出となる。スペイン・ポルトガルへ積み出された荷は、たといそれがメキシコ・ブラジルへの再輸出に向けられようと「南欧」向け輸出になってしまう。だから図6の南欧向け輸出部分には、新世界向けの輸出も隠されていることになる。その割合が容易につかめないのが残念だが、そこにはたしかにヨーロッパの枠をはみ出していく歴史の脈動が聞こえるはずである。

ここで一六九九〜一七〇一年の二つの棒グラフを対比すると、ロンドン港以外の港からは西欧への輸出が当時かなり多かったこと、逆にロンドン港ではアメリカやアジアへの窓が比較的大きく開かれていたことが読みとれるであろう。これを見ても明らかなように、ロンドン港のみに関する一七世紀のデータを一八世紀のデータとつきあわせる時には注意が肝要である。しかし当面の問題に関する限り、外にも顔を向けるロンドンのケースと西ヨーロッパ域内の地方貿易に頼りがちなロンドン以外のケースという両者を合わせて、全体としてのイギリスの輸出貿易は、まず手近なヨーロッパへ向かうという傾向を保っており、この様相は一八世紀初めに至ってもまだ根本的には変化を見せていない。

この点に地滑り的な動揺が生ずるのは一八世紀の半ば近くである。そして一旦崩れ始めたあとは、イギリス産品市場としてのヨーロッパの比重はみるみるうちに七割へ落ち、六割となり、さらには五割の線すら割り込むようになる。これに代わって大きな伸びを見せるのが、大西洋の向こう岸である。

スペイン・ポルトガル経由で輸出されていたものが、じかに新世界に輸出されるようになる傾向もその背後にあったであろう。遅れて登場してくるアジア市場の存在も気になるところかもしれない。しかし何といっても、アメリカ独立戦争に至るまでは環大西洋市場の急速な伸長がきわめて印象的である。右に述べたデータの性質上の問題を考慮して左側二本の棒グラフを白紙で覆い、同じように既述の事情を考慮して右端の棒グラフを除いてみると、この一八世紀の初め四分の三世紀の期間において、まったく一本調子の変動を図6に読むことができよう。図6のあらわすこの相対的比率の変化に図3のあらわす絶対額の上昇を重ね合わせた時、上記の印象はさらに強烈なものとなるであろう。

ここで輸出されるイギリス商品の構成に考えを移したいが、この時代についてしばしば用いられる取引商品の範疇が、「製品」・「食品」・「原料」の三者であることをはじめに断っておこう。産業革命以前の経済であるから、製品 manufactures といっても織物を中心とする手工業製品ばかりであり、食品 foodstuffs といっても保存の問題があるため、たとえば魚・果実などは塩漬けや日干しなどの加工品であって、生鮮食品はまず含まれず、もちろん穀物もあるが、酒・たばこのような嗜好品もその中に分類される。手短かにいって口に関係のある消費財というところであろうか。また原料 raw materials は原繊維・染料など繊維産業のためのもの、木材・麻・ピッチ・タール・金属原料など造船・艤装・その他雑手工業のためのものなどによって構成される。今日ではなかなか実感のともなわない分類方法かもしれないが、もちろん適用される時代の実情に即してこそ、範疇の有効性も保証されるわけである。

そこでイギリス輸出の商品構成であるが、これについてはまず図7を参照することにしよう。輸出の相手地域構成の急変動に比べて、この図を見る限りの第一印象は、さしたる変化がないという漠然としたものであろう。さらにもう一つ付け加えれば、一八世紀中葉の食品輸出のふくらみは何によるのかという疑問が残る程度ではないかと思う。左の二本の棒グラフはロンドン港の場合だけで、これはすぐ右と比べて少々「製品」の割合が高い数字ではあるが、しかし大局的にみて、一七世紀においてすでにイギリスの輸出がもっぱら手工業製品に頼り、たとえばフランス・ポルトガルのぶどう酒や北欧の木材などに当たるような、有力な食品・原料の輸出品目がなかったことは疑うべくもない。[30]

このように輸出の八、九割は手工業製品輸出に依存し、しかもその手工業において技術的向上や体制的合理化が進んで競争力が高められていく、といった情勢が観察されたことはすでにふれた通りである。ただしそのような域に達しえた製造業がほとんど毛織物業に限られたことも、同じ箇所で述べた。それが、一七世紀末におけるイギリス輸出貿易の図7に見るような商品構成を生み出していたのである。

だが事情がこのまま変化なく続いて、スムースに産業革命に突入していったと考えることは、図7の与える印象にもかかわらず正しくない。それは輸出品中毛織物の占める位置

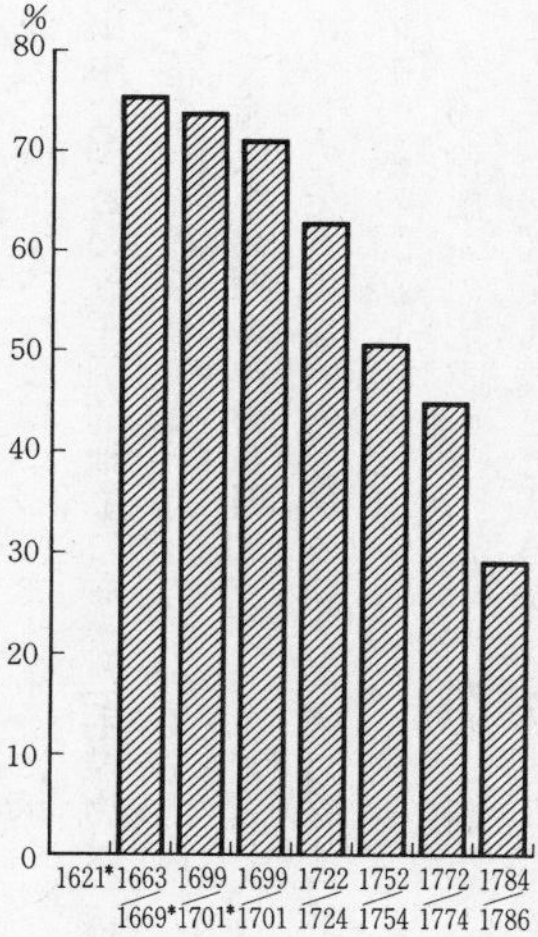

図8　輸出中における毛織物
（＊印の期間はロンドン港のみ）

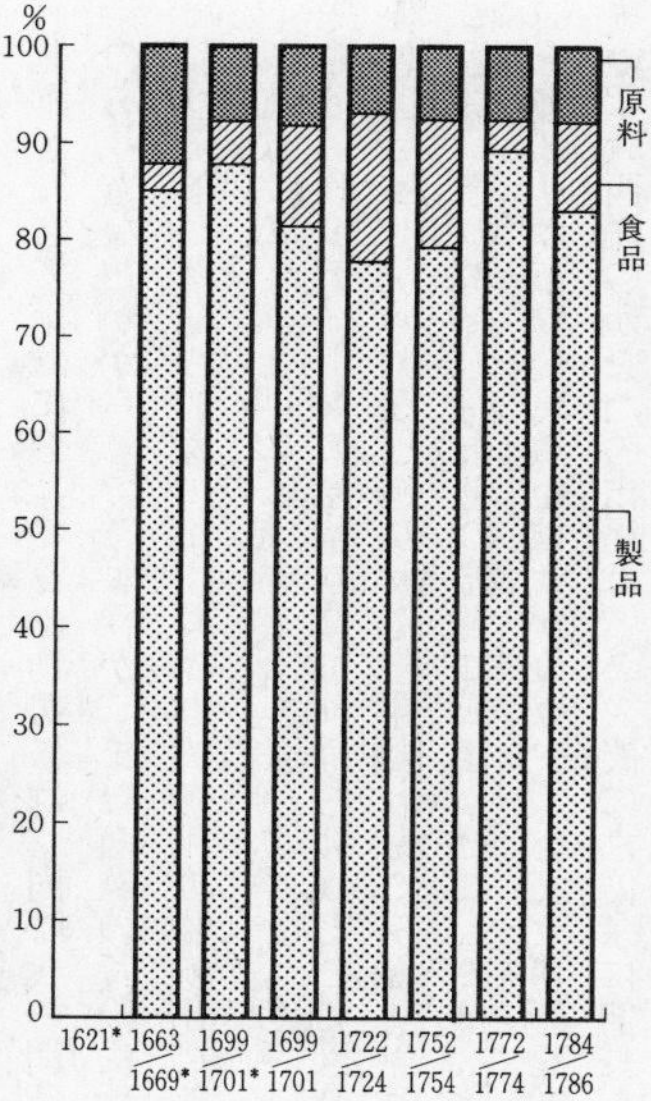

図7　イギリスの輸出商品構成
（＊印の期間はロンドンのみ）

が、一八世紀に入ると急激に低下することによってまず第一に示される。図8[31]に見るように、世紀初頭には総輸出中七割という圧倒的地位にあった毛織物は、世紀半ばには五割、八〇年代には三割の線へ落ち、その後は二度ともとのレベルを回復しなかった。そして第二に、そこに生ずる空白を産業革命期の技術革新に支えられた新しい綿業がただちに埋めていったかというと、けっしてそうでないのである。この点は後出図48にも明確と思うが、ここではこの辺りの事情をつぎの図9[32]・10[33]・11[34]で少し詳しく見ることにしよう。

まず毛織物について。その輸出先の比重がヨーロッパから「新世界」(さらにはアジア)へ移ってくることを、この三つの図を比較して明らかに認めることができる。ヨーロッパの中でも西欧・北欧が減じて南欧に偏ってくる情勢には、同時代の消費市場、さらに国際関係や経済政策のあり方などがからんでこようが、また南欧の背後に新世界の影を見ておくことも忘れてはなるまい。三つの図でヨーロッパ内の毛織物輸出の絶対額を読むと、けっして総額は減少していない(一七八〇年代になると総額も多少下降するが)。

毛織物生産総額は、P・ディーンの見積りによればちょうどこの図9から図11に至る同じ期間にほぼ倍増したという。するとその販路を外国市場に頼る割合は、この間に約六割から五割以下に落ち、そのぶん国内市場の拡大に依存したことになる。[35]だが、ヨーロッパ大陸市場の停滞をアメリカ市場の急激な拡大がカヴァーして、事態を救っているのを見落としてはなるまい。大西洋のかなたの市場は、この間に六倍余に伸長しているのである。

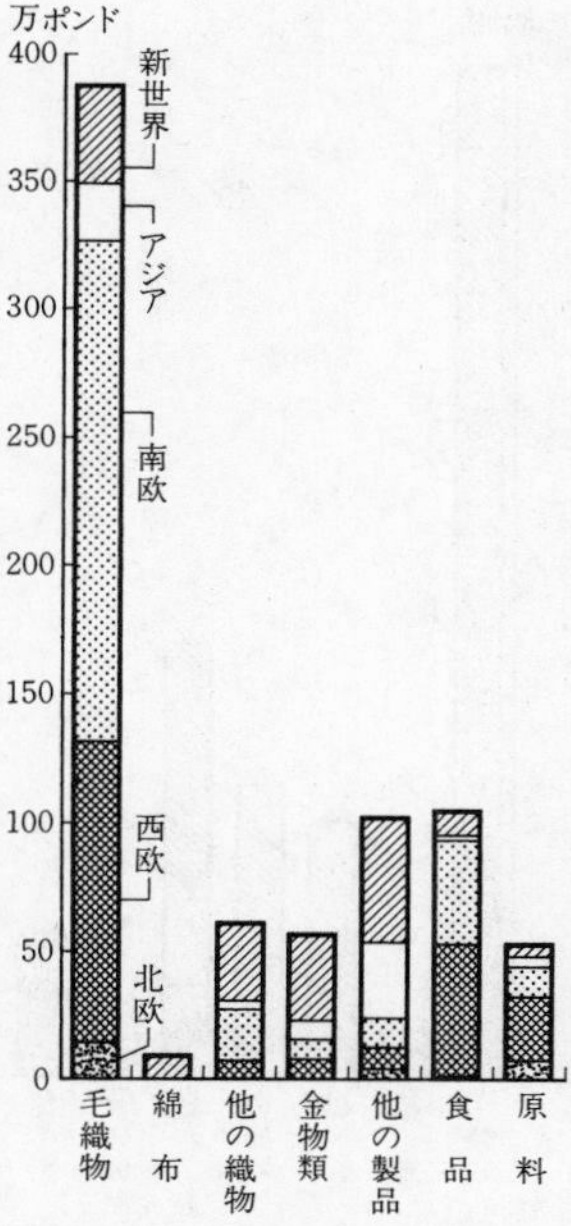

図10　イギリスの主要輸出品とその輸出先（1752/54）

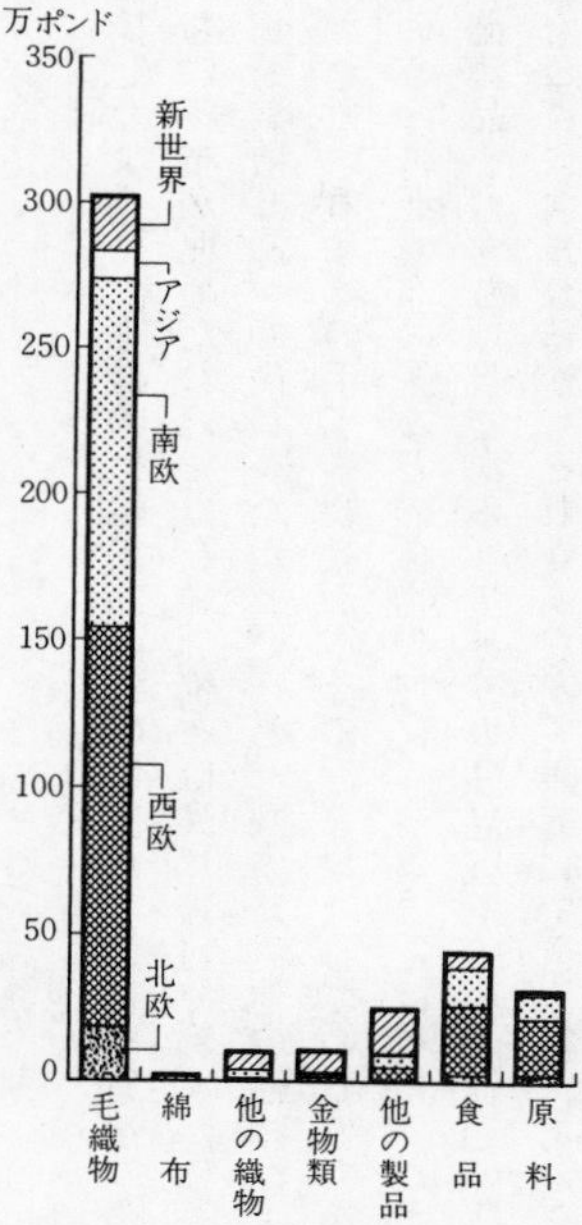

図9　イギリスの主要輸出品とその輸出先（1699/1701）

すでに指摘したように、毛織物は輸出諸品目中に占める比重を急速に落としていたが、それをただちに綿布が埋めたわけではない。綿布は図10・11でわずかに芽を出す程度である。では何が毛織物にとって代わったかというと、図中に「他の織物」「金物類」「他の製品」と分類されている多くの手工業製品が、その役を果たしているのである。ここに「他の織物」というのは亜麻布・絹などの織物の他に、少々ことば足らずだが、布地を用いて作られる服飾雑品をも含む項目である。アメリカ独立戦争へ至る経過の関係で思い出される帽子などもここに含まれるが、それがあながち馬鹿にできぬ額であることを付言してお

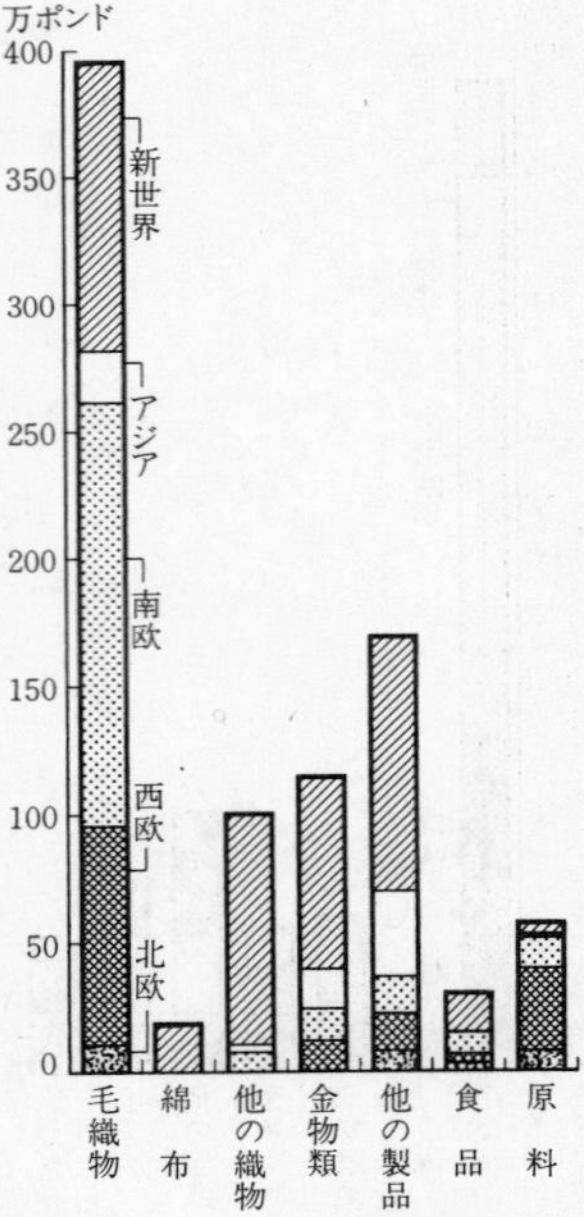

図11　イギリスの主要輸出品とその輸出先（1772/74）

こう。図11の例でいうと、「他の織物」の総額約一〇〇万ポンドのうち、亜麻布七割余・絹一割五分・帽子一割というのが大略の比率である。大部分を占めている亜麻布については、輸入についての考察の折にあらためて検討する。

また「金物類」というのは釘、鍋などの食器、犂などの農具、ボタンなど服飾品、いかりなど船舶用品といったところで、全体として見ると鉄製品が多いようである。アダム・スミスが『国富論』のはじめに、分業の効果をピンや釘の生産を例にとって説明している時代であることを忘れてはなるまい。ほかに性格づけをすることの難しい雑多な手工業の「他の製品」を含めて、以上の三項目がまったく急激な伸びを見せていること、しかもその大部分がまたもや大西洋のかなたの市場へ運ばれていることを、図11あたりで確認して頂きたい。

以上を要約すると、一七世紀から一八世紀はじめにかけてイギリスから輸出される「製品」はほとんど毛織物であり、この一品目が総輸出の七、八割を占めるという事態が続いていた。この情勢は一八世紀に入ってまもなく急速に崩れ、市場が環大西洋的規模のものになるとともに「製品」輸出の多様化が進んだのである。その背後にはイギリスの中で、単に織物業だけでなく金属工業など各種手工業の展開があったことはいうまでもない。この金属工業の発展が次なる技術革新を支えたこと、あるいはまた、すでに指摘したように通商圏の急激な拡大が海運・通商・金融・造船関係の各種企業の発展に大きな刺激を与えたことを見落としてはなるまい。[36]

産業革命はしばしばランカシア綿業の問題に単純化される。しかし毛織物にしろ綿布にしろ、一産業部門の送り出す商品がイギリス総輸出の七、八割を占めるという事態は、一八世紀初頭以来一度も生じていない。産業の多様な進展とそれに即応する世界市場の確保という、それまでのイギリス経済に見られぬ構造的性格はほぼこのころにその端緒を見出すことになる。

図7から残る宿題として、一八世紀半ばの「食品」の輸出増大について一言しておく。一七世紀においてイギリスは農産物の恒常的な輸出国あるいは輸入国ではなかった。年に応じて輸出したり輸入したりであるが、各港における出入を合計して全体として差引純輸出入がいくら位になるかを確かめることは容易でない。しかし一七世紀末から一八世紀、イギリス農業は格段の技術的進展を見せ、生産力を高めた。そこへ大陸側の需給事情の変化が重なって、一八世紀の六〇年代ぐらいまでイギリスは穀物の純輸出国という地位を保ち、図12[37]に見るように、一七五〇年のピークには一〇〇万クォーターの小麦の純輸出を行なった。これはP・ディーンとW・A・コールによる見積りを用いると、イギリスの穀物総生産の七パーセント近い値になる。[38]そしてこのころの食品輸出の行先はその九割近くがヨーロッパ大陸であった(図10)。しかし、一七七〇年代に入って小麦輸出が影をひそめた時、「食品」のほぼ六割がヨーロッパの外、それもとくに「アメリカなど」に向けられ

ているのを注意しておきたい。

輸出についてはこのくらいにして、つぎに輸入の場合を同様に考察してみよう。ここでは輸出の時述べた技術的説明はほとんどそのままあてはまるのでいっさい繰り返さず、ただちに図13[39]の検討に入る。まずこれを既出図6と比較すると、輸入が輸出より一歩先んじ

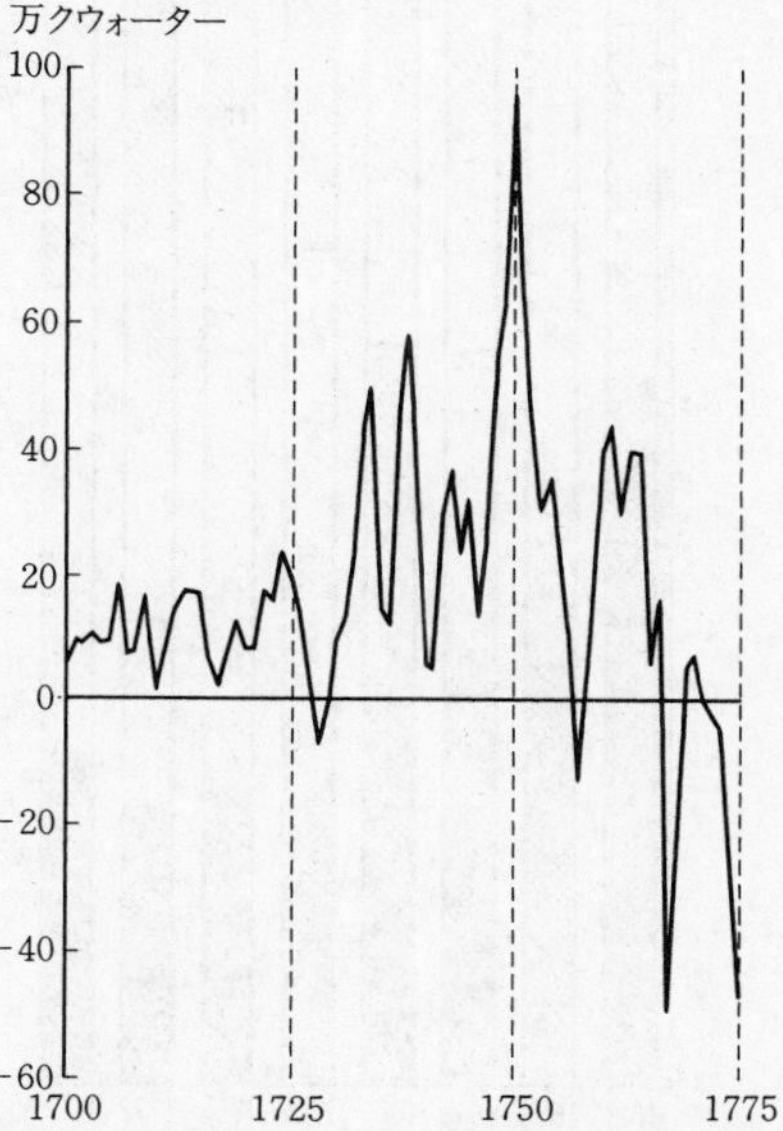

図12　イギリスの小麦（含小麦粉）の正味輸出

てヨーロッパの外へ外へと拡大していく様子がきわめて鮮明に認められるであろう。逆にこれをイギリス総輸入中ヨーロッパ大陸の占める割合という観点から観察すると、一八世紀初頭にはこの割合がすでに七割を切って六割へ向かいつつあり、世紀半ばには五割、一七七〇年代には四割近くまで落ちてしまう。既述のように輸出においてもヨーロッパの比率の縮小が認められるが、輸入のケースと比べてその縮小の始まりがずっと遅れていること

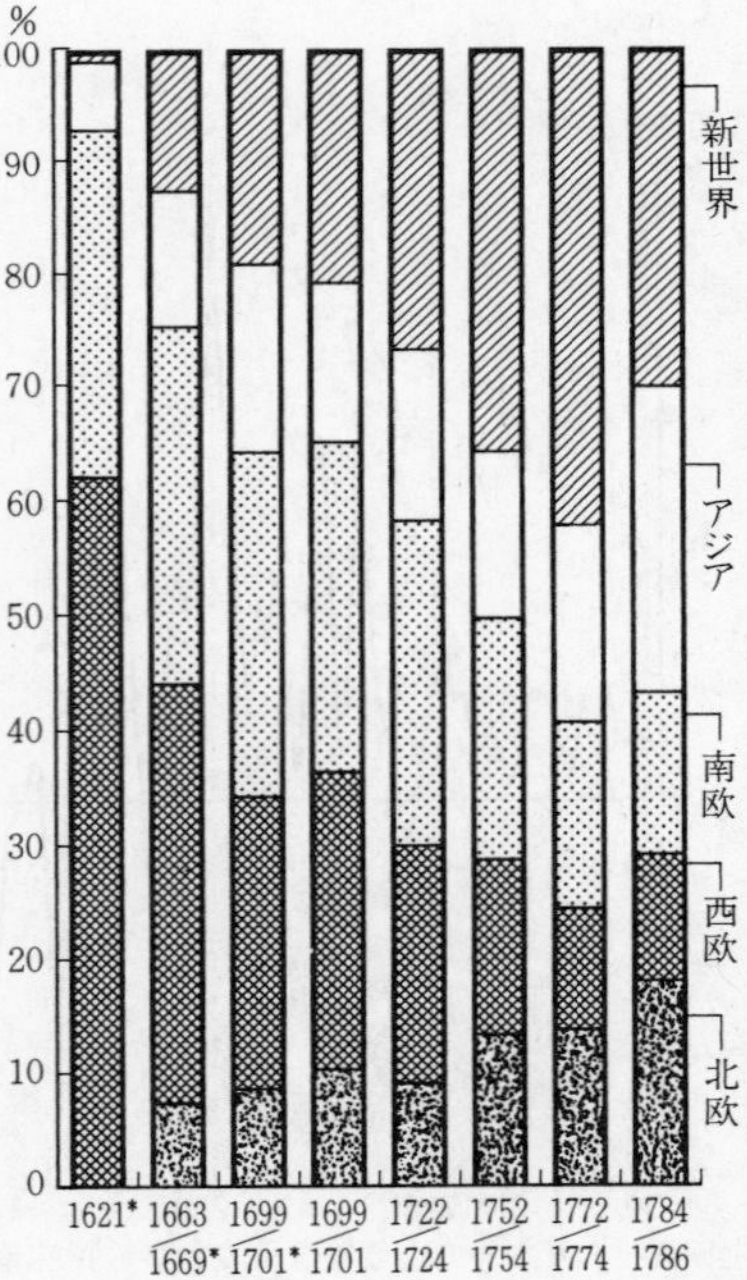

図13　イギリスの輸入相手地域
(＊印の期間はロンドン港のみ)

とを注意して頂きたい。

とくにヨーロッパの中でもイギリスにもっとも近い西欧からの輸入が、全体の一割程度まで凋落してゆく様子には、見るも無惨なものがある。これは輸入総額が上昇し続けるその中で、ひとり西欧の場合だけは一六六〇年代ロンドン港の輸入額のレベルに低迷し続けているためである。もちろん諸国間の経済そのものの差がその基礎にあり、あるいはむしろウォーラーステインのいうような「世界経済」の構造やその中の位置の差を考えるべきかもしれない。具体的には政策や戦争の直接の影響もあり、英蘭抗争に利なく、航海法に首をしめられつつあるオランダの憔悴した姿が、このあたりに見えかくれしているようにも思われる。

一七八〇年代に入って、輸入総額が急上昇する中で（図3参照）西欧からの輸入も一時増大するが、しかし全体の一割という比率を高めるまでには至っていない。南欧の場合についで見ても、西欧ほどではないというもののけっしてバラ色にとらえることのできる形勢ではない。これらに比べて印象的なのは北欧の善戦で、着々と西欧との差をつめて一八世紀半ば過ぎにはついにこれをとらえ、抜きさってしまった（なお一六二一年のデータでは北欧は西欧の中に含められている。この年に北欧がゼロというわけではない。一言お断りしておく）。

こうしてその中に差はあっても、全体としてイギリスのヨーロッパ離れが急展開してゆくその一方で、まったく対照的なのが「アジア」と「新世界」の場合である。このうちアジアは一七世紀に一足早く伸び、その後は十数パーセントという比率を保つ程度であるが、新世界の方は一七、一八両世紀を通じて休むことなく確実に自らのシェアを拡大し続けている。イギリス輸入総額の上昇過程（図3）のそのさ中でのさらにシェアの拡大というわけであるから、これは容易なことではない。

一七〇〇年頃から一七七〇年代に至る四分の三世紀の間について計算すると、新世界からの輸入額はほぼ二パーセントという成長率を示しており、この率はシェアの落ちた八〇年代の数値を入れて計算しなおしてもいささかも変わらない。ロンドン港のみについての一七世紀のデータまで含めて計算するのは無意味に近いが、あえて試みれば三パーセントを大きく超える数字がえられる。これほどではないにしても、一七世紀以来の成長率が、当時としては驚くべき高いレベルを保ち続けたに相違ないことは容易に察しうるであろう。

このように取引市場の世界化において全体として輸入がリードし、あとから輸出がついていくという態勢[40]をいま「輸入先導型」と名付けることとすれば、これは実はイギリス一国だけを特徴づけるべき用語ではなかった。むしろ一五世紀以来「繁栄」をめぐる争いを続けてきた、ヨーロッパ全体に当てはまる特徴であった。とくにいまわれわれの問題としている一七、八世紀の世界市場形成は、現象的にみてまさに輸入先導型であったととらえてよい。もちろんそのような世界市場の形成がヨーロッパ諸国国内産業の発展に、どの時点でどのような影響を与えたかは、急には論じられぬ幾多の問題をはらんでいようけれども。

そこでもう少し事態を明らかにするために、ふたたびイギリスに戻ってその輸入商品の構成に話を進めよう。この場合問題を大きくとらえた時、輸出とは明らかに異なる特徴がある。それは取引される商品の範疇がどれかひとつに極端に偏るという偏向現象が、ここには認められないということである。図14[41]に明らかなように、少なくとも一七世紀においては製品・食品・原料の三者がほぼ対等のバランスを保っている。

ところが一八世紀に入ってから情勢に変化が生じ、製品のシェアを漸次食品が食い荒す傾向が顕著に現われてくる。いったいどこでどのようにしてこのような現象が生じてきたのか。この疑問に答えるには、図15~17を参照して頂きたい。いずれの図でも、棒グラフの列の左端から始まって右へ「他の製品」に至るまでが「製品」、その右から「他の食品」に至るまでが「食品」、さらにその右から右端までが「原料」、というようにそれぞれ区分される諸品目である。

そこでいま図15[42]から始めて、以下順を追って見てゆくことにしよう。最初の図はもとになる研究資料が一七世紀の早い時期についての数少ないデータであるため、少々問題はあっても取り上げることにして用意したものである。まだイギリスの貿易の「世界化」があまり進んでいないこの時代、ヨーロッパの外から直接イギリスへ輸入される商品は、ほとんど南アジア産のこしょうとアメリカ産のたばこに限られている。このうちこしょうは、喜望峰以東の貿易独占権を与えられて二〇年を経過した東インド会社による輸入が大部分を占めているが、西欧・南欧からの輸入もいくらか（両者で一割余り）行なわれている。疑いもなく、前者は東南アジア産こしょうをアムステルダムで仕入れたもの、後者は地中海市場あるいはリスボンあたりでの購入であろう。

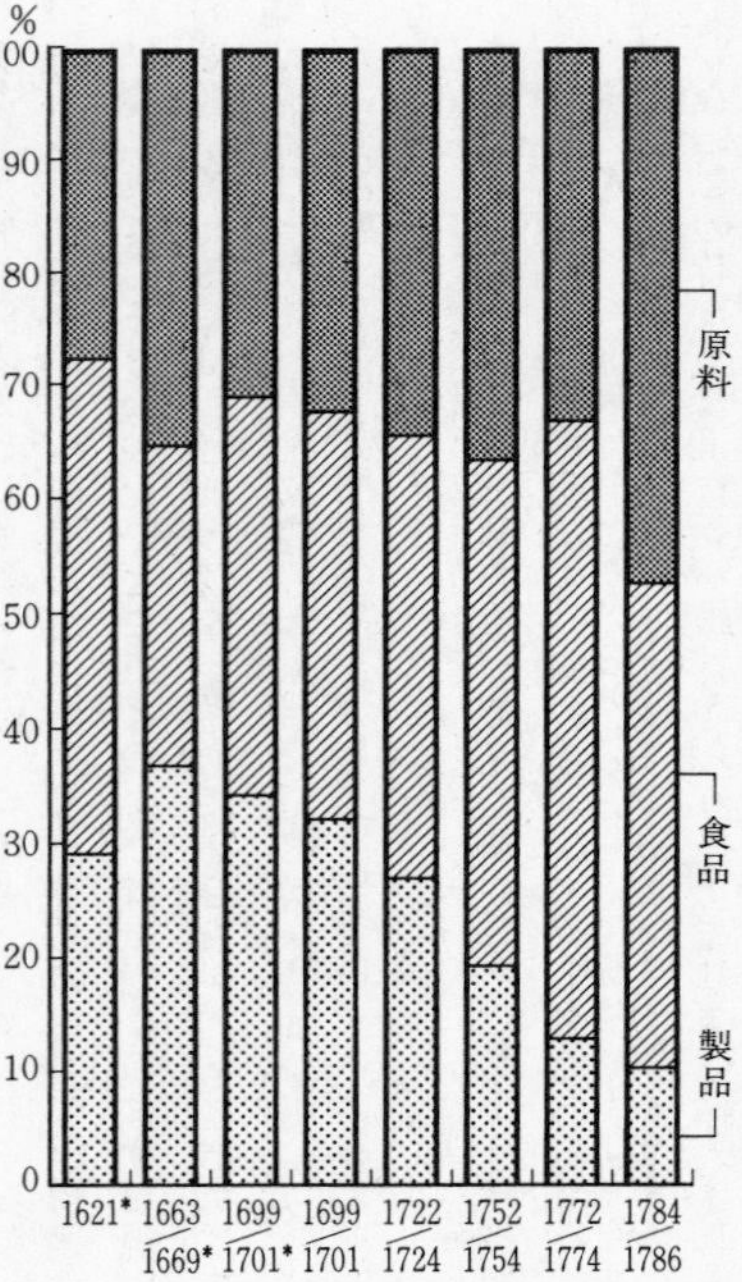

図14　イギリスの輸入商品構成
（＊印の期間はロンドン港のみ）

直接産地から輸入するのでなく、すでにヨーロッパ内に到来している商品を購入することの多い点では、たばこはこしょうよりずっと上である。この場合おそらくスペイン・オランダあたりの手を介して新世界産のものを仕入れており、直接輸入する率は二割余りに過ぎない。他にヨーロッパ産でないものとして砂糖があるが、これはブラジル（さらに大西洋上のマデイラなど）産のものをポルトガルから入手するのが大きな部分を占め、他に

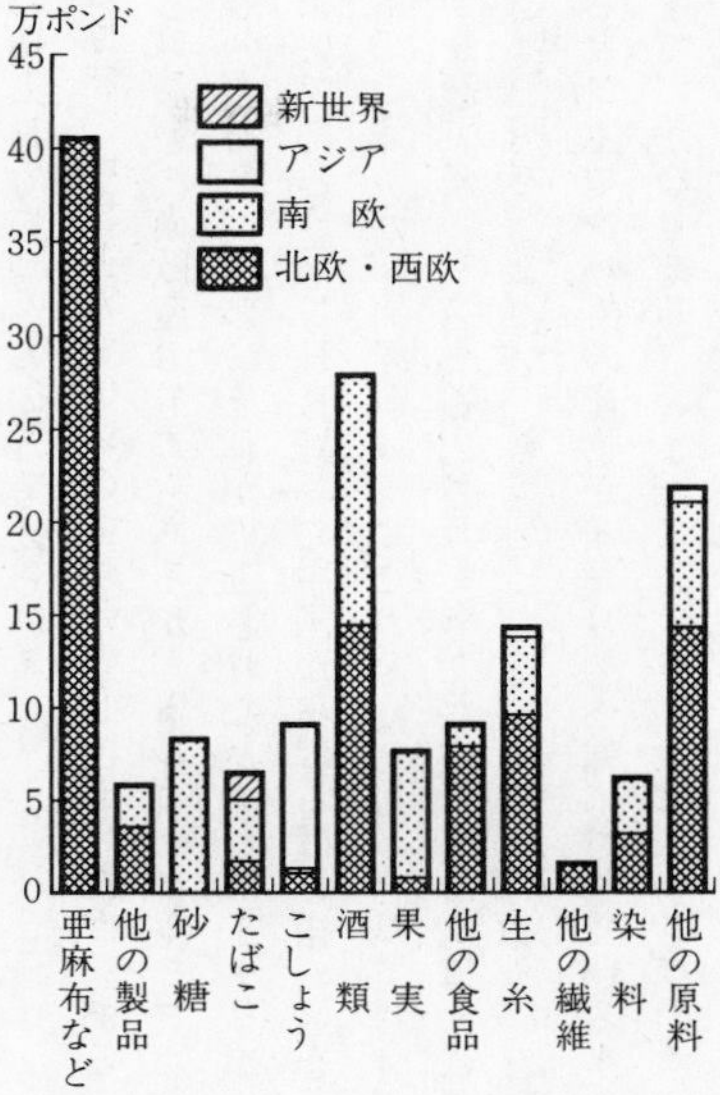

図15　イギリスの主要輸入品とその輸入元（1621、ロンドン港のみ）

地中海市場での仕入れもあったものと考えられる。

「生糸」silk は原料の中に並んでいるので生糸としておいたが、あるいは多少絹も含まれているのかもしれない。南欧産のものもあるが、トルコ・ペルシアなどからヨーロッパにもたらされたものもあり、さらにそれが加工されたとすればイタリア・フランスにおいてであると見てよいであろう。NHK好みの中国からはるばる絹の途をというケースは当時まずなかったものと思うが、いずれにせよこれらが、けっきょくはオランダ・イタリアあたりの商人の手を経てイギリスへ輸入されてきたわけである。ほかにリスボンなどでの購入がなかったとは証明できないが、あったとしてもわずかのはずである。

こう見てくるとヨーロッパ外の産物がイギリスへ輸入されているケースは、この時代においても実はすでにかなりある。いま、こしょう・たばこ・砂糖のすべて、生糸・染料の半分がヨーロッパ以外の産物で、残りはすべてヨーロッパの産物だと仮定すれば、イギリスの輸入の約二一パーセントがすでにヨーロッパ外の産物だということになる。もちろん「半分」という扱いにも仲介商業の利潤無視にも問題があろうが、しかしただ漠然と図15を見て考えるよりははるかに多く、ヨーロッパ外の産物をすでに実際上輸入していたことだけは確かである。

と同時に、この時代にイギリスへ輸入された外地産商品のうち約七割は、何ものかの仲介する商品をヨーロッパ内で買付けたものだという計算になる。他国の再輸出品を受け容れたと言い換えていいであろう。七割という数字は目安程度にすぎないが、このあたりに一昔前の事情をひきつぐヨーロッパ大陸市場のあり方や、それとイギリスとの係わり方が見事に現われている。つぎの時代を考える上に見落としてはならぬポイントであろう。

後まわしになったが、図15の中でもっとも顕著なのは、いうまでもなくヨーロッパ内産物の取引である。その最大の代表が「西欧」から輸入される織物、ことに亜麻布であった。当時リネン linen と呼ばれたのがそれである。このことばの源は line と同じく亜麻（の繊維）の意であるけれども、今日リネンといえば、綿のシーツやシャツ、肌着などをさすのが普通のようである。だがそのような語法がでてくるのは後日のことで、当時のヨーロッパでは綿布はまだほとんど世間に知られておらず、「リネン」として使われたのは語の原義どおり亜麻布であった。当のイギリスではこのリネンの使用がようやく社会の中・下層へも広がりつつある時代であって、その需要に支えられてこの商品の輸入が増大していたのである。それだけ購買力の上昇と消費生活の質の向上が、イギリス社会で徐々に進行していたことになる。[43]

図15で織物のつぎにくるのが、フランス・ポルトガル・イタリアなどの酒類（ワイン・ブランデー）であるが、実は一六世紀にはこれがイギリスの最大の輸入品であった。外国産品の消費が社会の中・下層へ拡大していく前からの、代表的輸入品だったといえようか。他に果実とあるのは干したぶどう・すぐり・いちじくなどで、そのほとんどが南欧市場か

ら輸入されていた。パン・乳製品・ビール、そして肉・豆や多少の野菜などよりなるイギリスの食卓にひとつの豊かさをもたらす食品で、当時においては有力な商品であった。ほぼ以上のようなところが、一七世紀はじめにイギリスが輸入した主要商品の構成であった。その後これにどのような変化が起こったであろうか。一七世紀から一八世紀の変わり目の事情を示す図16[44]を眺めながら、続けてこれを考察してみることにしよう。

この時代のイギリスの輸入は、すでに非ヨーロッパ化が三割を超すレベルにまで達していた(図13、および本章5節も参照)。中心的推進力はやはりまず新世界であったが、その代表的商品を図16で見ると、第一に砂糖(含糖蜜)とたばこ、ついで染料など各種の原料・食品がくる。

その砂糖であるが、一六二一年から八〇年ほどたつうちにポルトガルからの購入はみごとに払拭されてしまっている。これに代わって英領西インド植民地のプランテーション産砂糖が登場し、それがすでにイギリス輸入品の中で一、二を争おうという地位を固めつつあった。一方たばこは主として北米の英領植民地、とくにヴァージニアのプランテーションの産物であった。ここでも「南欧」・「西欧」を介した輸入はきれいになくなり、逆にイギリスの方からヨーロッパ大陸へ再輸出するという時代になっている(後述)。

次にアジアからの輸入品であるが、こしょうの重要性はこの時代にはもはや過ぎ去った過去の物語りにすぎず、舞台の正面に躍りでる最大の商品は、いまやロンドンの流行をも

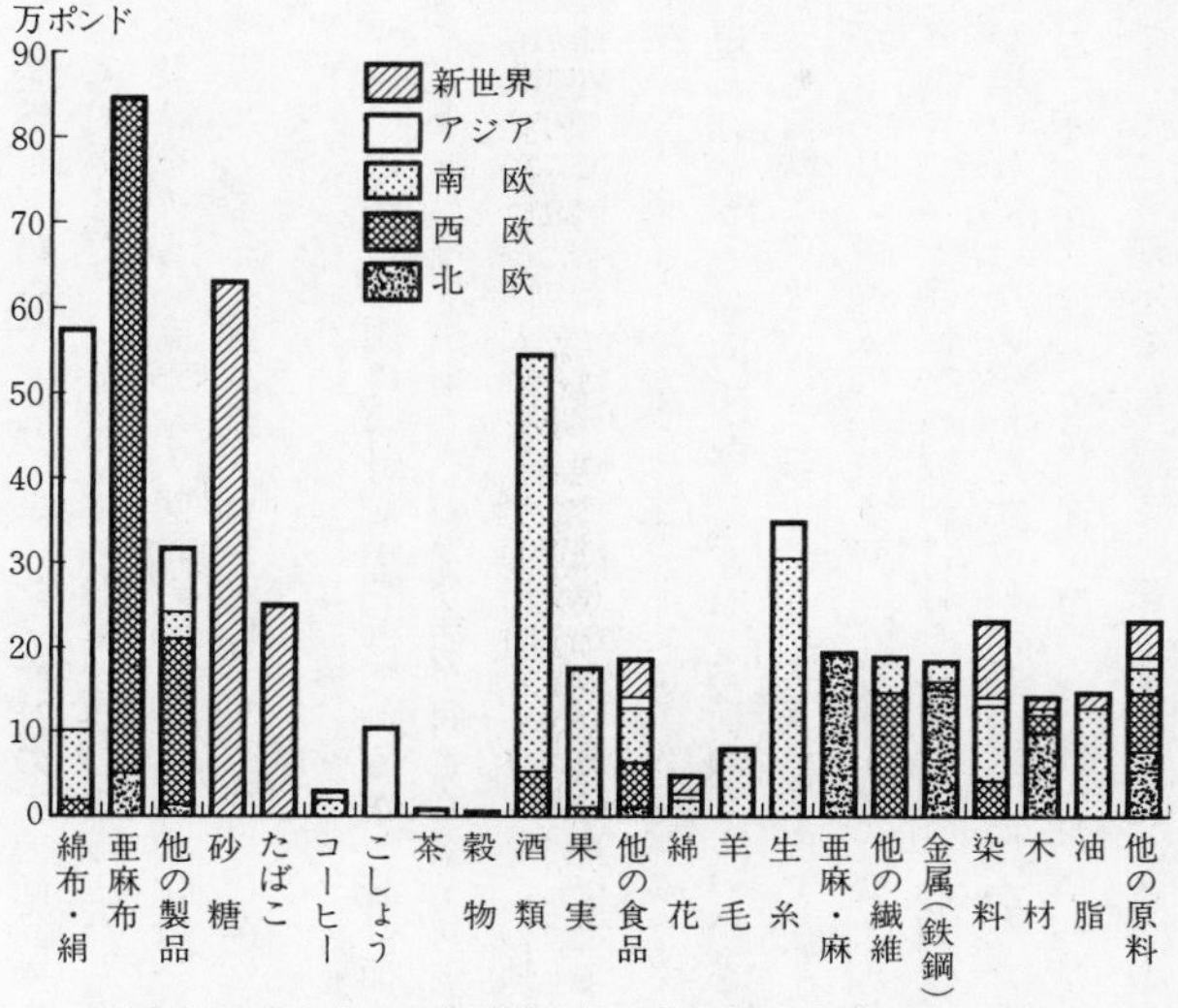

図16　イギリスの主要輸入品とその輸入元（1699/1701）

変えたというインド産綿布・絹布である。東インド会社の主力商品であるが、これに対してイギリス国内織布業関係者たち、とくにロンドン近辺の絹織工たちがまともにその脅威を感じて国内市場の保護を訴え、高率輸入関税の導入からついには一部綿布の輸入・着用の禁令[45]（外国へ再輸出してしまうための輸入ならよい）をかちとったのもこのころのことであった（一七〇〇・一七二〇年など）。

図16左端の棒グラフでは綿布と絹の合計が示されているが、合計額の六割以上が綿布でインドからの直輸入、四割たらずが絹でその半分強が同じく東インド会社による直輸入である。半分弱は「南欧」からの輸入であるが、当時イギリスがこの地域から絹布よりはるかに多額の生糸を輸入していることは、図で注意をひかれる点である。このように南欧からは主として原料生糸を、東インドからは主として製品絹を輸入するというパターンは、一七世紀後半から現われてきた傾向である（なおこの南欧からの生糸の輸入はトルコ・イランなどアジア産生糸を「南欧」から受け入れたケースが含まれるものとみておかねばならない）。

以上のような所がイギリスの輸入の非ヨーロッパ化、とくに環大西洋型化の具体的内容であるが、つぎにヨーロッパ大陸側との取引に目を移すと、この面における限りそれほど大きな情勢の変化が現われていない。ただ北欧の伸長の事情はかなり明瞭に図16に認めることができる。そこには亜麻・麻・金属（鉄・鋼）・木材など諸「原料」のほとんどが北欧からもたらされていることが示されている。紙面節約のため本書では掲載を見合わせたが、一六六〇年代のデータもまったく同様のことを証言している。[46] 造船、艤装など船団建造にからむ当時の重要産業がその原料を大きく北欧に依存していたことは銘記に値する。また細かい点では、酒類の仕入れ先が西欧から南欧へ一気に傾いてきていることなども、英仏の対立のきびしい国際関係に即応し、時代の動きを反映する出来事であった。

一七七〇年代の図17[47]を見ると、いま述べてきた動向がさらに一段と進行の度合を強めているのに気付かれるであろう。ほとんど一〇〇パーセントが大西洋のかなたから来る砂糖・たばこ・コーヒー、同じく喜望峰を廻ってもたらされる茶・綿布・絹・こしょう（このうち綿布や絹については、前の時代に認められた「南欧」での仕入れが絶滅ないしその寸前であるのを注意）、これだけで輸入総額の実に四三・八パーセントに達している。輸入品の評価には問題がつきまとうため数字の細部にはあまり意味がないが、しかしここまで非ヨーロッパ化が進行するとは、一七世紀にはとうてい予想すらできなかったであろう。

他にも穀物（アメリカ産の米）・酒類（西インド産のラムなど）をはじめ、いたるところに新世界産品が目立つ。東インド産生糸も見落とせない。ヨーロッパのものとなると北欧産の亜麻・麻・鉄・木材など諸原料、「南欧」の生糸（西アジア産品を含む）・酒類、そして西欧・北欧の亜麻布（ここにも北欧が食い込んでいる）といったところで、西欧の後退は一目瞭然たるものがある。

右の中でも、亜麻布の動きには象徴的ともいうべきものがある。すでに述べたように、

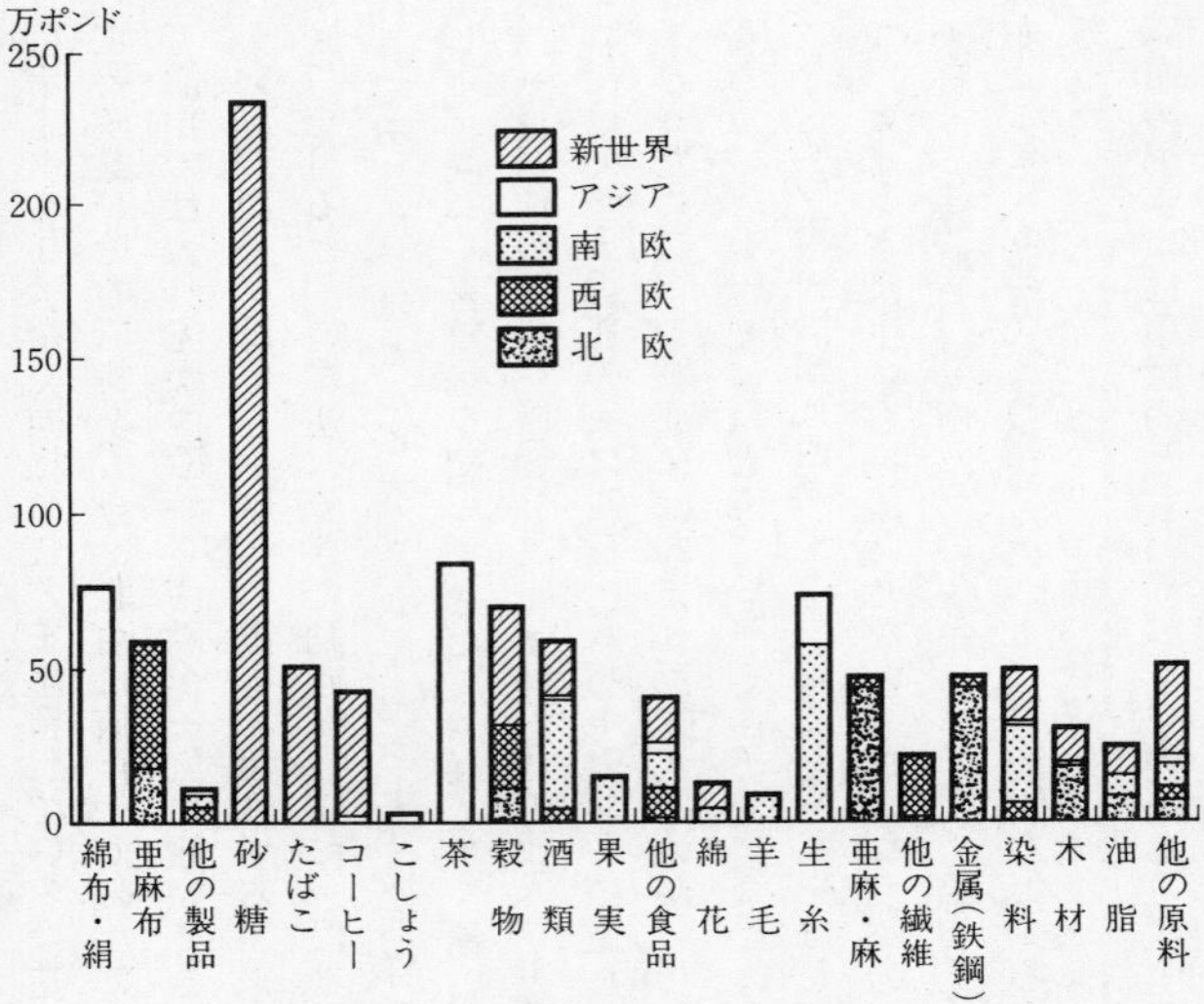

図 17　イギリスの主要輸入品とその輸入元（1772/74）

このころになるとイギリスは（とくにスコットランドを含めて）自ら亜麻布を生産し、内需向けのみならず輸出にも乗り出すようになっている。[48] 一八世紀におけるイギリス産業の多様な展開とその世界市場との結びつきとを考えてゆく上でひとつの興味あるデータだと思われるので、ここで図18[49]を参照して頂きたい。西欧からの亜麻布の輸入は、一八世紀半ば

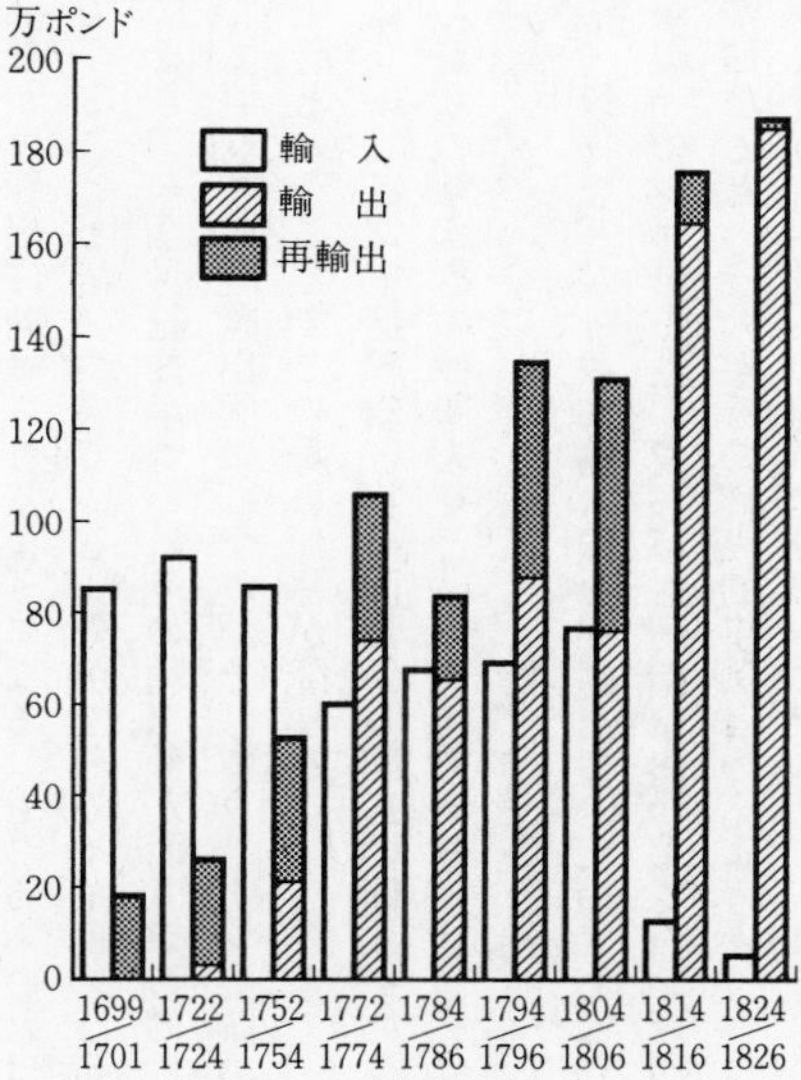

図18　亜麻布貿易の推移

までにかなりの部分が再輸出に向けられるようになる。もちろんこれは亜麻布の生産が国内で増大し続けていることと結びついている。やがてそのイギリス産品は海外市場への進出も始めるようになり、一八世紀後半ついにその輸出額が西欧からの輸入額を上廻り始め、イギリスは差引して亜麻布の純輸出国に転ずる。そしてウィーン会議の終わるころ、イギリス産リネンの圧勝ということでこの勝負に幕が降りる。

亜麻布だけではない。インド産綿布・絹も図16から図17の間にそのシェアを下げ、一七七〇年代にはどんぐりの背比べの仲間入りという形勢である。けっして絶対額で減じたわけではないのに大勢に取り残されたのである。これらの織物製品に代わって砂糖・たばこ・コーヒー・茶・穀物などが軒並に輸入額を伸ばしてきたのであるから、先に述べたように食品の伸びが製品のシェアを食い荒しても一向におかしくない。西欧の亜麻布が落ち、西インドの砂糖が伸びるというのがその代表的事例といえようか。

当時西インド産砂糖の利害関係者層の実力は、すでにイギリス国内で、とくにロンドンでとうてい無視しがたい存在であった。砂糖成金資本家の影響力は、その関心事についてはイギリス政界を左右しうるほどのレベルに達していた。そもそも英語の sugar の語源はサンスクリットにあり、歴史を遡れば蔗糖の原産地はインドであった。ところがそのインド産砂糖の輸入は、西インド産砂糖の輸入に押しまくられたまま時が経過した。ヨーロッパをまん中においた時の西が、東を制したのである。砂糖の場合に比べれば規模が小さいが、類似の事例を染料輸入の中に見いだすことができる。ギリシア・ローマの古典古代からインドよりヨーロッパに輸入され、その名もインドにちなんでインディゴと呼ばれた藍色染料は、東インド会社の手により一七世紀に南アジアからもたらされる有力商品のひとつであったが、いったん西インドのプランテーションでの生産が始まるとたちまちヨーロッパ市場から追われてしまった。砂糖の場合と同様、輸送距離、商品としての質や価格の問題を無視することはできないが、ここでも西が東を制している。まさに環大西洋世界の実力の証左である。

イギリスからの再輸出についてはすでに何度かふれてきた。これまで述べてきたところをふりかえりつつ、輸出入の場合と同じ手順で以下にその内容を検討しておこう。再輸出についてデータが揃うのは一七世紀末以降であるが、「黄金時代」を迎えた再輸出の相手地域を図19[50]に眺めると、図の期間を通じて変化が少なく、比較的安定した構造の保たれていることが注意をひく。例によって一七八〇年代（この時から近東・北アフリカ・西アフリカが南欧・アメリカから独立して、「アジア」に編入される扱いとなる）を別にすれば、ヨーロッパ向け再輸出がコンスタントにほぼ八割の水準を保ち、その中でも西欧向けが大部分を占めている。しいていえば多少ヨーロッパの比重が落ちる傾向があり、その分「新世界」や「アジア」が伸びているが、この変化はごく緩慢というべきであろう。

つぎに図20[51]の商品構成であるが、ここでも食品が製品を食ってゆく傾向を認めることができる。しかし大切なのは、もう少し具体的な細部についての観察である。そこで、いったいどこから仕入れたどのような商品をどこへ売り込んでいるかという再輸出貿易の構造を、一七〇〇年ごろと一七七〇年代について検討し、この間における変化の概略を確かめることにしよう。

はじめに一七〇〇年ごろ（図21[52]参照）について。当時の最大の取り扱い品目は綿布・絹

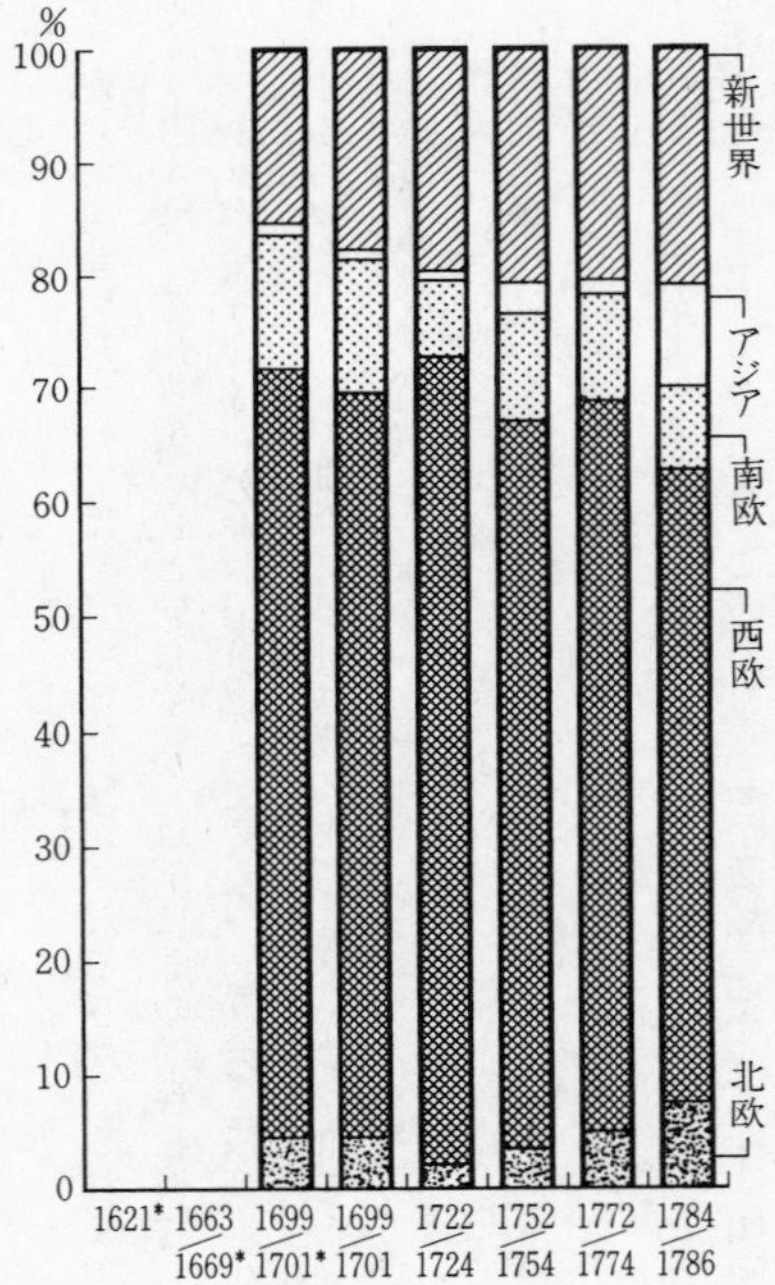

図19　イギリスの再輸出相手地域
（*印の期間はロンドン港のみ、
1699/1701*－1784/86）

布であるが、輸入について見ておいたように、その仕入れ元は綿布は事実上すべてインド、絹はヨーロッパとアジアから約半分ずつというところであった。再輸出の行く先は図21に見る通り大きく西欧、そして南欧とアメリカである。これを要するに東インド会社がアジアで仕入れてロンドンにもたらしたものが、ヨーロッパ大陸各地やアメリカへ転売されるというケースがこの取引の根幹である。絹布の再輸出は綿布の約半額程度であるが、大ま

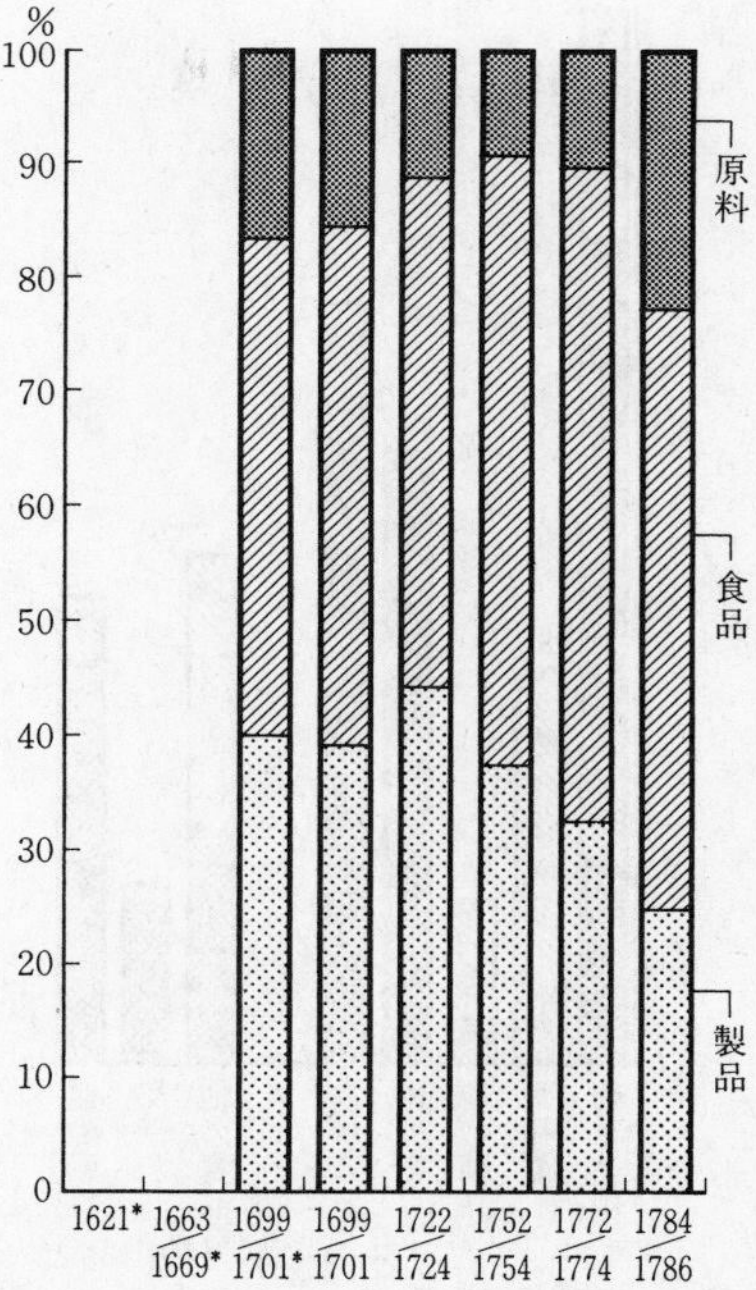

図20　イギリスの再輸出商品構成
（＊印の期間はロンドン港のみ、
1699/1701* - 1784/86）

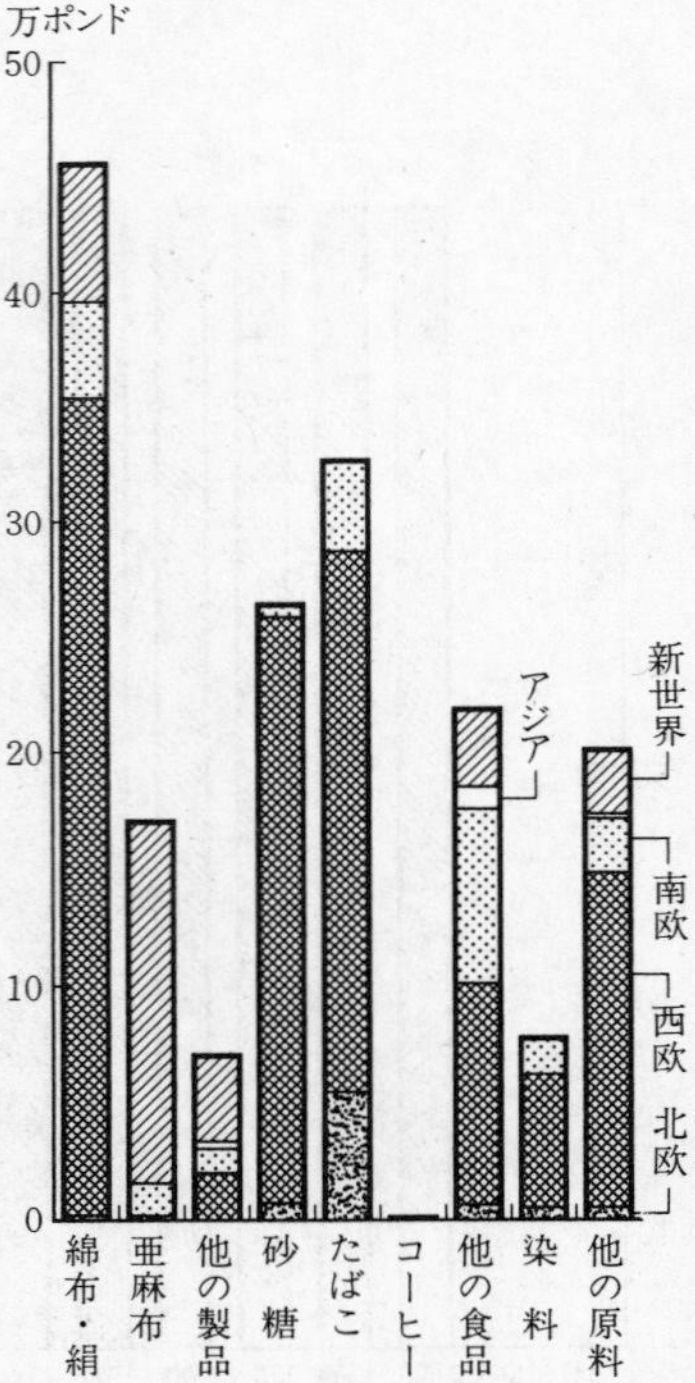

図21　イギリスの主要再輸出品とその輸出先（1699/1701）

かにとらえてインド・南欧で仕入れたものを西欧・アメリカに売り捌いているといってよい。

たばこと砂糖については明解で、アメリカで仕入れたものをヨーロッパ大陸（おもに西欧）に売る、という図式でまず一〇〇パーセント説明できる（図16も参照）。この逆が亜麻布であって一〇〇パーセントとまではいかないが、西欧仕込みのものをアメリカに売り捌くという図式が当てはまる。

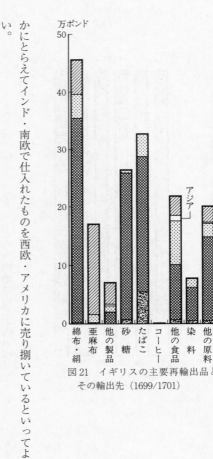

以上の四項目以外の項目については、その性格を一概にとらえることができないが、しかし四項目だけで再輸出総額の七割近くに達することを注意しておきたい。この年イギリスの総輸出額の三割は再輸出が占め（図4）、その再輸出の大きな部分（上記四項目以外の項目を考えに入れれば優に八割を超えおそらくは九割という部分）がアメリカないしアジアで仕入れてヨーロッパに売り、ヨーロッパないしアジアで仕入れてアメリカに売る、という世界市場での大取引で説明されることになる。

この時代から一八世紀にかけては、しばしばきびしい商業戦によって特徴づけられる。それは保護政策や慢性化した掠奪・襲撃や繰り返される戦争の時代というイメージを伴う。当然貿易はそれらに攪乱されてさまざまの短期的浮沈・変動を繰り返し、とくに再輸出貿易にはその傾向が顕著であったはずである。輸入と再輸出と両面で、しかも長い航海を通じて危険にさらされることを考えても容易に想像がつこうが、このことはまた数量的データでも明瞭に検証される（四一九～二〇頁における「短期変動指数」による分析を参照）。たしかにこの点に間違いはないけれども、しかし歴史を通じて見たとき、とくにこの時代が貿易の攪乱された時代だとはいいにくいようである。

一八世紀は、むしろ騒ぎのわりには商業への影響は小さく、ナポレオン戦争期や第一次大戦以降と比べれば商業のしぶとさが印象的である（図64・65を参照）。たしかに一九世紀半ばすぎとは差があるが、やはり当時の戦争はまだ牧歌的であり、局地戦の集積に過ぎなかった。とくに統計などの網の目をするりと抜ける密貿易・裏取引が、経済外の規制要因が大きくなるとたちまち頭をもたげて日常化してくる時代環境を見落としてはなるまい。[53]図19あたりの安定性、あるいはわれわれの検討してきた多くの図やその中間期のデータの示す長期傾向の安定性については、拾い出された期間のしからしめる点もあろうが、同時にこのような時代条件もその背後にみておく必要がある。

ただし、問題が細部に入ってくると、そうともいっていられぬ急変が認められることももちろん事実であり、当時にあってはまさにこのような点が人々の耳目を奪っていたのである。七〇年代の情勢を示す図22[54]を参照して頂きたい。図中、綿布・絹布・亜麻布・たばこのあり方は図21とさして変わるところがない。ところが砂糖とコーヒーの入れ替わりぶりはまったく見事というほかはない。

ここには、西インドのプランテーション産物をめぐる国際商業戦の影響がもろに及んでいる。当時イギリス領西インドの砂糖生産が衰微したというわけではけっしてない。いや砂糖プランテーションは大いに健在である。それはこの地からの砂糖輸入額の大きさひとつをとって見ても、明らかであろう（図17参照）。だが西インドにはフランス領の島などもあり、一八世紀にはそれらの島の砂糖プランテーションも成功を収めて大きく生産額を伸ばすようになった。高まる国際競争の中で価格は動揺し、動揺しつつも安価に向かい、安価に向かえば消費市場が深まってゆく。しかし、けっしてそれによって商業戦が終息に向かうわけではなかった。

一八世紀半ばごろから、イギリスはヨーロッパ大陸の再輸出市場をほとんど失い、大きな額の輸入砂糖を国内市場およびアイルランドなどブリテン諸島内で捌くことになった。そしてその後、砂糖再輸出はナポレオン戦争期を経てウィーン会議後の爆発的復活へと激しい上下動をくりかえし、その間をおそらくは密貿易が縫ってゆくことになる。もちろん

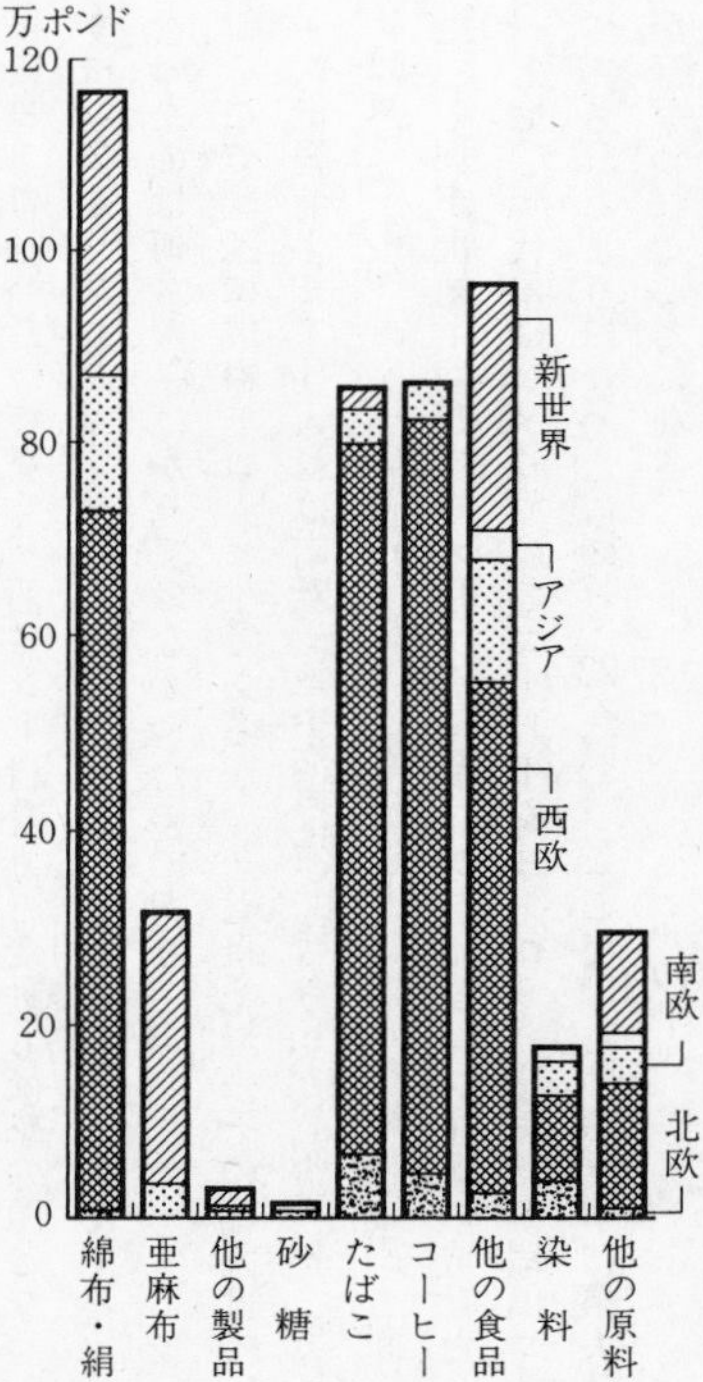

図22　イギリスの主要再輸出品とその輸出先（1772/74）

単にヨーロッパだけでなく、西インド自身での変動も衝撃の源となった。第8節にふれるフランス領サン＝ドマングでの奴隷反乱などその最たるものであろう。環大西洋的規模になったのは何も貿易ばかりではなかったのである。

そこで図22に戻ってコーヒーであるが、一七世紀以来その輸入は続いているけれども、一八世紀前半まで仕入れは南欧（地中海市場、北アフリカ・西アジアを含む）とアジア（喜望峰以東）であって、取引額は年によって上下し、西欧への再輸出も断続的に行なわれていた。それが世紀半ばごろ、カリブ海域プランテーション企業の成功とともに様相が一変し、一七七〇年代にはアメリカ産のコーヒーをヨーロッパ諸国に再輸出するという図式で塗りつぶされるようになった（図17・22参照）。ここではものの見事に環大西洋型への切り替えが行なわれたことになる。

「他の食品」について一言すると、その中で大きいのは、アメリカ産のものをヨーロッパへ再輸出するという米とラム酒（「他の食品」全体の四四パーセント）、アジア産のものをヨーロッパないしアメリカへ再輸出するというこしょうと茶（合わせて同じく一九パーセント余）がおもなもので、このうちボストン茶会で有名な茶はアメリカへ再輸出される食品中最大項目となっている。

こうして一七七〇年代においてイギリスの再輸出貿易は、アメリカとヨーロッパ、アジアとヨーロッパ、時にはアジアとアメリカをつないで世界市場での大取引という色彩を鮮明に示しており、同時に図21、図22を対比しても察せられるように、その絶対額を二倍以上に膨張させている（図3も参照）。総輸出貿易中に占める割合もこのころではもう四割に近い（図4・5）。このような再輸出貿易がイギリスの資本蓄積に貢献し、とくにロンドン商人の懐を温めたことは当時きわだった出来事であった。

これに係わりのある興味ある統計数字を、最後にひとつ指摘しておく。それは、商品によっては輸入額より再輸出額の方が大きいことがあるという一事である。一八世紀半ばごろの綿布・絹布や、おそらく一七世紀から一八世紀中ごろまでのたばこのケースなどがその例である。[55] これはけっして、ある年にそれまでのストックを一挙に再輸出した、というような特殊事情によって生じた結果ではない。もちろんここでも商品価格の評価上の難問がつきまとうが、しかしこれらの商品の取引にまつわる商業利潤の大きいことが、この点を解明する重要な要因であることに変わりはない。単に商業利潤だけでなく、精製加工して一定ブランドの商品に仕立てる業者の利潤も、簡単に無視することはできない。国内に大きな人口、そして拡大しつつある消費市場をひかえた上での数字である以上、量的には輸入されたものより再輸出されるものの方がかなり少ないはずである。だが再輸出はイギリスの商人や加工業者の大きな利潤を含む価格で評価されることになるから、当然その総額は膨らんで輸入額を上廻る数字となって現われたのである。

5 「大西洋の時代」

前節でわれわれはイギリスの輸出・輸入・再輸出のそれぞれの場合について、かなり細かく検討してきたが、本節においては、繰り返しをいとわずそれをまとめなおして主要論点を整理し、世界市場形成への視野を広げておきたいと思う。まず一七世紀から一八世紀にかけてイギリスの貿易は、当時にあっては異例の大きさの持続的上昇傾向を保っていた。その上昇の大勢を通じてわれわれは、再輸出貿易の伸長とヨーロッパ以外の地域との取引の拡大を認めることができた。史的変動のこの二つの局面は、実質上たがいに分かちがたく結びついて国際貿易上の変動に「世界史的」色調を与え、しかもいま考察している全期間にわたってこの色調をより濃いものに変えていった。

この点をさらに見やすくするために、これまで用いてきたわれわれのデータを集約・圧縮して、つぎにひとつの図表を用意することとした。すでにふれたように当時の貿易統計は、輸入については原産国を、輸出については最終的な行先を、かならずしも明らかにしていない。中間経過地ないし仲介者にとらわれては、ヨーロッパ以外の地域に貿易がどれだけ依存しているか（以下これを簡単に「欧州外依存」とよぶ。再輸出については、問題の商品の原産国あるいは最終的再輸出先のいずれかがヨーロッパの外ならば、これを欧州外依存とする）、その実態が不透明となる。

この中間経過地による表示のもたらす実態からのずれは、実はそれほど大きなものではないが、これをそのまま放置するよりは、品目や中間者の性質に応じて仕入れ地や送り先を推定し細かく修正を加えておく方が、誤った印象をつくりだす危険性をより少なくするであろう。図23はこの点を頭に置いて、いくつかの小仮説に基づく調整をデータに加えた結果を図示している。[56]

そこで図の左端から一七世紀に関する部分をまず眺めてみよう。この世紀をカヴァーするデータの揃うのは輸入の場合だけであるが、見られるように、欧州外依存度は約二割から四割に増大している。ただし一六二一年には、イギリスの輸入する欧州外産物のうち約七割は、オランダ・スペイン・ポルトガルなどヨーロッパ内他国からの再輸出品を受け入れたものであった。ヨーロッパの他国経由で欧州外産物を入手するこのようなケースは、イギリスの欧州外産物の輸入総額に対して、同世紀半ばには二、三割の規模となり、同世紀末には一割程度になる。つまり八〇年ほどの間にヨーロッパ外の産物の輸入は、その大部分が原産地からの直接輸入に変わったことになる。逆に、イギリスがとりついで行なう他国向けの再輸出が大きく伸びる時代であった。

一方輸出については、その欧州外依存度が輸入より低いことを読みとっておこう。すなわち、ロンドン港のデータだけに頼る一七世紀に関しても、輸入先導型の展開が図中にはっきり認めることができる。

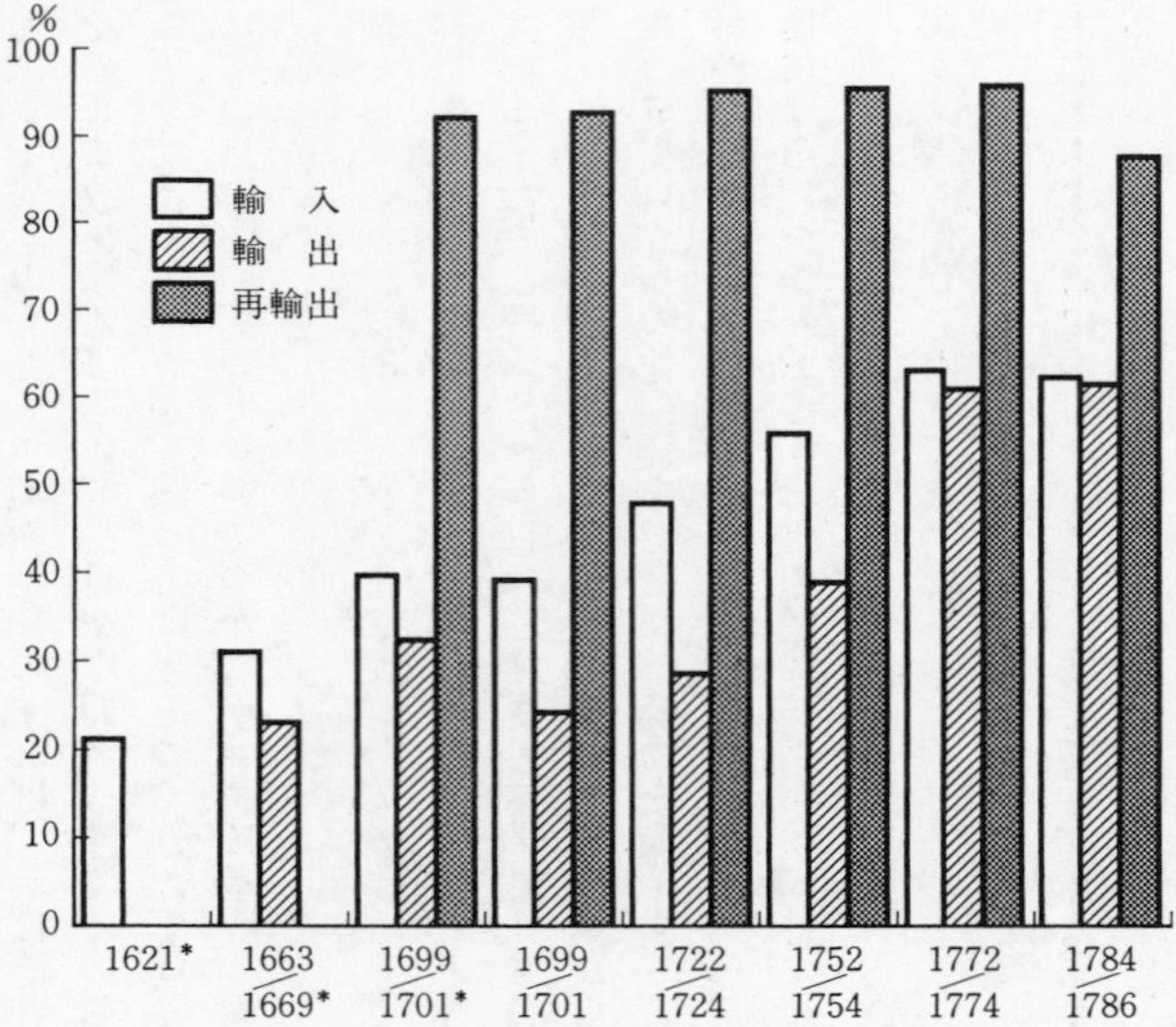

図 23　イギリスの貿易の欧州外依存度（1）
（＊印の期間はロンドン港のみ）

イギリスからの再輸出の細かいデータは、一七世紀末あたりまで手にすることができていないが、しかし世紀初頭において、それがほとんどとるに足らぬ額であったことはまず疑いがない。一六四〇年ごろになってもそれはなお総輸出額の三、四パーセント程度にとどまっていたが、一六六〇年代に至ってようやく二割余となり、以後大きく伸びたことは既述の通りである。図23によれば、このイギリスからの再輸出貿易の欧州外依存度は一七世紀末の時点で九割余であった。この欧州外依存度九割という数字については、しだいに伸びてそれに達したというよりは、そもそもの初めからほぼそれに近い高さを保ってきたと理解する方が、再輸出の主要構成品目からみても自然である。

なおイギリスだけにとらわれず、大陸側オランダの場合などに目をむけると、前時代から引き継いだ歴史的事情が多少異なり、その中継取引がヨーロッパ内に収まるケースもかなりあったと思われる。たとえばその保有船団のあり方からも察しがつくように、バルト海諸地域と他のヨーロッパ諸地域との間をとりもつようなヨーロッパ内的中継取引の割合が、当時においても相当の高さであったはずである。[57] ただしこの場合も国境で地域を切りとって、つねに国単位で比較し、つねに国単位で議論するという方法のひきおこしやすい誤りを忘れてはならないが。

そこで図23に戻って視点を右に移し、続く一八世紀を眺めると、一七世紀とは異なってここではロンドン港以外のデータもわれわれの統計に含まれてくるため、輸出入とも欧州外依存度が前世紀末より見かけ上落ちたレベルからの出発になる。とくに輸出の場合の落込みが目立つが、図の中で同じ一六九九〜一七〇一年に関する二本の棒グラフを対比して頂きたい。同一期間の貿易データでありながら両者の間にはかなりの食い違いがある。いうまでもなく、これはロンドン以外の諸港からの輸出が西ヨーロッパ域内の地方取引に偏りがちであり、これを加えれば、当然欧州外依存度が落ちる計算となるからにほかならない。つまりそこにある落差は、史実上の問題ではなく史料上の問題にすぎない。

そこで一七世紀から一八世紀にかけて、イギリス貿易の欧州外依存度は二割足らずから七割近い線まで持続的に上昇し続けたと、われわれは図23を読んでよいことになる（「二割足らず」、「七割近い」という数字については、図24とそれに関する説明を参照されたい）。またこの期間全体を通して、その持続的上昇が、まず輸入がリードして後から輸出が追うという輸入先導型をとっていることも図中に明瞭であろう。輸出がようやく追いつくのは、図のとりあげる期間の最後においてであった。

またこの時代を歴史の中で異色の時代とする再輸出貿易については、一八世紀に入ってもずっとその欧州外依存度が九割を超え続けている事を注目しておきたい。実質上この貿易は、全体としてヨーロッパとその外との取引をイギリスがとりもってその主要中継市場となり、場合によってはその仕上加工地ともなる、という性格のものであった。その意味ではイギリスはいわばヨーロッパの外港となって世界の大洋に雄飛し、その企業家たちは

「ヨーロッパの商人」たる地位を利用して世界の富をロンドンの懐に掻き入れつつあった。少なくとも重商主義期の商人・政治家たちはそう意識していたはずである。

以上のような貿易の具体的品目内容について、すでに述べたところをつぎに要約しておこう。まず輸出であるが、一七世紀においてはその圧倒的な八割から九割という部分を毛織物が占めていた。しかしその割合は一八世紀に入るころよりしだいに下降の傾向に陥り、世紀後半にはついに三割程度に凋落してしまった。この毛織物にとって代わったのはただちに綿布というわけではなく、他の繊維製品（亜麻布など）、各種金物、その他の雑製品類が伸びており、さらに一八世紀中葉には穀物の存在も見落とすことができない。全体として産業の多様化とそれに対応する世界市場の拡大という傾向が、初めてイギリス史上に姿を現わしている。

つぎに輸入の面を振り返ると、一七世紀初めにはまず亜麻布、そして前の世紀には首位の座を占めていたこともある酒類が相携えて先行していたが、生糸・こしょう・たばこ・砂糖などの欧州外の産物も全体としてすでに二割を超える線に達していた。それが時代の進行とともに、砂糖・たばこ・綿布・絹、さらに造船業の諸原料などが急速に伸び始め、一八世紀も後半にはいるとコーヒー・米・ラム酒・茶なども登場してきた。

ここにみられる輸入品目の多様化は、何よりもまずイギリス人の消費生活の向上を物語っている。その影響は単に社会の薄い上層部だけにとどまらず、しだいに広がってその中下層にまで及び、消費の多様化、日常的生活の質的向上がもたらされてゆく。

歴史を考察するとき「もしも」を持ち込むことが許されるとするならば、試みにイギリス人のティー・タイムをこれら輸入品抜きで想像してみるとよい。その時かれの目の前に置かれたカップの中味からは、紅茶とコーヒーと砂糖とが消え去ってしまう。すると残るのは、何と水とミルクばかりになるではないか。もちろんかれはたばこも吸うわけにはいかない。その上かれの肌着・シャツ・上着、そして傍らに置かれた帽子と傘から綿布と絹を剝いでしまうと、後はいったいどうなるのか。

それはともかく、われわれの取り扱っている時代を全体として見ると、量的には食料・嗜好品の輸入の増勢が顕著であり、これに押されて製品のシェアが縮小してゆく傾向をとうてい否定しがたい。このことは輸出の面で製品が多様化してゆく時代の趨勢の対極として、大いに注目に値する。主要輸入品目についていえば、西欧産の亜麻布が西インド産の砂糖に追い落とされるという地崩れ的現象がその代表例である。総じて工場制工業製品としての綿布が輸出品目中に顔を出す以前に、西ヨーロッパ産亜麻布がイギリスの輸入（したがって再輸出）品目として没落し、アジアの綿布・絹布もまたその相対的重要性を減じている。この分だけイギリス国内市場での自国産品のシェアが伸びたのである。

ところで、一七世紀から異例の急成長を遂げた再輸出の上位品目は、新世界のものをヨーロッパに取り次ぐ砂糖・たばこ、逆にヨーロッパのものを新世界へという亜麻布、アジアのものをヨーロッパへという綿布・絹布などがそれであった。ただし一八世紀後半に入ると、このうち砂糖は、ヨーロッパの他国による新世界での砂糖生産の上昇とともに国際競争激化の余波を受けて再輸出品目としての安定性を喪失し、亜麻布はイギリス産業の発展のあおりで再輸出品目からほとんど姿を消してしまった。一方西インド産のものが急伸したコーヒーのケースは、アジア産品が新世界産品に逐われる典型的な事例となった。

上述の日常生活の質的向上はなにもイギリス一国に限られたことではなく、その影響に大小の差こそあれ広くヨーロッパ大陸の諸地域にも及ぶものであった。イギリスはいわばヨーロッパの外港として、諸物産取り次ぎの機能を担っていたのである。もちろんイギリスだけがこの機能を担ったわけではない。だが少なくともイギリスの再輸出貿易が、ヨーロッパ、それもとくに西ヨーロッパにおいて消費の多様化、日常生活の質的向上があったことを示す、かなり有力な証言であることに変わりはない。なおここにいう「西ヨーロッパ」は中部ヨーロッパも含んでいるが、この方面へのイギリスからの再輸出はしばしばオランダ経由であった（図19もこの点を念頭において見て頂きたい）。

ところで、ここまでイギリスを中心とする世界市場形成のプロセスを追うにあたって、何度かその「輸入先導型」に言及してきた。これはヨーロッパ市場がヨーロッパ外の諸地域を自らの中に編入していくにあたって、その地からの輸入が輸出よりも先行して拡大されたという史的現象をとらえて、仮にこう名付けただけの話であって、そこに何か特別の理論的意味が隠されているわけではない。ただ人類最初の資本主義的世界市場の形成を考えるにあたって、われわれは今までややもすると製造業の進展とそれに直結する輸出市場の拡大という側面にとらわれすぎてきたのではないか、という反省はそこに存在する。たしかにそうした側面が重要であることに議論の余地はないが、生産と輸出に目を奪われて輸入と消費の動きを無視することになれば、われわれの世界史像が偏ったものになる、というのがここでのポイントである。

消費の多様化、日常生活の質的向上がヨーロッパの広い社会層に漸次及んでいったこと、それがヨーロッパ内部市場の持続的拡大・深化に結びついて経済活動に新しい地平を開き、長期にわたって経済の活性化を支える要因となったこと、このようなヨーロッパ市場の展開があってはじめて、その見返りとしてヨーロッパ製品の輸出市場も外部に開拓されえたこと、そしてこれらすべてによって追加される経済的機会が初期の資本蓄積に貢献したこと、などの側面を見落としてしまってはなるまい。

ただしこうした輸入先導型世界市場の展開が、ヨーロッパの資本主義発展そのもののために「決定的」役割を果したかどうか、あるいはどの程度まで促進要因として機能したものなのかは、すでに述べたように本書の守備範囲の外の問題となる。もちろん、世界市場の発展がなかったこととすれば、などと事実に反する仮定を立てて、架空の世界史の叙述に深入りしていくつもりももっていない。

イギリスの貿易品目の検討からも明らかなように、この時期の世界市場は、ヨーロッパから手工業製品を輸出して食料・原料を輸入するという基本的構造をもっていた。しかも輸入面で時代の進行とともに製品のシェアを食料が侵食するという傾向が顕著となったから、この構造はいっそう明確化した。最初の資本主義的経済発展はこのような外部条件の下で達成されたのであって、後発的な経済発展が外部市場に対して食料・原料など第一次産品を輸出し、工業製品・資本財・先進技術を輸入しながら推進されたのとは顕著な対照をなしている。

このような構造の輸入先導型世界市場形成が、それに係わる地域という点からみてどのような性格のものであったかについて、つぎに図24[58]を参照してみよう。この図は図23と同様の調整を行なったデータを地域別に整理しなおして作図したもので、イギリス貿易の欧州外依存度が二割から七割まで全体として急速に伸びてゆくとき、関係したヨーロッパ外の地域ははたしてどこだったのか、それは「新世界」(アメリカその他)に属する地域だったのか、旧世界(「アジア」)に属する地域だったのか、という問いに数量的情報をもって答えようとした図に他ならない。地域区分の詳細についてはすでに述べたところ[59]を見て頂くこととして、他の二、三の技術的問題についてここで一言しておこう。

まず一七世紀に関する棒グラフは、いくつかの点で不完全である。とくに一六二一年のグラフは輸入情報のみに基づいて作図されており、当時の世界市場形成が輸入先導型であったこと（図23参照）を考え合わせると、この年のグラフには欧州外依存度のかなりの過大評価を伴っており、輸出入全貿易の依存度としては、二割の線に届いていないものと見ておくのが至当であろう。これに対して一六六三～六九年のグラフは輸出入合計の欧州外依存度を表示しているが、このころ総輸出の二割余となったものと推定される再輸出貿易が計算に入っていない。それだけ依存度は低く評価されていることになる。

しかしそれよりも、一七世紀の三つの棒グラフはいずれもロンドン港の貿易データのみ

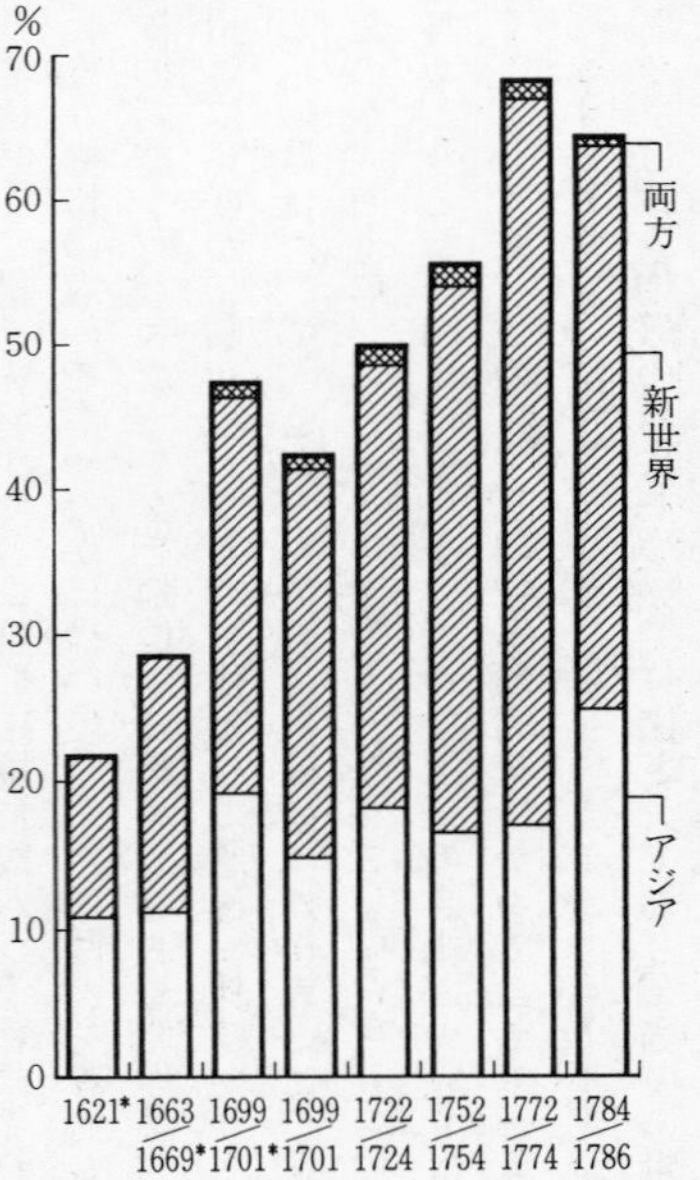

図24　イギリスの貿易の欧州外依存度（2）
（＊印の期間はロンドン港のみ）

によって作図されており、このために生ずる過大評価の方が問題が大きい。具体的なその大きさの目安は一六九九～一七〇一年に関する二つのグラフを比較して、ほぼ想像することができよう（なお、図中の旧世界と新世界の「両方」に係わる貿易というのは、たとえばアジアから輸入した綿布や茶をアメリカに再輸出するというようなケースがこれに当たる）。こうしてわれわれは、イギリス貿易の欧州外依存度が一世紀半ほどの間に、二割以下のレベルから出発して七割近くまで一気に駆け昇っていく動きを、この図に読みとるべきことになる。ところで、この二割から七割への上昇の内容であるが、「アジア」への依存度が一割程度から二割の線に接近しただけであるのに対して、「新世界」への依存度は、同じく一割程度から出発しながら五割（五二・九パーセント）へ急伸していることを注意せざるをえない（一七八〇年代の情勢変化については後述第7節を参照）。要するにこの一世紀半ほどの間に、イギリスの貿易の半分が大西洋の向こう岸に依存することになったのである。当時における世界市場形成をイギリス側からみたとき、それがすぐれて環大西洋的規模のものであったことを、こうしてこの図は素朴な数量的情報によって語りかけてくれる。

新世界の世界市場編入についての立ち入った検討は後にゆずるが、ここで簡単につぎの点だけを指摘しておきたい。すなわち、「輸入先導型」の世界市場への編入は、ヨーロッパからの人口の移動、資本の輸出によって、つまりヨーロッパ側からもちこまれた契機によって、新世界開発が行なわれた結果として引き起こされた事態であった。それは新世界の先住民のまったく関知せぬところで始まり、かれらの築き上げた文化や社会を踏みにじりつつ進行した歴史事象のひとつであった。

新世界の外部市場との係わりはこうしてそもそも外部に由来するものであったから、およそ係わりのあるかぎりそのすべてがヨーロッパを中心とする世界市場へ吸収されるという方向をとり、とくに初期においては、この結びつきがなくては建設された植民地社会の生き残りすら危険にさらされるほどであった。その意味では新世界の植民地開発は環大西洋的世界市場の形成と表裏一体をなし、その中に初めから組み込まれた形で進行し、逆に環大西洋的世界市場形成はこのような植民地開発を前提として可能になった。

すでに述べたように、開発の生み出す生産物に対してヨーロッパは自らの中に大きな需要、ないし潜在的需要をもっており、植民地側はこれあるがゆえに投資・開発にはずみがつき、またそれによってヨーロッパ商品を購入し続ける支払い能力を獲得することができた。ここに生ずる輸出入貿易の発展を通じて追加される経済的機会が、ヨーロッパ経済に活況をもたらす要因となり、同時に安価になった新世界産物が全般的にヨーロッパの消費生活を量質ともに引き上げていく一因を形成した。相互に原因ともなり結果ともなるこうした関連の輪が廻ってゆく中で、ヨーロッパ資本主義の発展を軸とする世界市場形成がまず環大西洋的規模で達成されてゆく。大きく見てこれがこの時代の歴史の動きであった。[60]

これらの点においてアジアは少々事情が別であった。次節にも検討するようにアジアには大きな歴史的背景をもつ独自の市場圏が存在していた。たしかにこの地の産物に対するヨーロッパ側の需要、潜在需要は大きかった。しかし大きいといってもその大きさはアジア市場圏全体からみればその一部にふれる程度のものであり、しかもヨーロッパ産品に対するアジア側の需要は比較にならない程小さかった。

こうしてアジア市場圏が、全体としてヨーロッパを中心とする世界市場の中にとりこまれる、ないしは無理にでも編入されるという事態には、われわれのいま考察している時代には立ち至らなかった。南アジアの一部などに例外が生じたとはいえ、世界市場はアジアにおいて未完であった。先の図24にも、この点が反映されているのを認めることができよう。

6 「世界市場」と南アジア

一七世紀の南アジア貿易をわれわれの世界史地図帳がどう扱っているか、手始めにそれに当たってみると、ほとんど例外なく図の主題は「近代ヨーロッパの拡大」、「ヨーロッパ諸国のアジア進出」、さらには「ヨーロッパ諸国の植民地進出」などに求められ、南アジア海域の図には、ヨーロッパ船舶の主要航路を示す線とヨーロッパ人の商業的・軍事的拠点をあらわす記号とが一面に書き込まれている。漠然とした支配圏が色をぬって表示してあることもある。拠点や支配圏にはふつう傍らに年代が記入されており、時にはかなり無神経に進出・取得、あるいは獲得・占有・領有などの年代だと説明が加えられ、時にはいっそう無神経に何の説明も書いてない。[61]

それを目にした素朴な印象では、疑いもなくヨーロッパ諸勢力による「世界市場形成」が進行中であり、それもほとんど完成の域に近い。だがそれまで取り立てていうべき商業のなかった南アジア諸地域を、ヨーロッパ人の商業が席巻していくように受け取るなら、これは明らかに誤りである。日本の世界史教育のゆるがぬ伝統に支えられた世界史地図帳の与える印象がもしそうしたものであるとするならば、日本人の一般的な世界史理解がこれによって歪められていなければ幸いである。

そもそも一七世紀の南アジア市場の現実の中で、ヨーロッパ人の商業拠点や通商路の比重の大きさは、はたしてどの程度のものであったのか。世界史地図帳の与える印象より、それはずっと小さなものではなかったか。地図の上でヨーロッパ人の活動を示す点や線は、本来ごく薄くかすんで見えない程度に印刷すべきではないのか。インド半島を中心として東側でヨーロッパ人の比重が比較的大きかったとしても、西側ではとくにかれらの立ち入りにくい商業圏が存在していたのではなかったか。[62]あるいはやがて競争に後れをとり、時代の大勢に取り残されてゆくものは、歴史の中ではじめから無視しておいていいとでもいうのであろうか。

比重の概念は量的なものだが、この問題に直接数量データで迫るのは難しい。ここではまず、この問題に側面から接近するために、当時の南アジア市場に登場する主要産物に一瞥を加えてみることにしよう。最初に中央に位するインド[63]の場合であるが、古くからこの地は多様で豊かな産物があることで、南アジア商業圏では著名であった。中でも各種の綿織物がその代表格であり、消費市場のそれぞれの好みに応じて、さまざまの織布、とくに染色加工された完成品が、年々多量に各地に送り出されていた。さらにその原料ないし半製品や染料（インディゴなど）も広く取引され、他にも絹織物・生糸、金属器、砂糖、香辛料など多くの産物が輸出されていた。

東方の中国もまた、各種織物、とくに絹や生糸、さらには陶磁器の産地としてその名がきわめて高く、他にも数多の産物、たとえば砂糖・茶などの輸出によって南アジア市場圏に重要な地位を占めていた。

これに対して中東諸地域は敷物・馬・コーヒー・金属器など多様な商品を提供した。ほかにも干した果実、ナッツ、ぶどう酒、香油、絹・生糸などが、それぞれの特産地から出荷されて各地の市場を賑やかにしていた。

このような商品のリストに東南アジア地域が各種香辛料を追加したことは、よく知られている通りである。[64]さらにまたその年の各地域農作の作柄によって、どこからどこへ何が送られるかという貿易の向き、さらにその積出地や行先は一定せず、取引額の短期的変動も大きいが、南アジアの中での食料（主として穀物）の貿易の存在もとうてい見落とすわけにはいかないものであった。

このような南アジア市場にヨーロッパの寄与したものは、いうまでもなく主として毛織物であった。喜望峰廻りで運ばれてくるものに注意を奪われがちであるが、地中海から中東経由でくるものはもちろん、ロシアから陸路で運ばれてくるものもあったという。

またヨーロッパの産物ではないとしても、ヨーロッパ人の手を介して新大陸からもたらされる銀が、アジア市場に吸い込まれ続けたことは、よく知られている通りである。これにも、喜望峰廻りの場合もあれば地中海から陸路を通りペルシア湾ないし紅海経由の場合もあり、さらには太平洋を渡って直接マニラ・広東へ運ばれてくることもあった。

これら多様な商品の行き交う南アジア商業世界の中で、ヨーロッパ人の手に把握されていた取引は、はたしてどの程度の位置を占めていたであろうか。簡単に答えは出ないとしても、数ある商品のリストを一覧すれば、少なくともヨーロッパ人の「世界市場」が南アジア商業圏をそのまま呑み込んでいたとは、とうていいえないこと位は明白である。

世界史地図帳の商業拠点の取り扱いにも、類似の疑問が浮かび上がってくる。たとえばインド半島の部分を見ると、太い字で強調し、目立つ色がつけてあるのは、カルカッタ・マドラス・ボンベイであり、またシャンデルナゴル・ポンディシェリであり、あるいはディウであり、ゴアである。これに対して、フグリ・マスリパタム・スラトなどが同様に強調してある例をまず見ることができない。たまに例外があると、その傍らに年号が入れてあったり、おかしな色がつけてあったりする。つまりヨーロッパ人の支配下に収められたというのである。

ペルシアの部分を見ても事情はまったく同じである。一七世紀初めまでポルトガル人の要塞のあったホルムズの名は入れてあっても、アッバース大帝によってこれが滅ぼされたあと、とって代わって繁栄した要港バンダル・アッバース（旧ガムルーン）の地名が入っている例にはあまりお目にかかれない[65]。

だが当時南方アジアの実情は、おそらくこれらの地図の与える印象とはまるで異なったものであった。そこで強調されている港市よりもそこで無視され軽視されているものの方が、逆にずっと重要なこともあったのである。しかもこれらの港市におけるヨーロッパ人の地位は、多くの場合お世辞にも大きなものではなかった。当時のイギリス東インド会社関係文書をたんねんに当たったK・N・チャウドリの述べるところでは、「スラトやマスリパタムのような繁栄する大商業中心地において、ヨーロッパ人たちはごく小さな存在であるに過ぎない、その地の産物輸出のためかれらのつくりだす需要は、すべてを合算しても両市それぞれの海外貿易全体の中でものの数に入らないほどだ――と、一七世紀後半に至ってもなお、イギリス東インド会社社員たちは感じていた[66]」。

一六五二年、ペルシアからインド半島東岸までの船旅をしたフランス人タヴェルニエは、ちょうどマスリパタムへ帰航しようとしていたゴルコンダ[67]王所有の船に便乗し、イギリスやオランダの船に乗れなくてもとくに問題はない、土地の船を利用してむしろずっと具合がよかった、と記している[68]。

タヴェルニエはまた、南アジアの商業金融網にも関心を示し、これを利用して南アジアの産物を、かれの場合はおそらく宝石を、ヨーロッパに輸入する場合の経費を長旅の間になんども計算している。たとえばゴルコンダで土地の金貸しから資金を借りて商品を仕入れ、イタリアのリヴォルノかヴェネツィアについてからすべてを清算する、この時金利・両替料などは計いくらになっているか、という計算である。

ただし実は、この場合、借入と返済の取引は一回で済みはしない。南アジアからヨーロッパまでを結びあわせる単一の金融市場は当時存在せず、途中で何度か借り替えてつないでゆくのであるが、注目すべきはこのような金融の地方的連鎖がすでに十分機能しており、それを利用してさまざまな遠距離取引を行なっているアジアの商人たちが、現に存在していたという事実である。

タヴェルニエのあげる地名を追ってゆくと、たとえばインドのスラトで借金をしてそれをペルシアのバンダル・アッバースで返済し、ここで借り継いで同国のイスファハーンで返済する。このアッバース大帝の都イスファハーンは、壮大なマスジッドや殷賑なバザールをもって聞こえ、通商路の要衝にあたっていて、当時商業・金融の大中心であった。そこで、すぐまたここで資金を借り、あるいは北西アールメーニア、エルズルームへ、あるいは西方バグダードへと向かう。エルズルームから北へ黒海へ出て西方へ航行すれば、古都ブルサーやコンスタンチノープル、さらにはスミルナ（イズミル）に着く。一方バグダードからユーフラテス流域をさかのぼれば、ペルシアの絹やヨーロッパの毛織物の取引でその名も高い商市アレッポへ出る。あとは地中海がもうすぐだ。この旅の間、資金の乗り継ぎを繰り返し、最後はスミルナやコンスタンチノープルからイタリアのリヴォルノやヴェネツィアまで、もう一度借金を繰り返せばそれでよし、ということになる。

このような両替・為替・金融業務の具体的な様子は、その一端をバンダル・アッバースとイスファハーンの間について、タヴェルニエの記述するところから察することができる。[69] バンダル・アッバースでは時に非常に多数の船が一度に入港して、積荷を買い取るための現金が一時不足するという事態が生ずる。すると早速内陸のラールやシーラーズやイスファハーンなどに急報が発せられ、貨幣商たちが迅速にこれを送り届けた。そこで商人たちは、買い入れる商品を担保に容易に購入資金を借り入れて、それで仕入れた品物を内陸市場へ発送することができた。そして、「商品がイスファハーンあるいは他の場所に到着した時、（送り主の）商人は、債権者がかれの誠実さを信じて荷ほどきするのを許してくれぬ限り、借りた金の返済が済まぬ間は商品に手をふれることができない」[70]という仕組みであった。もちろんこのような取引が尋常のこととしてうまく運ばれるためには、バンダル・アッバースとイスファハーンの両市をつなぐ商業金融のかなりしっかりした慣習と、不十分でも制度的な保証、そして実際の取引の場、担保商品の輸送・保管の仕組みなどが存在していたはずである。しかも商人は、既述のようにイスファハーンでさらに同じような商業金融を受け、資金を借り継いで、目的地まで担保に入ったかれの商品を運んでゆくことができた。かれはその見通しを最初からもって、平常の商取引を行なうことができたのである。タヴェルニエによると借金の返済は三カ月以内、借り賃（金利）は六ないし一二パーセントということであった。

ここで参照したタヴェルニエの記述では、インドから西へ向かう商取引ばかりが注目されている。だが、マスリパタムやスラトを発してリヴォルノやヴェネツィアに向かう商品の流ればかりに目を奪われてはならない。その逆方向ももちろんあったわけである。また、タヴェルニエの記述を注意して読むと、南アジアとヨーロッパをつなぐ長距離取引を初めから終わりまでひとりの商人が行なうという構想は、かれ自身多少試みたとか、やろうと思えばできるはずだとかいう程度の話であることが分かる。

ヨーロッパ人読者にとっては、話題としてこれが面白いのかもしれない。だがアジアの商人たちは、当時の商業をとりまく自然的・社会経済的諸条件の中でこんな面倒なことは行なわず、それぞれ活動範囲を限って実際的な便宜に従っていた様子が、タヴェルニエの書物からも察せられる。長旅の不便や経済的非能率を避け、それぞれのカヴァーする領域を分担し、常時情報を交換しつつ全体として市場の連鎖を機能させる仕組みを、かれらの間で経験的に維持していたわけである。

タヴェルニエは、このような商人の中でも遠隔地取引を行なうものとして、トルコ人・アールメーニア人などの名を挙げている。ここで、われわれの世界史でとかく忘れられることの多い、この由来の古い民族アールメーニア人の事例について、続けて一瞥を加えてみることにしようと思う。

カスピ海南部から見れば西、黒海東端からは南東に位するアールメーニア高原を故国とする人々の歴史は、紀元前一〇世紀以前にまでさかのぼる。かれらの長い歴史は、しかし総じて苦難の連続であった。紀元前一世紀の前半に一時の黄金時代を享受したほかは、ほとんどの時代において、あるいは隣国の侵略をうけ、征服され、属領となり、あるいは強国間の係争地となって支配が転々と変わり、さらには分割の憂き目を見るといったことの繰り返しであった。一七世紀はオスマン・トルコの支配下にあったが、このような歴史を反映してか、古くから多くのものが故国を離れて他郷に移り、異郷をさすらう商人たちとして広くその名が知られるようになっていた。ユダヤ人と通ずる民族の悲哀をもったわけであるが、その活動が西方ヨーロッパへというより主に西アジア、南アジアなどへ向かい、その地に根を下ろす傾向が現れた。これが運命の岐路となったのである。だがそれは後の話で、一七世紀においてはトルコやペルシアの通商路はかれらの天地であった。

先に引いたタヴェルニエの記述中に名の挙がった諸都市には、どこにもアールメーニア人の有力な居留民の姿があり、さらにはスラトやマドラスやフグリなどでもかれらの活動が目立っていた。南方アジア商業圏でかれらの「進出」している都市・商港のその位置に、今もしかれらの色を塗ることにしたならば、われわれの地図はまるで別の印象を与えるものとなるのでなかろうか。

では、これらの都市・港市でかれらの行なう商業活動はどのようなものであったろうか。何よりもまず、それはインド綿布の輸出であった。当時北インド産綿布をスラト経由でペルシア湾方面に送る大きな貿易を、アールメーニア商人は行なっていた。もちろんこの取引に携わるのはかれらだけではなかった。輸出側のインド人の商人もいれば、輸入側のペルシア人・クルド人やアラブの商人などもいて、その数はきわめて多かった。

しかしグジャラートやさらに北インド内陸の産地に直接分け入って、土地のインド人商人と同じ土俵で仕入れを争えた外国人は、一六九〇年前後のイギリス東インド会社記録によれば、ただアールメーニア人だけであったという。イギリス人にとって口惜しいことに、かれらの仕入れ値は東インド会社の場合より三〇パーセントも安かった。というのも、織布のさかんな村や町をかれらはほとんど知り尽くしているのだからとてもかなわない、とその記録は認めている。同じころの別の記録にはまた、アールメーニア人を含むアジアの諸商人の扱うこの綿布輸出額は、イギリス人・オランダ人による輸出額合計の五倍にも達する、と記されている。[71]

一七世紀北インドの代表的輸出品のひとつに染料のインディゴがあるが、ここでもアールメーニア商人が特産地の農村地帯にまで入ってその仕入れに活躍し、イギリス・オランダ両国の東インド会社による輸出に脅威を与えていた。一六七二年末のスラトのイギリス東インド会社商館記録によると、会社のインディゴ仕入れのためアーグラ方面に出向いていたインド人ブローカーは、「発注を一一月までに済ませておかないと、アールメーニア人らの買占めで相場師の釣り上げた高値を会社はつかまされることになります、と急報している。[72]どうやらヨーロッパ人たちは足もとを見られていたようである。

ほかにもたとえばペルシアの絹の取引など、アールメーニア商人の大いに得意とするところであったが、またかれらは、南アジアの産物だけではなく、ヨーロッパの産物の取扱いにも独特の強さを発揮していた。

当時かれらの中心的拠点のひとつはペルシアのイスファハーンであった。ソ連領時代、アールメーニアの隣りのアゼルバイジャンはナヒチェバンを飛び地としてもっていたが、その中のイラン国境に近いところにジュルファという町があった。これはアールメーニアの歴史に古い由来をもつ都市であるが、一七世紀、イスファハーンの郊外にも同じジュルファの名で呼ばれる地域があった。その名も示すように、ここはアールメーニア人の居留地で、小売・卸売・遠隔地貿易などさまざまなレベルで商業活動をするかれらが、ここに多数居住していた。イスファハーンの絹市場・毛織物市場はかれらによって支えられているといっても過言でなかったという。

一六七七年、この地を訪れたイギリス人フライヤーは、ロンドンのブラックウェル・ホールよりイスファハーンのバザールの方が、イギリス毛織物（ブロード・クロス）の品揃えがよいのに一驚している。[73]

一七世紀末ごろ、イギリス東インド会社は国産毛織物の輸出に貢献度の低いのを責められて、イギリス国内で苦境に陥っていた。まさにそのころアールメーニア商人から与えられた情報によれば、ペルシア市場は意外に大きなものだという。だとすると、地中海からオスマン・トルコ領を経由する途に比べて、喜望峰廻りで直接バンダル・アッバースに荷揚げする途の方が条件がずっといいはずだ、会社はこの通商路を開きその拡大に努めればよいではないか、という考えがロンドン本社の取締役会によって抱かれるようになった。ただこの話にはひとつの難関があった。バンダル・アッバースからペルシア市場に売り込むためには、何としても土地の商人と話をつけ、その協力を仰がねばならなかったからである。

そこで一六八八年、イスファハーンのアールメーニア商人の大物がたまたまロンドンに来住しているのに目をつけた東インド会社は、さっそくかれと交渉に入り、アールメーニア人がイギリスで毛織物を仕入れてイギリス船で積み出すことを認める代わりに、イギリス商品のペルシアでの売り捌きについてはかれらが協力を約束する、という内容の了解を、かれからようやく取りつけるのに成功した。だが現地ジュルファのアールメーニア商人の代表は、「長い間あるやり方の取引をやってきた商人は、別の取引によほど桁はずれの利益でも見込めぬ限り、古い方を見捨てて新しい方へ鞍替えしようとなど致さぬものです」[74]と冷やかに書き送っている。一六九七年、東インド会社本社はイスファハーンへの通信にこう書いた。

心中につぎのようにいう人もあるであろう。アールメーニア商人たちは自分たちの手からアレッポの織物取引を奪い取るための方策を、わが社にすすめるほどの馬鹿ではない、自分たち自身の利益をこれほどかれらが無視してかえりみぬことなど、とても考えられはしないのだ、と。この見方に関してわれわれはこう答える。たしかにその通りで、こんな期待をするのはそもそも話がおかしかった。かれらのような賢明な人たちがわれわれの商売を助けて、そのために自分たちの商売を駄目にする、疑いもなく世界最古の商人であるアールメーニア人が、おそらくは世に織物が織られ始めたその昔からずっと握ってきたに違いないその商売を平然と自ら破滅させる、そんなばかなことを期待するなど、およそ自然に反し理に反することなのだ、と[75]。

こうして東インド会社の企ては、一八世紀に入るまで、成功というにはほど遠い状態を低迷したのであった。アールメーニア商人たちはイギリス産のものばかりでなく、フランス産のものも地中海経由で輸入し、さらには北方からロシアの毛織物まで輸入して、イギリス東インド会社のもたらす商品に価格でも十分張り合ったという[76]。

以上の話をうけて、注意しておきたい点がいくつかある。今日われわれは商品の流通について、規格化された均質の商品が製造元から大手の卸売業者の手にわたり、何段階かを経て小売業者が消費者に売り捌く、というイメージにとらわれやすい。しかし、これは何も南アジアに限った話ではないが、そのころの商業は、まず特産地の小生産者から、所により生産者によりさまざまな品質をもつ品物を、小口に仕入れるところから始まるのが一般的であった。この場合商人たちの仕事は、しばしば小農民でもある生産者たちのひとりひとりから集荷を行なうことにほかならず、どうしても蓄積された特別の知識や経験がそれぞれの仕入れに応じて必要であった。

たとえばそれが綿布なら、土地ごとに異なる細かい自然条件に応じてさまざまの品種の綿の木が育つ。ある品種からは特別の糸が特別の紡ぎ手によって紡がれる。そしてこの糸を織る織工は、歴史的にその技術を伝えるあるきまったカーストに属している。そこでいろいろの種類・いろいろの出来のある綿布の、それぞれに応じた特産地において仕入れを行なうのは、長年にわたって蓄積された経験と知識と人と人とのつながりなしにはかなわぬ仕事となる。

同時にまた、仕入れた商品を託すべき大口取引商人にもしっかりしたコネクションをもっていなければならない。というのは、この手の品物はどこのどういう消費者に売るのが一番有利か、かれらの好みはどのようなものか、需要の大きさ、この手の商品のストック、価格の動向はどうなっているか、などについての収集・伝達された情報が、また実際に需要のあるところまで商品を送り届ける仕組みが、この際きわめて大切だからである。

この点は、織り上がった布を染色する工程についても問題となる。染色には歴史的に伝えられる特別の技術と、その技術に対応した自然条件、とくに水質のよい川の流れが必要で、これについてもまた品物に対応する特産地が存在するのである。このような場所で染色された綿布を仕入れるにあたってはまた、生産者たちが仕事に取りかかる前からの交渉、たとえば特別の好みの発注や前貸しや、さらには製造過程での監督が必要となることまである。

こうした仕入れに要する知識や経験や組織や情報は並み大抵なものではなく、また販売についても同様であったから、生産者から消費者までの商品の流れを円滑なものにするために、互いに連係を取り合う何らかの商業民のグループが大きな役割を果たす可能性が生ずるわけである。そのグループは、アールメーニア人のような商業民の共同組織であってもよいし、商業カーストの組織であってもよい。さまざまのものがありえたはずである。

もちろんここで、市場そのものが多くの商人たちを媒介し、つなぎ合わせる機能をもつことも忘れてはなるまい。しかし当時の市場は、おそらくそこに来あわせた個々の人間がただそこで取引をする場として出来上がっていたというよりは、それぞれが何らかの共同組織をもつ商業民たちが集まって、あるいは商業コミュニティが集まって、かれらを中核にして形成されていた。かれらの間で情報が伝えられ、かれらの活動によって活気が与えられていた、と考えた方がよい。少なくともそうした面のあることを重視し、小売のバザールの外観だけに目を奪われぬ方がよいように思う。

綿織物について右に記したが、インディゴにはインディゴの特産地があり、絹には絹の特産地がある。そしてそのそれぞれの仕入れの知識や経験をもつ商人が各自の集荷した産物を市場にもちこみ、同様にその売捌きの知識や経験をもつ商人がこれを買い取る。この際、間をとりもって大きな役割を演ずるのが、しばしば商人たちの同族コミュニティであった。

都市と都市の間をつなぐ商業取引があるときは、両者の間に両替・為替・金融業務も生じうるわけで、タヴェルニエの述べていたような、地域的商業圏ごとの金融業務やまたその連鎖は、上記のような南アジアの商品流通と表裏一体をなすものであった。そしてこの業務に従う貨幣商たちの間にもまた、しばしば上記と同様の共同組織が機能していた。

ペルシアの毛織物市場へイギリス製品を喜望峰廻りで直接送り込もうとする東インド会

社の企てが、正面からぶつかったのもこのようなアジアの商人たちの組織であった。現在日本に商品を売り込もうとするアメリカ人が、流通機構の「複雑性」に手を焼く話はよく知られている通りだが、ペルシアに毛織物を売り込もうとするイギリス東インド会社の困難は、これに比べてはるかに大きかったに相違ない。なおこの場合、毛織物売込みだけでなく、ペルシア産絹織物の買入れ（ヨーロッパ向け輸出）もからんでいたのであるが、主要な相手はいずれにしてもアールメーニア人であった。

絹・毛織物・綿織物の取引を中心にして西アジアに形成されていたかれらの連合を、アレッポ・イスファハーン枢軸といってもよいのではないかと思う。けっして資本や経営がひとつにまとまっていたわけではない。だが小売商・小仕入商から市場都市の大口取引商まで、多数の商人が同一民族として連係し、その全体の中で長年にわたって蓄積された知識や経験を保ち、市場の情報を伝達して、大きな商品の流れを支えてきたのであった。むろんかれらは商人である。イスファハーンの豪商クラスともなると、「桁はずれの利益」なら同族意識より商業の論理を優先させるという発想もありえたかも知れない。そのあたりは歴史の難しいところであろうが、しかしこのことは、当時かれらの間に連係組織があり、それが強靭に機能し続けてきたことを否定するものではない。

アールメーニア人の場合は一つの例にすぎない。南アジアの複雑多様な商業世界は、こうして独自の歴史と独自の組織をもち、これがその西端においてたまたま地中海世界と結びついていたのである。ヨーロッパ側からの関心は、タヴェルニエの叙述もまたその例であったように、ひたすらアジアの商業圏をヨーロッパへ結びつけようとする方向にのみ働き、そこからロマンを秘めた商品をヨーロッパにもたらすことばかりにとらわれがちであった。だが現実はわれわれの歴史地図がとかく強調するようなイメージより、はるかに多様で、はるかに豊かであった。

そこで話題はつぎに移るが、このような南アジア商業圏のただ中に、当時ヨーロッパの商人たちはどのように割り込んできたのであろうか。いうまでもなくかれらの活動は、陸影を見ぬ大洋を遠く航海して直接アジア諸港市に乗り入れてくる巨船の群によって特徴づけられていた。もちろん今日からみれば「巨船」というにはほど遠い船であり、「群」といってもその数は知れたものであった。

たとえば、長崎オランダ村に復元された一七世紀のプリンス・ウィレム号か、テムズ河畔に年老いた船体をそのままに残す一九世紀のイギリス商船カティ・サーク号か、どちらかに乗って船内を一廻りしてみるとよい。いずれにしても木造船には大きさの限度があり、その昔も今も変わらぬ大洋の自然の猛威を考え合わせると、急には信じがたいほどの矮小さを感じるであろう。しかも船艙はほとんど積荷に占領される帆船なのであるから、当時の乗組員の船中での労働や生活も、今となっては想像もつかぬきびしいものであった。一七世紀の海に海賊が多く、ヨーロッパで始まった戦争がそのまま商船同士の戦いに転じがちであったことも、むろん忘れてはなるまい。

こうして、航行にはとかく困難が伴い、常に危険と隣り合わせということになれば、当時のヨーロッパ人のアジア貿易は、まだ非常にリスクの大きい投機的な事業とならざるをえなかった。船体が小さいなら、それに応じて積荷の総量も限られてくるであろう。しかし、一七世紀ヨーロッパの経済的諸条件やアジア市場との関係、あるいは当時の造船技術の中においてみると、このような「巨船」を建造し、艤装し、その船艙に荷を満たして遠洋へ送り出すことは、簡単に着手などできぬ大事業にほかならなかったのである。もちろんそれなりの利益は見込めたであろう。だが利益が大きくなれば、競争のきびしさも考えねばならない。

その上資本の回転も一年、二年の長期を要したから、喜望峰廻りのアジア貿易は個々の商人資本では企て及ばない事業となり、けっきょく多くの商人の組合組織を作って政治権力から貿易独占権を獲得し、公認されたその組織の傘の中で事業の進展をはかる、というのが当時到達された結論であった。通称が「東インド会社」と呼ばれるこのような組合組織ないし企業の経験の中から、やがて後年の株式会社の原型となる企業形態が生み出される。

ところでこのような企業ができ、このような「巨船」が造られ、船に荷を積んで出帆し、やがてインド洋に入れば、あとは適当な港市で積荷をおろして土地の産物を仕入れ、船艙が満ちたところでヨーロッパへ帰航すればそれでよい、と思われるかもしれない。だが実際は、そんな甘い話は通用しなかった。電信などの存在しない時代であった。いきなり入港してくる巨船を迎えて、いつでもその欲するヨーロッパ向け取引を速やかに行なわせてくれるような条件が、あらかじめアジアの市場に準備されてなどいなかった。

大洋を航行するのに季節風を利用したのが当時の航法であった。船の往来にはそれぞれ年に一度だけ、それに適した余り長くない時期があった。万一これを逃しでもすると、まる一年ほど待たねばならず、資本の回転がさらに長期化するばかりでなく、その間の経費がかさみ危険が倍増するため、極力この事態は避けなければならなかった。ところが他方において、アジアの産物の中には早くから手を打っておかないと急には手に入らないものも多かった。また、それが市場に出廻るには特定の季節がある産物もあり、この時が船の来る時期と一致するとは限らなかった。

何より、今度着いた船は一定期間にかなりの大取引をすませなければならないはずだ、という情報はたちまち市場に知れ渡り、船影を見ただけで市場の動きは一変した。ヨーロッパからの積荷を売ろうとすれば買手市場、土地のものを買おうとすれば売手市場となる傾向が避けがたかった。

そこで商人であれば、船の到着に先立って船艙を満たすに足る商品を、誰かに暇をかけて上手に仕入れておいてもらうことを考えて当然であろう。と同時に、ヨーロッパへの帰途につく時、自分の積んできた荷をかれに託して、市場の動きを見つつ適当な方法で売り捌いてもらうこともまた、かならず心に浮かんでくるはずである。とすると、アジアへ出かけて積荷を売り、土地の産物を仕入れて帰航するというひとつの航海を、それだけで完結したひとつの事業としていたのでは不便であり、そういう航海を繰り返して行なう仕組みを作って、事業としての継続性を保つのが望ましいこととなる。そもそも東インド会社が「会社」と呼ぶにふさわしい形になるのも、ひとつにはこの点が関係していたのであった。こうして東インド貿易を継続して行なう企業体としての会社は、自然のなりゆきとして、なんらかの「代理人」を東インド主要市場に常駐させることになるのである。

ただし、市場にはその土地の大商人がいるにもかかわらず、これを恒常的な会社業務の代理人とすることはまずなかったといってよい。アジアの商人にヨーロッパ側の需要、ヨーロッパ流の商売のやり方を呑み込ませるのが容易でなかったし、また長期にわたって大きな財貨を託しておいて間違いがないかどうかの不安があった。土地の社会情勢・政治情勢に不案内であれば、いっそうその不安がつのったはずである。

逆にこれをアジアの商人の側からみれば、「桁はずれの利益」を約束してくれるわけでもないのに、初めての相手と慣れぬ契約関係に入り、慣れぬ業務を行なうのは好まなかったであろうし、また来年も確かに来るという保証がなく、とかく互いに相争う人たちのために多くの時間をさいて取引し、通常では考えられぬほどの長期にわたって大事な荷を預かっているのは、話にならぬ話であったに違いない。つまり大洋航行のペースに合わせた大取引、しかもヨーロッパ流の商慣行をもちこんだ大取引を受け入れる枠組みが、アジアの市場に組み込まれていなかったわけである。こうしてヨーロッパの東インド会社がこの市場に参入するためには、自国の人を代理人ないし社員として主要市場に配置し、かれにアジア市場との交渉をまかせるのが一般的となった。

英語で factor などと呼ばれたかれらを、「代理人」というべきか「社員」というべきかは難しい問題である。企業体についての観念も制度も、今日とは大いに異なる当時の事である。となれば、これに「雇用」されている人のことをどう呼ぶべきかは容易に答えの出る問題ではない。factor ということばの本来の意味は「代理人」であって「社員」ではない。しかし現実には、かれらに今日の日本語をあてれば「社員」ともいってみたい存在であった[77]。

イギリス東インド会社にとって、これらの「社員」たちが非常に信用できる「代理人」であったかどうかは、別問題である。会社はかれらにかならずしも十分な報酬を支払っていなかった。その代わりにかれらが私的な商取引をアジアの中で行なうことを、事実上放置せざるをえなかった。当然「公私」混同も汚職も起こりえた。しかし少なくとも会社のためにかれらの行なってきた事の説明を求め、責任をとらせることが会社側はできるものと考えられていた。

ところで、このかれらの仕事にはどうしてもひとつの施設が必要であった。すなわち、かなりの大きさの倉庫がそれであった。それは船が着いたときの積荷を、すべてそこに収納すべき場所であり、逆に出てゆく時にその船艙を満たすための荷を、あらかじめ用意して保管して置くべき場所にほかならなかった。かれらの事務所や住居もできるだけその近くにあるのが望ましかった。治安が悪くなったり、戦乱が突発したりすれば、倉庫内の商品を守るため自衛の手だても考えておかなければならなかった。このような施設を用意しておくことが、そもそも「代理人」を常駐させる目的から見ても不可欠であった。

しかしこの施設がコストをつぐなって常に商業上の黒字を生み出すとは限らず、見込み違いも何度か起こった。だが設置したり引き払ったりを繰り返すのは、経済的損失もさることながら信用にもかかわる問題であり、もし思い切って見限ってしまうと、危険な競争相手があとを引き取った時情勢が好転し、濡れ手で粟の有利な商売を発展させたりしないかという恐れもあって、当面の無理は承知の上でなんとか持続の努力をすることが多かった。会社の施設を、例えば倉庫の片隅を、場合によってはその真ん中を、私的営業にも無料で借用する「代理人」ならば、ことのほか会社の施設維持に熱心であったに違いない。その一方で例えば平戸へきていたイギリス人のように、あっさり手をひいてしまうケースもあった。本社からその旨の指令が発せられている例もかなりある。

アーグラ、アフマダーバード、モカー、バースラーの商館は即刻放棄し、これら各商館のすべてについて、建物その他の残存物をもっとも会社の利益になるよう売り払い、処分してしまうことをわれわれは決意し、ここにその旨の指令を送る。

一六六一年のイギリス東インド会社のこの急信は、まとめて四つの施設の面倒を見てしまったわけである。[78]「代理人」factor の業務のためのこの施設は factory と呼ばれていたが、右の訳文にみるように、この語はふつう「商館」と訳す例になっている。

ともかくこうしてヨーロッパ人がアジア市場に大きく進出してくる時には、ほとんどの場合「代理人」を置き、「商館」を設けて、大洋航行船による貿易の規模とペースをアジア市場の日常性とつなぎ合わすための橋を、自らの手でかけることが市場参入の条件になった。初めて商館を設置する場合からそうであったが、やがてこうした商業施設はしだいに大きくなった。

重要産物の産地近辺には支店商館を設置し、港には船着場ないし港湾施設を設け、商館の廻りには壁をめぐらして守りを固め、ついに大砲まで備えて、その名も堡塞 fort と呼ぶほどのものになる。この場合当然その地の政治権力に交渉し、一定の土地を得てこのような施設を設置・増設する認可を受け、あるいはそのための特権を獲得する必要があった。そして政情の不安定、治安の悪化というような事態が重なってくれば、こうした施設を整備する必要は確実に大きくなった。

世界史地図帳のヨーロッパ人進出のマークには、まず以上のような各種各様の事情がその背後にあった。ただしアジアの政治権力側の建前からこれを見ると、ヨーロッパ人は一般に侵略者としてではなく、貢物を捧げてはいろいろ願い出てくるよい商人・よい客人・よい臣下として遇せられるのが普通であった。政治権力が弱体化したときや、はじめから弱小政権の場合に、いつもかれらがそのような「よい商人」にとどまったかどうかは、むろん別問題であるけれども。

すでに述べたところから明らかなように、このヨーロッパ人の商館がただちにアジア諸市場の経済活動の中で中心的位置を占めたわけではなく、ましてアジア市場をいきなりかれらの世界市場に呑み込んでしまう影響力をもちえたわけでもない。例えば直接係わりのあるアジア市場での商取引だけを取り出してみても、港市の後背地に分け入って末端小口の販売や仕入れをする業務のすべては、とうてい自らの手に握りきれていなかった。インドでの綿布やインディゴの仕入れ、ペルシアでの毛織物の販売について、すでに述べた事例は明瞭にこれを物語っている。

こうして、自らの「世界市場」をアジア市場に接合するために長期投資をいとわなかったヨーロッパ人も、取引の末端に近づくにつれて土地の既存の市場機構に依存し、情報の収集についてもこれに頼ることが多くなった。この場合、事はなかなかかれらの思い通りには運ばず、何かと障害に出会い、行き違いや失敗が重なりがちであった。それを記録したかれらの文章はかれらの要求の性質やかれらのおかれた地位を明瞭に物語っている。ペルシア市場での毛織物の販売拡張の蹉跌や、インディゴや綿布の仕入れ価格が割高となることについての不満など、そのよい例である。

上にはふれる機会がなかったが、アジアの諸産物に魅せられながらも、たとえばインディゴの場合にみられるように、不純物の混入などその品質、とくに品質の不揃いに対する苦情も多い。同じ規格、同じ品質といえるものが揃わず、価格も様々という事態に、何かとヨーロッパ人が苛立っていることは注目に値する。いわば手作りの産物の手作りの商取引ともいうべき市場の性質にとけこめず、既存市場機構に十分なじめないまま各商品に規格の均一性を求め続けるかれらの傾向が、しだいに強く前面に現われてきたのである。

もちろんこの点は実際は程度問題にほかならず、ある条件が完備しているか欠落しているかによって世界の諸市場をすっぱり二分するという筋合いの議論にはなりにくいが、ヨーロッパ人が形成しつつあった世界市場の性格を一面において特徴的に示しているものといってよいものと思う。と同時に、アジア市場にそのような性格を強要するだけの実力を、かれらがまだ手にしていなかったことも示されていることになる。

ヨーロッパ人の地位はまた、かれらが資金面でしばしばアジア社会の金融機構に依存していたという事実によっても示される。かれらのアジア物産購入の資金は、つまるところヨーロッパから送られてくる荷によって供給された。その荷の多くのものは貴金属、とくに銀であったが、荷がつくのは年に一度、ヨーロッパから南アジアへ向かう航行が可能な季節に限られていた。

一方アジア商品の仕入れは、この季節に関係のないそれぞれ特有の事情に左右されることが多かった。既述のように、産物によってはその出廻る季節がきまっているものもあったし、早くから資金を貸し出して発注しておかねば思うように調達できないものもあった。そのような条件下で、年に一度のヨーロッパへの帰航の時期にあわせて積荷を十分準備するためには、一定のタイム・スケジュールで資金を投下して商品を買い整える手を打っておかねばならなかった。

こうして資金が手元に用意される時期と、買入れのためにそれを支払ってゆくべき時期とに食い違いがある以上、時によって資金が余ったり、不足したりしたはずである。しかし資金の到着はいつもおそく、商館網の維持・拡張をはじめおよそ物入りも多かったから、実際に史料に現われてくるのはつなぎ資金をいかに工面するかという話ばかりで、ダブついた資金の運用に困る話はまずお目にかかれない。しかしこの問題は事もなく解決することができた。手を貸してくれたのは土地の金貸し・貨幣商たちであった。

ヨーロッパから地金銀を積んだ船が規則的にやってくる限り、資金の前貸しを快く引き受けてくれる貸し手に事欠くことはなかった[79]。

こうして商館を設け、継続的事業を行なって信用を得れば、運転資金は、アジア市場に内在する金融機構により、金貸し・貨幣商の資本に依存することができた。

このような資金を借りたのは、東インド会社ばかりではなかった。私的営業に熱心な商館員たち自身も、しばしば土地の金貸しの厄介になった。ときには気晴らしの賭博が高じて抜き差しならぬ借金に陥るものもあった。一旗揚げるつもりでやってきたアジアの一隅で、借金の泥沼から足が抜けぬまま疫病などで朽ち果ててゆくヨーロッパ人も間々あったという。タヴェルニエのようにスマートにアジアの金融機構の連鎖を利用する人たちは、むしろ例外的ではなかったかと思う。

このようなヨーロッパ人の南アジア市場における地位は、先にものべたように地域によってかなり差があったが、一七世紀末ごろより次第に上昇傾向を示すようになった。そして数十年が経過して一八世紀後半ともなれば、南アジア市場の中心であるインド半島、とくにその東側において、かれらの力は圧倒的ともいうべきものに成長してしまったのである。これについてはいくつかの史的要因を考えることができるが、まず第一に、アジア市場そのものの構造的弱点をあげておかねばなるまい。

すなわち政治権力の市場への日常的介入という事情がそれである。といってもこれは当時のアジア市場だけに特有の現象とはいえず、またそれ自身がただちに市場システムの弱点として立ち現われるとも限らない。例えばある場所に市場（バザールなど）を開くには、本来権力側の認可がなければならず、認可の下りた後は各種の市場税が常時徴収された。それはしばしば商品の市場への出入に対して課せられた。もし港市であれば輸出入関税もこれにあたるわけである。他にも多くの課税があり、しかもそれを徴収するのが中央権力一本とは限らなかった。内陸通商路に設けられた関所で、その地の地方権力が独自の通行税を徴収する場合などがその事例となる。

ところでこのような政治権力と商業との関係の基本は、権力側が商品の移動や市場での取引を保護して安全と秩序を保証し、保護の代償として各種の税や貢を取り立てるという点にあった。だがこのシステムは、政治権力そのものが不安定になると市場の秩序や安全の保証にまで手が廻らなくなるという弱点を露呈した。その上、権力の濫用・悪用のケースが増加し、力を背景に市場を攪乱し一時的重税を取り立て、実施の目処も立たぬ特権を安売りするごとき行為に出ることが多くなった。

政治権力者自身が商取引に手を染め、権力を背景に市場を攪乱する行為に出ることもあった。たとえば自らの手元に押さえた商品を言い値で商人に買い取らすまでは、市場での取引いっさいを禁止するというがごときがその例である。また、貢物を捧げて寵を得た政商に何らかの特権を授与して恩顧を及ぼすというのもその例であろう。[80] 支配下全域においてあらゆる通行税を免除するという特権を、ムガル皇帝が気安くイギリス東インド会社に与えたのもその類である。

とくに権力の弱体化が進んでついに国内が戦乱に包まれるようになれば、商業のこうむる被害は甚大であった。手段を選ばぬ戦費の調達が行なわれ、通商路がしばしば脅かされ、需要が落ち、商業貿易は沈滞し、その影響は産地にも及ぶという傾向を、とうてい抑えきれなかったからである。

一七世紀末から一八世紀にかけてムガル帝国が急速に衰亡に向かい、内乱状態に陥ったインドの場合がそれであった。サファヴィー朝の崩壊してゆくペルシアの場合がそれであった。飢饉や疫病がこれに追い打ちをかけた。こうしてさしも繁栄を誇ったスラトもバンダル・アッバースも、後背地が疲弊し、通商路が脅かされ、市場がさびれてしだいに衰運に向かうのをいかんともなし難かった。

これに対してヨーロッパ人の東インド会社はどうであったろうか。一七世紀はヨーロッパの経済は「全般的危機」の時代であり、戦乱も多く、概して国際経済は不振であったという。東インド貿易はその中で続けられていたわけであるが、一八世紀初めごろ居座っていた危機が終息に向かう。消費生活も多様化が進み、アジアの物産に対する需要も高まってくる。とくにイギリスの場合、すでに一七世紀からその経済はヨーロッパ大陸諸国と異なって、けっして不振ではなかった。

これらの結果は東インド会社の南アジア貿易にも着実に現われてきた。すなわち、疲弊の色濃いアジア諸市場の中でヨーロッパからの需要だけが好調を保った。海洋におけるヨーロッパ艦船の力は南アジア海域ではこれに及ぶものがなく、制海権に守られて、かれらの貿易は内陸の分裂抗争の間を縫って休むことなく続けられた。絶対量でも増勢を見せるヨーロッパ人の商取引は、こうして南アジア市場の全般的沈滞の中でその相対的比重をしだいに大きなものに高めてきた。

南アジアにおけるヨーロッパ人の商業施設はもともと自衛のための手段と要員とをある程度備えていたが、政治情勢の不安定化に応じてその自衛力も強化の途をたどった。商館を中心としてヨーロッパ人の力の及ぶ小地域は、こうしてさまざまの商売の機会がそこにあるばかりでなく、周りの諸地域と比べて比較的安定した商取引の条件が保たれることになる。資本は安全と利潤のある所へ集まる。このことは東も西も同じであった。数十年の経過の間に、富と人口が要塞化した商館を中心とする地域にしだいに流入し、その地に新しい都市を生み出す様子を見せるようになった。

カルカッタ・マドラス・ボンベイなどがその代表であった。そこに姿を見せたのはそれまでの南アジアに見当たらぬ異様な様相の商都であった。都市計画もなければ衛生施設もない雑然たるインド人スラム、石造大建造物や瀟洒な邸宅や教会の尖塔や庭園の続くヨーロッパ人地域や商業地域などが集まって、熱帯の不健康地に巨大な人口をかかえる都市が出現したのである。

それはもはや単なる商業拠点ではなかった。その背後にひかえる広大無辺のインド社会から見ても、とうてい無視しえぬ経済的・政治的・軍事的存在であり、その動きが予想外の影響を背後に及ぼし始めた。土地の政治権力が不安定で内部抗争が激しければ、すでに私兵（シパーヒー）を養って比較的装備も訓練もよい東インド会社の手勢は、味方にすればかなり心強い一勢力となり、時には政権をめぐる地方的内紛の帰趨に、キャスティングボートを握るほどの存在となった。[81]

南アジアの植民地化を一言で語ることは難しい。またそれは本書のテーマでもない。しかし世界市場の形成がこれと重要な係わりをもっていること、けっして自由貿易の自然な拡大によって何となくそれが形成されるものでないことは明らかである。右に記したように、一八世紀にはいると南アジアの植民地化を導き出す危険な兆候がつぎつぎと現われつつあった。そしてまさにそのことが、同時にこの地域を世界市場へ編入してゆく序章そのものに他ならなかった。

ただし、「植民地化」といってもその意味するところはかならずしも明確でない。異民族支配の色彩の希薄な「移住植民地」の形成はいま別のこととして考えの外に置くとしても、単に外来異民族支配の成立というだけの話なら、洋の東西を問わず人類史上度重ねて経験されたところであり、けっしてそのすべてを一様に今日の「植民地化」ということばで捉えることはできない。外来者が新しい征服地に住みつき、その地の支配者として故国との縁が切れ土着化してゆくケースなど、そのまま「植民地化」とは呼べない代表例というべきであろう。

「世界市場」への編入はこの点で「植民地化」に大きな係わりをもってくる。すなわち資本主義的発展の先進中核地域に属する「本国」が、自らの周縁に繰り広げた世界市場の網の中に、南アジアを捕捉し、編入してゆくことによって、はじめてここにいう「植民地化」という史的過程が実体化したのである。すなわち、世界市場を介してはじめて異民族支配が長く本国との繋がりを保ち、あくまでもこの地を従属地域として遠いヨーロッパからの支配下に置き続ける結果を引き出したのである。この意味では世界市場は、「植民地」を「植民地」として長期にわたって支えたテコとなり、植民地支配を植民地支配として維持した重大な史的契機となった。

と同時に、いま述べたのと対極をなす側面も存在することも注意しておく必要がある。すなわち、南アジアの世界市場への編入、さらに進んでこの地域における世界市場の深化は、逆に植民地権力の成立・存続によって助けられ、これをテコにしてはじめて進行しえた現象でもあった。

今もし右の両面を見落とせぬとするならば、南アジアにおける世界市場と植民地支配とは、互いに因となり果となって、現実的にはひとつの史的現象をなすものと考えてよいであろう。[82]

7　世界市場の構造

本節においてわれわれは、ふたたびヨーロッパを中心とする世界市場の統計史料による検討に立ち返り、それを地域的な構造の観点からより詳細にとらえなおし、あわせて次の時代への展望を試みることにしたい。

最初の手がかりとなるのは、イギリスの貿易収支（貴金属の動きを除く）を相手地域別に集計した図25[83]である。一七、八世紀の貿易統計のもつ多くの問題点についてはここに繰り返さないが、一つだけ当時は密貿易の全盛時代であったことを注意しておこう。密貿易と正規の貿易、密貿易と海賊行為の境界線は当時きわめて流動的であり、関税の変化や貿易独占権の付与、輸出入禁令の発布などなど、貿易に対する管理・統制がきびしくなったりあるいは逆に緩められたりすれば、それに応じてこの境界線が微妙に移動した。そこで貿易の実態には、史料的にとらえることのはなはだ困難な領域が存在することになる。ただし、当時のイギリスの密輸についておそらく疑問の余地のない傾向として、それが輸出より輸入に偏っていたことを指摘できよう。[84]

デイヴィスの統計にとらえられるイギリスの貿易収支は、一八世紀に入ってからは出超傾向を大きくしてゆくが（図3参照）、右の点を考え合わせると、持続的出超が経済的実

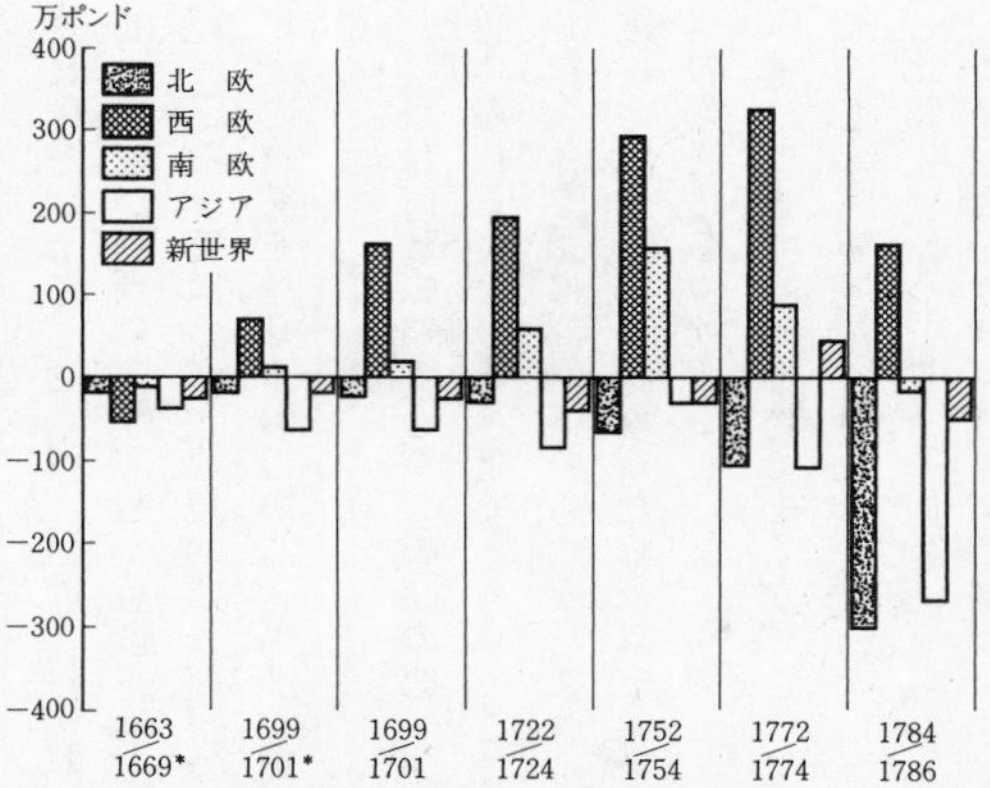

図 25　イギリスの貿易収支（相手地域別 1663/69* - 1784/86）
（＊印の期間はロンドン港のみ）

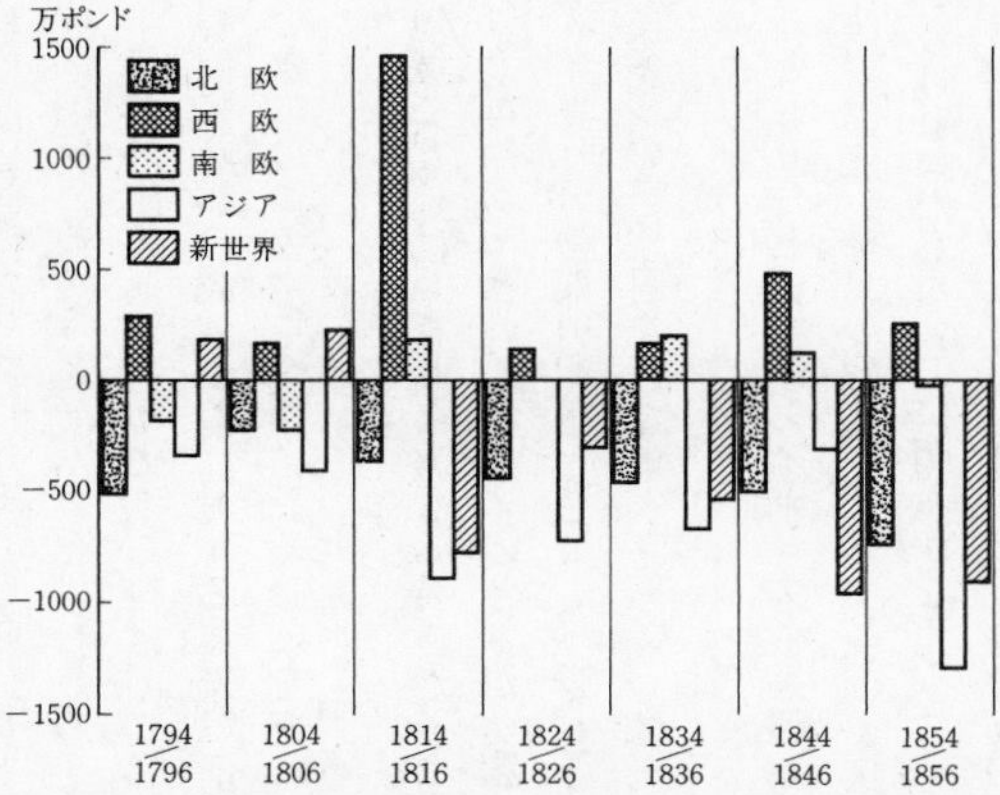

図 26　イギリスの貿易収支（相手地域別 1794/96 - 1854/56）

態といえるかどうか、かなり疑わしい。後述するように輸入額の評価にc.i.f.（運賃・保険料込み価格）を用いる試みを行なっても、当然この点に影響がでて、一七七〇年代などは逆に入超になる。このc.i.f.評価によれば、後出図54に見るように一八世紀はむしろ全般的に入超が基調であり、しかも世紀半ばに二〇年ほどの出超期があってから後は、二〇世紀に至るまでほとんど連続的に入超が続き、この間入超額の総貿易額に対する比率は漸次増大の趨勢を見せるのである。図25を検討するときにはこの点を念頭におくことを忘れてはならない。

しかし何といっても、この図の第一印象は、地域ごとにはっきりと異なる特性がそこに認められる、という一事であろう。これまで「ヨーロッパ」というとき、いささか漠然とした全体を頭に浮かべてきたが、これを改めて、イギリスの取引相手としてもう少しきめ細かい取り扱いを試みるため、以下各地域ごとに多少の再検討を行ない、さらに一九世紀への見通しをつけることにしよう。

そこでまず「北欧」であるが、ここは図にみるとおり一七世紀からイギリスの入超地域で、しかも貿易赤字は拡大を続けている。その後も図26[85]（縮尺の変化に注意、この図を図25と比較・検討するとき、約四倍上下に拡大して考えなければならない）に明らかなように、上下動はあるものの入超続きに変わりはなく、一九世紀半ばになっても輸入は総輸出額の三倍にも達する。

第4、5節に使ったデータから北欧に関する部分を拾ってまとめなおすと、この地域に対するイギリスからの輸出は他地域の場合と大差なく、はじめはそのほとんど全部が毛織物であったが、一八世紀半ばごろより品目の多様化が始まる。ランカシア綿布が目立ってくるのは、一九世紀に入ってからである。

再輸出も、同様に大筋はヨーロッパの他地域とほぼ同じで、新世界産のたばこ・食品・染料その他の原料の取り次ぎが主体をなしていた。ただしその中で、重心は時代が進むとともに食品から原料の方へ移動する傾向をみせる。

問題は圧倒的に大きいこの地域からの輸入である。その中には一八世紀に入って一割を超えるようになる亜麻布も含まれていたが、ほかはそのほとんど全部が原料であった。品目としては、一七、八世紀を通じて亜麻・鉄・木材が大半を占めていたが一八世紀末近く多少の変化が現われ、原料の中で大麻・ジュート・油脂（獣脂・鯨油・油脂種子）などが増勢を見せる一方、穀物輸入も姿を現わす。

以上の点について、ここで図27[86]を参照しておこう。当時の貿易品目を「製品」・「食品」・「原料」に三分したとき、この三角図表の最上部の頂点は製品のシェアが一〇〇パーセントであることを、逆に底辺はそれがゼロであることを示している。北欧向けのイギリスの輸出は二世紀近い全期間を通じて、図にみるように製品のシェアがきわめて大きい。製品の場合と同様に、三角図表の左下の頂点は食品のシェアが一〇〇パーセントである

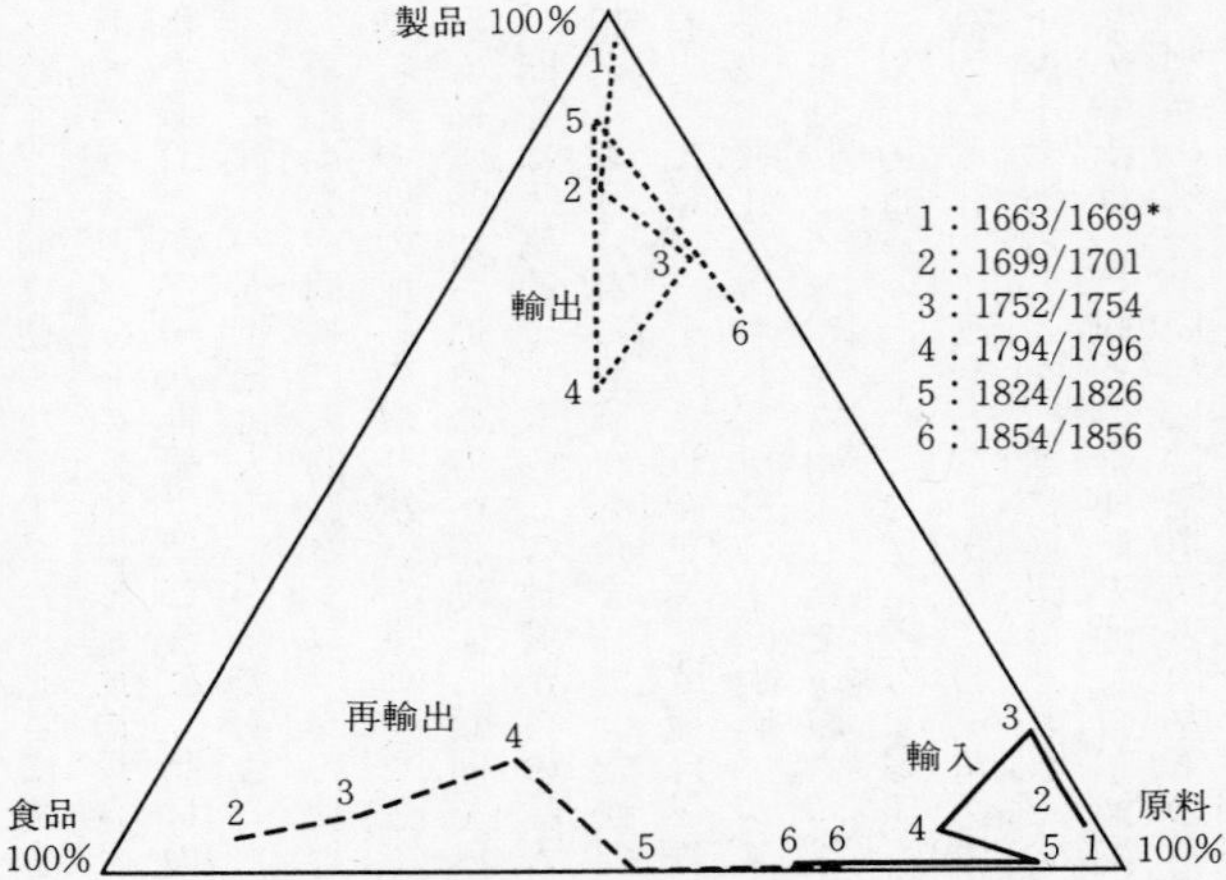

図 27　イギリスの貿易（対北欧 1663/69* – 1854/56）

ことを、その対辺はそのシェアがゼロであることを示している。同じく、この左右を入れ換えれば原料のシェアが読み取れる。そこで北欧向け再輸出と北欧からの輸入は、いずれも底辺近くを左右に動くだけであるからほとんど製品をその中に含まない。ただし再輸出は食品一〇〇パーセントの近辺から漸次右に向かって原料寄りに大きく移動している。これに対してもっとも額の大きい北欧からの輸入は、最後の一期が多少左に向かって動いてはいるものの、ほぼ全期間を通じて原料一〇〇パーセントの近辺をうろうろし続けていることが、この図に明瞭であろう。

そこで以上述べたところを大局的にとらえれば、北欧は先進イギリス経済に対する原料供給地」の一語につきよう。とくに造船・海運・織布（亜麻布）などの諸産業に対する原料供給地としての重要性を一貫して増大させたが、他方イギリス製品への需要はずっと小規模のものにとどまったから、イギリスの貿易収支はこの地域に対して大きな赤字続きにならざるをえなかった。

「西欧」の場合は図25に明らかなようにこれとは対照的で、一貫してイギリスの輸出超過が続いた。一六六〇年代が入超となっているが、この時のデータにはロンドン港以外の取引が含まれず、再輸出が計算に入っていない。これらを加えればおそらく事態は逆転してくるであろう。一六九九〜一七〇一年の二つのデータを比べると、ただロンドン港以外の取引が加えられるだけで出超額は二・四倍ほどに膨れあがる。これは繰り返すまでもなく、ロンドン港以外は西欧向け輸出、とくに毛織物輸出が多く、輸出が輸入を大きく上廻っていたためである。[87]この点を考慮しただけでも一六六〇年代のデータには疑問符が付いてくる。

この出超傾向はその後も続き、ただ続くというだけでなく、総輸出額が輸入額の二倍を大きく突破し、一七七〇年代には実にその三・六倍にも達する。図26にみるように、フランス革命・ナポレオン戦争期においてすら、大きな障害を乗り越えて（縮小を余儀なくされながらも）貿易は続けられ、続けられているかぎり出超が維持されていた。そして一度平和が戻ると堰を切ったようにどっと総輸出が増加して、一時はふたたび輸入の三倍を超える線を回復した。その後もずっと出超傾向は変わらないが、総輸出が輸入の二倍というレベルにはもはや届いていない。

この長期的出超がどうして生じたかであるが、これについては再輸出の大きさが注意をひく。一八世紀の初め、国内産品輸出額の六割から出発して、まもなくそれとほぼ同額ないしその二倍にも及ぶ再輸出額となり、一九世紀もウィーン会議までは、戦争による激動はあるもののこの点に基本的変化がない。その後は国内産品輸出の約半額程度の再輸出となるが、以上の点を考えただけでも、西欧向け出超を支えその動きを左右する大きな要因が再輸出にある、ということに気が付く。少なくとも、輸入と国産品輸出とだけを比べれば、一七・一八世紀を通じて一方的に出超が続くということはなく、一九世紀にはいればむしろ入超に転じているのである。

先出(4節参照)の図19にも明らかなように、イギリスの再輸出相手地域を調べるとその中の第一位は西欧であり、その一位も二位以下をはるかに引き離した一位であった。一八世紀においては再輸出総額の半分以上、それも約六、七割が西欧向けであった。図28[88]に明らかなように、その後もこの点はさして変化がない。ナポレオン戦争期が唯一の例外で、一位を北欧にゆずって二位に落ちているが、もちろんこれは非常事態下で、貿易経路が緊急待避したに過ぎない。その後はふたたび一位に戻って、一八五〇年代になってもイギリスの再輸出総額の六割を超える部分が西欧向けであった。

ここで少し立ち入って第4節のデータから主要な取り扱い商品を拾ってみると、まず西欧からの輸入であるが、一八世紀半ばごろまでは亜麻布など製品の占めるシェアが大きかった。それが凋落に向かう世紀末からは、穀物・酒類などの食品や原料がこれに代わり始め、さらにウィーン会議以降は羊毛・生糸などの原料も加わってくる。

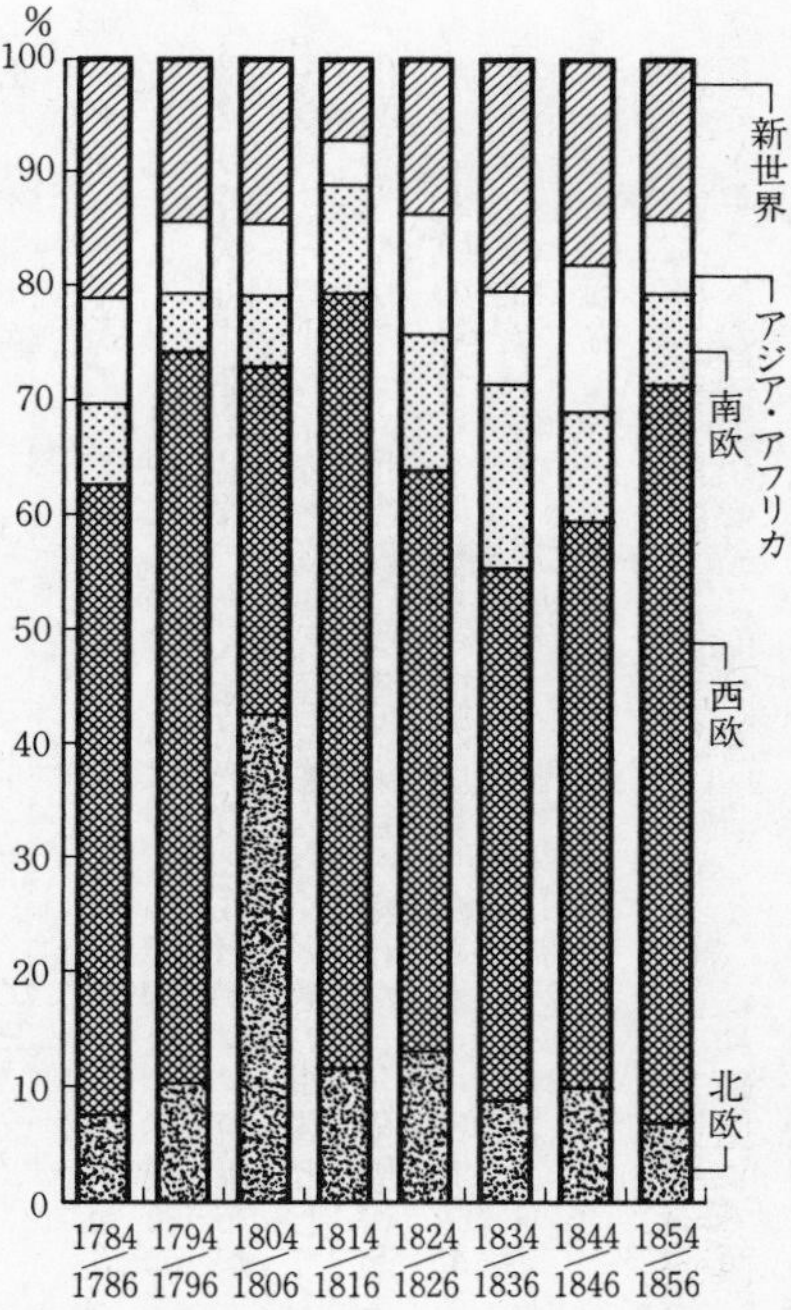

図28　再輸出相手地域（1784/86－1854/56）

他方西欧向け輸出については、一八世紀初めの毛織物の大きな地位がまもなく各種原料・穀物・金物類などの追い上げを受けてゆらぎ始め、この世紀末ごろには三割程度に縮小する。そして一九世紀に入ってからはいうまでもなく、綿布の快進撃となる。

問題の西欧向け再輸出は、一八世紀初めには南アジア産綿布がまず目につく。しかし砂糖・たばこ・コーヒーなど新世界産品も大きく、その全体としてのシェアはアジア産品の上にあり、やがて一九世紀にはいると染料・綿花など各種原料が主流を占める方向へ向かう。先の北欧の場合にも同様な傾向が認められたが、イギリスの取り次ぎで熱帯・亜熱帯産原料をこの地域が輸入し始めていることは、これを原料とする製造業がそこに生育しつつあることの証左とみてよいであろう。

図29[89]は、このような変動を貿易品目構成面で大局的にとらえている。そこには全期間を通じてイギリスの輸出が製品に偏っていること、これに反して西欧からの輸入では製品のシェアが一八世紀後半に一気に落ちていること、また西欧向け再輸出では食品から原料へという左から右への大きな動きに、製品のシェアが落ちる動きが重なっていることが、明らかに認められる。

ここで以上をまとめなおすと、イギリスにとって身近な「西欧」諸地域に対する貿易において、

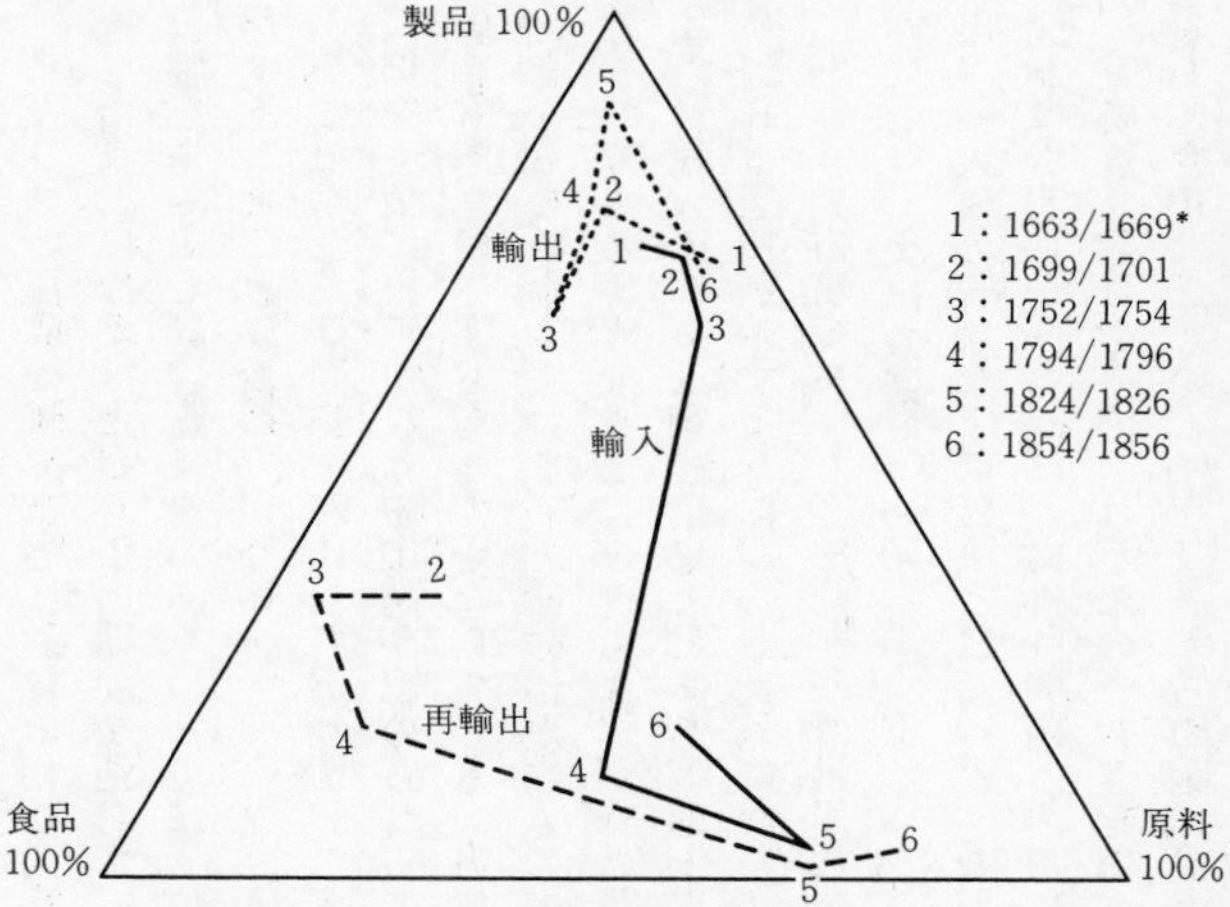

図29　イギリスの貿易（対西欧1663/69* - 1854/56）

一、これを製品の供給源としての地位から引き下ろし、食料・原料の供給源へ向かって切り崩して行くというプロセス（西欧の部分的北欧化）、

二、毛織物の輸出から出発して輸出多様化の時代に入り、やがて新工業製品綿布の輸出が伸長して行くというプロセス、

三、新世界産食品（およびアジア産綿布）の集中豪雨的再輸出から熱帯・亜熱帯産原料（および食品）のやや抑制された再輸出へ移って行くというプロセス、

この三者がたがいに重合しつつ一八世紀から一九世紀にかけて進行した。

イギリスと西欧の世界市場における相互関係は、この間にかなり鋭角的な曲がり角を経過したことになる。ただしこの期間を通じて、イギリスにとって西欧は貿易収支の大きな黒字を生み出し続ける市場であり、とくに一位があって二位がないほど突出した再輸出市場であったことに変わりがない。

そこでふたたび図25・26に立ち戻って、つぎに南欧の場合を観察してみよう。ここは一八世紀中葉に一時かなりの出超が認められる期間があった点を除けば、あとは貿易収支に黒字もあれば赤字もあってかならずしも一方に偏らず、またその黒字・赤字の幅もさほど大きなものになっていない。総輸出が輸入の二倍になったり、逆に輸入が総輸出の二倍になったりするようなことは一度もなく、一八世紀中葉を除外すれば、両者の差額は総輸出または輸入の二、三割程度にとどまり、四割がその限度となっている。

図6や図13が示すように、一七世紀において南欧はイギリスの貿易相手地域として一、二を争う大市場であった。それが一八世紀にアメリカをはじめ他の地域の後塵を拝するようになり、後出の図31・32が示すように、一九世紀になると輸出入ともイギリスの総輸出・輸入額の一割を下回るようになった。なお再輸出の相手地域としての南欧は、図19や図28にも明らかなように、あまり問題とするには当たらない小さな存在であった。

重要貿易品目やそのそれぞれのシェアを調べてみても、この地域は西欧などに比べてははるかに変化に乏しい。イギリスからの輸出品としては一八世紀末まで毛織物の重要性がゆるがず、比較的多様化が進まぬまま一九世紀の綿布の上昇を迎える。多少目立つのは、一八世紀中葉に大陸側とイギリスとの間の農作状況の違いがからんで、穀物など食品の輸出が急増した時期があることで、これがこの地域に対する一時的な異常な出超をイギリスが示す最大要因となっている。

他方南欧からの輸入においては、一七世紀から一九世紀前半にかけて一貫して酒類（ぶどう酒）が総額の約三分の一を占め、食品としてはこれに果実が続く。また原料では一八世紀終わり近くまでは生糸が同じく三分の一前後を占めて酒類と一、二を争うが、一九世紀にはいるころ綿花・羊毛などに一位を奪われ、以後原料の中では品目の多様化がみられる。

南欧への再輸出は、額も少なく多様で特色に乏しい。ただ一八世紀の半ばすぎに、食品やアジア産綿布・絹などの再輸出が膨張した一時期があり、これがこのころの出超傾向に寄与しているのが目につく程度である。なおこのアジア産綿布・絹の再輸出は、他地域と比べて長く、一九世紀までその重要性を保ち続けている。また食品から原料へ向かう重心の移動は、ここでも多少認められるが、北欧や西欧におけるような顕著な動きにはなっていない。

このような事情であれば、図30(90)の示す貿易品目構成も、当然ヨーロッパ他地域の場合（図27・29）と比べてパッとした動きに欠けてくる。けっきょくこの地域は、少なくとも

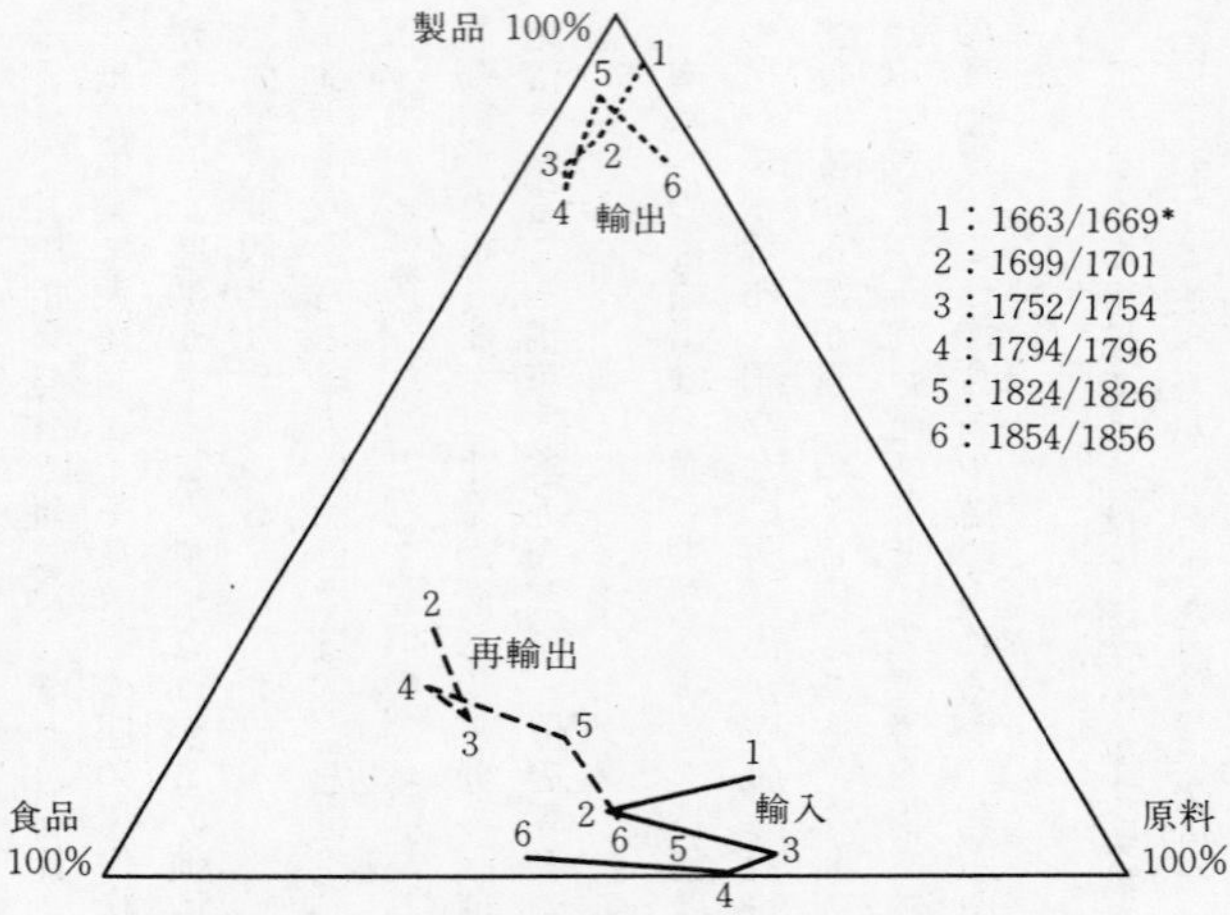

図30　イギリスの貿易（対南欧 1663/69* − 1854/56）

イギリスの貿易相手としてはかなり停滞的で、長期にわたってあまり大きな変化が見られない。総貿易額においても、絶対的にはなんらかの上昇を見せながら、世界市場の形成・発展の足音の響くなかで、相対的にはどんどん後に取り残されて行く。もちろん世界市場の形成・発展の中核がイギリスにあったという前提の上に立つが、ここにおいても南欧は、一七世紀までの光輝をしだいに失って、時の流れとともに昔日の栄光がはげ落ちて行くように見える。

なお、南欧とイギリスとの貿易を考察するにあたっては、南欧の背後に新世界植民地がひかえていることを忘れてはならないが、南欧そのものと手を携えるように植民地の方も停滞気味となること、あるいはこれら植民地とイギリス（およびその植民地）が実質上南欧を介さずに直接取引することが増えてくることなども、頭においておく必要があろう。

ヨーロッパについてのこれまでの考察を振り返ると、ヨーロッパ市場と一口にいっても、そこに単一均質な市場がただ平坦に伸び広がっているわけではなく、入り組んだ相互関係で結ばれた構造の中で歴史的変動が進行しつつあったことが、多少なりとも具体的なイメージを伴って理解されたことと思う。もちろんこれは、イギリスの窓から眺めた歴史の一側面に過ぎないけれども、しかしイギリスとは直接関係のない問題も、当然そこには浮かび上がってくる。

たとえば北欧が、イギリスに対する原料供給地として長期にわたって貿易黒字を残し続け、他方西欧が、イギリスから外地産食品・原料の供給をうけて貿易赤字を出し続けていたとするならば、この北欧と西欧との間をつなぐ関係ははたしてどのようなものであったろうか。ここで当然、西欧がイギリスへの支払いを、北欧への出超ないし貴金属（銀）の送付に振り替えるといったことが考えられよう。今この点を、われわれのデータと対比しうる時系列データに基づいて数量的に検討してゆく準備はないが、しかし少なくとも、よく論議されるように、バルト海貿易がイギリスにとってきわめて重要でありながら赤字続きであること、これに対してイギリスは貴金属（銀）で部分的に決済すると同時に西欧向け出超によってバランスをとったこと、具体的にはたとえばアムステルダムとの間の手形で支払いを済ませたことなどを、ここで思い合わせてよいものと思う。

要するにヨーロッパには多角的な商業金融および決済の機構が機能しており、その背後にはこれを裏打ちする経済の実体があった、そしてイギリスはこのヨーロッパ市場を環大西洋的世界市場に結びつける上で大きな役割を果たしており、その意味で世界市場の重要な要として機能していたと考えてよい[91]。そこでつぎにわれわれは、イギリスの、大西洋の向こう岸との貿易に視点を移すことにしよう。

図25・26をふたたび参照しつつ、アメリカ大陸（新世界）をとりこむ世界市場形成の歴史を大きくとらえると、そこには二、三の節目があることに気付く。まず一七世紀から一八世紀前半にかけての期間を、いま仮に第一期と呼ぶことにしよう。これは持続的な取引規模の拡大によって、ヨーロッパ市場に環大西洋市場が接合されていった時にあたる。この時期における大西洋の対岸からのイギリスの輸入は、イギリス産品輸出の二倍以上の額に達しており、ヨーロッパの外へ向かって輸入先導型の市場拡大が進行してゆく、という図式が見事に当てはまるケースとなっている。ただし、輸出のほかにその六割ほどの大きさの再輸出が存在したから、図25にみる貿易赤字幅はさほど大きな額となっていない。

この傾向に変化が現われるのは、一八世紀半ばすぎに始まる第二期においてである。すなわち、イギリスからの国内産品輸出が品目の多様化をともないつつ好調となって、見るまに輸入額に追いつき始め、ついに一八世紀末から一九世紀初めにはこの輸出がわずかながら輸入を上廻るようになる。ところが事態は二転三転して、一八一〇年代後半に始まる第三期においてはふたたび輸入が急上昇を開始し、貿易収支は大きな赤字が続き始める。ただし、全体としての貿易規模も同時に大きく膨張しているため、第三期の輸入額は総輸出額の一・二倍ないし一・四倍程度に収まっている。

イギリスの貿易相手としてゼロから出発した大西洋の向こう側のこの地域が、第一期から第三期にかけていかにその重要性を増してきたかは、既出の図表（図6・13・19・24・28）に図31・32[92]を加えて検討すれば、明瞭に確認することができる。まず輸出であるが、イギリスの輸出全体の中でのそのシェアは、第一期において漸次増大しながらも、約二割以下にとどまっている。ところが第二期においては、四割から六割近辺まで一気にシェアを伸ばし、イギリス総貿易額の大きく伸びた第三期に至って、ようやく四割五分前後に安定してくるようになる。

これに対して輸入は、すでに第一期の間に総輸入中のそのシェアを四割近くまで拡大し、第二期には三、四割あたりを往復するようになり、第三期に入ってほぼ四割程度に安定する。最後に再輸出であるが、その相手地域としては全期間を通じて一、二割程度のシェアを保持してそれほど大きな動きはない。

ただし変動の大きかった第二期については、右の叙述にとくに付言しておくべきことが

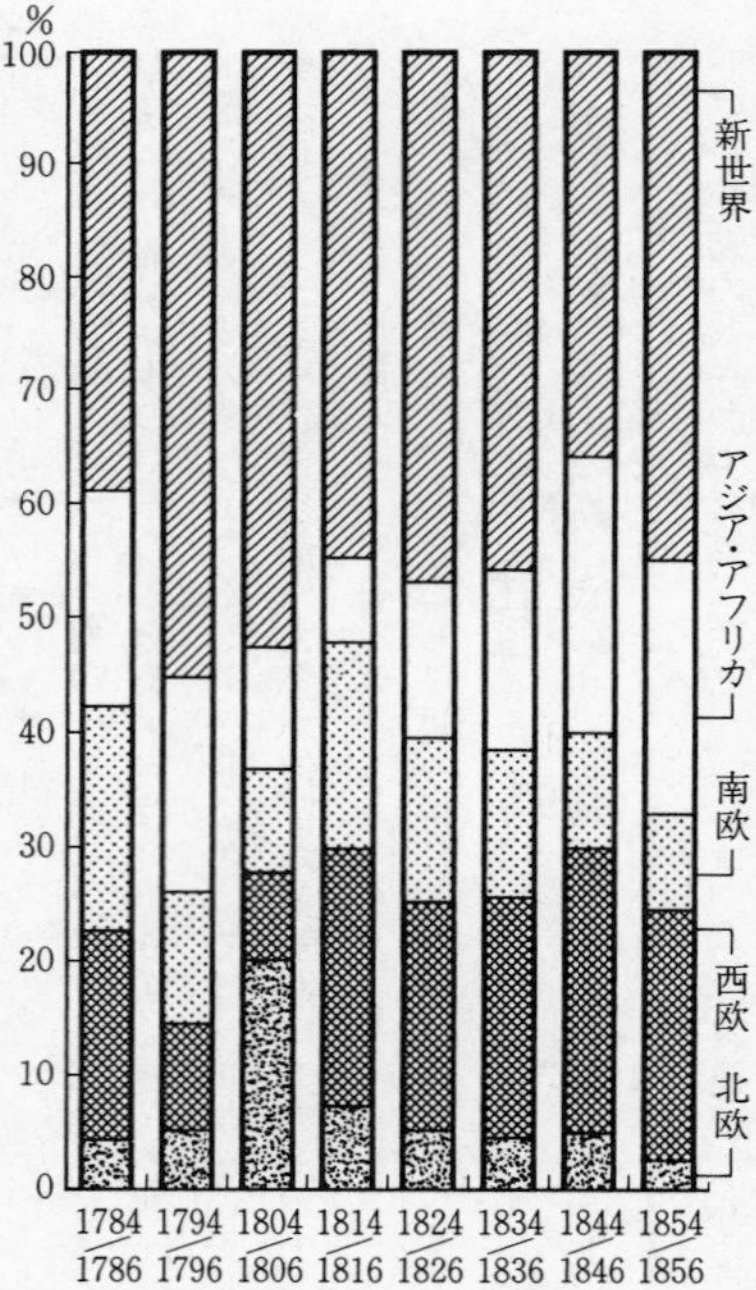

図31　輸出相手地域（1784/86－1854/56）

いくつかある。まず第一に、われわれの図表（図6・13・19・24）の一七七二〜七四年の棒グラフと一七八四〜八六年の棒グラフとのちょうど中間に、アメリカ合衆国独立戦争が戦われている。後出の図46・図53などに明らかなようにイギリスの貿易は全体としてこの間にかなりの落ち込みを示す。しかし落ち込みからの回復もきわめて急速で、一七八五年前後にはすでに戦前のレベルを大きく超えるようになった（図3も参照）。

アメリカ大陸（新世界）との貿易もこの点は例外でなく、たとえば一七八五年前後のこ
こからのイギリスの輸入は、一七七三年前後の約一・三倍に戻している。しかしこの間に
おいてイギリスの輸入全体は一・八倍にも伸びているから、アメリカのシェアはどうして
も下落することになる。同様の事情は輸出においても見られたから、けっきょくイギリス
とアメリカとの貿易には、回復・上昇の後れという形で戦争の影響が残ったと考えてよい。

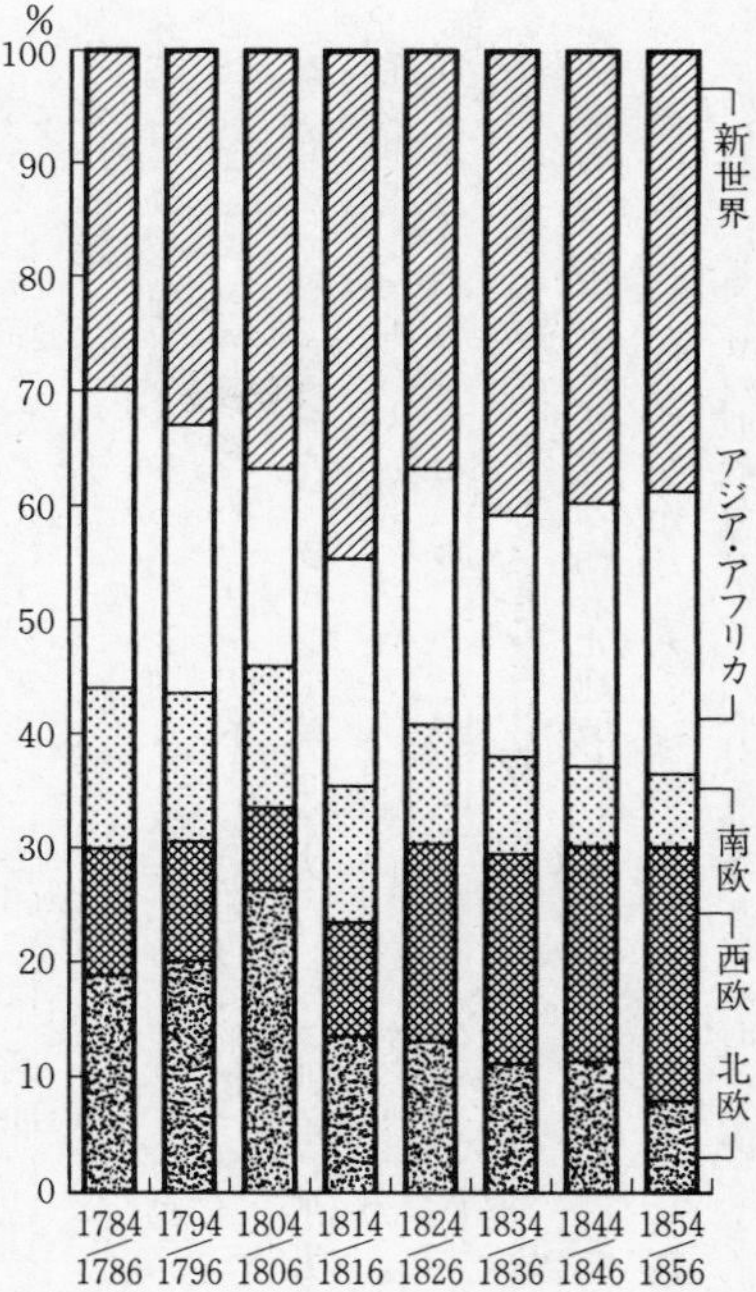

図 32　輸入相手地域（1784/86－1854/56）

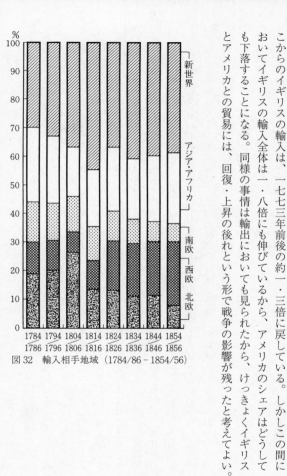

もちろん他地域、たとえばアジアなどについてはこの間に貿易を伸ばす独自の要因があり、また既述（一三八〜一四〇頁）の統計データの時系列としての一貫性に係わる問題点もここにからんでくるから、アジアと比較した時、アメリカの立ち遅れはさらに大きく現われることとなる。このあたりを明示する視覚的情報は、図24にも求めることができよう。

第二期についてはまた、フランス革命・ナポレオン戦争の爪痕もはっきりと指摘できる。当面の問題についていえば、イギリスの輸出相手地域としてのヨーロッパのシェアがこの戦争のあおりで急落したため、したがってアメリカのシェアは六割近くまではね上がるという異常事態（図31）が引き起こされることになった。それを思うと、同一時期に北欧の健闘があって、イギリスの輸入元地域としてのヨーロッパのシェアが落ちず、アメリカのシェアにもさしたる変化が及ばない様子（図32）にはむしろ一驚を禁じえない（なお英米戦争の影響はかなり短期的なもので、図31・32などにはあまり痕跡も認められない）。

いうまでもなくこの第二期は、また古典的な「産業革命」の時代と重なっており、その波紋は当然環大西洋市場にも大きく及ぶようになる。この点については、貿易品目の変化の中に見まがうことのない現われを見出す。そこでつぎに主要貿易品目の変遷をまとめなおしておこう。

この地域へのイギリスからの輸出は、図33[93]からも明白なように、われわれの考察する全期間を通じて製品がほとんどそのすべてを占める、という構成を続けている。ただしその

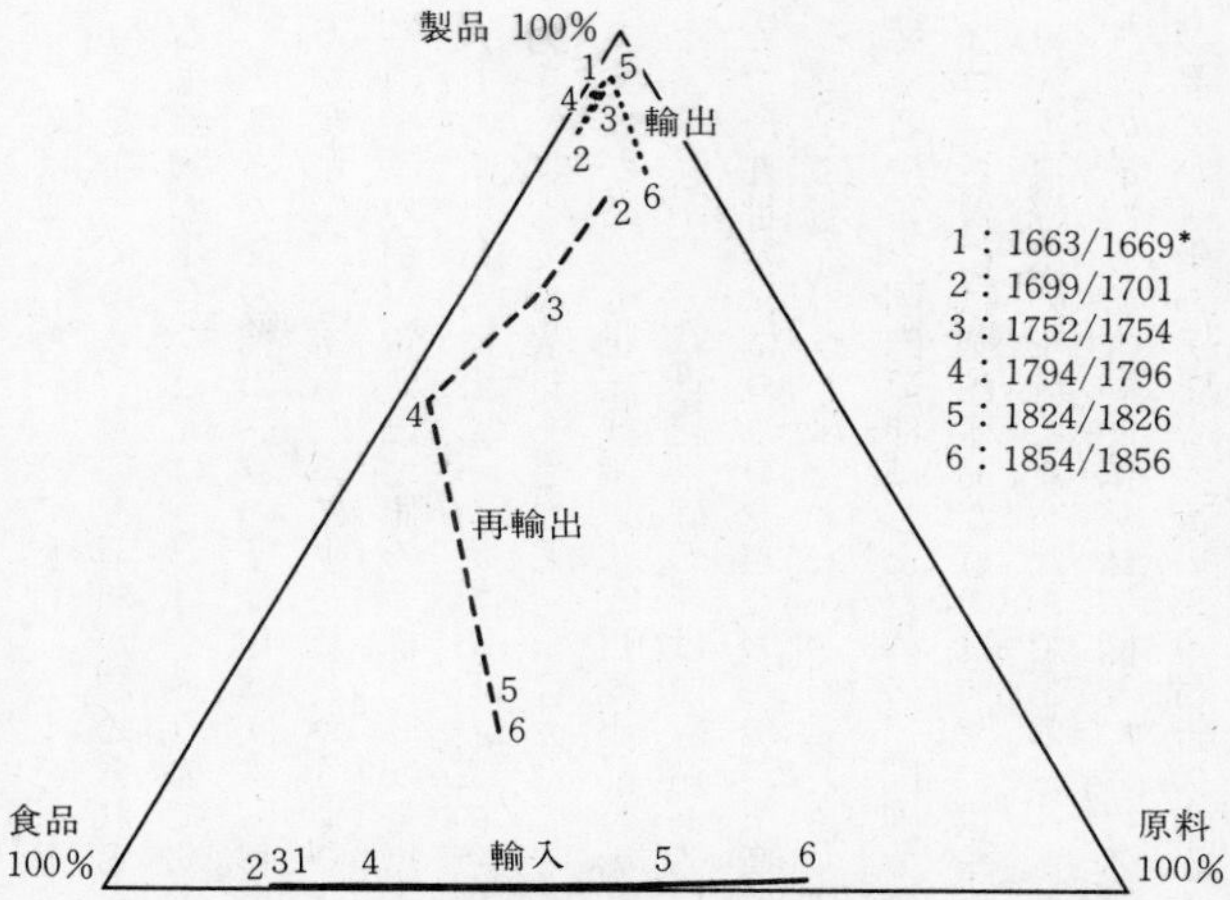

図33　イギリスの貿易（対「新世界」1663/69* - 1854/56）

品目を子細に検討すると、他地域の場合と異なるはっきりした特徴がそこに備わっている。ここではすでに、第一期から毛織物ただ一色という極端な偏りがない。輸出の半分以上が金物や毛織物以外の織物などによって占められ、植民地を建設してそこにヨーロッパ風の生活を持ち込もうとする移住民たちの必要が濃厚に反映している。

第二期に入るころ、輸出の急成長とともにこの傾向はさらに強まり、一七七〇、八〇年代には亜麻布など毛織物以外の織物類が毛織物を追い越してしまう。そして一九世紀に入ってまもなく、第一位の座は綿織物が占めるようになるが、この場合もけっして一位が二位以下をどんどん引き離して差を広げてゆくことはない。そこには、むしろ多様な品目がそれぞれに輸出額を増大させつつシェアを争ってゆく、という形勢が認められる。古い時代のヨーロッパ大陸向け輸出における毛織物の場合などとは、わけが違うのである。

ところでこの輸出品目の多様化傾向は、移民社会側の生活形態、したがって需要のあり方の変化に即応するために生じたというよりは、イギリス側の供給能力、とくに各種製造業の生産力が、新植民地側の多様でしかも増大し続ける需要に対応できるまで、急速に拡大したことによるところが大である。この点は、イギリスの仲介するこの地への再輸出の動きによっても裏打ちされる。

すなわち一七世紀後半以来、再輸出品目の柱は西欧産の亜麻布とアジア産の綿布であった。それが、一八世紀半ばからは西欧産あるいはアジア産の食品がこれにとって代わり始め、一九世紀にはヨーロッパないしアジア産原料も亜麻布・綿布をおしのける仲間に加わるようになる。つまり、イギリス工業が亜麻布や綿布の輸入(そしてそれを再輸出)に代替する生産を国内で伸ばしたために、国内では生産できないぶどう酒や茶や生糸やインディゴ、さらには国内産品だけではすでに供給不足の羊毛などが、イギリス商人の手による輸入・再輸出の主流となったのである。

このあたりの大局的情勢は、図33における再輸出の軌跡が見事に示している。きわめて製品のパーセンテージが高い頂点付近の点から、左下食品一〇〇パーセントの角に向かって下降が始まると、もうもとの地点に戻ることは不可能であった。一九世紀半ばに近づけば原料の参加（＝図33における右への動き）も含みつつさらに下降の続く様子を、とくと図中に観察して頂きたい。

産業革命の影響は、アメリカからの輸入品目の変動においてもっとも直接的である。この地域からのイギリスの輸入の基軸は、一七世紀から砂糖とたばこにあった。この両者だけで輸入の七、八割を占めるという状態は一七七〇年代まで続いている。ところが一七八〇年代に綿花が初めて輸入の一割を超すようになると、以後これが着実に首位の砂糖に追い迫り、一八二〇年代に至ってついにこれと肩を並べ、あとはたちまち抜き去って首位の座に収まった。ランカシア工業にとって原料としての綿花がいかに重要であったかは、ここにあらためてふれるまでもない。

もちろん他の原料・食品の動向も忘れてはならないが、それを含めた全体的な動きはふたたび図33を参照して頂きたい。アメリカからの製品の輸入は皆無というに近いから、輸入品目の構成を示す点の軌跡はもっぱら底辺を這う動きとなるが、左から右へ、つまり食品から原料へと大きく移動してゆく有様が図中に明瞭であろう。総じてこの三角図表をじっと見ていると、イギリス産業革命の新世界との係わりのあり方が、西欧との係わりの場合（図29）などとまったく異なる様相で、現像中の写真フィルムを見るように、しだいにくっきりと、図形の中に浮かび上がってこないであろうか。どうも少々希望的観測に過ぎるかもしれないが。

ところで以上「アメリカ」と呼び「新世界」と呼んできたものは、「ヨーロッパ」と同じようにそのままでは大きすぎて摑みきれないおそれがある。そこでつぎに、この点に多少の改良を試みることにしよう。ただし本章の考察が主として依拠してきたR・デイヴィスの統計は、一八世紀末葉近くまで「アメリカ」を一まとめにして扱っており、それをさらに地域区分して整理した情報を提供してくれはしない。そこでデータの一貫性に問題は生ずるが、やむなくここではE・B・シュンペーターの与えてくれる統計情報を用いることにしよう。

図34・35[94]を参照して頂きたい。見られるように、ここでは「アメリカ」が西インドと北米一三州とカナダとの三つに区分され、イギリスの輸入および総輸出の相手地域としてそれぞれの占めるシェアが図示されている。後に掲げるデイヴィスのつぎの時代に関するデータには、一八世紀末にラテンアメリカもイギリスの貿易相手として姿を現わすが、シュンペーターはこの情報を捨てている。明らかに問題があるが、しかしイギリスにとって一八世紀における「アメリカ」とは、密貿易・奴隷貿易を別にすれば[95]大局的にみて先の三者でほぼすべて尽くされていた。そこでラテンアメリカについてはここでは目をつぶることにすると、図中にみるように一八世紀前半まで、すなわち上記の第一期中は、輸出入における上の三者の割合が比較的安定していた。ところが第二期にはいると、かなりの変動が

始まる。その辺りの事情を以下各地域ごとに検討してみることにしよう。

最初に西インドであるが、イギリスの貿易相手としてのこの地域の特色は、何よりもここからのイギリスの輸入が、ここへの輸出（含再輸出）に比べてはるかに巨額であること

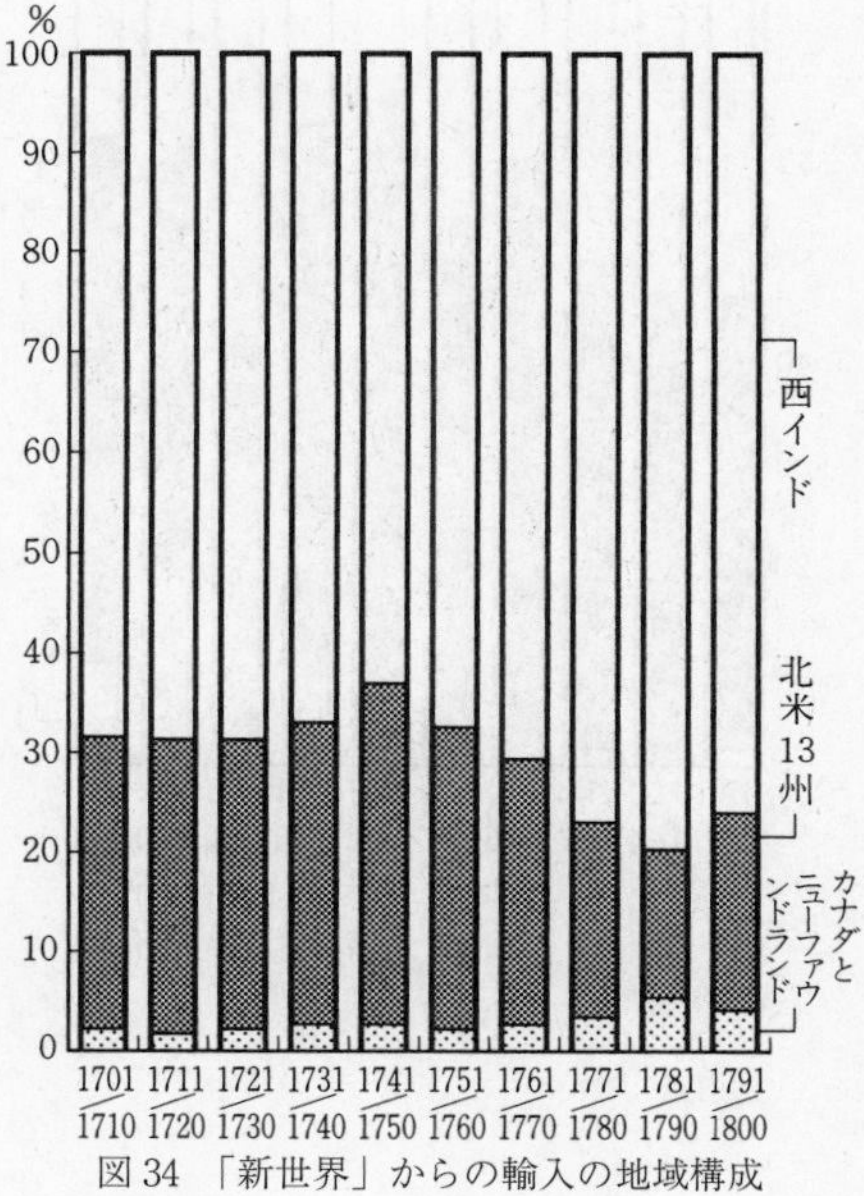

図34 「新世界」からの輸入の地域構成

にある。一八世紀を通じて前者は後者の二倍、ときには三倍にも及ぶ額である。しかも今日からは想像もつかないことであろうが、「アメリカ」からの輸入全体の中における西インドの地位そのものがきわめて大きかった。「きわめて」といっても、具体的にいかに大きかったかは図34に明瞭であろう。アメリカからの輸入のうち、約七、八割が西インドか

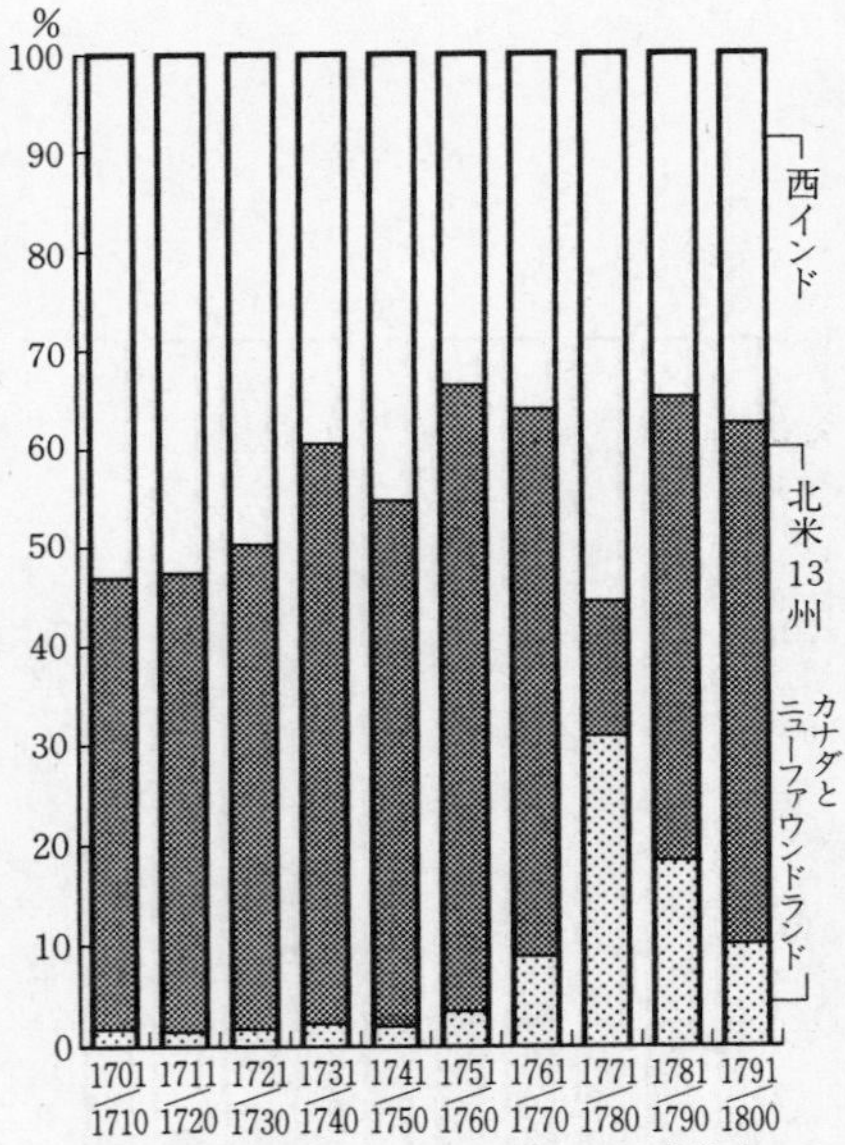

図35 「新世界」への総輸出の地域構成

らのものであったのである。
これを取り扱い品目でみると、輸入の半分以上は砂糖であった。あと主なものは酒類（ラム）・コーヒー・染料（インディゴなど）、それに加えて世紀末には綿花といったところであり、いずれにせよ、そのほとんどは新たに建設されたプランテーションの産物であった。

この輸入の場合に比べると、西インドへの輸出の額はずっと小さく、しかもアメリカへの輸出全体の中でも五割程度から三割に向かってシェアを落として行く。品目の点ではアメリカの他地域と大差なく、その大部分は製品類が占めており、しいていえば熱暑の地であるためもあろう、毛織物の比率が低めで、その分綿布・亜麻布（ともに再輸出を含む）の比率が高くなってくるのが多少注意をひく程度である。

輸出入を差引した結果は図36[96]の通りで、一八世紀を通じてイギリスの赤字は恒常的である。その額も第一期は数十万ポンド、第二期にはいるころ一〇〇万ポンドに及び、以後一五〇万ポンドを超えて、ほとんど全期間を通じてイギリスからの総輸出額そのもの以上の大赤字続きである。図25に示されている「アメリカ」からの入超は、実質上図36の西インドからの入超によって生じたものだといってよい。

イギリス・西インド貿易はこうしてきわめて長期間にわたって、いわば一方通行となっていたのであるが、ではその収支決済はどうなっていたのであろうか。具体的な年々の動

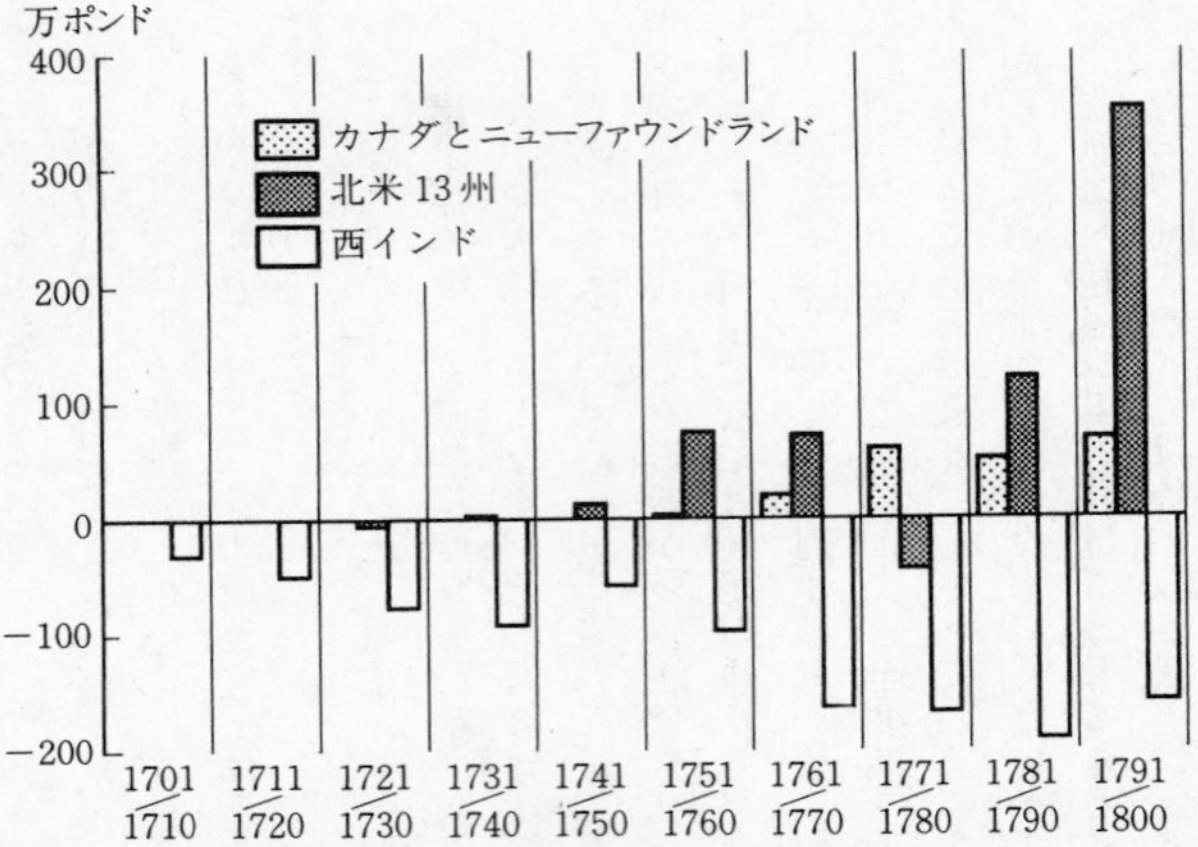

図36　対「新世界」貿易収支（相手地域別、1701/10－1791/1800）

きを数量的に確かめるのは容易でないが、西インド側からみてのこの黒字続きは、大きくとらえてつぎの三つの支払いに当てられていたとみてよい。

一、イギリスの投資家・商人への利潤・利子、その他本国関係諸経費の支払い。これが当時イギリス政界に幅をきかせた西インド利害関係グループの資金源に直結した。西インドから輸入される粗糖を加工する精糖業資本も、これと密接な関係にあった。全体としてこのような西インドからの送金が、イギリスにおける資本蓄積に寄与したことはいうまでもない。ただしプランテーションの拡大や新設のために、利潤がふたたび西インドにおける投資にあてられることも当然ありえた。この場合イギリス資本の蓄積が、西インド投資拡大という形で現われることになる。

いうまでもなくプランテーションの建設には、土地の入手・開墾、生産諸設備やインフラストラクチャーの建設、経営担当者や労働者などの移住、ないしは労働力としての奴隷の輸入などのために、かなりの初期投資を必要とした。このためにはまた、先住民に対する手荒な収奪も併用された。いずれにせよ疾風怒濤の建設初期が経過すれば、企業の新設・拡大・設備更新のための支払いは利潤の中から行なわれることが多くなり、もちろんその上にイギリスでの支払い利潤も残るようになる。イギリスの入超の続く一八世紀は、すでにそういう時代に入っていたとみてよかろう。

以上の点は第一章にふれたウォーラーステイン・オブライエン論争にも直接係わる問題をいくつか含んでいる。ここでは立ち入らないが、とくに輸出入商品の評価にまつわる困難だけは指摘しておこう。ごく単純に考えても、イギリスの輸入をc.i.f.価格で評価すれば入超は図36よりさらに広がる計算となる（ただし砂糖の値下りも計算に入れねばならないが）。もちろんこの場合、保険・海運などのサービスへの支払いもそこに含まれることになるが、そうとすればこのような業界に活動の機会を追加提供していることになる。

二、周辺諸地域への経常経費の支払い。西インドにおけるプランテーション経営は、経常的に必要な資財の多くを近隣諸地域から輸入することによって成り立っていた。たとえば穀物・魚などの食料、粗糖を入れる樽を作る木材などの原料がそれであり、おもにこれを北米植民地、カナダなどから常時購入していた。対英貿易上の黒字はこの支払いにも当てられた。

三、奴隷購入のための支払い。西アフリカから拉致されてきた奴隷を、奴隷市場で購入する代金であるが、このための支払いもまた、対英貿易の黒字によって実質上カヴァーされた。これを「資本財」輸入のための支払いというのであれば、上記の一に含めるべきかもしれないが、当時の経営思想のあり方によっては、損耗の激しい奴隷の補充経費はむしろ経常経費のひとつというに近かったかもしれない。

当時の世界市場のあり方を現在の経済用語や国際収支勘定のやり方で割り切ろうとしても、求めて問題を作りだすだけの話となるかも知れない。いずれにせよ国際的多角決済手段の未発達な当時の「世界市場」の中では、さまざまな形をとる三角貿易が重要な役割を果たした。

上記の二と三も具体的には大西洋市場圏における三角貿易に結びつくことが多かった。三の奴隷貿易に例を求めれば、イギリスから西アフリカへ各種織物・火器・弾薬・金属製品などを送り、その西アフリカから西インドへ奴隷、そして西インドからイギリスへ砂糖域での資財購入を必要とすることが多ければ、実際はこの点同様であった)。だとすると、イギリス・西インド貿易の一方通行性も、けっきょくは多くの三角の特定の一辺ばかりを取り出して束ねたときに、計算結果としてとらえられる史的現実の一側面に過ぎないことになる。

右にのべた西インド貿易の特徴、ことに今日からは想像もできぬ世界市場中の重要性は、イギリスの場合に集中的に現われていたけれども、しかしフランスやオランダがその圏外に置かれたわけではなく、たとえば英仏第二次百年戦争の重要な争点もここにあったのである。第一章(四三頁)でもふれたように、一七六三年パリ条約の西インド植民地に関する約定条項は、当時イギリスで厳しい批判を浴びた。論議の焦点は西インドにおける小さな占領地とカナダ全体との交換にあったが、その「たくさん金貨のつまった財布」である西インドと「からっぽのカバン」であるカナダとの相対的位置は、図34〜36あたりにも察することができよう。貿易の全体的規模に少々差こそあれ、フランスにとっても西インドの重要性はカナダと取引するに十分なものであったのである。

つぎにその「からっぽのカバン」のカナダの方であるが、パリ条約以前からもわずかながらイギリスとの取引がある(図34・35参照)。シュンペーターの統計ではカナダの中にニューファウンドランドが含められていることも、その一因であろう。毛皮・木材・油脂・

魚が主なイギリスの輸入品であり、イギリスからの輸出は各種織物を中心とする製品類ということであって、他とさして変わらない。

注目されるのはやはり一七六三年以降の伸び、それもとくに輸出の伸びである。ただ一七七〇年代後半のその急上昇は、いうまでもなくアメリカ独立戦争中の特殊事情によるもので、軍需関係の輸出もあろうが、実質上の一三州向け輸出がカナダ経由に振り替えられたことも含まれているであろう。ともかくこの期間をいま除外して考えると、イギリスからの輸出の絶対量は、パリ条約以後一八世紀末まで、着実にほぼ等差級数的上昇を続けている。

これに対してイギリスの輸入は伸びが鈍かったから、図36の示すように、一八世紀後葉においてイギリスの出超幅は漸次拡大を続けた（輸出におけるカナダのシェアは、図35の示すように一七九〇年代に下降しているが、もちろんこれは他地域の伸びがいっそう大きかったためである）。

こうしてイギリス領になってからのカナダは、カナダの側からみれば入超続きとなるが、この入超の一部は西インドへの木材・魚などの輸出によって支えられていたはずである。具体的にはここに、イギリスからカナダへ製品類、カナダから西インドへ木材・魚、西インドからイギリスへ砂糖、というような三角貿易がからんでくることになる。ただしイギリスからの移民、カナダでの植民地建設、あるいは植民地社会の拡大は、それぞれに資本の移動、信用の提供をともなうものであったから、カナダの入超はまたこれによっても支えられる現象であった。

これとほぼ同様のことは、北米一三州植民地についてもあてはまる(「北米一三州植民地」などというのはかならずしも適切な表現ではないかもしれないが、歴史的変動の大きかった時代であったので、一言でこれを呼ぶべきことばが思い浮かばず、便宜的にこの呼び名ですますことにした。お許し願いたい)。

イギリスのこの地域との貿易の構造を大局的にとらえると、一八世紀半ばまではきわめてといってよいほど安定している。拡大し続ける大西洋貿易の一環として、取引の絶対額は全体と同一歩調で着実な増勢を保っており、したがって「アメリカ」の中での一三州のシェアは、ほとんど動いていない。図34・35の示すように、イギリスからの輸出(含再輸出)では四割五分から五割、イギリスの輸入では約三割といったところがそのシェアであるが、イギリスの入超続きの「アメリカ」の中でここだけは輸出入が見事に釣りあって、貿易収支の帳尻はほぼゼロという状態が続く(図36)。

ところが世紀後半にはいると、イギリスからの輸出の上昇のためにこの傾向は急変して、図36に明らかなようにイギリス出超の大勢となり、一八世紀末から一九世紀初頭にかけて出超幅は大きく広がった。輸出入の品目にさしたる変動があったわけではない。相変わらずイギリスからは各種織物・金物類、一三州側からは第一にたばこ、ずっとおくれてコーヒー・米など、いずれも南部プランテーションの産物がその中心である。

このイギリスの出超、一三州側からみたときの入超は、カナダの場合と同様な仕組みで長期的に支えられていた。「長期的に」ということにさらに付け加えるならば、実はこの問題は一八世紀半ばに突然始まったことではなく、その前からずっと存在していたのである。というのは、いま一三州を大まかに南北に分けてみると、一三州からの輸出は上記のようにそのほとんどが南部の産物であった。すなわち南部はイギリスとの取引ではつねに出超で、貿易上の観点だけからいえばむしろもうひとつの西インドと考える方がよいほどであった。ということは、いま北部だけを取り出してみると、きわめて長期的にイギリスからの入超に頼っていたことになる。

この入超はもちろんイギリスからの資本の流入、信用の提供によって部分的に支えられていたが、また同時に西インド（含南部諸州）への食料・木材などの輸出によって支えられていた。つまりイギリスからの入超に対して西インドへの輸出で対応し、けっきょくは西インドからイギリスへの砂糖やたばこなどの輸出を通じて支払うことができた。

手近なところに自らの生産物への大きな需要が存在し、それを手がかりにしてカリブ海や大西洋貿易に参加する機会にも恵まれたことは、この地域の初期の経済建設・資本形成にひとつの重要な意味をもったものと思う。[97] さらにいうならば、すでに述べたように、西インドの場合にはその地での資本形成がすなわちイギリス本国に属する資本の蓄積過程に他ならず、けっきょく経済的・政治的従属の強化という方向をとることになる、という傾向が顕著であったが、一三州ではそのような事情が再現されなかったということを見落としてはなるまい。逆にイギリスからの独立戦争が、この時に戦われたのであった。

アメリカ合衆国独立戦争はしかし、かなり深刻な影響をイギリスとの貿易に与えている。七〇年代のイギリスとの貿易の落ち込みは、イギリスの一三州からの輸入よりも一三州への輸出において一足早く始まった。それは図36の示すように、七〇年代を一時的にイギリスの入超期とすることとなった。この間、イギリスからの輸出はカナダをずっと下回る水準に落ちている（図35参照）。ただそれも一時のことで、戦後の回復はイギリスからの輸出の方がはるかに急速であったから、速やかにもとのイギリス出超基調に戻った。そしてヨーロッパにフランス革命・ナポレオン戦争が始まると、そのあおりもあってイギリス経済はさらに大西洋側に押し向けられ、合衆国の入超もそれだけ大きく膨らむことになる（図36および後出図39参照）。

「大西洋の時代」の世界市場形成の中心的話題は、やはり一七、八世紀のイギリス・アメリカ貿易であろう。そこで史料的には多少の無理もかえりみず、その構造を考えるためにページをさいてきたが、この辺りでふたたびR・デイヴィスの史料に戻り、その後一九世紀への見通しをざっとつけることにしよう。いままでのシュンペーターの数字から引き出した情報との接合がそれほど悪くないことを、重なりあう期間も含む図37・38[98]で、最初に

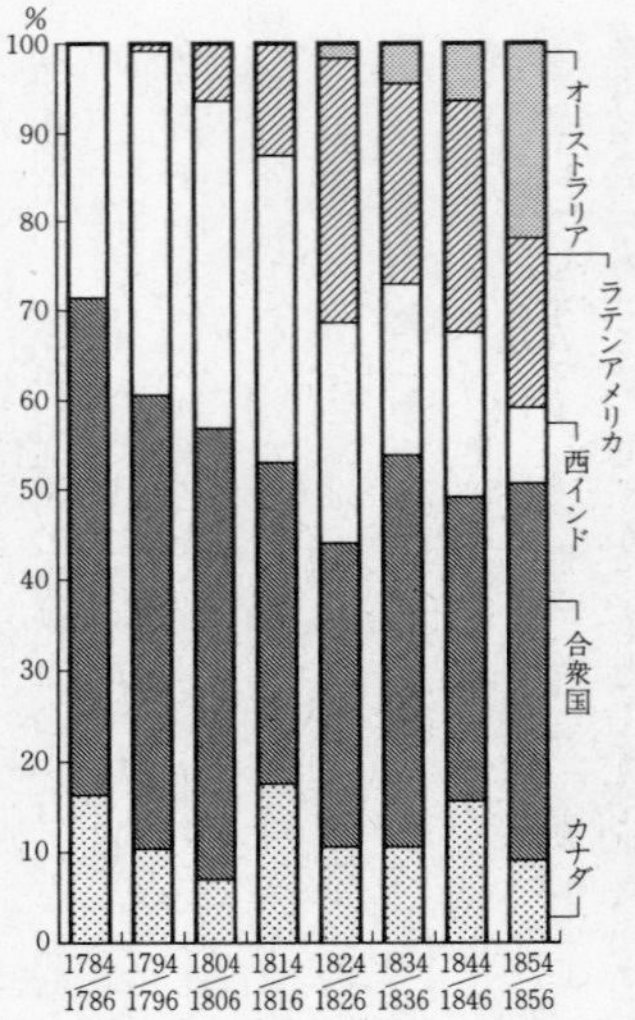

図38 「新世界」への総輸出の地域構成（1784/86－1854/56）

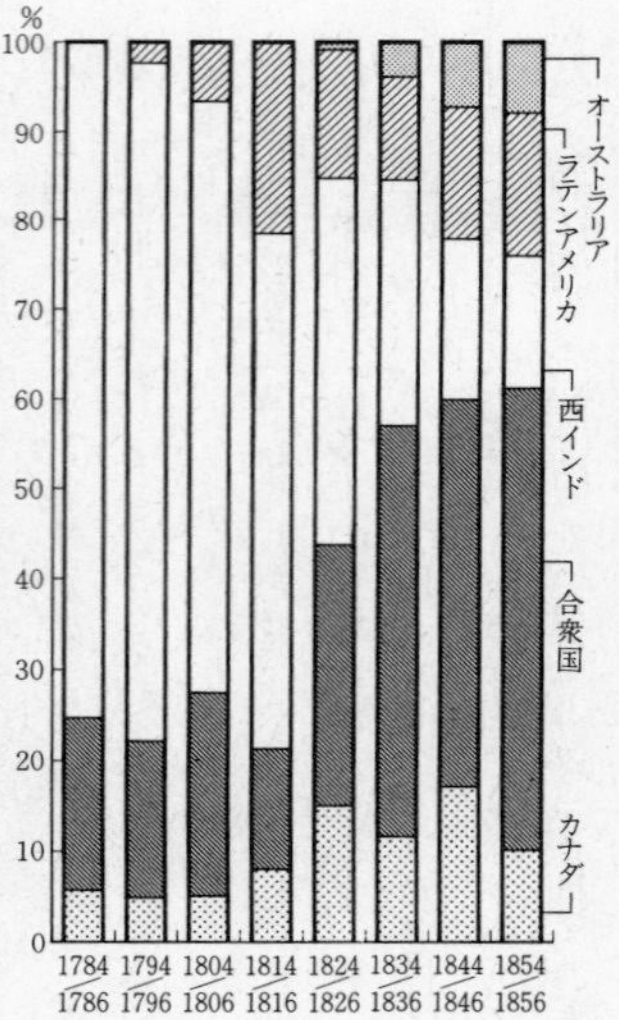

図37 「新世界」からの輸入の地域構成（1784/86－1854/56）

確認しておいて頂きたい。

さて両図を一見して気付くように、一九世紀に入ってまもなく、これまでとは明らかに様子の異なる時代がそこに始まっている。何より今昔の感をもよおすのは、ウィーン会議の終わるころから、イギリスの対「新世界」貿易の中でみるみるそのシェアをしぼませていく西インドの姿である。

一八世紀から一九世紀の変わり目には、イギリスの総輸出のうち四割にも届こうという水準にあった西インドのシェアは、一九世紀の半ば過ぎ、もう一割にも手が届かない。輸入の方は同じ期間に七割五分から一割五分への惨落である。西インドに「たくさん金貨のつまって」いた時代は、こうして過ぎ去っていく。いや金貨は、まだ昔とさして変わらぬほどあったかもしれない。だがそれを「たくさん」とはいえない時代になっていく。

西インドはかつては大西洋貿易の華であった。一九世紀初めの膨張のあと、貿易のシェアこそ落ちても、さすがに対英出超はかなりの水準を保っている。その様子を図39[99]で確認して頂きたい。古くからの砂糖植民地の姿は周辺地域の大きな変動をよそに変わることなく続き、一応健在でありながら成長に乏しく、そのまま時代にとり残されていったのである。

この西インドと入れ替わるように登場してくるのはイベリアのくびきを脱したラテンアメリカ、少し遅れてオーストラリアである。「新世界」の中にオーストラリアを押し込ん

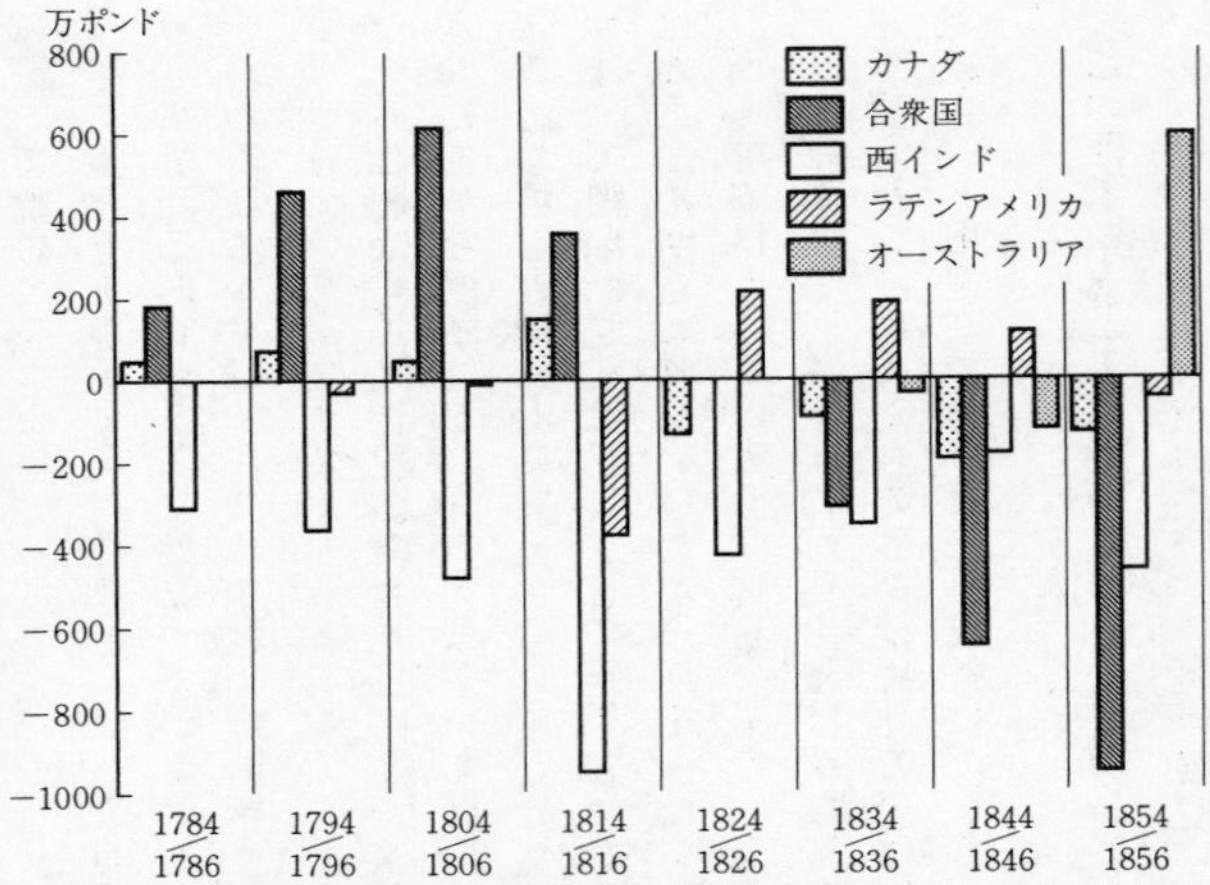

図 39　対「新世界」貿易収支（相手地域別、1784/86 - 1854/56）

でいたことを今になって告白するのはけしからんといわれれば一言もないが、最後の短期間のために最初から一範疇立てておくのをためらったことを、お許し頂ければ幸いである。図37・38でもう一つ見落とすことのできないのは、もちろんイギリス貿易中における合衆国の、とくにここからの輸入の、顕著なシェア拡大である。イギリスの「新世界」に対する貿易収支（図39）のあり方も一八一〇年代後半から大きな変化を見せる。きわめてはっきりしているのは合衆国の場合で、世紀の変わり目ごろイギリスからの大きな出超がその特色だったこの地域は、みるみるうちに事情が一変し、西インドをはるかに超えるイギリスの入超地域に変じていく。変貌の主役を演じたのは、いうまでもなくランカシアの原料となる綿花であった。よくみるとカナダの場合も規模こそ異なるものの合衆国と軌を一にしている。ただし主役を演じる品目においては異なり、対英輸出の七、八割を占めるのは木材であった。

独立戦争に揺れ動くラテンアメリカの、どの地域がどのように対英貿易を拡大させていま参照している図表のような結果を引き起こしているのか、その細かい検討にはここで立ち入ることはできないが、主要取り扱い商品を見ればおおよその見当はつく。といっても、イギリスからの輸出は綿布を中心とする織物・金物類などの製品が大半であって、他地域と比較しても大差はなく、二〇年代ごろからの拡大そのものは大いに注目に値するが、それ以上の細かいことは図38からは読みとれない。

問題はイギリスの輸入である。一八一四〜一六年の爆発的なイギリスの輸入（図37）は綿花と皮革だけで八割という内容であるが、その後輸入額そのものが半減し、一八五四〜五六年に至ってはじめて一八一〇年代の水準に戻している。この間品目としては綿花から皮革に大きく比重が移るが、綿花の減少は合衆国産品との競争に敗れたためである。他に砂糖・コーヒーなども顔を見せ始めるが、一八五四〜五六年の急上昇はグアノによるところ大である。いずれにせよこれらの産物の関係する地域はほぼ察することができよう。

最後にオーストラリアであるが、この地で注目されるのは、羊毛生産の漸増と、金鉱発見（一八五一年）後の資本移動と移民の急増であろう。図39右端に突然立ち上がった柱は、このゴールドラッシュの所産とみてよいものと思う。

大西洋の向こう岸についても、イギリスに近い西インドや合衆国ばかりでなく、独立したラテンアメリカ諸国との関係が急速に深まり、それもずっと南方のアルゼンチンや太平洋に面する国々が日常的取引の圏内に入り、さらには地球の裏側である南太平洋のオーストラリアまで、物も人も資金も往来するという時代であった。太陽の沈むことのないイギリス帝国を祝うように、史上初めての万国博覧会が華々しく幕を上げたロンドンのハイドパークも、さぞ賑やかなことであったろうと察せられる。パリの第二回万国博が、ちょうど図39右端の棒グラフの時にあたるが、万国博といえば、もちろん新世界ばかりでなくアジア諸地域のことも忘れてはなるまい。そこでわれわれも、ここで目を東方に転じることにしよう。

例によって図25・26に戻り、約二〇〇年に近い期間を見渡すと、この地域は他のいずれの地域にもまして明白な特徴を示している。イギリスの継続的入超というのがそれであるが、世界を見廻して全期間が例外なく入超というのはここだけである。しかも輸出入のシェアはけっして特別大きくないのに(図6・13・19・24・28・31・32参照)、入超額そのものがつねに大きい。図25・26のほとんどの場合、アジアはアメリカをも超えて第一位を保ち、二位、三位に落ちていることが珍しい。しかし、長期にわたる大きな入超の背後にある事情を探ってゆくと、上記両図のカヴァーする二世紀ほどのうち、前半と後半とでは少々異なる様相が見えてくる。

まずその前半について。この期間は、ヨーロッパはアジアから買いたいものがたくさんあるのに、アジアへもっていって売れる品物ははなはだ少ない、という単純明快な事情によってまず尽くされているといってよい。アジアから買いたいもの、つまりヨーロッパで需要の大きいアジア産品といえば、一七世紀初頭ではこしょうであったが、図25に示される時代に入ると、綿布・絹などの織物が他をよせつけぬその第一位に躍りでて、実際の輸入額も全体の五割から六割を超す大きさとなる。一八世紀には一時的にコーヒー、さらに茶などが登場するものの、この織物の地位はゆるがぬまま世紀半ばを迎える。

これに対して、アジアへもっていってはかばかしく売れないヨーロッパ産品の代表は毛織物であった。ヨーロッパ側にとって残念なことは、これ以外にはもっていくべき大した産物がなかったことである。そこで東インド会社の現地商館員からの通信文集を読んでゆくと、かれらの労苦をしのばせる多くの文章に出会うことになる。

(イギリス産毛織物は)土地の綿布の安値と比べて値がはりすぎます。そこでこの国のどこへ行っても、わがイギリス産ウールン地の衣服を身にまとっている人になど、たったの一人でさえお目にかかったことがありません。[100]

(売り残しのイギリス産毛織物は)色があせ、しみができ、その上虫喰い穴があるというひどい状態で無価値というに等しく、それを広げて見せるわれわれ自身が、そうです、恥ずかしくなりました。[101]《アーグラに売れ残っているイギリス産毛織物は》重い布地で、皆ひどい状態にありますから、……本年にはいって今までほとんど売れていません。《この布地に無限にわき出る数限りない虫に悩まされ、それとの戦いにわれわれは精根尽き果てました。最悪の取引条件で物々交換するほか処置がありませんが、この商談もぐずぐずしていると》非常な危険が伴います。というのは、ほんの短期間に虫が布地をあらかた喰い尽くしてしまうからです。[102]（《　》内は抄訳）

これらの書信の書かれた一七世紀初めごろは、まだ厚手の毛織物を扱っていたものと思われるが、ほとんど悲鳴というに近い現地からの声を、ロンドン東インド会社本社のデスクはいかに聞いたであろうか。この悲鳴を背景にして図25を見直せば、その後も輸出を伸ばす適当な途が見出せず、アジアからのイギリスの輸入は輸出の数倍、時には一〇倍を超える結果となり、当時としては巨額の入超が毎年続くことになったのも納得がいくであろう。

そこで問題は、この絶え間のない貿易収支の赤字をいかに処理するかであるが、北欧やアメリカの場合と違って、多角決済によって他地域に対する貿易黒字と相殺したり、三角

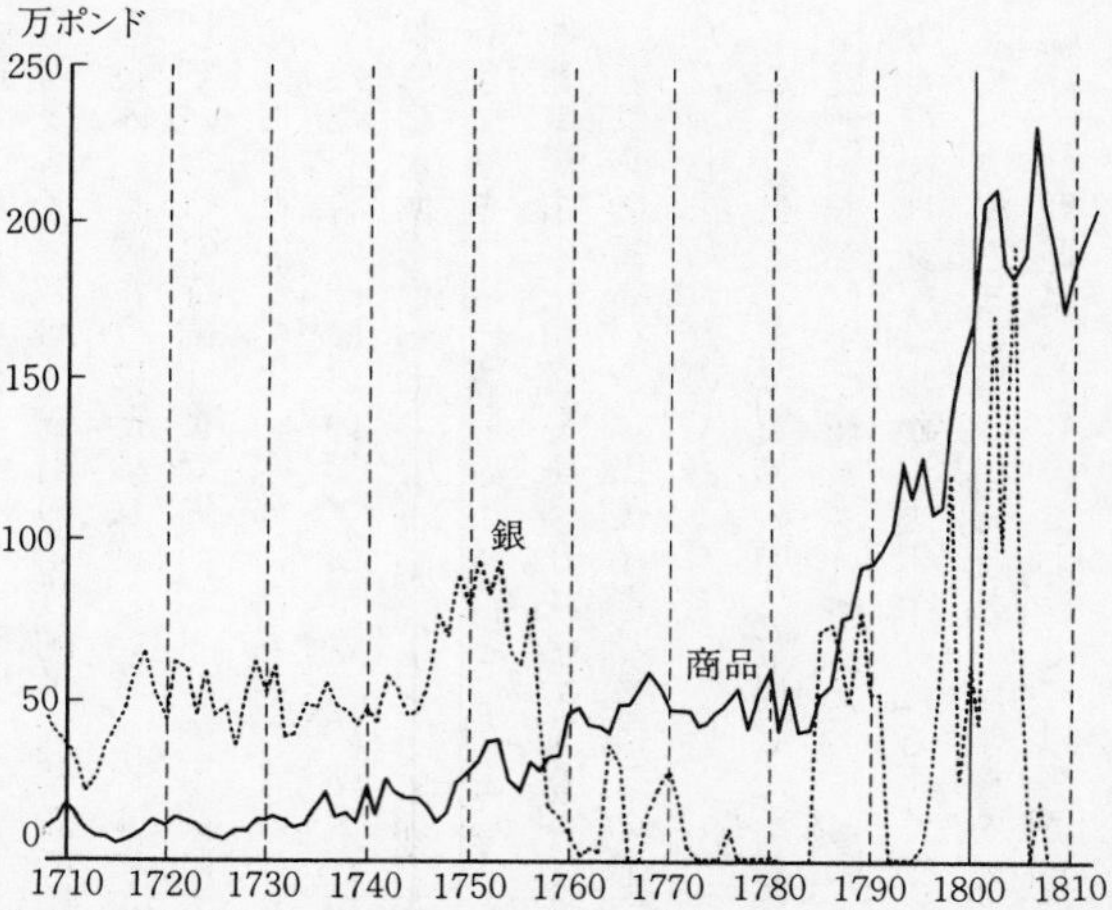

図40　イギリスからアジアへの輸出―「商品」と銀（1708 - 1811）

貿易の一部に組み込んだりする方法がここでは通用しなかった。アジアはどこからも何も輸入する必要がないという顕著な傾向を示したからである。

唯一残された途は貴金属（銀）の送付による決済であった。ただしアジア貿易における貴金属は、必要が生じてやむなく訴えるその時々の支払い手段だというよりは、常時大量に輸出される商品というに等しかった。状況の一端を図40[103]に見て頂きたい。一八世紀の前半、輸出される通常商品の数倍の額の銀が、来る年も来る年もアジアへ送られ続けているのを、そこにわれわれは認めることができる。

ところが比較的安定しているかに見えたこのような状況に、一七五〇年代の終わりごろ異変が発生して、それまで大きかった貴金属輸出にストップがかかる。そして以後はアジア向け輸出の全般的拡大基調の中で、ひとり貴金属だけは一般商品の下に落ち込み、昔のようにその数倍というレベルに達することはついにない。しかも年々送り出していたその持続性まで失って、時の事情に応じた断続的な輸送だけとなり、それもしばしばゼロといってよい水準に落ち込むようになる。

ただしこの間においてアジアからの輸入が縮小したわけではなく、イギリスの入超はつねに高水準を保って一九世紀に入っても変わることがない（図26）。では貴金属で支払ってきたイギリスの貿易赤字は、どこでどのように処理されることになったのか。もちろん他地域経由の三角貿易や多角決済の途がついたというわけではないが、この謎を解く答えの方は簡単であった。以後イギリスはこの赤字を支払わなくていいことになった。赤字はただ消し去られたのである。

ここには、アジア貿易の中に登場した新しい要因がからんでいる。前節の最後にふれた植民地支配が、すなわちそれである。プラッシーの戦い（一七五七年）を端緒とするベンガル植民地支配は、わが国で余りにもよく知られている。イギリスはこの植民地支配を通じて、さまざまの貿易外の支払い請求権をインドに対してもつことになる。この「植民地収益」とも呼ぶべきものによって、以後貿易上のイギリスの赤字が相殺され始めたのである。あるいは逆に、イギリスに対する「植民地収益」の支払いに迫られて、インドはつねにイギリス向けの輸出超過を保つ必要があった、というべきかもしれない。その始まりがいみじくもこの図40中、一七五七年ごろに現われているのであった。

その後二世紀に及ぶ植民地支配の全期間にわたって、イギリスのアジアにおける「植民地収益」は世界市場の構造に組み込まれて日常化することになる。インドからの「富の流失」、あるいはインドの肩にかけられた「本国費」の支払いなどと呼ばれて、後年大きな論議の対象となるのはこの問題にほかならない。

この論議に立ち入ることはもちろん本書の任ではないが、ここでその仕組みの一端にふれる当時の事情を思い描いて、以後の理解に資することにしよう。まずイギリス東インド会社は、ベンガルの地主層から徴収した地税収入の一部を綿織物購入のために投資し、仕入れた品物を本国向けに輸出する。それを受け取ったロンドン本社は、さっそく競《せ》りにかけて売りさばき、売上金を株主への配当や本社関係諸経費の支払いに当てる。綿織物の輸入があっても、銀の輸出などいっさい必要のない簡便至極な手順である。あとはインドにおける東インド会社の収入をイギリス本国に送金して、会社の配当金や本社の経費、その他議会対策など政治的経費を支払った、と頭の中で操作して帳簿に付ければそれですむ話である。といっても、時が経過して事情を知ったとき、この操作がインド人の頭の中にすんなり受け容れられるかどうか、それはまったく別の問題となるけれども。

もちろんこれはただの一例にすぎない。本国向けの送金の必要は植民地支配下でつぎつぎと生じ、その名目も時代の経過とともに複雑化したが、仕組みは入り組んでも結果は同じで、イギリスの貿易赤字がこれらと相殺され消えてなくなる点では変わりがなかった。いや現実的には、本国向け送金を滞りなく行なうため、どうすればインドはイギリス本国で実現可能な輸出超過を十分な大きさで確保できるかが、植民地統治の大きな課題となったのである。

この植民地支配の初期においては、東インド会社社員たちが早いもの勝ちの「ベンガルの富」摑みどり（そしてその本国向け送金）に熱中して、混乱・無法の時代というに等しかったが、一七八〇年代ごろからようやく支配機構の整備も軌道に乗り始め、同時に支配領域の拡大がインド半島全域にわたってつぎからつぎへと進行してゆく。これはインド在住イギリス人の増加、かれらの活動の急激な拡大につながったから、当然それに応ずる貿易の膨張を引き起こす。正確にいうと、イギリス人の手中にあり、イギリスとインドを結びつけるような、貿易の膨張を引き起こす。前節の最後の論議の反復になるが、けっきょくこれは植民地支配と表裏一体をなす「世界市場」の、アジアにおける拡大に他ならない。とすると、このような貿易の全般的拡大基調の中で、イギリスで実現可能な輸出超過を、インドはなおかつ十分の大きさで保たなければならない、という結論になる。つまり、特別の技術革新などを経過したわけでもないインド経済に、対外貿易、それもとくにヨーロッパ向け輸出を拡大するという負担が、ずっしりかかることになる。

一八世紀半ばのインドで考えられるヨーロッパ向け輸出産業といえば、まず第一に先の例にもあげた綿織物業であった。そこで東インド会社はベンガルの財政資金をつぎ込んで、長期前貸しを伴う綿布仕入れの商業組織を機業地帯に張り巡らした。それだけではとても足りず、生糸仕入れのための資金投入を当面の赤字をものともせずに敢行した。これもすべて植民地支配のさしせまった必要に応ずるためであった。

だが東インド会社にとって困ったことに、後の時代になって「産業革命」と呼ばれることになる技術革新が、当のイギリス本国で不気味に進行中であった。ヨーロッパ市場に生じたこの撹乱要因によって、インド綿布の販売は雲行きがあやしくなり、東インド会社本社も不安の色を隠せないという、ちょうどそのころのことであった。新世界に起こったひとつの思わぬ事件が、ベンガルにおける染料インディゴの生産拡大に大きく途を開いた。

フランス革命の衝撃がフランス領西インドに奴隷の反乱を呼び起こし、ただでさえ経営に問題の多いインディゴ生産に致命的打撃を与えたため、にわかにこの染料の生産に動揺が生じたのである。もちろん新世界各地のプランテーション経営におけるインディゴ生産の下降を、ひとつの反乱のせいにすることは無理があるかもしれない。

だがこれらの経営は全般的に世界市場の動向に敏感で、少しでもより有利・有望な作物があればそれに乗り換える傾向が顕著であった。おそらくそのためもあるであろう、新世界のインディゴ生産は急降下を見せた。先行きのあやしい綿布調達商業組織に過剰投資をしていた東インド会社にとって、これは大きな朗報であった。インディゴは昔からインドの特産で、数十年前までは東インド会社もさかんにこの地から輸入していた産物である。自然条件がその生産に適さぬはずはない。願ってもない好機を迎えて、ベンガルにインディゴ生産が広がるのはまさに時の勢いであった。

こうしてインドからのイギリスの輸入品の中で、インディゴが一七九〇年代に急激にシェアを拡大し、一九世紀に入るころ綿布に並ぶ地位を獲得する。そうなると上昇機運にのるものと落ち目のものとの勝負は先が見えている。まもなくインディゴはインド最大の輸出品となり、上述の生糸もこれにつぐ地位を確保して、一八三〇年前後からはそのインディゴと肩を並べるようになる。

この間におけるインド産綿布・絹の凋落は、いうまでもなくイギリス綿業における技術革新の影響をもろにかぶったためであった。一七七〇年代に東インド会社の競りで一反（ピース）三五ないし五五シリングにも売れたインド産綿布が、一八〇六年になると一五シリングがやっとという有様である。[104] インディゴや生糸に置いていかれるのはいかんともしがたい時代の趨勢であった。

もちろん、このインディゴや生糸に対してはヨーロッパの染色業界・絹織物業界からの大きな需要があり、その円滑な供給がヨーロッパにおける生産と消費の多様な発展の一角を担っていたという事実は、世界市場の構造や性格を考える上で忘れてはならないポイントである。七つの海を制するイギリス海軍の制服も、ずっと後年にドイツの合成染料（プルシアンブルー）にとって代わられるまで、このインド古来の染料によって染められていた。セーラー服の藍色がそれである。こうしてイギリス産業界もイギリス人の日常生活も、世界市場を背景に多様な発展に向かうとき、その一方ではアジアの古くからの名産織物がひっそりと欧米市場から姿を消していったのである。

ところでこの生糸やインディゴがインドでどのように生産され、どのように集荷され、輸出されていたかについて、一言しておきたい点がある。というのは、特産地の個々の農民小生産者から市場価格、ないしそれに近いもので買い付けるという、一七世紀以来の仕入れ方式はあまり用いられなくなったからである。

すなわち生糸については巻き取り加工場、インディゴについては染料抽出加工場などの施設をかなりの資金を投入して設け、植民地権力を背景にして多数の周辺農民を支配下におさえ、プランテーションないしこれに近い形で生産を行なう。ここで大量に生産された一定規格の商品を、イギリス東インド会社あるいはなんらかのイギリス商社が集荷してロンドンへの輸出に当てる。このような方式が悠久の歴史をもつアジアの農村地帯に導入されたのである。[105]

世界市場は、ここにアジアで広く生産者に直結する機構をもつことになる。この場合生産者といっても、問題になるのは個々の農民ではなく、生産に投下される資本の所有者も現場で生産を束ねる経営者もみなイギリス人という、農業ないし農産加工業の企業体であって、これが直接の「植民地的開発」の担い手になっているのである。第一章で一般的考察を試みた問題も、前節の最後にふれた論点も、以下次節に述べる論議もみなこのあたりに関連してくる。だがここではこれ以上深入りせず、ただ問題の存在に注意をひくだけにとどめておこう。

ところでイギリスのアジアからの輸入を考察するとき、もうこの時代になると南アジアだけに注意を奪われているわけにはいかない。インドに進行していることと結びつき、たがいに増幅しあいながら、波紋に波紋が重なるように新しい世界史的要因が登場して、より広いアジア市場圏を変動の渦中に投げこむからである。波紋のひとつは、東南アジアから東アジアにかけてイギリス人が勢力を伸ばしたことによって投じられた。

その焦点にある港市は中国の広東であったが、またフランス革命に端を発する対仏戦争の末期において、イギリスはジャワ島を一時オランダの手から奪い（一八一一〜一六年）、一八一九年には一四世紀末以来見捨てられて廃墟と化していた「獅子の町」シンガポールの再建に手をつけた。イギリス支配下でこの港市が自由港として発展したことは、後年に至るまで影響するところの大きい事件であった。

ここで問題を絞って、当面の考察対象であるイギリスの輸入貿易の動きに集中することにすれば、何よりもまず広東からの茶の輸入をあげる必要があろう。一八世紀初めごろイギリスの輸入品中に顔を出すようになった中国産の茶（今日われわれが欧風のものと考えるようになった紅茶）は、初めのころこそ上流社会のやや気取った飲物のひとつであったかもしれないが、しだいにより広い社会層に受け容れられて輸入量も漸増し、世紀半ばともなるとすでにアジアからの全輸入の三割を超える品目になっていた。

そして一七七〇年ごろ、綿布・絹に並ぶ輸入品となってからはいっそう快調な伸びを見せ、みるみるうちにこれを追い越してアジアからの輸入品のトップに立ち、一九世紀前半を通じてほとんど揺るぎのない首位の座を保つことになる。

これについては、当時のイギリスで茶の消費が大衆的規模へまで広がってきたことを見落としてはならない。イギリス人は茶に自国産のミルクを入れ、さらに西インド産の砂糖を入れて飲む。原産地中国の目から見て、茶の飲み方としては何とも変わった、およそ許せないやり方ではあったが、ヨーロッパ人の日常生活はここにおいても世界市場から新しい消費品目を加えて、質的な向上をみせることになる。

アジアからの輸入に比べると、イギリス産品のアジアへの輸出については事情が簡明で、いうべきことがずっと少ない。すでに述べたように、一八世紀前半までは売りにくかろうが虫に喰われようが、イギリスは毛織物輸出の一本槍（七、八割）であった。ところが、世紀後半に入ると総輸出額が急増し始めるとともに、輸出品目（製品）の多様化が一挙に進む。その点においては他地域向け輸出の場合とさして変わらず、もちろんその背後にはイギリスにおける産業の多様な発展という、供給面での変化があった。

ここで注意しておきたいのはとくにインド側における需要面の急変である。すなわち植民地化にともなうアジア在住イギリス人の増加、植民地の拡大、植民地的開発など、多くの側面をもつ史的変動が進行すれば、これがそれまでにない新しい需要を引き起こして当然である。こうして金物類や各種製品類のアジア向け輸出が急増し、昔からの毛織物輸出は額で増えながら全輸出中のシェアを減らしてたちまち三割前後となり、世紀末にはついに二割を割ってしまう。

ここで右の「金物類」・「各種製品類」の具体的内容を一見すれば、需要面の急変ということの意味はいっそう明白である。イギリス議会の用意した当時の一統計文書の中では、一七九一〜一八二二年のイギリスからアジア向け輸出品目としてつぎのような項目があがっている。まずインド向けは、皿、宝石、時計、糧食 provisions、絹製品、石鹸、ろうそく、ウイスキーなどの蒸留酒、文房具、鋼、精製糖、刀剣、錫・錫製品、その他、となっており、ほかに外国産品の再輸出としてぶどう酒とブランデーなどの蒸留酒の二者があがっている。ついでに中国向けの場合にふれると、毛織物のほかに取り上げてあるのは鉛と鉛の銃弾、錫の二者だけである。[106] 細かい統計数字は問題ではない。主要輸出品として項目を立てる意味ありと、当時判断されていたのが右の通りというだけでいまは十分である。いずれにせよ、アジアの農民とは縁の薄い品物ばかりであるのが明らかであろう。

しかし一九世紀にはいれば、ランカシア綿布の登場である。それはまず地中海岸一帯とくにアフリカ市場に輸出され始め、やがて近東から南アジアに向けられるようになり、古くからの綿業国インド自身の市場にまで漸次食い込むようになる。こうして東から西に向かう綿布の流れがしだいに細くなって何かと滞りがちとなるとき、西から東の逆流は刻々と水量を増し、一八二〇年ごろついに前者を呑み込む勢いとなって押しとどめることのできない激流に変じてゆく（図41[107]）。

イギリス綿業にとってのアジア市場の重要性は、図42・43[108]によって一目瞭然であろう。一八五四〜五六年の数字をあげれば、イギリスから輸出される綿布・綿糸はその三割（二九・四パーセント）がヨーロッパへ、おなじく三割（三一・〇パーセント）がアメリカ・オーストラリアへ向けられるのに対して、アジア・アフリカへは実に四割（アジア三七・一、アフリカ二・五パーセント）が向けられており、すでに世界最大の市場がそこにある。図42の示す一八〇四〜〇六年当時とは大変な違いである。

最後にイギリスから「アジア」への再輸出貿易であるが、これについてはとくにここで述べるべきことはない。貿易総額の中での比重がかなり低く、主として向けられる地域や主な商品構成が時によって大きく振れ動き、いわば気まぐれとも見えるその動向を追ってみても、手ばかりかかって得るところが少ない。本書では立ち入らぬこととして、つぎに図44[109]を一瞥することにしよう。

右の事由によって再輸出の動きをいまは無視しておくことにするならば、この図の全体的様相はすでに見てきた四図（図27・29・30・33）の中で、とくに西欧のケース（図29）に近似しているのでなかろうか。イギリスからの輸出は製品の割合が高い。他にこれという輸出品のないイギリスのことであるから、それはどこの地域の場合でも同様である。問題

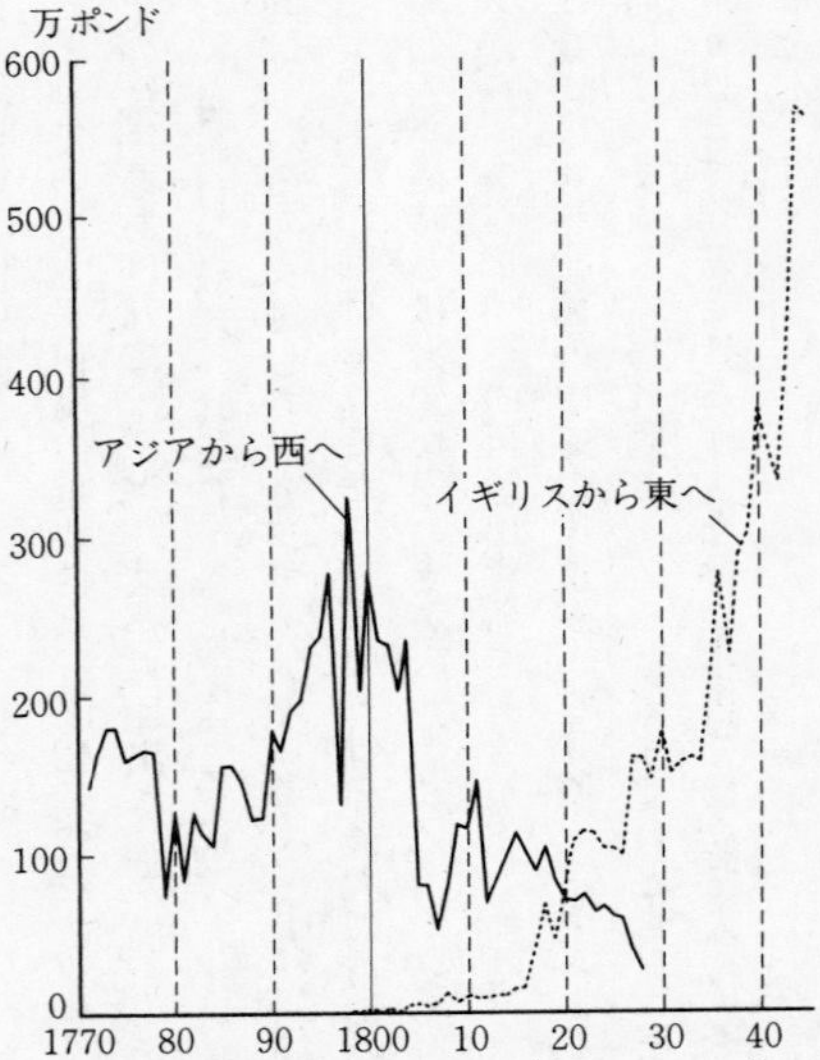

図41　東西間の綿布の流れ（1771－1845）

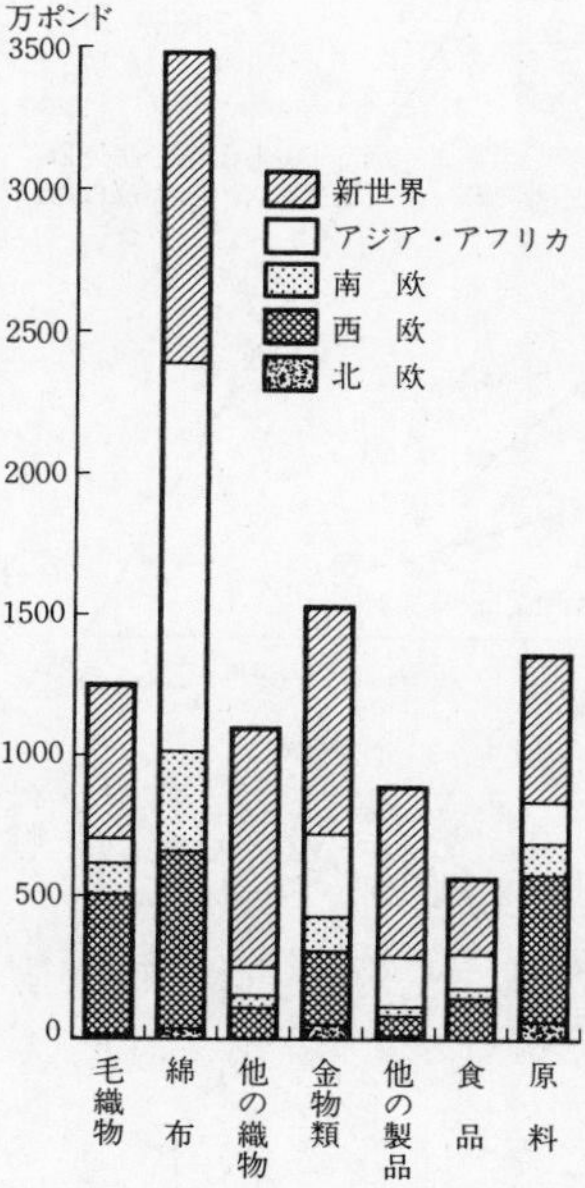

図43　イギリスの主要輸出品とその輸出先（1854/56）

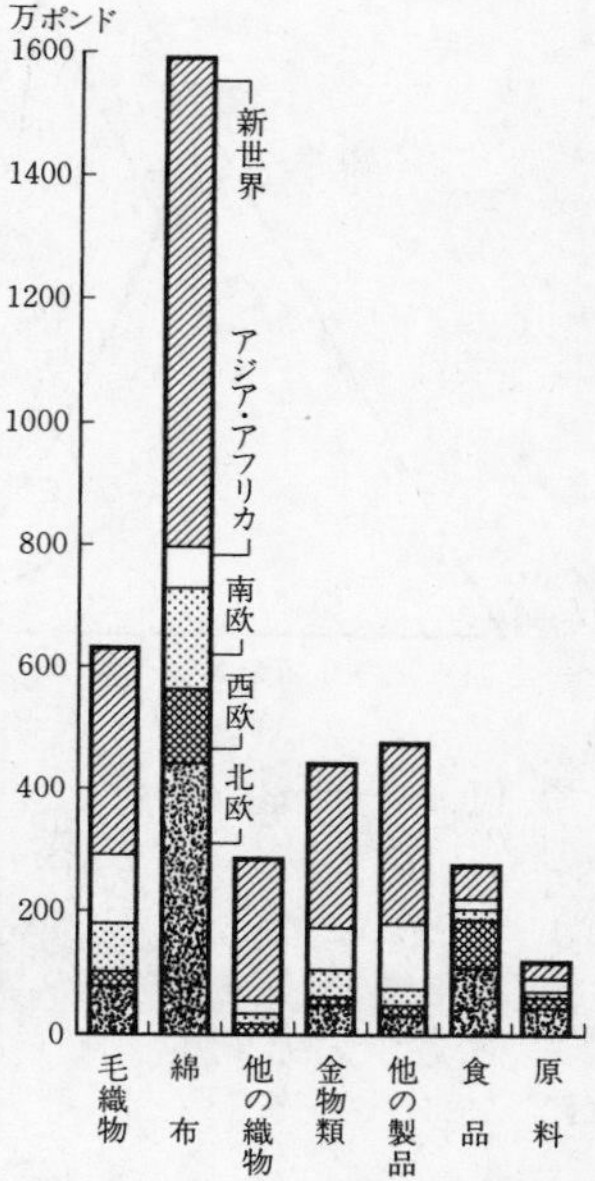

図42　イギリスの主要輸出品とその輸出先（1804/06）

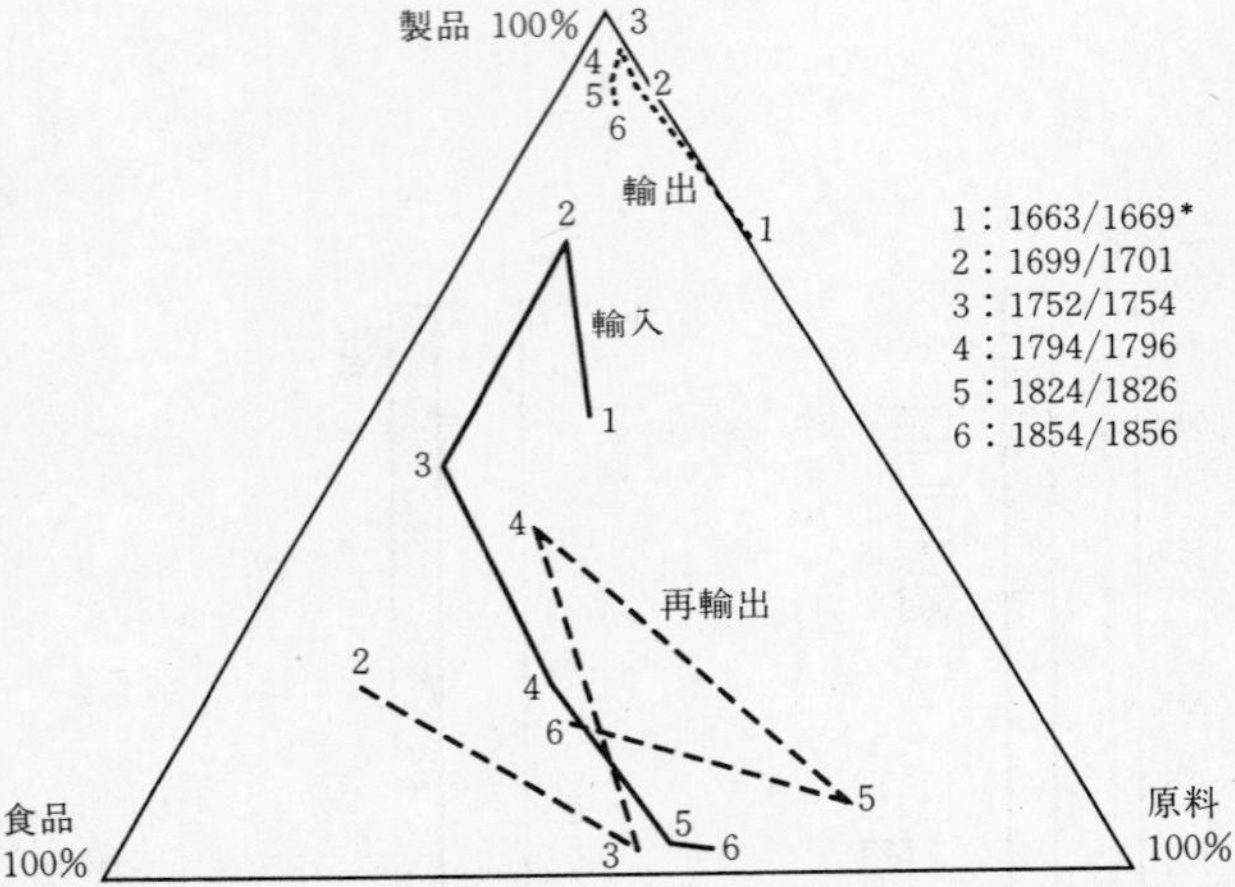

図44　イギリスの貿易（対アジア・アフリカ 1663/69* - 1854/56）

は輸入の動きであるが、二世紀近い間に製品の割合が大きく減じ、これに原料や食料がとって代わって、図中の輸入の軌跡は三角形の最高頂点付近から底辺へ向かって大きく落ちて行く。このような例はただ西欧とアジアのケースだけである。

しかし類似点ばかりではもちろんない。例えば両者の貿易収支を図25・26で比較すると、その様相はまるで正反対である。一九世紀に入って、アジアがランカシアの最大の顧客となり、大量の工場製綿布を買い受けるようになってもなお、イギリスに対する大きな輸出超過はそこに残っている。それが何のために生じたどういう性質のものであるかはすでに述べたが、ここでイギリスにとっての貿易収支上のこの赤字が、アジアの中でもおもにどこに由来するかをつぎの図45[110]で検討してみよう。

図中一九世紀中葉近いころのアフリカからの入超急増も気になるところかもしれない。その内容を調べると、砂糖の輸入増大が浮かび上がってくる。先ほど紅茶にミルクと砂糖を入れて飲む「許せない」イギリス人に登場してもらったが、時代がこのころなら、かれの使った砂糖はもしかするとエジプト産であったかもしれない。しかしなんといっても大きいのは南アジア・東アジアとの貿易における恒常的な入超である。それもとくに目をみはらされるのは、図中一八三四年以降明らかになる中国貿易による入超の大きさではなかろうか。

近東とアフリカを除くと、アジアに残るイギリスのおもな貿易相手は中国とインドだけである。その上この図中では中国からのイギリスの入超が、インドその他からの入超よりはるかに大きい。もちろんインドは中国とほとんど一桁違うほど多額のイギリス製品を輸入しているから、単純に比較はできないかもしれない。だが「植民地収益」をイギリスへ送金する必要があったのは、中国ではなくインドではなかったのか。それはその通りである。しかし、この図はこの図で間違っていない。というのはイギリスに対する中国の出超をインドの出超に振り替える仕組みが、すでに世界市場の中に組み込まれていたからである。

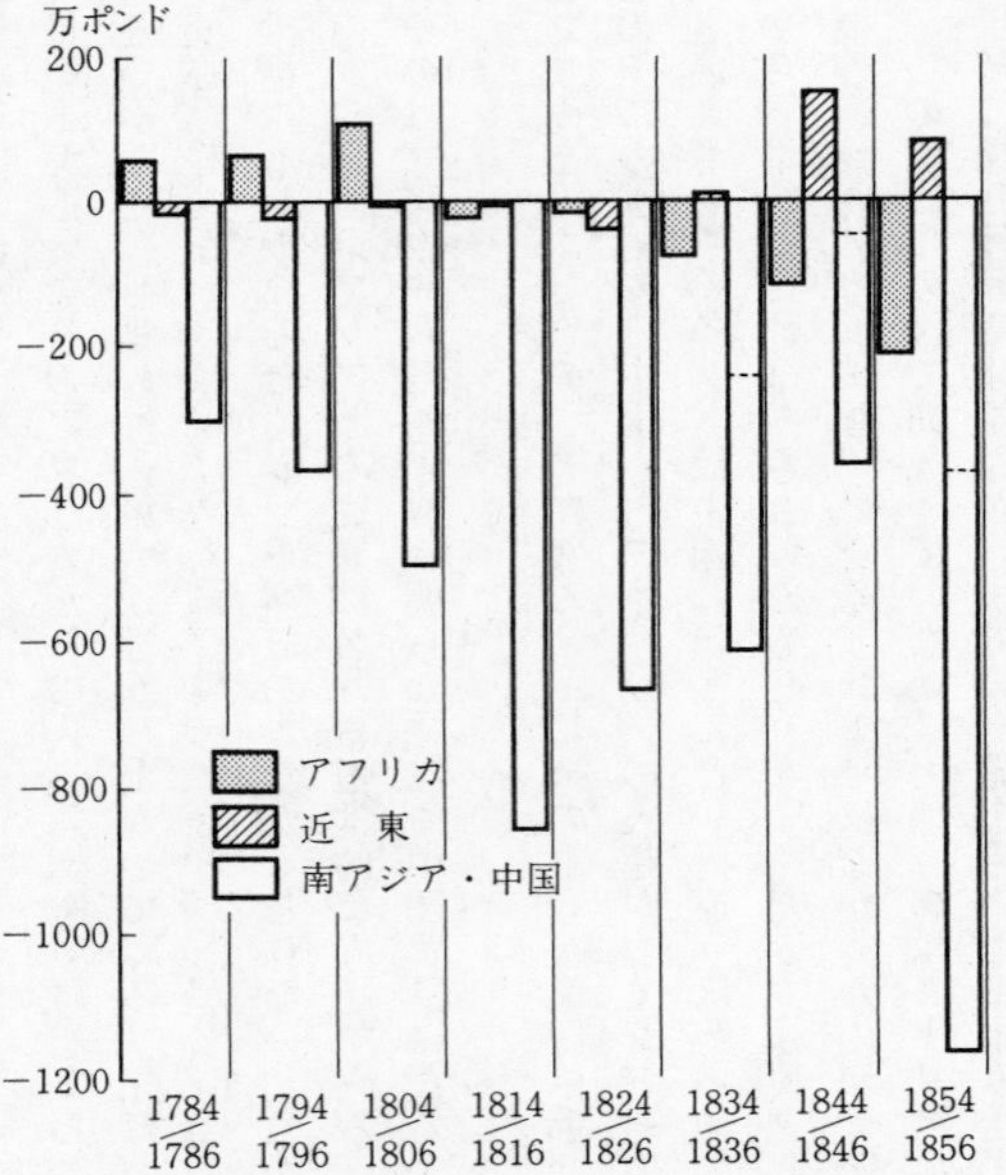

図45　イギリスの対アジア・アフリカ貿易収支
1784/86－1854/56（1834/36以降の南アジア・中国の棒グラフの中の点線より下が中国）

イギリス本国にいては目にふれることのないこの仕組みは、すでにお分かりのことと思うがアヘン貿易であった。イギリスの中国に対する貿易赤字は、インドから中国への出超によってちゃんと埋め合わされていた。ただしその埋め合わせの内容については、大いに問題があった。もう一度図45を見なおして頂きたい。

中国は、その巨額の出超に対してただアヘンの代価で支払われていたのである。インド産綿花やイギリス産毛織物も持ち込まれていたけれども、その額はさほど大きくはない。その上一度アヘン持ち込みが始まるとその後はおよそ限度をしらず、茶ばかりか銀までを中国経済から抜き取り始めたのであった。

よく知られているように、これがアヘン戦争にいたる中国側の対応を生み、けっきょくは中国の五港開港および香港島の割譲から半植民地化という事態を迎える。世界市場の拡大と植民地化はここでも相携えていたことになる。

ところで世界市場に対する中国からの茶の供給であるが、一八、九世紀の間にそれが急上昇したことは明白である。おそらくはそれは茶の産地における生産の増大を伴うものであり、その増大も伝統的な生産者たちの手によって担われたと考えてよいであろう。とくに技術革新などを経過したわけでもない中国の茶の生産者たちが、世界市場の求めに応じて持続的に生産を拡大できたとすれば、それはまさに一驚に値する。それだけ中国は大きかった、あるいは当時の世界市場はそれほど大きくはなかったというべきであろうか。

しかし世界市場の中で茶貿易がいっそう大きくなるためには、品質管理された商品をより大量かつ安価に生産するプランテーション方式の採用が実際上不可欠であった。ただし中国の条件下ではそれはとうてい考えることができなかった。直接の植民地統治下にある南アジアにおいてはじめてそれが可能であった。この問題に対する具体的な答えは、つぎの時代にベンガル、アッサム、セイロン（スリランカ）などにおいて出されることになる。

8　世界市場とプランテーション

一七世紀から一九世紀にかけての世界経済史には幾多の大きな出来事が起こったが、熱帯・亜熱帯地域における農業開発は、その中でとかく見落とされがちな事象ではないかと思う。ふつう目にふれる世界史の概説書は、ヨーロッパの一つの島国で起こった産業革命については記載していてもこの事象にはまずふれていない。

しかし先進資本主義国の工場から世界市場に送り出される製品類の総額が増大すれば、それに応じて先進諸国の受けとる対貨の総額も増大しなければならない。世界市場はまさにそのために機能したはずである。そして対貨の中でも重要なのが、これまでみてきたように、この農業開発の生み出した各種産物であった。

試みに視点を変えて、その及んだ面積の広さという観点からみることにすれば、この農業開発は同時代の世界の動きの中でも最大クラスの、きわめて顕著な出来事であった。いまもし宇宙からの地球の観察者があったとすれば、赤道寄りの帯状地帯でつぎつぎと地表の様相を変えてゆく異様な現象が進行しているのに、何よりもまず注意をひかれたに相違ない。そこまで視点を変える必要はない、といわれればそれまでの話であるが。

前節までの考察にたびたび登場してきた「プランテーション」は、この開発の中心的な担い手となり、世界市場形成に大きな役割を果たした農業経営形態、ないしそのような経営形態の企業そのものの呼び名である。本節ではこれについて多少まとまった考察をしておきたい。[111]

手順としては、環大西洋的規模における世界市場形成に重要な寄与をした西インドの砂糖プランテーションをまず取り上げ、その周辺にある諸事象を含めて開発の具体的様相やその引き起こす問題を検討する。つぎにその後二〇世紀にいたる歴史的展開の種々相を頭に置きつつ、少々一般的なプランテーション論を試みることにする。

プランテーションということばはふつう栽植農園と訳される。訳語としてはあまり感心できない。栽培したり植えたりするのは農業の常であるから、農園の上に「栽植」を付けてみたからといって新しい意味は何も追加されない。もう少し何とかならないかと思うが、語源をたどるとこのことばはラテン語の plantare に行き当たり、元来、植える、栽培するなどの語義をもっていた。「栽植」などという耳なれぬことばを造って上に乗せたのもそのためであろう。

ところがヨーロッパ人の西インド・新大陸への進出が始まるころ、このことばに新しい用法ないし語義が生まれた。はじめのうちは植物についてでなく人間についてこれを用い、人を移し植えること、植民・植民集落・植民地などをプランテーションとよぶことが多かったようである。しかし時代が下って一八世紀、同じくラテン語から出たコロニー colony ということばを植民地の意味に用いる習慣が定着してくると、しだいにプランテーションということばはずっと限られた別の意味に使われることが多くなった。すなわち、以下にとりあげるような特殊な形の農業経営のことをさすことばとなった。「栽植農園」という訳語もこの語義にたいする訳語にほかならない。いずれにせよこの語義が生ずる過程で植民地という語義がまず登場していたことは、その後のプランテーションの史的役割を考える上で興味深い事実である。

そこで、ことばの用法の変化よりもさきに実体が現われた西インドの砂糖プランテーションを、まず頭に描いてみることにしよう。それはもちろんサトウキビの栽培と粗糖の製造を目的として、ただそのために作られた農企業で、農地はふつう数百ないし数千エーカーという規模の見渡すかぎりの大農場であった。周辺には材木や燃料源のためにかなりの林野があり、相当数の家畜（役畜ならびに畜産用）を放牧する牧場もあった。土地に余裕があれば穀物・イモ類・野菜などを作る畑や果樹園なども備えていた。

施設としては、ふつうプランターと呼ばれる農場の経営者や、かれの下で家事労働などに従事する人たちの住む大きな邸宅があり、砂糖の生産過程で労働に従事する人たちを住まわせるための多くの小屋・炊事場・家畜小屋があり、そして穀物などを入れておくための倉庫もあった。何より忘れてならないのは糖分抽出のための諸施設であった。サトウキビは春に収穫された。刈入れはなるべく手間どらず、手早くすませた方がよかった。しかも刈入れてから二日以上おいておけない作物であったから、収穫後ただちに糖分の抽出工程に入る必要があった。運輸機関というべきもののない未開の地に建設された大農園である。どうしても抽出工程はすぐその場で、農場の中で行なう必要があった。そこでどの農場にもまず、大きなひき臼ないし搾出機が特別の建物の中に設置してあるのが常であった。小規模なときは人力で、しかしふつうは役畜によってこの機械は運転されたが、まもなく風力や水力を利用して動かす大きな装置がしばしば用いられるようになった。遠目にも明らかな風車小屋や水車小屋が、こうしてプランテーションの景観の一部になった。

収穫期には、夜も昼もなくこの搾出機は全力運転した。そばには人がつききりで、運び込まれる収穫物を休むことなくその中に投入した。無理な作業に居眠りが出て機械に手を巻きこまれたとき、その手を急いで切り落すための短剣もしばしば傍らに用意してあったという。

ついで、搾出された汁液を煮つめるための銅の大釜が、いくつも炉の上に据えつけてある建物があった。収穫期にここでは四六時中炉の火が燃え続けていた。ひとつの銅釜からつぎの銅釜へ、汲んでは移しながら完全に煮つめた汁液を、ふつう大壺に汲み取ってそこで糖分を析出させる。出来た粗糖は樽に詰め込み、幾週間か寝かせてその間に糖蜜を滴下させ、それがすんでようやく、樽詰めのまま輸出する段取りになった。滴下するのを受けて集めた糖蜜は、西インド名産ラム酒の原料になった。

以上でも察せられるように、これらのプロセスにはそれぞれかなりの設備が必要であり、また重い樽を運搬するには丈夫な車や役畜が必要であった。外洋船との積みおろしにそれなりの施設が必要であったことも、いうまでもない。

ところでこの加工工程のためにはまた、何人かの熟練労働者がいなければならなかった。炉の火加減をするもの、煮つまった時期を見定めるもの、諸施設の建造・維持のための大工・石工・銅鍛冶、それに樽工などがそれである。もちろん作物の刈入れから最後の樽詰めに至るまで、すべてを通じてかなり大きな非熟練肉体労働者群が必要だったし、その監督者も必要であった。こうして、ひとつのプランテーションの総勢は一〇〇名を超えることが多かったという。

一年を通じてもっとも活気があり、またおそろしく多忙な季節は収穫期であった。この時の人手さえ揃えば、それで他の季節の農耕労働には十分以上であった。だからプランターたちは加工工程における労働節約的な機械化・合理化には熱心であっても、農耕面では全然その気がなかった。用意してある道具は肥料運搬用の籠と耕作用の鍬ぐらいのもので、鋤すらめったに置いてなかった。そんなもののために金を使うのは無駄だったのである。

こうしてプランテーション労働者たちにとって、農耕作業は必要以上に骨の折れる、まったくうんざりするものとなった。ことに土地の大部分をサトウキビ栽培にあて、年々同じ作物を作ったから、すぐ地味がやせて施肥の必要ばかり増大し、作業の労苦はいやがうえにも厳しいものになっていった。

他方プランテーション経営にとっては、このような労働力をどこからどのように調達するかがその設立の当初から大問題であった。このはげしい労働需要に直面した時、先住インディアン中からの労働力調達はほとんどものの用をなさなかった。早く一六世紀からポルトガル人はブラジル東北岸でかなりの規模の砂糖生産を軌道にのせたが、ここにはかなりのインディアン人口があったにもかかわらず、はげしい労働の強制はかれらの肉体をすりへらし、一七世紀前半にはほとんど絶滅に近い状態となってしまった。そのため、ここでは奥地へ奴隷狩り隊が派遣されたほどであった。

しかしそんなことでは補いがつかなかった。けっきょくここに登場してくるのが、ポルトガルが勢力を築いてきた西アフリカ（後にこの地をオランダに追われてからはさらに南のアンゴーラなど）から、はるばる運んで来る黒人奴隷であった。ポルトガル人は「大航海」時代以後最初の奴隷商人として、すでに一七世紀の前半からスペイン領西インドなどへも奴隷を提供しており、これによってスペイン人も西インド諸島における初期の砂糖プランテーションを経営できたという。

一七世紀後半から一八世紀、イギリス・フランスの西インド植民が軌道に乗り砂糖生産が爆発的な増大をみせたときも、不足したのは開発・植民のための資本ではなく、まさに労働力そのものであった。資金はたとえばオランダ商人から簡単に借りることができた。だが労働力の調達はそう簡単には行かなかった。はじめは年期契約移民や、だまされたり誘拐されたりした者および流刑者など、かなりの数がヨーロッパから渡来していわゆる「赤貧白人《プア・ホワイト》」労働者となり、ほとんど奴隷にひとしい境遇でプランテーションの労働に服したが、これではとうてい足りなかった。

問題の解答はただひとつであった。それはポルトガルの独占をくつがえしたオランダ・イギリス・フランスなどの奴隷商人の手によって、西アフリカから直接奴隷を供給することにほかならなかった。こうして新しい供給のシステムが形成されると、西インドにおける奴隷販売市場はみるみるうちに発展した。世界市場はここにもその重要な一環をほとんど自然発生的にもつことになったのである。

プランターたちにとって、奴隷はしばしば、一度買入れればともかくそれでよいという固定資本財ではなかった。むしろ常時購入しつづけなければならない一種の「消耗品」と考えられがちであった。酷使のために、また慣れぬ風土や流行病のために、かれらはよく死んだ。第一、経済的観点からするならば、老いてあるいは病み衰えてひどく働きが落ちるまで、かれらを養っておくのは損の上塗りにほかならなかった。

また女奴隷に子供を育てさせて労働力を補給するのもあまり上策ではなかった。そのためにはプランテーションで働けない女子供をかかえて冗費がかかりすぎた。ただしこれは成人奴隷の価格が安いからの話で、一八世紀に入って価格上昇がはげしくなると、必ずしもこうとはいい切れなくなった。だがそれにしても子供の成長を待つのは気の長い話で、今すぐの労力不足を補う役には立たなかった。

こうして一七、一八世紀を通じて、どのプランテーションも企業の死活問題として奴隷の円滑な供給を要求し続けたから、砂糖貿易の繁栄と表裏をなすように奴隷貿易の活況が続き、これが重商主義国際貿易戦の一大争点ともなったのである。

さかんな奴隷輸入は、砂糖植民地の人口構成をみるみるうちに変えていった。ことにヨーロッパに対する最大の砂糖供給者となった英仏領植民地においては、一八世紀の初めにはすでに人口の圧倒的多数が黒人奴隷になっていた。ヨーロッパ本国や当の植民地自身に砂糖による巨産が産み出されるその間に、いったいこれらの奴隷たちはどのような生活を強いられていたであろうか。

かれらの住む小屋はごくみじめなもので、その土地の草や木を使って自らの手で作らされるのがふつうであった。かれらの身につける衣料は、十分というには程遠かったがプランターから支給された。イギリスやフランスではとくにそのための粗布を織る工業が栄えたという。つまり衣服はすべてを輸入にたよったわけである。

奴隷たちの食料は、土地に余裕さえあればプランテーションの中で自給された。ジャメイカやサン＝ドマングのような大きな島では、そのために山間の土地が奴隷たちに与えられた。だが小さな島では、ほとんどまったくプランターの手で輸入された食料に依存することが多かった。土地はみなサトウキビ栽培に当てられたからである。また島の大小にかかわりなく、塩づけの魚や肉、ヨーロッパ人たちの高級食品などはほとんどすべて外から、たとえば北米植民地などから輸入された（ついでながら、前節でもふれたように、樽材として用いる木材も北米から輸入されることが多かった）。そこで戦時に貿易の安全性が失われると、食料の入手難がプランテーションを襲うこととなり、その時の奴隷たちの食生活はしばしば飢餓線上をさまようものとなった。

プランテーションでの労働は、すでに述べたように単調で労苦に満ちたものであった。しかし奴隷たちがどの程度酷使されたかを見きわめることは、容易ではない。個々のプランターの性格や経営方針によって非常に条件は違ったが、ともかく奴隷は高い金を払って買い入れた財産である。当然プランターたちはおそろしく野蛮に使い殺すことだけは避けたであろう。

他方、個々の農園企業は、自然的・経済的・政治的条件からいってけっして安定性の高いものでなかったから、なれぬ風土の中で敵意ある奴隷のまなざしに囲まれて過ごすヨーロッパ人は、なるべく早く巨産をつかんで足を洗おうという衝動にかられがちであった。そこでかれらは自然の地力にたいしてとかく掠奪的になるのと同様に、奴隷にたいしても過酷さをもってのぞみがちとなった。

これに対して奴隷たちは、連れてこられたのも働かされるのもすべて自分の意志に反して行なわれたことであるから、一般的に反抗の気持ちに満ちていた。仕事はできうるかぎり怠惰に行ない、わざと不注意に物をこわし、白痴をよそおい、盗み食いし、逃亡して山間にかくれ、自殺して主人の財産に損害を与えた。そればかりでなくしばしば自然発生的に、時にはある程度組織的に反乱をおこし、また反乱の危険性でプランターたちを脅かした。

こうして、奴隷という高価な財産をどのように扱うかがプランテーション経営の要となった。ある程度納得のできるような日常生活の習慣を確立し、奴隷のあるものを寵愛してこれに特権的職掌をあたえ、たとえば新来奴隷などをとくに酷使するというような手段がしばしば用いられた。また収穫期が終わったところで、飲めや歌えの大盤振舞いをする所が多かった。だがどのように表面平穏にみえる農園でも、奴隷にたいするさまざまの刑罰なしに日常の生産活動を運営することは考えられなかった。一見平穏に見えるプランテーションでも、牛馬を使うのに鞭が入用なら、奴隷のためにも鞭が必需品であった。

プランターたちの利害に直結する砂糖植民地全体の治安体制も、軍事面では白人民兵を組織して本国海軍への依存を深めるとともに、司法面では各種立法措置によって奴隷の反抗に対処しようとする性格が濃厚であった。ひどい例をあげれば、奴隷が白人をなぐればその手を切断し、盗めば耳をそぎ、反乱を企てれば火あぶりにする、というようなことが一七世紀に法定され、奴隷の体の一部を切断するような刑は廃止すべきだという法案が、一八世紀になっても却下された。

しかしはげしい弾圧にもかかわらず、反乱は砂糖植民地の歴史につきものだった。あるデンマーク領の島では、反乱した奴隷がほとんど全部の白人を殺し、ついで白人部隊が上陸して逆にほとんど全部の反乱者を殺害したため、ついに繁栄していた砂糖植民地が根だやしになるというような事件が起こった(一七三三年)。一七九一年、フランス革命の最中にサン=ドマングにおこった有名な反乱の場合は、トゥーサンの指導下に反乱軍が一時はエスパニョーラ全島を占領し、ハイティ共和国の基礎がここに築かれることとなった。広い森林・原野のあるところでは、奥地に逃亡奴隷の作る自由社会がしばしばプランテーション社会の脅威となった。一六九六年にブラジルで、七〇〇〇の兵を派遣してようやく討伐された黒人社会のごときは、人口二万に達する都市国家を形成し、五〇年近い自由を享受してきたものだったという。一方ジャメイカにおいては、一七三四年、一七九五年の二度にわたる内戦の末、ついに黒人自由社会と「条約」を結んで白人植民者側が一応の目的を達したほどであった。

前節までに述べたところからも当然察せられるように、新世界における奴隷需要は西インド砂糖プランテーションによるものばかりではなかった。それが最大の買い手であったことは疑いもないが、西インドにはまたインディゴ・コーヒー・カカオ・綿花などのプランテーションが、サトウキビを栽培するそれを追いかけるように登場しつつあった。ブラジルにも歴史の古い砂糖プランテーションがあり、一八世紀に入るとコーヒー・カカオ・綿花の生産が伸び始め、その上一七世紀末から一八世紀前半には金・ダイアモンドの鉱山がブーム状態となったから、この地が南米最大の奴隷輸入地であることは時代を通じて変わらなかった。

そのほかスペイン領中南米のところどころにも、綿花・砂糖・コーヒーなどを産する同様な農園が開かれるようになった。もちろん大きな鉱山もあった。北米イギリス植民地南部は古くからたばこの産出で知られていたが、やがてインディゴ、ついで綿花・米などを産するプランテーションが発展をみせた。そしてこれらのものすべてが、それぞれなんらかの程度において奴隷の購入を必要としていた。

いったい全部でどのくらいの奴隷が、この需要をみたすために輸入されたのであろうか。それをはっきり見積るのは容易なことでなく、種々異なる見積りが試みられ、あるいは雑に引き写されてきた。その綿密な再検討をしたP・D・カーティンによれば、一七、八世紀に少なくとも七百数十万は輸入されたものと考えられ、ほかに一六世紀の末までに三〇万近く新世界に到着していたはずだという。[112] 一九世紀まで含めれば、ほとんど一〇〇〇万近い数字となる。

今日のアメリカ合衆国の黒人人口の祖先が、こうして運ばれて来たものの一部であることと、それも全体からみればほんの数パーセントという小さな一部であることを考えただけでも、この貿易の大きさは想像がつくであろう。もちろん、右のラフな数字は輸送中の荷の損失を無視している。西アフリカから積み出された数は新世界に到着した数よりずっと多く、その差は船艙における損失、すなわち航海中の死亡数である。

大西洋横断の航海中の死亡率を一定数のサンプルによって推定したD・W・ゲレンスンの数字によれば、一六八〇～八八年には二三・七パーセント、一七二〇～二五年には一三パーセントが航海中に死亡したことになる。[113] カーティンの同様な推定結果に従えば、一七一七～七五年には一六・二パーセント、一八一七～四三年には九・一パーセントの死亡という数字になる。[114] かなりの死亡率といわねばならない。

ところでその奴隷の積み出し地はどこかというと、セネガルからアンゴーラにかけて、アフリカ大陸の大西洋に向かう長い海岸線の、北部を除いたほとんど全域からということになる。東岸からも多少は積み出されたというが、これはものの数に入らない。西岸の中ではとくにギニ（わが国ではふつうギニア）湾岸の地位が圧倒的であった。すなわち黄金海岸（現ガーナの海岸）、奴隷海岸（ヴォルタ河口からニジェール河口デルタの手前まで）、オイル・リヴァーズ（ニジェール河口デルタ）などは、一七、八世紀の奴隷商人のもっともしばしば訪れた積出地であった。

古くこれらの地域はポルトガル人の勢力圏であったが、一七世紀に入ってオランダ人がこれに代わり、その後一八世紀にかけてイギリス、フランスをはじめ、小さなところではスウェーデン、デンマーク、ドイツ（ブランデンブルク）、ニュー・イングランドなど、各地の商人が現われて激しい商戦が行なわれるようになった。そのうちフランス人ははじめセネガルに力を振り向けたから、奴隷貿易の中心地である黄金海岸で最初に角を突き合わせたのは、オランダ人とイギリス人であった。

一七世紀末から一八世紀にかけて奴隷貿易が拡大の一途をたどる間に、地域的にも奴隷海岸、オイル・リヴァーズ、さらに東へと奴隷積出地が拡大すると、そこでは大独占会社が強力な要塞を海岸に築いて互いに争うという形がしだいになくなり、自由商人ないし小会社がそれぞれに土着権力者・商人層と取引することが多くなった。

奴隷貿易は初めきわめて有利であったが、大独占会社は相互に戦う戦費や、要塞を維持する経費、密貿易人の取締り経費などとかく出費が多く、その上雇用者の私取引や不正に中味を蝕まれ、外国小商人・密貿易人の競争にさらされて経営状態はいずれもかんばしくなくなった。そのため、土着勢力にかなりの利益をゆずっても、その好意とその「企業心」にたよって商売をする自由商人のほうが有利になったという。

一五六二年、ジョン・ホーキンズが奴隷貿易を企てたとき、かれはまずイギリスから織物などの商品を積んで船出し、西アフリカへ寄って奴隷を買入れ、カリブ海のスペイン人植民地で積荷を売り、砂糖・皮革・銀などを仕入れてイギリスへ帰ろうと考えた。一廻りで完結する見事な三角貿易であるが、初期におけるこの企てと一七、八世紀の奴隷商人の営みとは、実質上大きな違いがない。

もちろん貿易の規模は大きくなり、しかも恒常化して冒険性が減じ、扱う商品にも多少の変化が生じている。しかし事業の発想においては、右のケースとほとんど同様であった。そこで、つぎに最盛時一八世紀の典型的な奴隷貿易の姿を描いてみることにしよう。

まず船は、イギリスならばロンドン、リヴァプール、ブリストル、フランスならばナント、バイヨンヌ、ボルドー、ラ・ロシェル、オランダならアムステルダムといった港で仕立てられる。当時これらの港市には奴隷貿易を行なう大商人ないし商業会社が大きな勢力をもち、町にはこの貿易と結びつきこの貿易を支える多くの事業が栄え、いざ奴隷貿易の船を仕立てようと企てればそのためのあらゆる便宜が容易にえられたという。

さてその船であるが、すでに述べたように（二二二～二二六頁）、当時貿易の種類に応じ使用目的に沿った効率のよい専用船が造られていたが、奴隷貿易の場合も同類で、三角貿易の長い航海にたえるため、とりわけ頑丈な出来で細かい造りにも工夫のある専用船を仕立てるのがふつうであった。

つぎに積荷は、まず鮮やかな染色の織物――ということになると、インド綿布や中国の絹の再輸出品も含まれて当然である。とくに重要な意味をもったのは各種火器・弾薬・刃物などの武器類。ほかに金属製品、鉄・銅・真鍮などの金属、酒類(ラム酒など)、たばこ、その他装身具など。前節の項目でいえば輸出の中では各種製品類、金属、そして再輸出品ということになる。忘れてならないのはふつうの貿易の場合よりははるかに多い食糧である。それは、中途で運ぶ積荷(奴隷)のためのものであると同時に、とくに数の多い乗組員のためのものでもあった。

奴隷貿易船の乗組員は、他の場合と比べて二倍も数が多かった。奴隷という積荷はただ積んでおけばすむような荷ではなく、食事・運動・排便など常時何かと手がかかった。その上いつ船内で手ごわい反抗をしはじめるかもしれなかった。万一海賊に襲われでもすると、奴隷の動揺をおさえつつ海賊と戦わなければならない。いわば両面作戦ということになる。これらに対処するには鞭や拘束具や武器の積み込みも必要であったが、何より体力の十分な多勢の乗組員の確保が不可欠であった。

ところが長い航海を通じて船員たちは心身ともに消耗がいちじるしかったから、一般にかれらはこの貿易船に乗り組むことを好まず、時には人を拐《かどわか》し人を騙して乗務員に加えることまで行なわれたという。しかも初め乗り組んだうちの多くのものが、二度とヨーロッパへ戻らなかった。航海中に命を落とすものも多かった。一七二〇～二五年についてのゲレンスンの推定では、大西洋横断中の奴隷の死亡率が一三パーセントであったが、この間における船長の死亡率もなんと一〇・五パーセントに達していたという[115]。船員の死亡率が低かったはずがない。さらにかれらの中には、新世界到着と同時に船を捨てて逃亡するものもいた。

船には、通常の貿易にはまったく要らない特殊技能者も乗り組ませなければならなかった。中途の積荷のことを考えれば、第一にコックが特別の腕をもっていなければならなかった。第二に「積荷」となったそれぞれの人間の、航海中に必要な桶を用意する桶工がいなければならなかった。第三に手枷・足枷・首枷の類を作り修繕することに習熟した大工も、ぜひ入用だった。万一かれが手違いでもやらかせば、全船員の安全はたちどころに失われることになる。もちろん船長など高級乗組員に、この貿易に経験を積んだ特殊技能者を揃えなければならないのは当然のことであった。医者もできれば乗り組ませたかった。

こうして準備万端をととのえた船はいよいよヨーロッパの港を出帆し、やがて酷熱の西アフリカ、おそらくギニのいずこかへ到着する。もしその船が大会社と関係のない個人的冒険企業の船ならば、セネガル寄りの上ギニに来ることも多いであろう。ここにはポルトガル時代の落し子の混血の半土着奴隷商などが、時には専用の奴隷牢獄まで設けて、かれらの商品を買いに船がやって来るのを待っていた。

だが根無し草のように、海岸を渡り歩いて着く先々でこれらの商人と面倒な取引を行ない、船艙を満たすのは、非能率でもあり危険も多かった。イギリス・フランス・オランダあたりの相当の会社の船ならば、こんなことはまずやらなかった。奴隷取引の本場であるギニ湾岸に船は直航した。何かの手違いでもないかぎり、そこにはすでに商品が買い整えられていて、ただ積み込みを待つばかりであったのである。

たとえば黄金海岸には、大独占会社の造った要塞が点在して、その周囲には土地の人の町さえ出現しており、大きな牢獄には多数の奴隷が用意されていた。オイル・リヴァーズからさらにその東のあたりには、このような要塞はなかったが、やはり会社の代理人が常駐してあらかじめ土着権力者・商人などから奴隷を買い受け、これをたとえば河口に停めた牢獄用廃船などに収容して船の来るのを待っていた。黄金海岸からオイル・リヴァーズの間はいわば中間形態で、要塞とまではいえない各種収容施設が散在し、同様の役目を果たしていたという。

こうしてギニのどこかについた船はまず積荷を下ろすと、空になった船艙に新しい荷を積み込む準備にとりかかる。特殊な積荷を狭い空間にできるだけたくさん積み込むためには、船艙に中仕切りと棚を多数組み立てなければならない。この特殊なカプセル牢獄作りは乗組み大工の腕の見せどころである。その用意が整うとそこではじめて、一度丸裸にした奴隷たちを船艙に収容する手筈となる。まもなく船艙が満杯となったところで、恐れや諦めや怒りに身を堅くした積荷に向かって大砲を照準したまま、船はいよいよ帆をあげて恐怖の「中央航路」に滑りだすのであった。

「中央航路」は大西洋の真ん中での死神との競争であった。積荷の商品たちは起きあがろうとすると頭のつかえる狭い棚で、体の自由を奪われたままほとんど四六時中を横になっての船旅であった。この死にやすい積荷を新世界の奴隷市場に無事送り届ける最良の方法は、急ぐことであった。遅れれば遅れただけ死神が船荷をさらっていった。蒸し暑く薄暗い船内の衛生維持は容易なことでなかったし、緊張の連続の船員は荷に乱暴を働きがちであった。

こうしてどこに行くのか分からないまま揺れる船艙に繋がれた人たちは、もし幸いにして生きていれば、ある日突然未知の世界に自分が運ばれてきたのを「発見」する。そしてよろめく足を踏みしめて上陸すると、すぐその地の市場でかれらは売りさばかれた。売り手は売り急いだ。死にやすい商品であったから。そこでしばしば代金あとばらいの信用取引でかれらは売られた。

私は……奴隷二三九を乗せて（西インドに）到着し、……期待以上にうまく売れたので、七十余の奴隷を水葬にする不運には遭ったものの、まずは良好な航海だったと存じます。

奴隷貿易に「初心」であった一船長はブリストルの船主に向けてこのように書き送っている。[116] 一例にすぎないが、こうして取引が終わると奴隷貿易船内の緊張は一斉に緩んだ。人道にいっさい目をつぶり、多数の死体を、あるいは伝染を恐れて重病の病人を、海中に投げ捨てながら走りに走った航海の終わりであった。あとは一路ヨーロッパへ向かって、取り扱いが簡単で人々を喜ばせる商品を、たとえば紅茶やコーヒーに入れて人々に甘味を味わわせるあの砂糖の樽詰めを、船艙にいっぱい満たして帆を上げればよかった。

ヨーロッパの人たちには、この三角貿易の初めと終わりの二辺だけしか見えなかった。そこでのふつうの平安な貿易の間に挟まれた「中央」の一辺について考えるより前に、かれらはこの航海のもたらす利益について考えた。「中央」について人々が議論しはじめるのは、ようやく一八世紀末からで、その場合も自国だけが先走って廃止を定めたところで、他国が廃止する保証がない以上ただ巨利を他にゆずるにすぎない、という現実論が現われて論議は難航した。奴隷貿易廃止運動が歴史の変動の多くの要因に助けられて実を結ぶようになるのには、一九世紀も半ばまで待たなければならなかった。

奴隷貿易の長い歴史を通じて、ヨーロッパ人がアフリカの内陸で奴隷狩りをするということはまずなかった。かれらはただ海岸に来て買っていくだけであった。だが、かれらの来る前から海岸に奴隷市がたっていたのではけっしてない。

そもそも西アフリカの問題の海岸地帯に、古くから見るべき海路の貿易があったとはとうてい考えられない。むしろギニは、陸路北方へ向かって口を開いていた。ここは世界でもかなり多雨の地域で、しかも赤道近い高温のことであるから、元来ほとんどが密林におおわれていた。この熱帯雨林地帯から北方に向かって進んでゆくと、緯度にしたがって雨量は減じ、それとともに大樹がまばらになって草原となり、その草も低く疎らになってとげのある灌木にかわり、それがやがて広大なサハラ砂漠に吸いこまれていく。現在は急速に南下する砂漠に襲われて様相を一変させつつあるというが、古来大きな国家の興亡したのはこの草原・灌木地帯であった[117]。

この地域の市場は古くから北方地中海方面とサハラを縦断する隊商で結ばれ、塩をはじめ銅、子安貝の貝殻（これは通貨）、織物、家畜などを買い入れ、黄金（これは北方での通貨）、奴隷、コーラの実などを売り渡していた。ところがこの黄金、コーラの実は南部森林地帯の産物であり、問題の「奴隷」もふつうここで得られたから、草原大帝国の商人たちはしばしばこの地に深く分け入って取引を行なっていたという。

ただし奴隷取引が、西アフリカできわめて広く恒常的に行なわれていたわけではない。むしろそれは偶発的ないし地方的小現象で、大量の奴隷売買や売るために人を捕らえることなどは、ふつうには考えられなかったようである。ただ一般に家内奴隷は、この地方にかなり広く存在していたものと考えられている。

この古くからの北方とのつながりは、ヨーロッパ人が南の海岸地帯に出現するにおよんで大きな影響をこうむるようになった。すなわち北方との交易は衰運に向かい、代わりにギニ海岸での貿易が着実に伸びてきたのである。ヨーロッパ商品に対する需要は西アフリカ一帯にすでに確立されており、一方ヨーロッパ人の欲したものは海岸地帯で直接手にすることができたからである。

だが変わったのは交易路だけではなかった。はじめのうちこそ取引のおもな目的を黄金におき、奴隷にはごく副次的な意味しか与えていなかったヨーロッパ人が、「新世界」に砂糖生産がさかんになるころ、にわかに奴隷を、それもさらに多くの奴隷を欲しはじめたのである。これに対して海岸地帯の首長や商人たちは、はじめは手近な家内奴隷などを渡してその求めに応じていた。何のためにどこへ連れてゆくのかよく分からなかったが、罪人はじめ借金を返せぬものまで奴隷にしてはかれらに売り渡した。奴隷貿易がさかんになった一七二七年の話であるが、ダオメーの王があるイギリス人に黄金や奴隷を贈って、「(土地の人が奴隷を) 売るのは遠くへ運び去らないという条件の下においてである」と本国へ伝えるよう命じたという。[118] 奴隷についての考え方が、ヨーロッパ商人とかなり食い違っていたことを示すよい例話である。

だがそんなのんきな話が通ずるわけはなく、たちまち奴隷の供給は需要に追いつかなくなった。そして市場経済の常として、追いつかなくなればなるほど奴隷を売ることが有利になった。ヨーロッパ人との取引は従来とても考えられなかったほどの額に達し、海岸地帯の政治権力者や商人の中には大きな富と勢力を貯えるものが出現した。そしてとうとう人さらいがはじまり、他種族への奴隷狩り戦争が始まった。ヨーロッパ人は自分ではやらなかったが、必要なものは何でも渡してくれた。ことに新しい銃器は圧倒的な意味をもった。

一七世紀から一八世紀にかけて、西アフリカには南部森林地帯を中心とするいくつかの大国家が現われた。たとえばベニン・オーヨ・ダオメー・アシャンティなどがそれである。西アフリカの歴史で、草原地帯からではなく森林地帯から大国家が生まれるのはこれがはじめてであった。

そもそも草原地帯の古い大帝国建設の軍事的基礎は騎馬隊にあった。ところが草原の雄たる騎馬隊も森林地帯に入ると行動の便を失い、さらにツェツェ蠅におそわれて馬が眠り病の餌食になってしまったから、ものの役には立たなかった。したがって草原の大帝国が森林地帯にまで勢力を浸透させることはほとんどなかったが、一方、騎馬隊をもたぬ森林地帯の人々が逆に草原に打って出ることも全然問題にならず、けっきょくこの南部地域は大きな政治的組織と無関係な種族の領域としてとどまらざるをえなかった。

ところが一七、八世紀になると形勢はにわかに変わり、南部の国家が大きく北方に勢力を伸ばして草原地帯を荒らしはじめた。その理由を簡単に割り切ることはできないが、南部地域がヨーロッパ人と密接な接触をもつに至ったことと関係が深く、ことにこの地方に流入した大量の火器・弾薬が大いにものをいったと考えられる。これらの国家の勢力は森林地域での種族連合・種族支配を中核とする軍事的なもので、周辺地域ごとに北方に向かっては、しばしば奴隷狩り戦争による人口掠奪の形をとって発展し、政治的支配・朝貢関係の樹立という色彩が薄かった。

だがこのような国家の繁栄は、あまり長続きしなかった。奴隷狩り戦争は、それにはげしく襲われた地域のもっとも強壮な年齢層を奪って一時に大きな打撃を与えるばかりでなく、周辺一帯にうかうかしていられぬ動揺状態を常時作り出した。また奴隷狩りを行なう国家自身のうちにおいてすら、青年層を生産活動からひき離して一種の戦争業に走らせ、健全な社会・経済の基礎を掘り崩す作用をおよぼした。

一部ではたしかに生活が贅沢になった。人口が減じて輸入だけが拡大したのであるから、無神経に統計学を当てはめれば、一人あたり所得は大きく上昇したはずである。だがそれは同時にこの地方にあった多くの素朴な手工業を衰退させ、農業・牧畜にまで影響を与えずにはおかぬ出来事であった。一度武器と贅沢が奴隷と引き換えに手渡されはじめたとき、平和で堅実な生活にひびが入り始めたのである。

もちろん、南部におこった大国家興亡の原因を、すべて奴隷狩り戦争で説明してしまうことはできない。物事をあまり一方的に解釈しすぎると、簡単なことが見えなくなることがある。そもそも当時の奴隷貿易の西アフリカ社会全体に及ぼした影響の大きさを、具体的に確かめる作業は容易ではない。たしかに奴隷取引の規模は、長期的にみて大きかった。世界市場の側からはそう見える。しかしそれを毎年の取引数字でみると、盛時においても年間数万人というところである。

とすれば、人道上の問題は別にしてこの数万人が大きいのか小さいのかということになるが、奴隷貿易の打撃を直接受ける西アフリカそのものの大きさは、おそらくこれに比べてはるかに次元が上であり、容易なことでは社会の「全面的崩壊」ないし「人口壊滅」などという状態に立ち至らなかったとしても不思議でない。三、四〇〇年も奴隷貿易が続いたという事実そのものが、ある程度これを立証しているともいえるであろう。

それだけ西アフリカは大きかった、あるいは当時の世界市場はそれほど大きくはなかったというべきであろうか。しかし一方において個々の奴隷売買の背景を逆に手繰ってゆけば、局地的であるかもしれないがどこまで行っても惨憺たる現実に突き当たることも見落としてはなるまい。

遠い世界で奴隷の需要が高まると、こうして西アフリカの内陸からますます多くの奴隷が海岸に送られてきた。銃を手にした人間の狩猟者に追われながら、数珠つなぎになった捕虜たちは長い途を歩いて海岸へやってきた。かれらはそこで仲買人の手に引き渡され、どこかの牢獄・収容所・廃船の中につながれる身となった。

ヨーロッパ人はこれを買い受ける時ひとりひとり点検して、老人や病気もちのものを除くのが常であった。こうして間引かれて売り手に戻されたものの運命は、どういうことになるか分かったものではなかった。もちろん、間引かれずに残って新しいヨーロッパ人所有者の焼印を押されたものの運命が、これより上である保証もまたなかったけれども。

先に、西アフリカから積み出されたものは新世界に到着したものより数が多いことを指摘したが、以上のように見てくれば、当然、それだけの数を積み出すために内陸や海岸で失われた人の命が、これまたきわめて多かったことに思い至らざるをえない。海岸の狭い収容施設内に伝染病がはやり始めたときの処置を考えただけで、人の命がいかに扱われたかを察することができよう。奴隷取引の投げた波紋を逆に手繰れば、どこまで追っていっても出会うのは悲惨な光景だったのである。これらすべてが次の時代にまで及ぶ傷跡や歪みを社会に残したとしても、何の不思議もないであろう。

新世界のプランテーションの考察がわれわれを西アフリカへ導いてきたが、ここで話をもとへ戻し、時代の幅を広くとってプランテーション開発の前提となる史的条件の一般的考察を試みてみたい。すなわち、これまで世界市場と直接の関係がなかった「低開発」地域に「先進」地域の資本が投下され、プランテーションが建設される、という場合を頭において、なぜ、どのような条件によって特定の性格の特定の形の農企業が生み出されるのかを、多少一般的に考えてみたいと思う。

プランテーションをその外見からみると、熱帯・亜熱帯地域に建設された広大な農園（ないし樹園）である。そこでは、とくにその地域の自然条件の下でのみ生育するような農林作物が、それも見渡すかぎりひとつの作物が、先進地域の市場目当てに栽培されている。このような農企業が建設される前提条件のひとつとして、われわれはまず、その生産物に対する確かな市場の存在、という問題をとりあげてみることにしよう。

いまこの問題を少し広めにとらえれば、それは常に多様化の傾向を示しつつより豊かに発展してゆく先進地域の経済生活の存在、ということに帰着する。それはその周辺部において新しい農園の開発が始まることを歓迎し、これを自らの経済循環の中にとり入れてゆくのに十分な活力を備えている。とくに問題の農林産物に対して、その中に大きな需要が存在する、ないしは大きな需要が期待できるという見通しの立つことが重要で、これがいま考えているプランテーション開発の出発点となる。

ただし、市場の存在が前提条件だ、とただ一口ですましてしまうならば、現実の重要なポイントを見落とすおそれがある。第一に、市場が存在する、ないしは期待できるというだけでなく、どこにどのような需要があるのかについてより立ち入った情報が必要であり、けっきょくそのような情報を入手する方法が手の内にある、つまり市場の情報への確かなアクセスをもっていることが大切だからである。第二に、その産物を最終市場へ取り次ぎ販売する市場のシステムがすでに存在するか、あるいはそれがすぐにも形成されるという見通しが立たなければならない。そして第三に、このような市場機構が現に存在するか、あるいは近いうちにできるとしても、それに参入するしっかりした手がかりをもっていること、それへの参入が確実に約束されていること、換言すれば市場機構への確かなアクセスをもっていることがプランテーション開発者にとって必須条件となる。

　これらの点を考えに入れると、開発はどこのだれの手によってでもできる話ではなく、世界市場の主役である先進地域の商人・企業者・経営者たちがこの地域から資本を導入して開発を推進するのが、唯一の現実的な経路だということになる。

　この場合、すぐ後にもふたたびふれるが、農園はどうしても広大になり、企業規模はかなりの大きさとなる。つまりかなりの大きさの企業であって、はじめて収穫した作物を加工し、貯蔵し、梱包し、運び出すための各種施設を農園に付設することが可能になる。時には舗装道路・簡易鉄道・港湾施設などの整備にまで資本を投下するのも必要となる。こうして農業生産・加工・荷造りなどすべてに管理の手が届き、ある一定の規格の商品が大量に用意されたとき、世界市場への円滑なアクセスがはじめて可能になる。そもそも世界市場はそのような性格のものだという情報を、企業者たちは最初から手中に収めているのである。

　以上の点は、実はその裏にある条件の方がさらに重要である。それは、熱帯・亜熱帯の栽培適地にもともと住んでいる人々には、この世界市場向け生産を独自に始めることができない、ないしはその用意がない、という条件にほかならない。開発現地におけるこの条件の存在を開発者側の用語で表現すれば、この地域は低開発地域であり、住民は未開で文明のなんたるかを知らない、という評価になるであろうが、この条件が成り立っていてはじめて、いま考えているプランテーションらしいプランテーションの開発が進行するのである。

典型的なケースを考えると、土地の人々はその素朴な日常生活にとって必要なものだけを日々生産している。それ以上働いて外部経済向け商品を作ろうなどという考えは毛頭もっていない。必要なものだけ自給できればあとは休んだり遊んだりしてのんびり過ごすだけだ——そういう生活がそこにあるとき、これに対する「文明」の見地からの評価は、土着民はその性質が本来怠惰で、「勤労の精神」や「企業心」について何の理解も示さない、ということになるであろう。

もちろん、土地に農耕文化の長い伝統があり、さかんな商業が行なわれ、経済的利得に対して抜け目のない反応を示す人々のいるような地域もあるであろう。しかし土地の人々は先進地域市場の好みを探り、農産物の世界市況をキャッチしながら、輸出向けに生産するという準備がないかもしれない。つまりそのための情報や世界市場機構への十分なアクセスをもっていない可能性が大である。既存の農産物市場は、あくまでもその地方、その地域のもので、いきなり世界市場へ結びつく必然性も可能性もないのがまず自然である。

また新しい作物を輸出用に作るために、従来の農作を犠牲にする必要があることもある。この場合は、伝統的な社会経済構造がそれによってかなりの変容を受けることが当然予想される。社会全体としてそれだけの変革に手をつける準備がなく、あえてその危険を冒す必要も感じていないとしても、格別不思議な事態ではあるまい。ただしこのような状態を開発推進者側からみれば、この地の社会や文化は閉鎖的・停滞的・因習的であると批判すべきことになるであろうが……。

さらにまた、世界市場向けの新産物を作るには、それなりの資本や技術、いわゆるノウハウが必要である。たとえば植林してから何年もたってはじめて収穫が期待できるような産物の場合、相当の資本の準備や長期の見通しを可能にする技術的知識の獲得が当然の前提条件となる。ところがそんなものは、簡単にその土地に期待するわけにゆかないであろう。とくに問題の作物やその栽培法が、その土地の伝統的農業の中で未知である場合、上の条件は急には乗り越えがたい障害となる。つまり、資本主義先進地域のことばで表現すれば、土地の住民は資金がなく無知なのだ。

以上のような困難や障害がその土地の社会の中にあるとき、これを手早く克服し、「経済的未開」の「後進」地域に新しい農業的開発を推進しようとすれば、「先進」地域の資本・金融・市場・情報・技術へのアクセスをもつ企業者・経営者たちが主役を演ずるのが、ほとんど唯一の途ということになる。

ただし、農園の企業としての利潤は作柄や国際市況によって左右され、またもちろん、労働力調達条件や労働者の中に平穏を保つ社会的・政治的条件によっても大きく影響される。そのためどうしても投機性が濃くなるが、同時に、創業者利潤はもちろんのこととして好景気の時の利潤率も当然高くなる。だからこそ、先進諸地域の資本が海外のこの地にわざわざ輸出され投下される可能性も生じるのである。

ただ、ここで注意すべき点がひとつある。それは、かれらの技術や企業組織力や資本をこの開発において有効に生かすには、最適経営規模がどうしても大きくならざるをえないということである。とくに現地で開発・経営に身を入れて従事し、すべてを実際上とりしきってゆくよい人材は、そう簡単にえられないことが多い。かれらに何とか満足できる現地の生活を保障し、かれらの能力を最大限に有効に活用するには、当然大規模な経営が必要となる。

こうして広大な農園全体がひとつの経営単位をなし、生産計画から農作業・加工工程・商品搬出に至るまで単一の管理・監督の下にあって、多数の労働者が中央からの指図にしたがって動くという、典型的なプランテーションが生まれてくることになる。

プランテーション開発が進み、その経営に必要な情報や、曲がりなりにも市場に参入する方法が次第にその土地の人々の間にも知られてくると、多少の土地ないし資金をもち、企業心を備えた土地の人が、プランテーションよりはるかに小さな規模でも問題の作物を作り始めることがありうるであろう。だがこのような、後からすきまを探してもぐり込むような経営とプランテーションとは、同一次元で取り扱うことはできない。

さて以上述べたような条件がみな揃えば、それだけでプランテーションの開発が進むかといえば、ただちにそうだとは答えにくいいくつかの重要なポイントがまだ残っている。いうまでもなく、農園を開発するには土地を確保しなければならない。そのためには、まずその地の住民との交渉が必要となる。というのは、農園開発に適した土地が、まったく無主の地ということは稀だからである。一見して無主に見え、ヨーロッパ人が実際無主の地とみなしたような場合でも、しばしばその認識は事実に反している。

その土地には、一定の人々の狩猟権、果実などの採取権、放牧権、一〇年に一回ぐらいの焼き畑耕作権、その他各種益権が現存している可能性が強い。また、たといはっきりした経済的実質が伴わぬ場合でも、明らかに何者かへの所属地、何ものかのなわばりと考えられていることが十分ありうる。このような土地を無主の地と見なして別個の目的に用いるとなれば、当然土地の社会との摩擦がさけがたいであろう。

まして既存農業社会の居住地・耕地・休耕地を収用し、ここに市場向け作物の栽培を導入しようということになれば、まずふつうには目的達成困難と見て当然であろう。そこで土地収用のためには、場合によりその形態は千差万別であろうが、ともかくその地の住民、その地の既存社会との交渉が必要となる。交渉が了解に達しなければ、あるいは初めからそんな交渉の必要を認めなければ、なんらかの強硬手段が姿を現わすことになる。

農園のための土地が確保できたとして、つぎに行き当たるのは労働力の調達および管理の問題である。酷暑の自然条件に耐える労働者群をできうる限り安価に調達することが、農園にとって死活に係わる重要性をもつことはいうまでもない。

これについて第一に考えられるのは、その土地の住民たちの労働力の動員であろう。しかし突然巨大な農園が出現したからといって、土地の住民が自発的に農園に働きにきてくれることはまず期待できない。かれらにとってそんな外国市場向け生産は無縁のことであり、そのために働く必然性はまるでない。むしろ既存権益を乱暴に収奪されたとなれば、新企業に対して敵意を抱くのが自然であろう。

となれば、かれらを農園での労働に駆り立てる何らかの強制手段が必要になる。農園主がかれらにあらわな暴力ないし武力を行使する事例については、すでにこの節で見てきた通りである。自給経済の中にある住民に貨幣納の人頭税を課することによって、わずかでも現金収入の途となる新農園での労働に追い立てるというような、行政面からの強制もこの点では同類である。むろん「無限の労働力供給」源があって、それほど強制のコストを要せずに労働力を動員できればこれに越したことはない。

しかし、しばしばその地の住民だけでは労働力確保に十分でない。たちまち絶滅に向かった西インドの原住民の場合などは、まさにその例であった。そこでつぎに熱帯・亜熱帯の他地域に供給源を求めて、それもできれば「無限の」供給源を探して、そこから労働力を調達することが始まる。本節で検討してきた奴隷貿易は、このような労働力調達の中でももっとも粗暴な形態をとったケースである。これほどではないとしても、労働力の遠距離移動が本人の意志を押し曲げて行なわれることが多く、騙して連れ出すという例も少なくない。

ただしこの場合、労働力供給源となる地域そのものの政治・社会・経済的諸条件が密接に係わってくる。同時に、供給源と受け入れ側の両地域をつなぐ、労働力調達・輸送のための国際システムの確立・維持が重要な係わりをもってくる。世界史の展開の中で、その国際システムは実際上、自由な労働力市場の機構というには程遠い性質のものであった。すなわち地域と地域をつなぐ労働力移動の強制的体系という性格を多かれ少なかれ備えたシステムが、プランテーション経営を支える外部条件として現われてきたのである。

極端な例であるが、一七、八世紀の環大西洋奴隷市場は、その一局面をとらえたとき、たといいかにそこに自由競争原理が働いていたとしても、全体として労働力移動の強制的体系であったことに変わりはない[119]。こうして労働力調達に多かれ少なかれ強制が伴い、無理があったとすれば、プランテーション内での労働力管理も同様で、きびしい束縛の下での強制がその基本型であった。

プランテーションの開発者がかれらの立場から、文明を引合いにだして土地の社会や住民を批判したとしても、それはかれらの自由かもしれない。しかしこの種の批判が、その地の社会・住民や動員される労働者に対する非人道的・非文明的取り扱いの自由を与えるわけではないことは明らかなはずである。だが現実の歴史は、しばしば与えられるはずのないその自由をかれらが手にする方向に動いたのであった。

農園の産物が外部市場目当てに生産されることは、すでに述べた。だが農園と外部市場との関係は、それだけにとどまらない。与えられた自然的・社会経済的環境にもよるが、農園では多様な物資をいつもさまざまな割合で外部から購入する。農園管理者たちのぜいたくな欧米風生活の必要物資はもちろんのこと、労働者群のための衣料・食料なども必要に応じて外部市場から買い入れる。あるいは世界市場から調達する、といっていいであろう。

くわしくいえば工業製品や高級消費財は先進地域から、日常の食料などは他の地域とくに近隣諸地域から購入する。砂糖プランテーションの場合について第七節にみたように、例えば樽製造に用いる木材というような一部の原材料を、先進とはいいがたい地域から、それも近隣というにはやや遠い地域から購入することもある。

こうしてプランテーション経済は、多くの外部経済と結びついてはじめてその発展が可能となる。(A)プランテーション産物の市場となり、工業製品や高級消費財の供給源となる地域、(B)労働力の供給源となる地域、(C)日常消費財や一部原料の供給源となる地域、この三者が全体としてその開発、その発展を支える柱となる。そこでプランテーションにとって世界市場とは、自らとこれら三地域を繋ぎ合わせる媒体にほかならず、その開発・発展に不可欠な外部条件ということになる。

この場合プランテーション産物の市場となるのは、その開発に中心的役割を果たす資本主義先進地域自身にほかならぬことをもう一度注意しておきたい。プランテーションは市場向け生産を行なうといっても、けっして抽象的な市場一般に向けての生産を行なうわけではない。現実にはつねにこの特定の市場向けの生産をめざして出発しているのである。

われわれがプランテーションの論議を、「先進地域の市場目当て」の生産ということから始めたのもそのためである。この条件があって、はじめて新しい農園の開発がとくに先進地域の経済循環を拡大し、その中に経済機会を増やす方向に働くことになる。それがよく分かっていたからこそ、そのように現実が動いたのであって、下手な抽象論は後からつけたものに過ぎない。換言すれば、プランテーションは歴史上特定の世界市場を頭においた市場向け生産として発展したのである。

こうして、プランテーションは「世界市場」があって初めて成り立つ農企業であることが明らかである。しかし、すっかりお膳立てができて初めてプランテーションは開発される、というような論議の筋道にこだわってはならない。論理上の前後関係と事実上の因果関係とは、かならずしもつねに順序が一致するものではない。逆の議論もまた可能である。

すなわちこのような農企業の開発が進んで、はじめて労働力の輸出地や原料・日常消費財の供給地などはそういうものとして世界市場の中に組み込まれ、それなりの発展をすることが可能になり、さらに資本主義先進地域においては消費生活の多様化やその充実が現実のものとなる。そのすべての結果として、これら関係諸地域全体の上に先進地域の工業製品の市場が拡大することとなり、したがって先進地域でいっそうの資本蓄積や産業の発展が可能になる、という論議も十分成り立つのである。

けっきょく、どちらが先かという論理の順序が問題なのではない。たがいに他を前提とし合うようないくつかの条件が相携えて現実のものとなり、相互に因となり果となりつつ世界史的次元の発展を生みだしたのである。これについてはおそらく本章3節（二一五～一一六頁など）に述べたような意味において、かなり長い期間にわたる多数の条件の出会い（コンジョンクチュール）を考えるべきであろう。これに支えられてあるひとつの世界史的過程が進行し、その中の一現象として世界市場が出現し、拡大し、上記のようなすべての史的発展もたがいに絡み合いつつ現実のものとなったのである。

少々一般的・抽象的レベルでの考察に流れてしまったかもしれない。ここでもう一度プランテーションに戻って、その開発がその土地の社会や政治にもたらす影響について簡単にまとめておこう。

上に述べたように労働力調達、生産物の市場、日常消費財や原料資財の購入などを外部の世界市場に依存し、投資・資本の所有などにおいても資本主義先進地域に結びついた結果として、プランテーション開発の進んだ地域には、経済的・社会的にきわめて外部依存性の濃い性格が持ち込まれることになる。そしてそこには、日常的社交や文化面においても先進地域志向が強く、世界市場の動向に固く結びついた利害関心をもち、土地の大多数の人口と隔絶した生活を営む上流社会層が形成される。

そのような社会層がこの地域の利害を「代弁」する政治的地位を確保するようになれば、けっきょく海外先進地域と密接に結びついた寡頭支配が生み出されるであろう。こうなれば、しばしば人種問題のからむ不安定な階層社会の上に、さらに不安定な強権政治が乗せられることになる。

外部依存性と並ぶプランテーション経済の特徴として、それが経済を成りゆきにまかせたレセフェールで自然にできてくるという性格のものでなく、土地の収用や労働力の調達・管理などに集中的に示されるように、力によって無理を押し通し、人道を無視した強制を伴いつつ成長・発展するという傾向を顕著に示すことを指摘できる。このことは、単純な暴力的威嚇から政治権力を利用した強圧に至るまで、さまざまな形をとって現われた。

プランテーション開発に先進地域諸国間の争いがからんでくると、これがさらに拡大された形をとって現われてくる。将来性のある農園開発をめぐる競争、急速に消費の伸びつつある産物の生産をめぐる争い、とくに先進諸国の経済生活に不可欠な産物の確保のための争いということになると、農園そのものの争奪だけでなく、そもそものような開発を行なう権利の奪い合いになる可能性が濃厚であった。

こうした諸国間の利権争い・先陣争いがからんでくると、ひとつの農園を開発しようとするなら、当然できるだけ安泰な形で開発権を確保しなければならない。それはけっきょく具体的には大きな植民地権力・帝国権力に寄生し、これを後ろだてとし、これの末端となることによってのみ達成されることになった。こうしてプランテーション経済の背後にはつねに力が、物理的なまた政治的・軍事的な力が控えていたのである。

具体的な歴史事実との関係に立ち入る余裕がないまま、歴史的概念としてのプランテーションについて、論理的枠組みの考察に走りすぎたかもしれない。ともかく以上のようなプランテーションは、本節前半に述べた一七、八世紀だけでなく、その後も開発が進み、一八世紀末からそれはアジアの熱帯・亜熱帯地域に広がりはじめ、一九世紀末にはアフリカの同様地域にも波及していった。ことに一九世紀末よりいわゆる帝国主義時代に入るにおよんで、その発展はきわめて顕著となった。一九世紀を通じてその代表的な産物は、綿花・インディゴ・茶・サトウキビ・香辛料・カカオ・コーヒーなどであった。

二〇世紀に入ると、プランテーション産物の輸入者としてアメリカ合衆国の地位が大きくなり、コーヒーのような従来からの産物の世界市場の様相を塗り変える一方、自動車工業の発展とともに東南アジアのゴム、果実の日常的消費の拡大とともにカリブ海沿岸やハワイのバナナ・パインナップルなど、新しい産物のためのプランテーション開発が促進された。

第二次世界大戦後の民族主義の高揚、植民地の政治的独立という世界史的潮流はプランテーション形成条件の一角をつき崩し、このような農業経営の多くに打撃を与え、その衰退ないし変容をもたらした。しかしプランテーション形成条件のいくつかは、その後も変わることなく存続している。また長年にわたる歴史の産物が一夜にして無に帰すことはなく、良かれ悪しかれその遺産は次の時代に引き継がれて、他に選択の余地がない与件となる。

プランテーション開発は既存社会に打撃を与え、その中に近代植民地的体質をつぎつぎともちこんで、既存社会とは異なる新しい社会経済的現実を作り出す。労働力確保のための乱暴な人口移動は、人種・文化・民族の分布地図までぬりかえて問題を複雑化してゆく。こうして長年月を通じて社会的な変容・再編成がくりかえされるうちに、ついにそこにはプランテーション経済特有の難問が根を下ろしてくる。もちろん、開発の結果としての農業生産力の上昇は明らかに存在するであろう。しかし同時に、つぎの時代の社会経済的発展を制約する幾多の難問が、急には取り払うことのできぬ根強さで形成されることとなったのである。

1 原データの出所についてはつぎを参照。"shortcloths" への換算についても同所を参照。
Davis, Ralph, *English overseas trade 1500–1700*, London, 1973, p. 52, note to the table I. またつぎを参照。Fisher, F. J., "Commercial trends and policy in sixteenth-century England," *Economic History Review*, X, 1940, p. 95. Fisher, F. J., "London's export trade in the early seventeenth century," *Economic History Review*, 2nd series, III, 1950, reproduced in Minchinton, ed., *The growth of English overseas trade in the seventeenth and eighteenth centuries*, London, 1969, pp. 66–68. Carus-Wilson, E. M. and Coleman, Olive, *England's export trade, 1275-1547*, Oxford, 1963. Gould, J. D., *The great debasement: currency and the economy in mid-Tudor England*, Oxford University Press, 1970, p. 120. なおフィッシャーの二つめの論文に図1のその後の動向を示すデータが与えられている。

2 ヨーロッパ物価動向についての研究に立ち入ることは避けたいが、この図にとりあげた時期は概して物価は上昇基調で高めにあり、同時にヨーロッパ諸地域間の価格体系差がかなりの縮小を見せた。Cf. Kosminsky, Eugen A., "The evolution of feudal rent in England from the XIth to the XVth centuries," *Past & Present*, 7, April 1955, p. 18. 秦玄龍訳『イギリス封建地代の展開』未來社、一九六〇、一四四頁。Slicher van Bath, B. H., "The rise of intensive husbandry in the Low Countries," in J. S. Bromley and E. H. Kossman, eds., *Britain and the Netherlands*, London, 1960, I, p. 150. Chaunu, Pierre, *L'expansion européenne du XIIIe au XVe siècle*, Paris, 1969, p. 343. Wallerstein, I., *The modern world system*, I, New York,

1974, p. 71. 川北稔訳『近代世界システム I』岩波現代選書、一九八一、一〇四～五頁。なお第一章の注26および27と、これに対応する本文なども参照されたい。

3 Parry, J. H., "Transport and trade routes," in *Cambridge economic history of Europe*, IV, London and New York, 1967, pp. 164-65.

4 Sansom, George B., *The western world and Japan*, New York, 1950, p. 87. 金井圓他訳『西欧世界と日本 上』筑摩書房、一九六六、一一五頁。Wallerstein, *op. cit.*, pp. 331, 343-44. 川北訳、I、二四二～三、二五四～五頁。

5 これはエルナン・コルテスのことばという。ついでにコロンボは、「世界でいちばんすばらしいものは黄金だ。それは人の魂を天国へ運んでいってくれさえする」といったという。Frank, Andre Gunder, *World accumulation 1492-1789*, New York and London, 1978, p. 41.

6 カルロス一世（神聖ローマ皇帝カール五世）によるというポトシの楯の紋章のことば。*Ibid.*, p. 48.

7 Pérez de Oliva, Hernán, *Las Obras*, Córdoba, 1586, f. 134. Elliot, J. H., *The old world and the new 1492-1650*, Cambridge University Press, 1970. 越智武臣、川北稔訳『旧世界と新世界 1492-1650』岩波書店、一九七五、一五〇～一頁。Glacken, Clarence J., *Traces on the Rhodian Shore. Nature and culture in western thought from ancient times to the end of the 18th century*, Berkeley, 1967, pp. 276-78.

8 第1章の注42およびこれに対応する本文を参照。

9 以上はWallerstein, *op. cit.*, Iの粗筋を本章の観点から印象論的に整理したもの。

10 Davis, *op. cit.*, p. 8.

11 King, Gregory, "Natural and political observations and conclusions upon the state and condition of England" and "Of the naval trade of England A° 1688 and the national profit then arising thereby," in Barnett, George E., ed., *Two tracts by Gregory King*, Baltimore, 1936. Deane, Phyllis and Cole, W. A., *British economic growth 1688-1959, trends and structure*, Cambridge, 1962, pp. 155-58. Davis, Ralph, *The Industrial Revolution and British overseas trade*, Leicester University Press, 1979, p. 13, n. 2.

12 Barbour, V., "Dutch and English merchant shipping in the seventeenth century," *Economic History Review*, II, 1930, p. 249. Parry, J. H., "Transport and trade routes——V. The means of transport," in *The Cambridge economic history of Europe*, vol. IV, *The economy of expanding Europe in the sixteenth and seventeenth centuries*, pp. 210-18.

図2のデータについてはつぎを参照。Davis, R., *The rise of the English shipping industry in the seventeenth and eighteenth centuries*, 1962, p. 27. なおこれに続く時代についてはそれらに詳しいデータがえられる。図は用意しなかったが、つぎを参照。Mitchell, B. R., Deane, Phyllis, *Abstract of British historical statistics*, Cambridge, 1971, pp. 217-24.

13 Davis, *English overseas trade 1500-1700*, pp. 9-10.

14 本書の第一章2節を参照。なお国際貿易とイギリスの経済発展の係わりという問題については、つぎに掲げるミンチントンの論議が要をえており、さらに立ち入った検討への手引としても有用と思う。Minchinton, W. E., "Editor's introduction," in Minchinton, ed., *The growth of English overseas trade in the seventeenth and eighteenth centuries*, London, 1969, pp. 36–52. ミンチントンの結論部分は紹介に値しよう。「外国貿易は総生産のごく限られた部分——国民生産の一〇～一二パーセントという程度——を吸収したにすぎなかったが、海外におけるイギリス産物への需要と海外産物へのイギリスの需要とは、ともに拡大し続ける需要であった。《とくにそれは特定の地域、特定の産業に対してそれぞれ異なる時期に重要な貢献を行なった》。王政復古後二五年間のイギリス経済にとって、海外需要は全体として特別の重要性をもっていた。一七四〇年代から一七七〇年代にかけての経済拡張期についても同様で、この時には輸出貿易の多様化がイギリス経済全般にさらに広範な乗数効果を及ぼした。……一八世紀イギリスをずっと急速な経済成長の途に押し進めた複合的諸要因の中でも、外国貿易は必要不可欠の寄与 a vital and necessary contribution を行なった要因であった。いやそれだけではない。一六〇〇年から一七七五年にいたる期間において外国貿易は、イギリス史上他のいかなる時代にもまさる最大の役割を、経済発展を促進する上に果たしたのである」。(《 》内は抄訳)。*Ibid.*, pp. 51–52.

15　二、三の例だけ挙げる。その中の書目など参照されたい。宮崎犀一、奥村茂次、森田桐郎編『近代国際経済要覧』東京大学出版会、一九八一。Wilson, C. and Parker, G., eds., *An introduction to the sources of European economic history 1500–1800*, London, 1977. またつぎ

も参照。Mitchell, B.R., *European historical statistics 1750–1975*, 2nd rev. edn., London, 1980. Idem, *International historical statistics, Africa and Asia*, London, 1982. Idem, *International historical statistics, the Americas and Australia*, London, 1982. 中村・北村・斎藤監訳『マクミラン世界歴史統計』一〜三巻、原書房、一九八三〜八五。第一章の注17も参照。

16　つぎなど参照。Clark, G. N., *Guide to English commercial statistics, 1696–1782*, London, 1938. Jarvis, R. C., "Official trade and revenue statistics," in *Economic History Review*, 2nd series, XVII, 1964, pp. 43–63. Åström, Sven-Erik, "From cloth to iron, the Anglo-Baltic trade in the late seventeenth century," Part II, "The customs accounts as sources for the study of the trade," *Commentationes Humanum Litterarum*, XXXVII, 3, 1965, pp. 1–86. Minchinton, ed., *op. cit.*, pp. 32–36, 52–57, 182–96. Deane, Phyllis and Cole, W. A., *op. cit.*, pp. 315–18. Davis, *Industrial Revolution*, pp. 77–85. Minchinton, W. E., *The trade of Bristol in the eighteenth century*, Bristol Record Society, 1957. Stephens, W. B., *Seventeenth-century Exeter: a study of industrial and commercial development, 1625–1688*, University of Exeter, 1958.

17　デイヴィスのつぎの諸著作に含まれる統計情報を用いる（なお以下においてはそれぞれの左端に記した略号で参照することとする。また図に使われた個々のデータがそれぞれ何ページにあるかの細かい注記は、煩雑で意味のないことが多いので原則的に行なわない）。

Davis[1]: Davis, Ralph, *English overseas trade 1500–1700*, London, 1973, pp. 52–56. Davis[2]: Davis, Ralph, "English foreign trade, 1660–1700," *Economic History Review*, 2nd series,

VII, 1954, pp. 150-66; reproduced in Minchinton, W. E., ed., *The growth of English overseas trade in the seventeenth and eighteenth centuries*, London, 1969, pp. 78-98. Davis[3]: Davis, Ralph, "English foreign trade, 1700-1774," in *Economic History Review*, 2nd series, XV, 1962, pp. 285-303; reproduced in Minchinton, ed., *op. cit.*, pp. 99-120. Davis[4]: Davis, Ralph, *The Industrial Revolution and British overseas trade*, Leicester University Press, 1979, pp. 88-125.

この他につぎのもしばしば用いる。Mitchell[1]: Mitchell, B. R. and Deane, Phyllis, *Abstract of British historical statistics*, Cambridge University Press, 1971. 以上以外のものについては、それぞれの箇所において注記する。なおシュローテのもの（Schlote, Werner, *British overseas trade, from 1700 to the 1930s*, translated by W. O. Henderson and W. H. Chaloner, Oxford, 1952）は細かに検討したがほとんど使わないことになった。

18 Millard, A. M., "The import trade of London, 1600-1640," (unpublished London Ph. D. thesis, 1956), in Davis[1], p. 55.

19 Fisher, F. J., "London's export trade in the early seventeenth century," *Economic History Review*, 2nd series, III, 1950, pp. 151-61; reproduced in Minchinton, ed., *op. cit.*, pp. 64-77.

20 Davis[2].

21 Davis[2] and [3].

22 Davis[4].

23 Fisher, *op. cit.*, pp. 160–61; in Minchinton, ed., *op. cit.*, pp. 75–77.

24 Davis[2], p. 150, n. 2; in Minchinton, ed., *op. cit.*, p. 78, n. 2. Cf. Fisher, *op. cit.*, pp. 152–54; in Minchinton, ed., *op. cit.*, pp. 66–68.

25 図4のデータはDavis[2], [3] and [4]. 一六六〇年代の再輸出額の見積りについてはDavis[2], p. 159; in Minchinton, ed., *op. cit.*, p. 90.

26 Mitchell[1], pp. 279–84.

27 Davis[2], [3] and [4].

28 Macpherson, David, *Annals of commerce, etc.*, 4 vols., London, 1805. Schumpeter, Elizabeth Boody, *English overseas trade statistics 1697–1808*, Oxford, 1960.

29 Davis[2], [3] and [4].

30 Cf. Fisher, *op. cit.*, in Minchinton, ed., *op. cit.*, p. 75.

31 Davis[2], [3] and [4].

32 Davis[2].

33 Davis[3].

34 Davis[3].

35 Deane, Phyllis, "The output of the British woolen industry in the eighteenth century," *Journal of Economic History*, XVII, 1957, pp. 207–23.

36 本章の注14に訳出したミンチントンの見解を参照。

37 Marshall, J., *A digest of all the accounts*, London, 1833, pp. 88-89. Ashton, T. S., *Economic fluctuations in England 1700-1800*, Oxford, 1959, p. 183. Cf. Mitchell[1], pp. 94-95.

38 Deane, Phyllis and Cole, W. A., *British economic growth 1688-1959, trends and structure*, Cambridge, 1962, p. 65.

39 Davis[2], [3] and [4].

40 Cf. Fisher, *op. cit.*, in Minchinton, ed., *op. cit.*, p. 76.

41 Davis[2], [3] and [4].

42 Millard, A. M., *op. cit.*, in Davis[1], p. 55.

43 Cf. Davis[1], p. 27.

44 Davis[2].

45 簡単にはつぎを参照。Hamilton, C. J., *The trade relations between England and India 1600-1896*, Calcutta, 1919, pp. 99-106.

46 Cf. Kent, H. S., "The Anglo-Norwegian timber trade in the eighteenth century," *Economic History Review*, 2nd series, VIII, 1955. 一六六〇年代のデータは Davis[2] を参照。

47 Davis[3]. なおすぐ続けて本文中にあげる四三・八パーセントという数字の算出については、輸入を行なっている地域の取り扱いに注意。一三三頁および次章注13を参照のこと。

48 Deane and Cole, *op. cit.*, pp. 51-53, 59-60, 205-06, 212.

49 Davis[2], [3] and [4].

50 Davis[2], [3] and [4].

51 Davis[2], [3] and [4].

52 Davis[2].

53 Cole, W. A., "Trends in eighteenth-century smuggling," *Economic History Review*, 2nd series, X, 1958, pp. 395-410; reproduced in Minchinton, ed., *op. cit.*, pp. 121-43. James, F. G., "Irish smuggling in the eighteenth century," *Irish Historical Studies*, XII, 1961, pp. 301-40.

54 Davis[3].

55 Davis[2] and [3]. なお平均的に見て一八世紀における再輸出価格は仕入れ原価の約二倍ないしそれに近い値と考えられ、両者の隔たりはこの世紀の間に漸増傾向にあったようである。次注を参照されたい。

56 ここで必要とされた調整作業の説明を分かりやすくするために、貿易額全体を概念的に分類する表を次頁に掲げる。そこで貿易の欧州外依存度（いずれも百分比）はつぎの式によって計算される。

輸出の場合：100×B/(A+B)

再輸出の場合：100×(D+E+F)/(C+D+E+F)

輸入の場合：100×(I+J+K+L)/(G+H+I+J+K+L)

ここでA、B、……、Lはいずれも次頁の表中の記号で示される貿易の額を示す。

	原　産　地	最終的販売地		記号
輸　出	自　　国	ヨーロッパ		A
	自　　国	ヨーロッパ外*	○	B
再輸出	ヨーロッパ	ヨーロッパ		C
	ヨーロッパ	ヨーロッパ外*	○	D
	ヨーロッパ外**	ヨーロッパ	○	E
	ヨーロッパ外**	ヨーロッパ外*	○	F
輸　入	ヨーロッパ	自　　国		G
	ヨーロッパ	ヨーロッパ		H
	ヨーロッパ	ヨーロッパ外***	○	I
	ヨーロッパ外**	自　　国	○	J
	ヨーロッパ外**	ヨーロッパ	○	K
	ヨーロッパ外**	ヨーロッパ外*	○	L

○印＝欧州外依存の場合

* ヨーロッパのどこかが中間経過地であっても、最終的行き先がヨーロッパ以外ならここにはいる。

** ヨーロッパのどこかが中間経過地であっても、原産地がヨーロッパ以外ならここにはいる。

*** 輸入されたヨーロッパ産物のうち、ヨーロッパ外への再輸出に向けるための輸入であったものがここにはいる。

この表で＊、＊＊、＊＊＊とマークされたすべての場合について、個々の産物、取引相手の中間経過地ごとにデータの修正ないし調整処理を行なったが、そのために設けた仮説をすべてここに並べることはできない。ただしこの表では細かく分けたがそれは説明の便のためであって、欧州外依存度の計算にあたって実際に必要なのは、右記の計算式からも察せられるように、つぎの値ないし合計値の見積りだけで十分である。すなわち輸出についてはBを、再輸出については（D＋E＋F）あるいは（再輸出の合計値からCを減ずればその額がえられるのだから）むしろCを、輸入については I および（J＋K＋L）を、見積れば十分である。

以上のうち I の見積りについては多少の説明を要する。イギリスの経済成長に関する古典的研究となった著作の中でディーンとコールは、輸入額（仕入れ原価基準）と再輸出額のデータを手がかりとして c.i.f. 基準の輸入額を見積っているが、そのための作業を借用して、ここではヨーロッパ産品のヨーロッパ外への再輸出額のデータ（調整済み）から、その輸入原価を見積る作業を行なった。すなわち再輸出額データから当時の通常の商業利潤（約一五パーセント）を減じ、ディーンとコールのデータから計算される c.i.f. 基準の輸入額と仕入れ原価基準の輸入額との比（一・四ないし一・七程度）を用いてこれをデフレートして、他の輸入額と比較し得るような仕入れ原価基準の輸入額を求めた。結果的に仕入れ原価は再輸出額の約半額、ないし六割程度という計算となった。Cf. Deane and Cole, *op. cit.*, pp. 318-21.

これ以上の細部には立ち入らないが、本書の図版に表わされた情報よりずっと詳しい原情報のえられる場合の検討に基づき、他の代替仮説による情報の修正、圧縮の結果と対比して、誤った印象を作り出す危険性がもっとも少ないものと判断される仮説を採用した。ただしあまり精巧な仮説は結果がよくなる保証が少なく、むしろかえって最後にでてくる数字の意味や性質が不鮮明となる危険ばかり増大するように思えて、これを用いなかった（よりよい結果を得るためには史家によって整理され公表された統計表ではなく、それこそ最初の原史料に当たりなおすほかはないが、その場合でもなんらかの情報処理上の仮説が必要となる）。また、仮説をいろいろ変えてみても最終結果に及ぶ影響はさしたるものでない。よほどていねいに見比べないと図上の変化は見落としてしまう程度のものである。とくに当時の「世界市場」の「環大西洋的性格」の度合いには変化の及ぶこと小である。これに比べると「輸入先導性」の方に影響が大きいようであった。

図23は以上のような修正を加えているが、その原情報の出所はつぎの通り。Davis[1], [2], [3] and [4].

57 たとえばつぎなど参照。また本章第3節も参照。Parry, J.H., "Transport and trade routes," in *Cambridge economic history of Europe*, IV, London and New York, 1967, pp. 167-81, 210-18.

58 Davis[1], [2], [3] and [4]. 詳しくは注56を参照されたい。その注の表の中で○あるいは＊、＊＊、＊＊＊などのマークのついた場合の「ヨーロッパ外」を、関係する地域によってさらに「新世界」、「アジア」、および「その両方」という三者に振り分けて、それぞれ合計計算することになる。

59 本章の一三八〜四〇頁を参照。

60 本章の注14を参照。

61 これらのことばの語義もふつうとくに説明されていない。だがこの「進出」、「領有」などについては、ヨーロッパ人側の解釈と土地の政治権力側の解釈とはかなり食い違いがあるのが一般的である。「ある土地ないし村の下級支配権を付与して封建臣下の列に加えた」とその土地では受け取られている同じその事柄を、臣下であるはずのヨーロッパ人はそうは解釈していない、ないしはそう解釈しなくなってくる、という事態のごときが典型的な一ケースである。これを地図帳でどう扱うかはかなり難問のはずである。しかしヨーロッパ側の解釈が後に押しつけられていった場合、概して歴史の経過を先取りして最初から「獲得」「領有」扱いする無神経さが通例のようである。しかしことばを同じ時代に同じ基準で使うなら、わが国の平戸や長崎の出島にも「進出」の旗が立ち、どこかの国の色がぬられていておかしくない。いずれにせよヨーロッパ的な世界史の解釈を明治以来うのみにしてきたわが国の伝統が、ここら辺りにも気付かれずに残っているといえそうである。

62 第三章2節四二八頁を参照。またつぎを参照。家島彦一『イスラム世界の成立と国際商業』岩波書店、一九九一。Furber, Holden, *John Company at work, a study of European expansion in India in the late eighteenth century*, Cambridge, 1951, pp. 161-62, 166. Chaudhuri,

K.N., *The trading world of Asia and the English East India Company, 1660–1760*, Cambridge, 1978, p. 198.

63 現在のインド・パキスタン・バングラデシュなどを含む広い地域名として、以下この語を用いる。

64 ヨーロッパ側からのものの見方、ないしものの見え方をそのまま借用してあやしまない、というわれわれの傾向は香辛料貿易についても顕著で、南アジアの香辛料はただヨーロッパへさかんに運ばれたという一事で世界史に登場するだけである。しかしアジア自身の中でそれがはるかに長い歴史をもつ重要な貿易品の一つであったことはほとんど注意されない。ヨーロッパで中世末以降それに対する需要が増大したことは事実としても、アジア全域における商取引量、消費量からみればごく一部が西方へ向けられ始めただけと見た方がいいように思う。マルコ・ポーロによればマラッカからアレクサンドリアへ送られた量の一〇倍のこしょうが華南に向けられていたという。永積昭氏の述べられるところと多少異なって、筆者には中国向けの一〇分の一がアレクサンドリアへ送られたというのはどちらかというと多すぎる見積りではないかと思える。印象論に過ぎないが。永積昭『オランダ東インド会社』講談社学術文庫、二〇〇〇、二四頁参照。

65 一般読み物で恐縮であるがつぎを参照されたい。松井透『バニヤンの樹かげで』筑摩書房、一九九四。

66 Chaudhuri, *op. cit.*, p. 16.

67　ゴルコンダは一六、七世紀デカン高原東部を支配したムスリム王国。王朝名はクトゥブ・シャーヒー朝。

68　タヴェルニエの旅行記はフランスで出版されると一年後に英訳、まもなくオランダ語訳が出され、その後いろいろな版が現われた。以下ではフランスの一六八二年版を用いた。Tavernier, Jean-Baptiste, *Les six voyages de Jean-Baptiste Tavernier, etc.*, Paris, 1676; nouvelle ed., 1682, première partie, p. 623. ついでに英訳版の例を挙げるが自由な抄訳というべき箇所があり、翻訳としては必ずしも十分でないようである。Idem, *The six voyages of John Baptista Tavernier, etc.*, tr. by J. Phillips, London, 1677. Idem, *Travels in India*, tr. by V. Ball, 2 vols., London 1889. Idem, *Tavernier's travels in India*, Calcutta, 1905. Idem, *Travels in India*, tr. by V. Ball, 2nd ed., ed. by W. Crooke, 2 vols., London, 1925.

69　Tavernier, *op. cit.*, pp. 623–24.

70　*Ibid.*, p. 624.

71　Chaudhuri, *op. cit.*, pp. 196–97, 243, 247, 305. Cf. Foster, William, *The English factories in India, 1618–69*, 13 vols., Oxford, 1906–27; vol. for 1630–33, pp. 124–25.

72　Chaudhuri, *op. cit.*, pp. 142, 335. Cf. Foster, William, *op. cit.*, vol. for 1624–29, p. 307.

73　Fryer, John M. D., *A new account of East India and Persia, in 8 letters; being nine years travels, begun 1672 and finished 1681*, London, 1698; new. ed., W. Crooke, ed., 3 vols., London, 1909–15, II, p. 249. Chaudhuri, *op. cit.*, p. 225.

74 Original correspondence, 11 March 1695, vol. 50, No. 5984. Chaudhuri, *op. cit.*, pp. 49–50.

75 Despatch book, 1 September 1697, vol. 92, para. 8, p. 608. Chaudhuri, *op. cit.*, p. 226.

76 Chaudhuri, *op. cit.*, pp. 49–50, 205, 219, 224–27, 348. なおアールメーニアの歴史について全般的につぎを参照。中島偉晴『閃光のアルメニア』神保出版会、一九九〇。

77 当時の「会社」には今日われわれのいうような意味の「社員」の観念はまずなかった。factorsとは元来取引を代行するものの意であるが、本文中でここから次頁以下にかけて簡単に述べているfactor, factoryの用語法はポルトガル語（feitor, feitoria）に一六世紀以来の歴史があり、英語はむしろこの用語法を受け継いだものと考えられている。フランス語などにも類似の例があり、西ヨーロッパに通ずる用語と見た方がいいようである。Cf. articles "factor" and "factory" in Yule, Henry and Burnell, Arthur Coke, *Hobson-Jobson: being a glossary of Anglo-Indian colloquial words and phrases, etc.*, London, 1886. なおイギリス東インド会社の歴史が数十年を経過する一七世紀後半までには、このことばの使用法も次第に変わり、本来の意味内容が薄れて形式化し、会社のために働く人たちを一括して広くservantsと呼ぶことが多くなった。「奉公人」「使用人」「勤務者」とでもいうべきであろうが、ニュアンスとしては「社員」に近寄ったようである。そしてこのservantsの中の「資格」ないし「等級」とでもいうべきもののひとつとしてfactorという用語が使われるようになった。「会社の使用人の全体はつぎのような等級classesに分けて捉えることができよう。すなわちmerchants, factors, writersがそれである」（一六九八年のフライヤーの著作）。

Fryer, *op. cit.*, p. 84. 会社の公式文書にこの等級分けが提示されたのは一六七五年である。なおそこでは merchants をさらに senior merchants と、ただの merchants ないし junior merchants との二者に分けている。

なお本文中に述べた「社員」たちの南アジア市場との取引もただちにうまく行くというものではなく、交渉の接点には何かと不具合が残った。「《ペルシアでもインドでも……主力商品の卸売大市場などというものは存在しません》。この地で商人 merchants と呼ばれるのは、荷を運びながらあちこち歩き廻る行商人 badgers ともいうべきもののことで、一度に仕入れるのはごくわずかの量ずつでしかありません」(《 》の中は抄訳)。Letter from Thomas Roe to Thomas Smythe, 16 January 1616[1617], in Danvers, F. C. (ed., Vol. 1 only) and Foster, William (ed., all vols.), eds., *Letters received by the East India Company from its servants in the East, 1602-1617*, 6 vols., London, 1896-1902, vol. 5, p. 330. 「《産地でじかに仕入れようとすると》土地の人から買うことのできるのは小さな包で、しかもあきあきするほど時間をかけて、ああだこうだの面倒のあげくでないと、それを手に入れることはできません。そんなことをしないで、大量に仕入れてただちにここから荷を発送すべきだということになれば、短い間に値が上がってアーグラ市で求めるよりずっと高値になってしまうでしょう。……われわれが(産地の)田舎にやって来るという噂だけで、それをきっかけに商品はたちまち不条理な値上がりを示すのです。《安値で手にいれようとすれば少なくとも一二カ月の余裕がほしいというほどの量の商品を、僅々一カ月で仕入れてしまおうというのですから、少々高値をつかむ結果となっても致し方ありません》」。Letter from Francis Fetiplace and Robert Hughes to the East India Company, 20 December 1617, in *ibid.*, vol. 6, p. 248. 以上の点全体についてつぎを参照されたい。松井透「イギリス東インド会社」、『歴史と地理』四二三号（一九九〇年一一月）、山川出版社。

78 Despatch book, 27 March 1661, vol. 86, p. 17; Court book, 17 October 1660, vol. 25, p. 309. Chaudhuri, *op. cit.*, p. 47.

79 Chaudhuri, *op. cit.*, p. 68. ただし会社の初期においては、船が規則的にくるとはかぎらなかった。また会社の事業も、個々の航海ごとに個別的に資本を募り個別的に清算してしまうという形をとっていた。このような時代においては、社員は資本の調達にかなり苦労していたようである。また戦乱や社会的動揺があると現地の金融事情は一挙に悪化して資本調達にとかく差障りが生じた。ここでは簡単に扱ったが、一般に南アジア現地の商業・金融資本からかなりの資金の融通を受け、南アジア内の送金は土地の送金手形に頼るというのが、一七世紀における現地商館の業務の実情であった。この点に係わる問題を具体的に示す史料はきわめて数が多い。つぎにいくつかの例を拾っておく。Foster, William, *The English factories in India, 1618–1669*, vol. for 1618–21, p. 85; vol. for 1624–29, pp. 63, 228; vol. for 1630–33, pp. 327–28; vol. for 1642–45, pp. 5, 302–03; vol. for 1646–50, p. 140; vol. for 1655–60, p. 196.

80 その事例としてつぎを参照。松井透「17世紀インドのアイ産と政治権力」、『南方史研究』1、一九五九、三七〜五五頁。Cf. Moreland, W. H., *From Akbar to Aurangzeb, a study in*

Indian economic history, London, 1923, pp. 114, 146-48, 191.

81　筆者の考えについてはつぎなど参照されたい。松井透「インドの植民地化」岩波講座『世界歴史』13、一九七〇。

82　後述（二六四〜七〇、二七二〜三、二七七〜八〇、三〇六〜一九、四二七〜八、四四一〜二、四五一頁など）参照。

83　Davis[2], [3] and [4].

84　Cf. Minchinton, W. E., "Editor's introduction," in Minchinton, ed., *The growth of English overseas trade in the seventeenth and eighteenth centuries*, London, 1969, pp. 55-57. 本章の注53も参照。

85　Davis[4].

86　Davis[2], [3] and [4].

87　ロンドン港以外の貿易を一六九九〜一七〇一年の時点でロンドン港における貿易と比較すると下の表の通りである（Davis[2] より算出、ブリテン諸島内貿易を除く。▽印は入超）。

（単位：万ポンド）

	ロンドン港以外	ロンドン港
総輸出（全体）	168.5	436.7
その内西欧向けの輸出	115.8	186.4
さらにその内毛織物の輸出	80.1	55.3
輸入（全体）	80.7	461.2
その内西欧よりの輸入	22.3	119.5
出超（全体）	87.8	▽24.5
西欧向け出超	93.5	66.9

西欧との貿易に限ってみると、ロンドン港以外の総輸

出は輸入の五倍以上にもなる。その総輸出のうち、再輸出の占める割合は極端に少なく（表ではその数字は省略したが約五パーセント）、しかも輸出の約七割を自国産毛織物が占めている。これに対してロンドン港の西欧との貿易を見ると、総輸出は輸入の一倍半程度、総輸出のうちの再輸出の割合は六割にも及び、毛織物の割合は三割に落ちる。全体としてロンドン港だけの貿易は入超で、ロンドン港以外の貿易を加えてはじめて出超になる（図3参照）。西欧との貿易ではロンドン港だけについて見ても（再輸出額の大きさのおかげで）出超であるが、ロンドン港以外の貿易の方が総取引額が少ないにも拘わらず出超額は大きい。ヨーロッパ経済史、さらには世界市場の形成史を地域経済内部に立ち入る視角から分析するとき見落とすことのできないポイントであろう。

88 Davis[4].
89 Davis[2], [3] and [4].
90 Davis[2], [3] and [4].
91 この前後だけでなく広く第二章に関係するところの多いつぎの書を参照。Davis, Ralph, *The rise of the Atlantic economies*, London, 1973. またつぎも参照。Saul, S. B., *Studies in British overseas trade 1870-1914*, Liverpool, 1960, pp. 3-16. 久保田英夫訳『イギリス海外貿易の研究』文眞堂、一九八〇。
92 Davis[4].
93 Davis[2], [3] and [4].

94 Schumpeter, Elizabeth Boody, *English overseas trade statistics 1697–1808*, Oxford, 1960, pp. 17–18.

95 本章の注53、84および次節の奴隷貿易に関する部分など参照。

96 Schumpeter, *loc. cit.*

97 「ひとつの重要な」と書いたがそれが「決定的」とはいえぬとしてもどの程度重要なものであったのか、そもそも「重要」といえるのはどのような場合か、となると簡単に結論の出せる問題ではない。ただ続けて述べる西インドとの対比ではやはり意味があることと思う。

98 Davis[4].

99 Davis[4].

100 Letter from Joseph Salbank to the East India Company, 22 November 1617, in Danvers and Foster, eds., *op. cit.*, vol. 6, p. 200.

101 Letter from Francis Fettiplace to the East India Company, 26 November 1616, in *ibid.*, vol. 4, p. 240.

102 Letter from Francis Fettiplace and Robert Hughes to the East India Company, 20 December 1617, in *ibid.*, vol. 6, pp. 243–45. はっきりしたイメージを与えてくれる史料を選んだが、これらに類する当時の史料は他にもかなりある（E.g. *ibid.*, vol. 4, pp. 242–44; vol. 6, pp. 200–02, 233–34, 248, etc.)。熱帯アジアに厚手の毛織物を持ち込んだときはここに引用したようなことになる。これに反して前節でも述べたように、西アジアではイギリス毛織物がかなりの大きさの市場をもっていた。ただしイギリス人自身がそれをこの地方にじかに持ちこんで販売できたかというと、それはまったく別問題であった。

103 John Macgregor, *Commercial tariffs and regulations, resourses, and trade of the several states of Europe and America, etc.*, part 23, India, Ceylon, and other Oriental countries, (Parliamentary Paper, sess. 1848), London, 1848, pp. 119–21.

104 *Supplement to the appendix to the fourth report from the Select Committee on the Affairs of the East India Company*, (Parliamentary Paper, sess. 1812, vol 6), London, 1812, pp. 209–11.

105 その具体的イメージを左記によってみて頂きたい。中里成章「藍と植民地支配」、『18世紀の世界1　焦点　植民地と貿易』週刊朝日百科世界の歴史、八七、一九九〇。生産の技術的側面については、古くなったがつぎを参照。松井透「十九世紀インドのアイ産技術について」、『青山経済論集』一〇―一・二、一九五八。また取り扱う中心テーマの時代は少し後になるがつぎを参照。中里成章「ベンガル藍一揆をめぐって（1）――イギリス植民地主義とベンガル農民」、『東洋文化研究所紀要』八三、一九八一。

106 Continuation of the general statement of all merchandise of Irish, British, and foreign produce, and manufactures, exported flom Great Britain to the East Indies and China, ..., from 1791 to 1822, ..., in John Macgregor, *op. cit.*, p. 147. この統計データ自身が過去の複数のイギリス議会文書（no. 192, 1813; no. 414, 1818; no. 232 & 258, 1820; no. 313, 1823）から収

録編集されたものである。

107 このグラフは数多い当時の統計データの数字から合成した結果を示している。もとになる統計史料の詳細についてはつぎを参照されたい。松井透「近世英印関係小論」、『史学雑誌』六二―七、一九五三、四一～四二頁。

108 Davis[4].

109 Davis[2], [3] and [4].

110 Davis[4].

111 以下の叙述に関係する文献の数は多いが、例えばつぎを参照。Parry, J. H. and Sherlock, P. M., *A short history of the West Indies*, London, 1957. Beckford, George L., *Persistent poverty, underdevelopment in plantation economies of the Third World*, Oxford, 1972. Graham, Edgar and Floering I., *The modern plantation in the Third World*, London and Sydney, 1984. Williams, Eric, *Capitalism and slavery*, Chapel-Hill, N. C., 1944. 中山毅訳『資本主義と奴隷制』筑摩書房、二〇二〇。Williams, Eric, *From Columbus to Castro, the history of the Caribbean 1492-1969*, New York, 1970. 川北稔訳『コロンブスからカストロまで――カリブ海域史、１４９２-１９６９』岩波書店、全二冊、一九七八。Mellafe, Rolando, *Breve historia de la esclavitud negra en América Latina*, México, 1973. 清水透訳『ラテンアメリカと奴隷制』岩波書店、一九七九。

112 Curtin, P. D., *The Atlantic slave trade: a census*, Univ. of Wisconsin Press, 1969, pp. 116,

119, 216, 234. 奴隷貿易についてはその後も数多くの研究成果が発表されている。例えばつぎを参照されたい。Reynolds, Edward, *Stand the storm: a history of the Atlantic slave trade*, London & New York, 1985. Richardson, David, "The slave trade, sugar, and British economic growth, 1748-76," *Journal Interdisc. Hist.*, XVII, 1986/7, pp. 739-70. Richardson, David, "The cost of survival: the transport of slaves in the middle passage and the profitability of the eighteenth-century British slave trade," *Exp. Econ. Hist.*, XXIV, pp. 178-96. Lovejoy, Paul, "The impact of the Atlantic slave trade on Africa: a review of the literature," *Journal of African History*, 30, 1989. 矢内原勝「大西洋奴隷貿易のアフリカへの影響」、矢内原勝・小田英郎編『アフリカ・ラテンアメリカ関係の史的展開』慶応義塾大学地域研究センター、一九八九（最後の二点については林晃史氏のご教示をえたが、本研究には十分利用することができなかった）。

113 Galenson, David W., *Traders, planters, and slaves: market behavior in early English America*, Cambridge, 1986, pp. 38-39. Cf. Review by Nuala Zahedieh, in *Economic History Review*, 2nd series, XL-3, 1987, pp. 485-87.

114 Curtin, *op. cit.*, pp. 277-80.

115 Galenson, *op. cit.*, p. 166.

116 Davidson, Basil, *Black mother*, London, 1961. 内山敏訳『ブラック マザー――アフリカ／試練の時代』理論社、一九七八、一〇〇頁。個々の奴隷貿易の記録の研究、編纂出版も進んでいる。一例を挙げると、積載量九〇（一〇〇）トンで一二門の砲を積み込んだターンブリッジ・ギャリ号は、一七一二年七月一七日に三〇人の乗組員を乗せてブリストル港を出帆した。船長はピーター・スキナー。まず西アフリカはギニに向かい、この地で奴隷の荷を積み込んでジャメイカのキングストン港に着いたのが翌一七一三年の四月二一日。この日までにすでに九カ月を超える航海である。ここで二五〇人の奴隷を無事売りさばいて、着いてから一月も経たぬ五月一二日にはイギリス向けに出航し、ブリストル港に帰港したのが同年七月八日。命をすり減らす粗暴な船上生活の連続の三角の貿易は、出港から帰港まで約一年を要したことになる。そのうち、ほっとした気分でひたすら故国の港を待ち望む三角の最後の一辺の航海には二カ月もかからなかった。ただしこの最後の航海に加わったのは、途中で命を落としたもの、キングストンで帰船しなかったもののありえたことを考えると、出港したときの三〇人よりかなり数が減っていた可能性濃厚である。もちろんギニで乗船したおそらく三〇〇人近い人たちは二度と大西洋を渡って故国へ戻ることがなかった。Richardson, David, ed., *Bristol, Africa and the eighteenth-century slave trade to America*, 2 vols., (vol. 1: *The years of expansion 1698-1729*; vol. 2: *The years of ascendancy, 1730-45*), Bristol Record Society, 1986, vol. 1, p. 34.

117　以下についてはつぎを参照。中村弘光『アフリカ現代史Ⅳ』世界現代史16、山川出版社、一九八八。Lovejoy, *op. cit.* 矢内原勝、前掲論文。Fage, J. D., *An introduction to the history of West Africa*, Cambridge, 1955. Suret-Canale, Jean, *Afrique noire occidentale et centrale*, *géographie-civilisations-histoire*, Paris, 1958, 1961. 野沢協訳『黒アフリカ史――その地理・文明・歴史』理論社、一九七八。Rodney, Walter, *How Europe underdeveloped Africa*, 1972. 北沢正雄訳『世界資本主義とアフリカ――ヨーロッパはいかにアフリカを低開発化したか』柘植書房、一九七八。

118 Davidson, *op. cit.* 内山敏訳、二二八頁。

119 市場動向の観点から奴隷貿易を捉える研究といえば先に引用したゲレンスンの著書などその代表であろう。もちろんそれにはそれでいろいろ問題がある。Cf. Galenson, *op. cit.* and its review by Nuala Zahedieh, in *Eco. Hist. Rev.*, XL-3, 1987. Gemery, H. A. and Hogendorn, J. S., "Elasticity of slave labor supply and the development of slave economies in the British Caribbean: the seventeenth-century experience," *Annals New York Acad. Sci.*, CCXCII, 1977.

第三章　世界市場の拡大と深化

1　イギリスの経済発展と世界市場

一七世紀から一八世紀にかけて環大西洋的規模において世界市場が形成され、一八世紀後半から一九世紀前半、それがアジア・オーストラリアへまで拡大されてゆくという歴史の展開を、ほぼ時代を追っていくつかの角度から検討してきた。またその過程で重要な役割を果たしたプランテーション開発については、一応二〇世紀に至るまでを念頭において考察の枠組みを用意してみた。

この考察にあたっておもに依拠した数量データは、R・デイヴィスの長年の基礎研究の生み出した一七世紀半ばから一九世紀半ばまでをカヴァーするいくつかのイギリス貿易の史的統計表であった。[1] それは一つの表の形にはまとめられていないが、全体をつなげばこの約二世紀の中から選ばれた一四の小期間について、かなりの一貫性をもって、[2] 相手地域ごと貿易品目ごとの貿易額（各小期間についての平均値）情報を提供してくれるファイルとなる。つまり時×地域×品目の三次元構成のデータ・マトリックスが輸出・再輸出・輸入のそれぞれに対して与えられる。

惜しいことに校正ミスなどが意外に多いが[3]、史家にとってきわめて有用な統計史料であることに変わりはなく、その分析から歴史的意味の明瞭な多くの知識を引き出すことができる。前章の考察はもちろんこのデータだけに依拠したものではないが、成功しているかどうかは別として、その全体的分析の新しい試みになっているつもりである。

しかしすでにふれたように、一七世紀末からのイギリスの貿易に関するデータは、原史料的には年々の多様な情報の[4]時系列という形で存在している。デイヴィスの場合のように一貫した三次元構成のファイルに整理されてはいないが、これをもとにして各年ごとの合計情報をまとめた統計史料や基礎作業的研究も、すでにかなりの数がわれわれの手に与えられている。いうまでもなくこれらからもまた、それなりに多くの情報を二次的に引き出すことができる。

以下においては、まずこれらの時系列データのいくつかを用い、その検討を通して一七世紀末から二〇世紀までのタイムスパンをカヴァーする大づかみな史的情報を抽出し、世界市場形成についてのこれまでの考察を大きな時の流れの中に位置づけるとともに、多少の新しい知見を加える試みを行なってみたいと思う。

ただしイギリスの貿易データから世界市場に接近する途には当然限界があり、一九世紀後半以降の時代ともなると方法的にも無理が大きくなる。だがイギリス以外に関するデータをさらに統合して、より大きなスケールで現代にいたる世界市場の動きを統一的に捉えようとしても、それはとうてい本書に含めることの困難な課題となり作業となる。以下、本章において試みるのは、これまでの考察を受けて一応次の時代への見通しを用意し、一九世紀後半以降に関する研究との交点を明らかにしておくこと、少なくともそのためにいくつかの手がかりを残しておくことにほかならない。いわばこれまでの考察を受けた当面のアフターケアというべきであろうか。

そこでわれわれは、まずイギリスからの輸出額データを長期的に捉えた図46の検討から手をつけることにしよう。この図は上方の二本一組の折れ線グラフと、下方の同様に二本一組のグラフとの、上下二つの部分よりなっている。このうち下方の部分は、図の右端の尺度に従って輸出額をポンド表示で表わした折れ線グラフである。

二世紀半余の動向を同一画面上で示そうとすると、第二次大戦後の急上昇の一部を図内に収めることをあきらめるとしても、一九世紀前半までの部分はその動きが十分読みとれぬほど値の小さなものとなる。ことに一八〇〇年以前はこの図にみるように、ほとんど x 軸に重なってゼロに近い。古い時代についてわれわれが扱ってきた数字は、一九世紀後半以降の輸出額データと並べたときいかにその値が小さいものであるかが明らかであろう。

非常に素朴な次元での発言であるが、われわれがいままで検討を重ねてきた研究対象をじかに現在の目で見ると、いや二〇世紀初めごろの目で見ても、ほとんどその差やその動きの捕捉しがたいゼロ近辺の出来事になるということを、ここではっきり認識しておきたいと思う。ポンドの名目額でなく量的な尺度で捉えてもこのことにそれほど違いはない。ゼロ近辺で目に見えない範囲の出来事だからまじめに取り上げる意味がない、というのではもちろんない。長いタイムスパンで過去を振り返れば当然こうなるということ、そして市場の網の目がまだ粗かったその過去に、ずっと後年の常識や論理をそのまま当てはめて考えるのは大いに危険だということを注意したい。つまり図の下方のグラフは現在と過去をつないでこのような現実の姿を素朴に示すものと見て頂きたい。なおこの意味で図の下半は、つぎに述べる上半の部分を見るときに狂いがちな視覚的直感を補う役にも十分立つはずである。

そこで上半の一組の折れ線グラフであるが、これは下半のグラフとまったく同じデータを対数尺を用いて表わしたものにほかならない。図の左端にその尺度が示してある。そこには下方を省略して一〇〇万（一〇の六乗）ポンドから始め、一〇〇〇万（七乗）、一億（八乗）、一〇億（九乗）の目盛りがつぎつぎと刻まれており、これを用いれば下半の折れ線グラフでは識別困難な小さな値となる一八、九世紀に関する部分もずっと拡大して見やすく示されることになる。逆に値が大きくなればなるほど、図中では上の部分が縮められることになるのはいうまでもない。

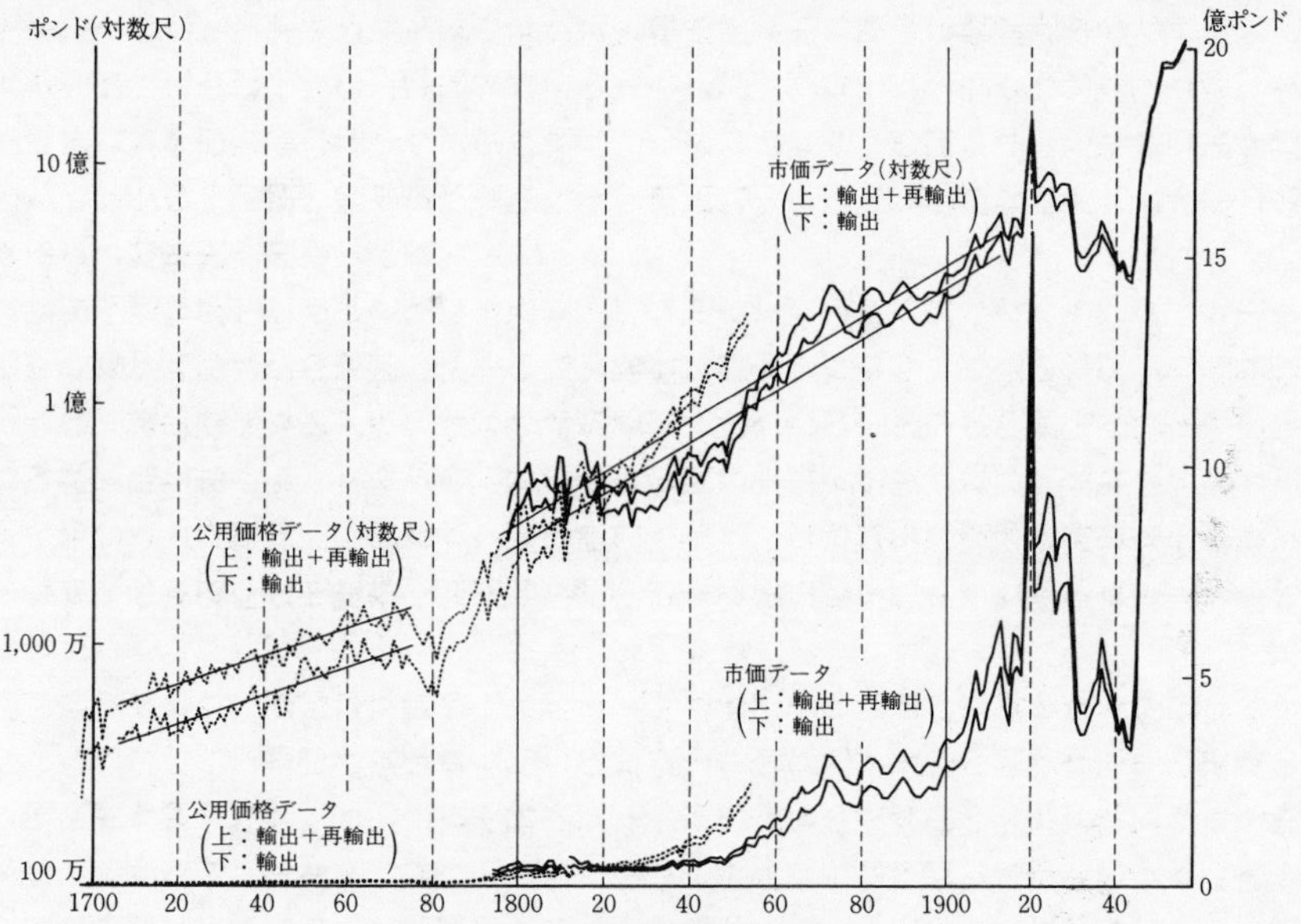

図46　イギリスの輸出額の動き

内容的検討に入る前に、当然疑問が出ると思われる、二、三の技術的問題について簡単にふれておきたい。まず第一に、一七九六年から一八五三年の間で左方からくる二本一組の点線の折れ線のグラフと、右方へ行く二本一組の実線の折れ線のグラフが互いに交差していることについて説明しておこう。この点は上半の対数尺表示の図でも下半の実額の図でも同様であるが、最初に左側の一六九七～一八五三年の期間の点線のグラフについて一言しておこう。

これはいわゆる「公用価格」official value による輸出額を示すグラフである。すなわち個々の品目ごとに事実上固定されている価格があり、これにそれぞれの輸出量を乗じて各品目の輸出額を求める。すべての品目について同じ手続きを繰り返し、全体を合算して各年ごとの全輸出額を算出する。われわれに与えられたこの全輸出額の時系列データを、折れ線グラフで図示したのが図の左半の点線部分にほかならない。現在の常識では満足というに程遠い統計数字であろうが、一八世紀末に至るまでこれに代わるべき時系列データを求めることは事実上困難である。

ところでその「固定」価格であるが、公的機関によるこの貿易統計が一六九七年に出発した当初には一応市価に基づいて定められ、さらにしばらくの間は年々多少の改定も試みられてきた。しかし一七〇二年以後はこのような試みもほとんど行なわれなくなり、約一世紀半にもわたってずっと据え置かれたまま輸出額算出に用いる評価基準とされた。[7]

そこでその算出方法からいうと、公用価格による「輸出額」時系列データは輸出額の動きを示すというよりも、「固定」の公用価格をウェートとして用いて輸出の量的動向を計算したポンド表示の変数というべきことになる。一七〇二年あたりを基準年に定め、基準年の「輸出額」に対する各年の「輸出額」のパーセンテージを算出すれば、簡単に輸出の数量指数の時系列がえられると考えてもいいであろう。

ただし、一八世紀末近くまでは比較的物価が安定していたため、公用価格基準の輸出額データも実際上輸出の現実をとらえ続けているものと受けとられてきた。ところがフランス革命からナポレオン戦争に至る期間の急激な価格変動によって、公用価格と市価との食い違いが目立ち始めると、公用価格基準輸出額データは経済の実勢を離れたことが明白になった。この間における物価動向については図47が雄弁に物語ってくれよう。[8]

幸いにしてわれわれは一八世紀末以降について、市価の実勢に応じて計算しなおされた輸出額データを与えられている。[9] これを実線で表わしたのが図46右半の折れ線グラフである。問題は一六九七～一八五三年の公用価格基準時系列から一七九六年以降の市価基準時系列へ、どのようにして乗り継ぐかということになるが、図では、重なって両データのえられる一七九六～一八五三年の期間は、両者ともに画面上に示して判断を読者にまかせるという方法をとることとした。公用価格基準のグラフと市価基準のグラフとは、一見して明らかなように、この期間において大きく交差しており、安易な乗り継ぎを許さぬものの

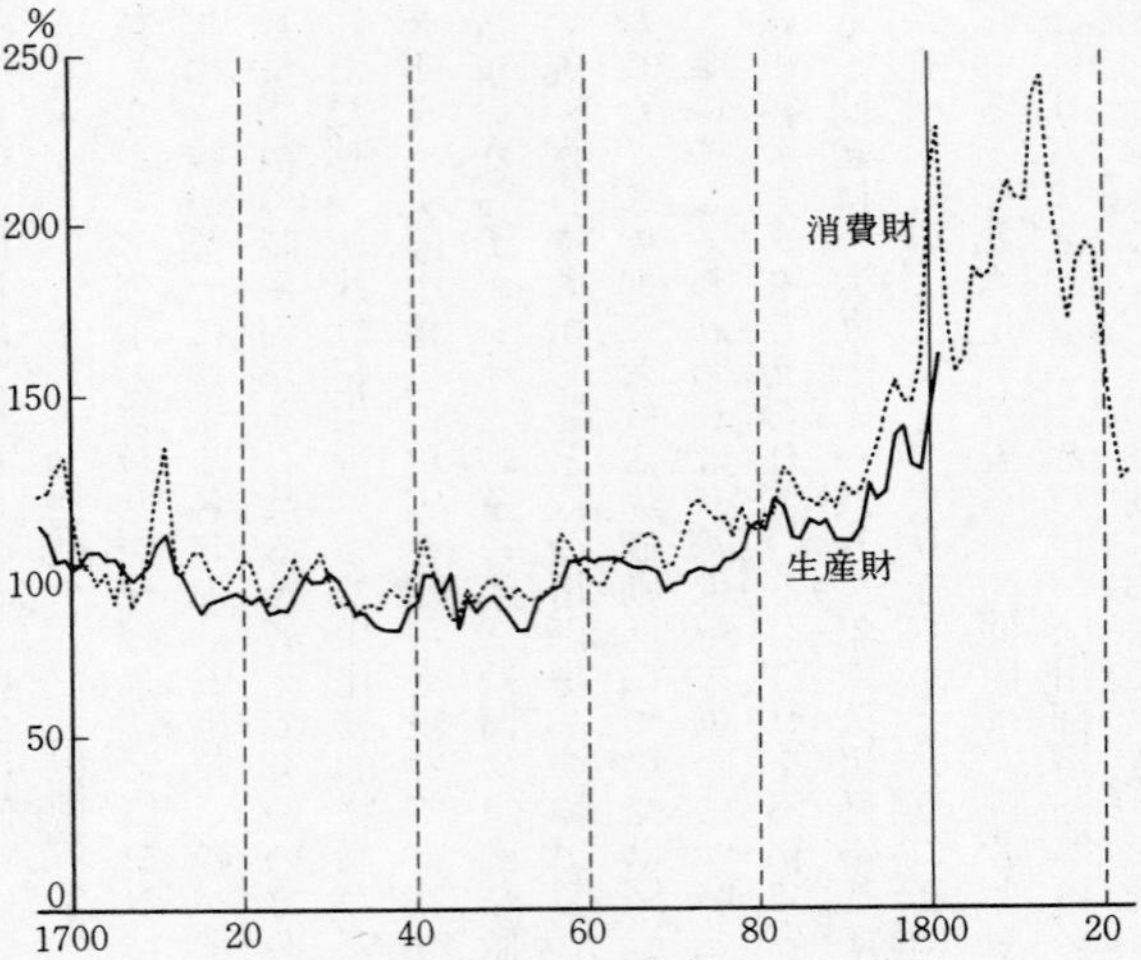

図 47　18 世紀イギリスの物価（1701＝100）

ように思えるためである。ここでこの交差の理由を考えると、大局的にとらえてほぼつぎの通りである。すなわち、まず一九世紀初頭においては、対仏戦争期の物価上昇のために市価の方が公用価格より高く、市価基準の輸出額の方がずっと上に出る計算となっていた。ところがまもなく一般物価の下降がはじまり、ことに産業革命の効果が輸出品価格（とくに綿布価格）を直撃するに及んで、輸出量（従って公用価格基準の輸出額）が急角度に上昇しても輸出額（つまり市価基準の輸出額）そのものはそれほど上昇しないという結果が導き出されたのである。

対数尺のグラフは、この交差の大

きさを直覚的にとらえるのに不適当かもしれない。例えば、一八五三年の上下のグラフを比較して頂きたい。下方のグラフの示すように、この年の公用価格基準の輸出額は、市価基準の輸出額のすでに二倍以上の大きさになっている。ところが上方のグラフでは、両者の差がずっと小さく見えはしないであろうか。対数尺の作り出す錯覚に他ならないが、ここに現われている産業革命の影響の大きさをそのために見落としてはならない。

図46は全期間において、上半下半ともほぼ並行する二本の折れ線グラフより成り立っている。この点もまた説明を要するであろう。並行する折れ線のうち上の方をA、下の方をBと呼ぶことにすると、Bはイギリス国内産品の輸出額を示し、Aは外国からの輸入品の再輸出額をこれに加えた総輸出額を示している。つまりAとBとの間の開きが再輸出額を示すことになる。

再輸出額の取り扱いについては、一般に全輸入額よりこれを減じて正味輸入額を算出し、国内産品輸出額と正味輸入額とをもって海外貿易考察の基礎データとすることが多い。[10] しかし図46ではそれを用いず、再輸出額を国内産品輸出額の上に積み上げて表示することとした。その理由は第二章の考察によってすでに明らかと思うが、重複をいとわず述べればつぎの二点となる。

すなわちまず第一に、再輸出額は仕入れ原価に運賃・保険料・商業利潤、さらに場合によっては加工業利潤・関税などが加わった数値であり、前章第4節の最後にふれたように、国内消費がかなりあるはずなのに再輸出額が輸入額より大きいという品目すら存在する。とすると、再輸出の行なわれる商品の場合だけ、その再輸出額を総輸入額から減じてえられる「正味輸入額」の数値ははなはだ意味の不明瞭なものになりかねない。[11]

また第二に、一七、八世紀イギリス海外貿易を全体としてみると、全ヨーロッパと新世界・アフリカ・アジアなどの間をとりもつ仲介貿易の大きさがまさに時代の特色そのものであり、[12]単に再輸出を抜き去ったデータだけを考察の対象とすることは、現実に存在した経済活動の一部を初めから視野の外に追いやることになりかねない。とくに世界市場形成の考察に当たってはこれは重要な手落ちとなるおそれがある。図の上半で、輸出の上に乗せられている再輸出の幅にまどわされてはならない。もしいま上下を入れ換えて再輸出の上に輸出を乗せれば図の印象はまったく変わったものとなるであろう。

技術的問題は他にも多いが、[13]このあたりで世界市場の史的動向を頭におきながら図を見なおすと、最初に気になるのはおそらく第一次世界大戦以前と以後との大差であろう。以後の時代に現われる激しい上下動には、もちろんイギリス経済自身の変化・変質が関係していようが、やはりその世界市場との関係に、あるいは世界市場の構造そのものに生じた変動が大きく、一九世紀的な、比較的安定したパックス・ブリタニカの夢からの最終的訣別という大きな時の流れを感じざるをえない。

もちろん問題はもっと複雑であろうが、本書の主題はこれより以前の世界である。そこで前章までの考察を受けて、まず「産業革命」の影響を検討することから手をつけよう。そこでふたたび図46を見なおすと、産業革命についての古典的学説や、イギリス輸出入貿易に関するP・マントゥーの見解[14]などを裏付けるかのように、一七八〇年代から九〇年代にかけてイギリスの輸出の急角度の上昇がそこにある。

だが、この八〇、九〇年代の動向はややもすると「目まいがするほどの急上昇[15]」などと過大視されてこなかったであろうか。たしかに約二〇年間の一気の上昇はただごとではない。しかしこれに続く次の時代を見たとき事態はどうであろうか。既述のようにわれわれのデータは、この直後に公用価格基準から市価基準への切り換え期に入るのであるが、ここでは輸出の量的上昇は維持されながらも市価で評価した輸出額が停滞に陥り、以後四〇年あまりもこの状態が続くのである。

一方この急上昇の直前の時代を見ると、そこにはアメリカ独立戦争に伴う大きな落ち込みがひかえている。「目まいがするほどの」上昇も、そのかなりの部分が単に落ち込みからの回復にすぎないと評価できるから、上昇を「産業革命」と結びつけるにあたっては、かなりの割引が必要になる。さらに世界史の中の「産業革命」とはかなり大きな視野の中で意味をはかるべき概念だとすれば、しいてこれを二、三〇年間程度の幅の特定の期間に結びつける発想にこだわる必要もないのではないか。

そこでわれわれは、問題の急上昇の二〇年間とその直前の急落期間とをひとつにまとめ、その全体をひとつの転換期ないし急変期とみなして、はるかに長期的な観点から図46のデータを見直すことにしよう。まず、いま設定した転換期の前と後のそれぞれにデータの一貫性について問題の少ない長期的期間を考える。すなわちここにいう前期とは一七〇六〜七五年の七〇年間、後期とは一七九六〜一九一三年の一一八年間とする。

そしてそれぞれについて輸出額の動きの成長率を計算してみると、結果は前期に関しては一・四パーセント、後期に関しては二・五パーセントという数字となる（この数字は国内産品輸出額について計算しても、これに再輸出額を加えた総輸出額について計算してもほとんど変わらず、パーセントの数字を小数点以下二位まで計算してはじめていくらかの差が出るていどである）。

すなわち、「産業革命」ないしわれわれの「転換期」の前と後とでは、輸出貿易の成長率に大差が生じている。一・四パーセントと二・五パーセントの差を「大差」と呼ぶのは、今日の、つまり図46の右端に続く時代の、日常的感覚からいえば少々抵抗があるかもしれない。しかし、それぞれほぼ一世紀前後の長期間について計算された、この時代についてのこの成長率の数字は、人類史上容易ならぬ出来事のあったことを証明するのに十分なものと思う。

一七九六〜一九一三年という期間についてはまた、輸出入の数量指数をA・H・イムラーの提供するデータ[16]から計算することができる。今この指数によって後期一一八年間における輸出量の成長率を試算すると、国内産品については三・九パーセント（これに再輸出を加えた場合は三・六パーセント）という、さらに大きい率が算出される。産業革命による生産性向上に伴って国内産品輸出価格が大きく下降したことが、輸出額の成長率をこれより低く抑えている理由であるが、それはそれとして、一一八年間のタイムスパンを通じてこの量的成長は、これまた人類史上の大事件があったことを示す有力な証言と考えていいであろう。

対数尺グラフ（片対数方眼）上では成長曲線（指数関数）は直線となるから、図46においては上記の前期・後期それぞれに、二本ずつこの直線（傾向線）が描きこんである。国内産品輸出額とこれに再輸出額を加えた総輸出額とに対応する傾向線であるが、両者の成長率にほとんど差がないことは、図上で一組の二直線が並行となることによって示されている。

また前期に比べて後期の成長率が高いことは、前後の時代の傾向線の傾きの差によって観察することができる。上方へゆくほど縮小される対数尺グラフ上では傾斜の差がさして大きく見えないが、実は大差がそこに存在する。傾向曲線そのものは煩雑を避けて描き込んでないけれども、下半の折れ線グラフを一見してもそのことは明らかであろう。「産業革命」を経たイギリス経済の「離陸」の様子が、この辺りにもはっきり現われているのである。

ここでもう少し短期的な視角を採用して、図46の検討を続けよう。まず最初に後期一一八年のグラフをその傾向線とともによく観察すると、全体として前期とは少なからず様相が違い、傾向線の上へそして下へとかなり大きなうねりを見せて、折れ線グラフが緩やかに上下動しているのに気付く。

すなわち最初の二十余年はほぼ一貫して傾向線の上部に折れ線グラフが顔をだしており、中でも一八〇二年ごろがもっとも上に出た頂点となっている。この年からあとはグラフは傾向線へ向かって下りはじめ、一八一〇年代には、一、二度盛り返しをみせながらも、ついにその末ごろ傾向線の下へ沈み、以後約四〇年近く傾向線の下部を低迷することになる。一八四八年ごろがその最後の谷底であるが、この年を過ぎると再び上昇に転じ、一八五〇年代にグラフは傾向線の上に頭を出す。そして一度頭を出してからは一八七二年の山頂へ向かって、二、三度息をつきながらも急角度に上りつめてゆく。七三年からはしかしふたたび下降傾向となり、一八九〇年代はその谷底、そして世紀末から第一次大戦期へはしばらく低迷を続けながらも上昇基調に転ずる。

このようなグラフの動きは後出図60にさらに見やすく表わしてあるが、明らかにそこにはコンドラチェフの長期波動の存在が認められる。[17]この波を経済学上どのように理論づけるかは、もちろん本書の立ち入るべき問題の外にあるが、さしあたりここではごく大まかに、つぎのように理解しておくこととしよう。

まず、アメリカ独立戦争の落ち込みから立ち直ると綿業を中心に「産業革命」の進行がはじまり、イギリスの輸出は一九世紀初頭まで急角度に上昇してゆく。しかしこの動きはナポレオン戦争期におかしくなりはじめ、戦後まもなく長い低迷期に入る。これからの立ち直りがようやく見えるようになるのは一八五〇年代に入るころである。以後一八七二年の頂点へ向かってふたたび駆け上ってゆくが、その背景をなすのは蒸気と鉄鋼の技術革新であった。

ナポレオン戦争後の第一の低迷期に大きな価格下落がともなったことは、多少前にもふれたが、一八七三年以降一八九〇年代までのいわゆる「大不況」期もまた、価格の一般的下落がその特徴であった。両者いずれの場合についても、価格の下降が現われるのは工業製品ばかりでなく農産物にまで影響が及んでいる[18]（後出図56参照）。

そしてこの第二の長い低迷期からの脱却には、新しい化学工業・電気工業・自動車工業などが貢献し、同時に綿工業・鉄工業などの技術革新もこれに加わることになる。ただしこの時期にはすでに、世界経済の変革の担い手はもはやイギリスとは限らなくなっていたのである。

イギリス経済はこのような好不況のうねりをともないつつも、しかもなお長期的趨勢としては拡大基調にあった。図46にみるような輸出貿易の成長はこれと一体をなしており、世界市場の拡大・深化もこれと直接結びつく現象であった。この点をめぐる問題をさらに

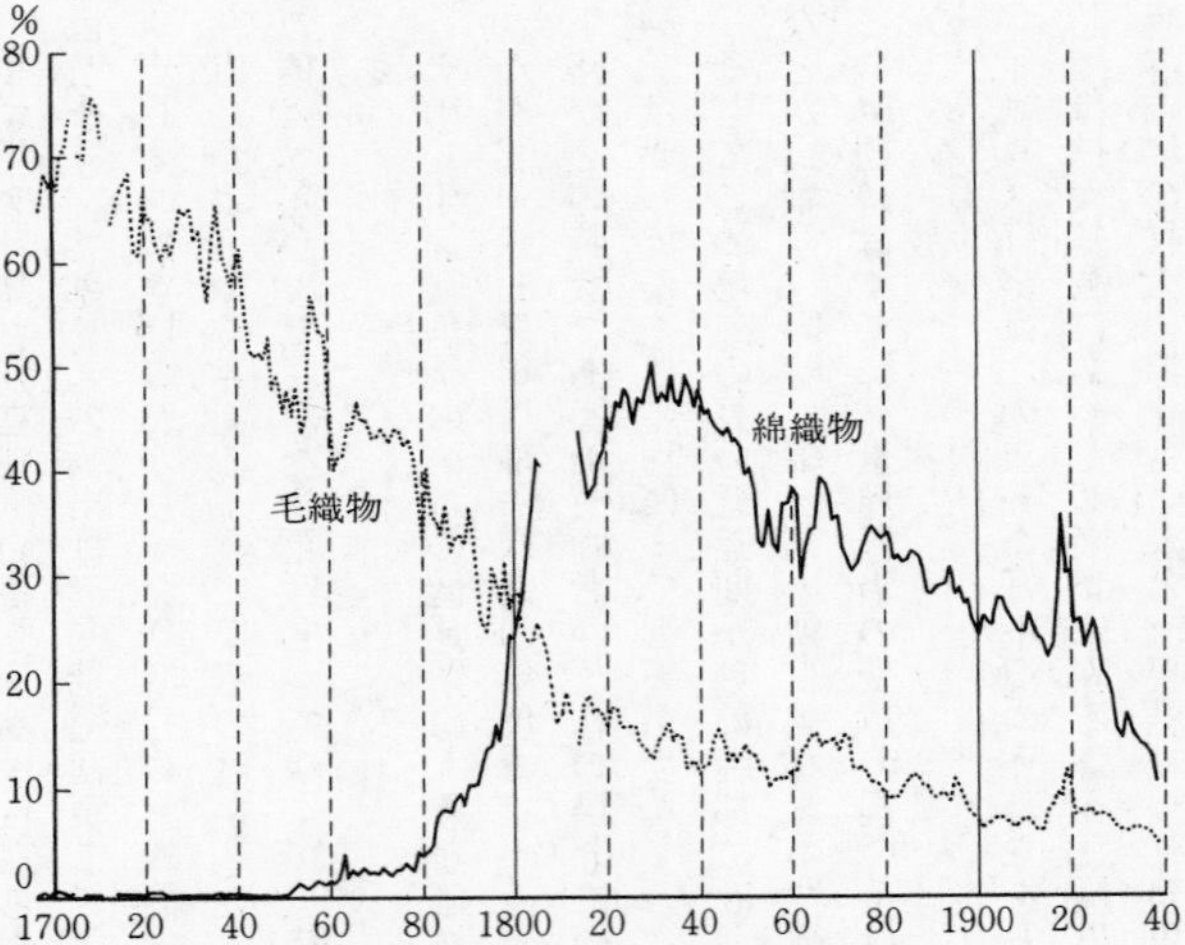

図48　イギリス輸出中における毛織物と綿織物（%）

明らかにするために、つぎに輸出を構成する主要品目の動きを年ごとの時系列情報に基づいて検討し、前章までに述べたところを確認しつつその後の時代への見通しを視野の中に入れることにしよう。

産業革命といえばまず綿工業の発展である。そこでイギリスの輸出貿易における一七世紀からの毛織物の地位に、綿織物がどのように迫り、どのようにとって代わってゆくかを図48に観察することにしよう。[19] すでに何度もふれてきたように、一八世紀初頭における毛織物の、国産品輸出額全体の中における七〇パーセントを超えるシェアは、今日の目からみると驚くべき大きさである。それ

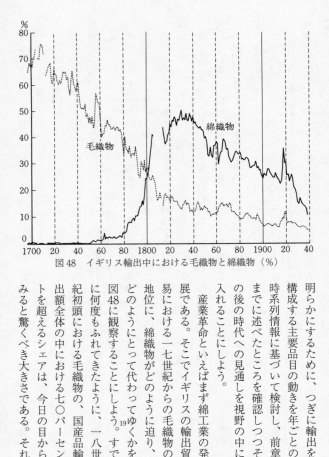

だけ当時のイギリスの輸出貿易の規模が小さく、しかもその小さい規模の輸出額を満たすにあたって、イギリスには毛織物以外これという輸出品がなかった。あるいはむしろ当時の世界市場そのものが問題で、それはイギリスからの輸出品として、一定額の毛織物以外はほとんど何も受けつけないという容量と構造をもっていたのである。

ところが図にみるとおり、七〇パーセントだったシェアの急降下が始まると一八世紀のうちに三〇パーセントを割り、一九世紀には一〇パーセントをすら割り込んでゆく。まさに惨落と見えるけれども、そしてシェアの惨落には違いないけれども、他方この間において毛織物の輸出額そのものが落ち込んでいるわけではないことも注意しておく価値がある。

一七〇〇年ごろ約二五〇万ポンドであったそれは、上下動を繰り返しながら一八〇〇年にはほぼ七〇〇万ポンドに達し、一九世紀も長期的には上昇の趨勢を守って一九〇〇年には二〇〇〇万ポンドにとどいている。その様子は対数尺を用いた図49[20]によって大局的に観察することができるが、このような絶対額の上昇の趨勢にもかかわらず、その全体の中でのシェアが図48のように落ちて行くのは、もちろん輸出額全体の伸びがはるかに大きかったためである。こうして世界市場の拡大・深化の大勢の中で、イギリスの毛織物輸出はいつのまにか置き去りになっていた。

そこでこの毛織物にとって代わる時代のチャンピオンは綿織物、ということにわれわれの概説書ではふつうなっている。だが図48をよく見ると少しこれに但書きをつけたくなる。

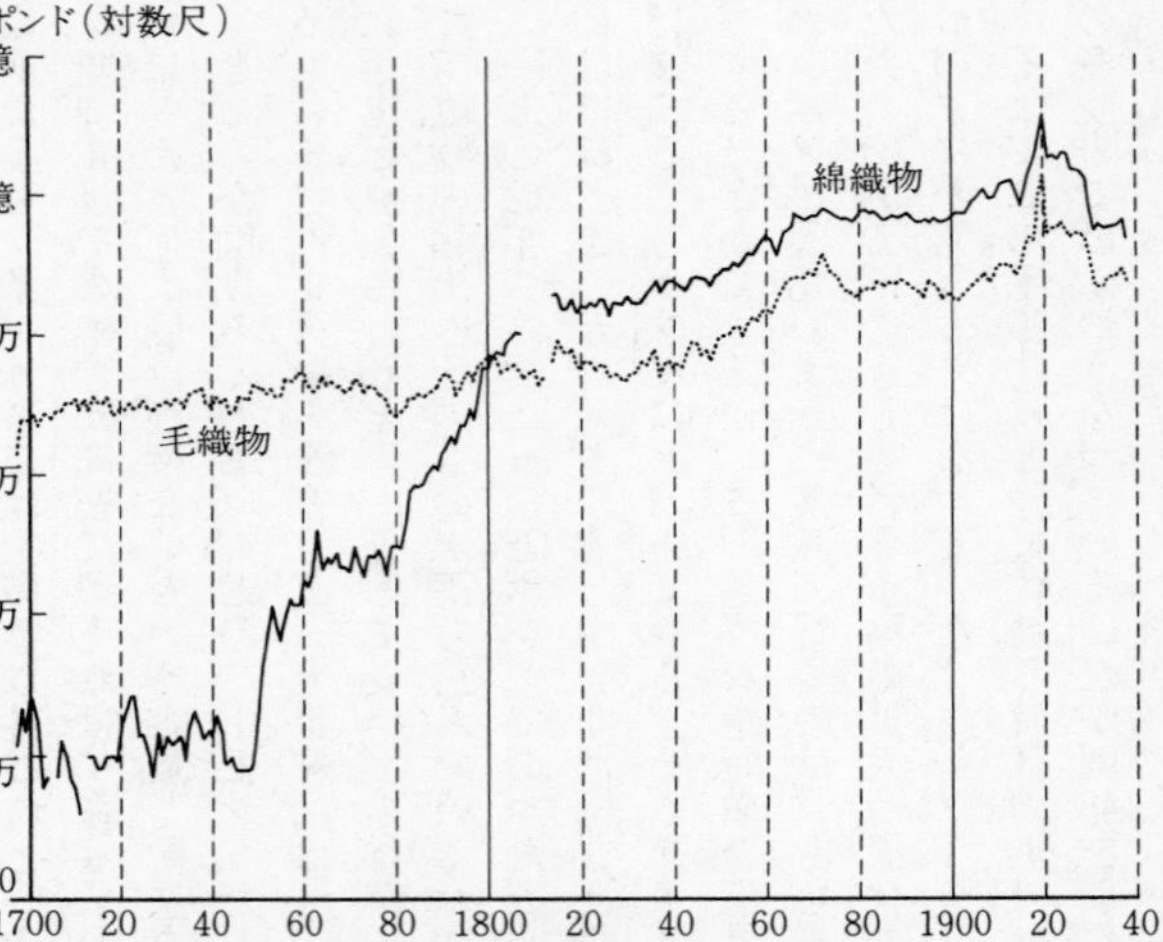

図 49　毛織物と綿織物の輸出額（対数尺）

綿織物の動きがどうももうひとつパッとしないではないか。

まず第一に、一八世紀全体を見渡しても分かるように、綿織物は完全には毛織物にとって代わっていない。毛織物のシェアが落ちてできた穴を綿織物が埋め尽くしてはいない、あるいは毛織物のシェアの減り方が早いので綿織物が追いつけない。というのは、実はそのころイギリス輸出貿易の多様化が始まっていて、分母となる輸出額全体が急速に膨張しつつあったからこういう結果になったのである。

では、その「イギリス輸出貿易の多様化」とはいったい何であったのか。すでに述べたところから明らかと思うが、それはすなわち、環大西洋的規模における、ないしはそれをすら超える規模における、世界市場形成過程そのものの反映であった。というより、イギリス輸出貿易の多様化は、この世界史的過程を構成するひとつの部分現象であった。

それは新世界植民地社会の拡大、とくに先進地域からの輸入に依存するヨーロッパ的生活様式の新世界での拡大に関係が深かった。さらに広くみれば、ヨーロッパ自身を含む環大西洋経済の活性化、その成長・拡大と直結するひとつの史的現象に他ならなかった。アジアでの植民地支配の始まりやアフリカを巻きこんだ奴隷貿易の活況もまた、それと結びつく側面をもっていた。この点も、前章で言及した通りである。

図48における綿織物の動きがそれほどでないことは、その後の時代でも変わりがない。なるほど一七八〇年代から一九世紀初頭にかけての急上昇は目を見張らせるものがあるけれども、一度四〇パーセントを超えてからは停滞気味となり、一八三〇年に一瞬五〇パーセントラインにタッチしてから後は、ちょうど一八世紀の毛織物のように坂道を駆け降りて行く。

その様子を全体としてみると、綿織物が毛織物に代わって自らの新時代を開いたというよりは、一七八〇年から一八三〇年にかけての半世紀の間、それはイギリス輸出貿易多様化の旗手の役目を果たしただけだと、いいたい気持ちに襲われる。ただし毛織物の場合と同様、一八三〇年以降、綿織物輸出の絶対額が長期的減少傾向に陥っているのではけっしてない。

一九世紀初頭に七〇〇万ポンドの線を超えた綿織物輸出額は一八一〇年ごろ二〇〇〇万ポンドに達し、以後三〇年近く二〇〇〇万ポンド前後を行ったり来たりする。その後一八四〇年ごろ二五〇〇万ポンド前後に嵩上げがあり、世紀半ばから約二〇年の間には七〇〇〇万ポンド前後まで急伸し、後に続く「大不況」期もほぼこの線を持ちこたえて、二〇世紀に入るとふたたび上昇に転ずる。その動向は図49にも見るように毛織物の場合とほぼ並行しており、けっきょく輸出額全体について確認したコンドラチェフの波と重なってくる。同じ景気のうねりに綿織物輸出も左右されたことになるが、しかし一九世紀を全体としてみると上昇基調に何の変わりもない。

にもかかわらず、国産品輸出額中におけるそのシェアが図48に明らかな通りの下降線を示すのは、つまるところ全体的な伸びに追いつけず、毛織物同様、世界市場拡大の動向の中で漸次取り残されていったためである。では毛織物・綿織物をこのような相対的下降に追い込んだのは他のどのような輸出品目であったのか。ここでつぎの図50[21]を参照することにしよう。

この図は一六九七〜一九三八年という約二世紀半の期間について、イギリスの主要輸出品六品目の国産品輸出額全体に対するシェアを算出し、それを積み上げて示したものである。たとえば綿織物なら下の金物類と上の毛織物との間にはさまれた帯状の部分の幅がそ

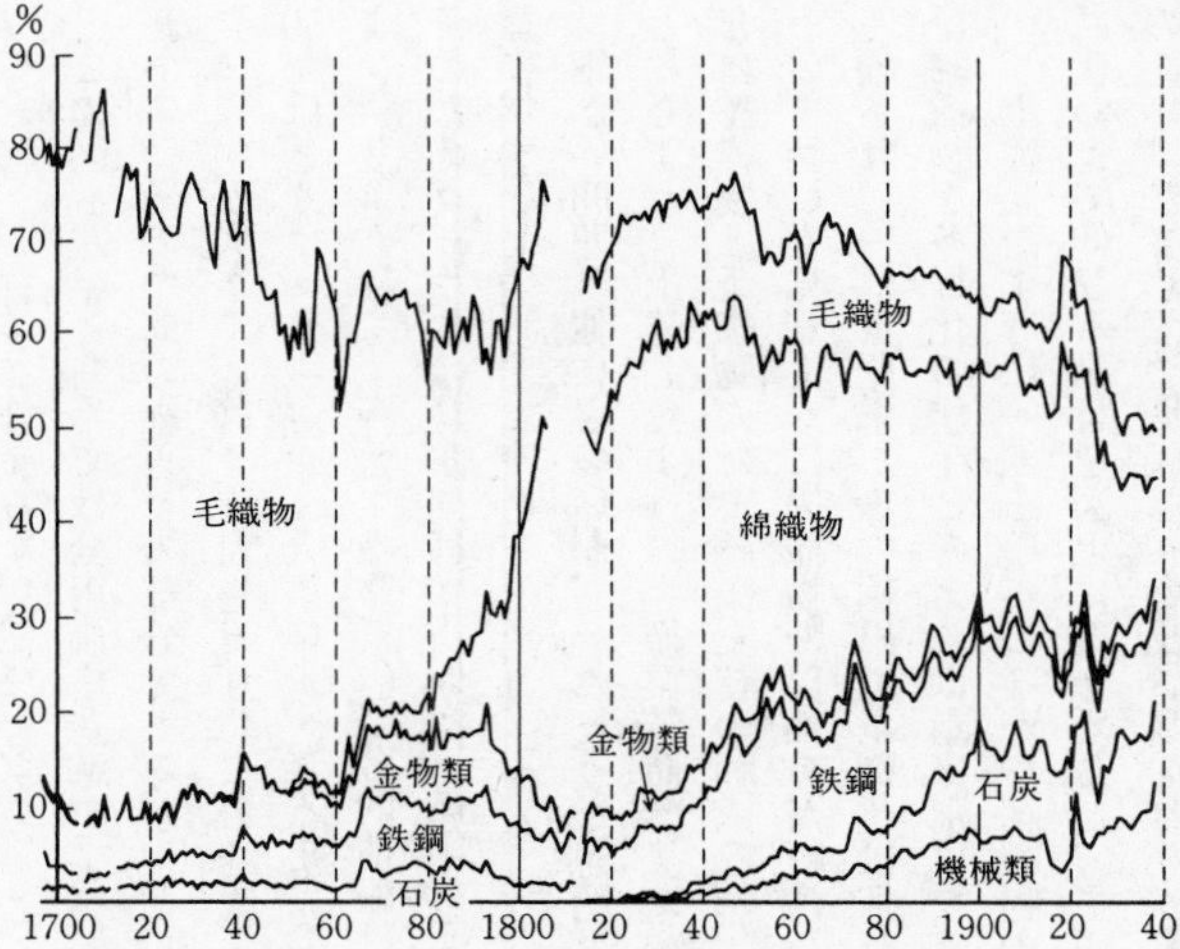

図50　イギリス輸出中における主要6品目

の全体中のシェアを示す。他の五品目も同じであるから、一番上の毛織物の上の境界線は六品目合計で説明できる全体の中の割合を示すことになる。

この場合、分母になる輸出は再輸出を含まない。また、ここにいう「主要」輸出品とは「全期間を通じて一度でもその割合が輸出諸品目中一位か二位になったことがあるもの、または一度でもその割合が総額の一〇パーセントを超えたことがあるもの」を拾うこととした。この定義によると主要輸出品は図中に示す毛織物・綿織物・金物類・鉄鋼・石炭・機械類の六つだけとなる（この際いうまでもなく多種多様の取引商品をどうくって「品目」分けするかが問題であるが、ここでは立ち入らない)。[22]

この図も左半と右半では公用価格基準データと市価基準データという史料の性質上の差がある。その中間の継ぎ目の部分であるが、とくに綿織物の場合について両系列データの食い違いが大きく、図を混乱させずにこれをとりつくろうことが困難であった。そこで図50ではとくに一八一三年(火事による全データ欠落の年)の前の数年について、綿織物(およびこれの上に積み上げる毛織物)の整合的情報はえがたいものと考えて欠落の扱いとした。そのためグラフには数年間の空白期間を残すことになった(なおこの点は前の図48・49も同様の扱いとした)。

細かい問題は他にも多いが、めんどうな説明は省略して、この図の内容的考察に入ることにしよう。上述したように「産業革命」後に綿織物輸出の急上昇があり、その後三十余年は綿織物と毛織物だけで輸出全体の約六〇パーセントを占めるようになった。この間においても図にも見るように綿織物のシェアが膨れた分だけ上にも下にも他の品目のシェアが圧縮され、一八世紀末ごろの輸出の多様化は押し戻されたように見える。

綿織物を多様化の旗手と考えれば話は別になるが、いずれにせよこの傾向は長続きしない。上述したように一八三〇年ごろから綿織物のシェアの縮小が始まるからである。これに代わって伸びる品目を図上に確かめると、まず一八四〇年ごろから鉄鋼・石炭・機械類のシェアが少しずつ増大し、輸出貿易の様相が漸次変化してくる。鉄と石炭の時代の出発である。まもなくイギリスの資本輸出や世界各地での鉄道建設が時代の先端を走るようになる。一九〇〇年には鉄鋼・石炭・機械類の三者を合わせたシェアは三〇パーセントを超え、綿織物の約二四パーセントという数字をすでに凌駕している。さらに伸び続けた機械類は、図の右端でついに第一位の座を綿織物から奪っている。

だがこの図をさらに注意してみると、綿織物のシェアの縮小は下からの押し上げばかりでなく、上からの押しつぶしによってももたらされている。つまり一九世紀半ばから、われわれの「主要六品目」で説明される割合がコンスタントに落ちてくる。六品目の網にかからない輸出品が増加して、それだけ輸出貿易の多様化が進んだのである。

では六品目以外の輸出品は何だったのか。詳細な検討は無理なので、ここではおもな品目の名前だけ挙げて満足することにしよう。まず古くから著名で、前章にもふれるところのあった亜麻布、絹、帽子や衣服・服飾品、非鉄金属、革製品などがそれである。だがそのほかに、一九世紀半ばごろから化学製品、二〇世紀に入るころから電気製品・船舶・乗用車・飛行機などが漸次登場してくる。単に貿易品目の変化だけではない。世界市場の構造も時代の動きとともに様変わりしはじめているのである。

それにともなって当然その中でのイギリスの地位も変化せざるをえないが、立ち入った考察は本書の任ではない。しかしこれまでにその名の挙がった商品のうちどれが古くからのイギリスの産物であり、どれがとくに列強間で競争のきびしい産物となっていたか、そ

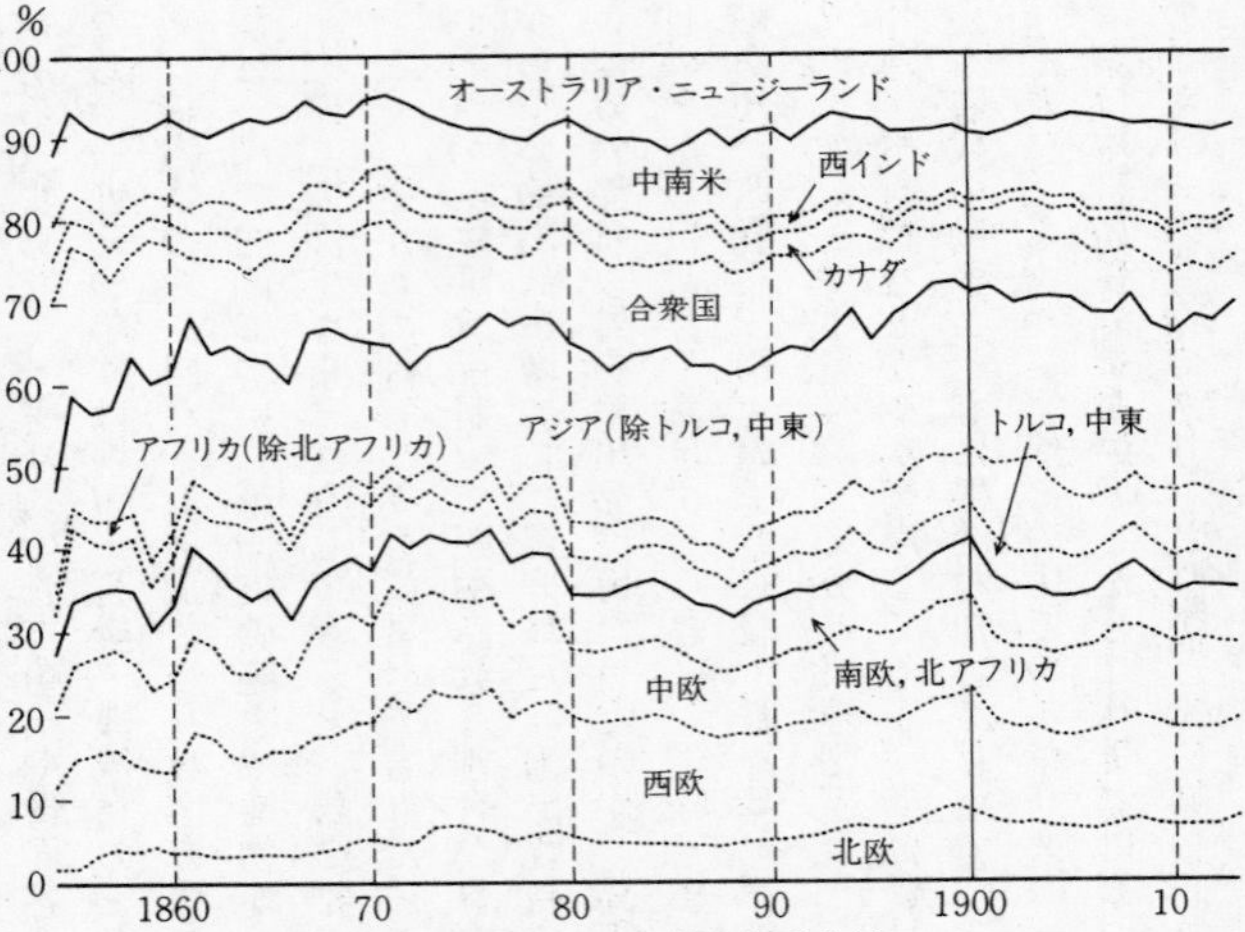

図51　イギリスの輸出相手地域

して世界市場の中でもどの地域にイギリスはその市場を依存するようになっていたかを一考しても、これらの点の理解に資するところがあるであろう。右の問題のうちイギリスからの輸出の地域構造について、つぎに多少の考察を試みてみよう。

一九世紀半ば過ぎまでの事情は、図31・35・38・43、およびこれを説明する本文を参照して頂くことにして、ここでは以後の変動を図51[23]について考察する。イギリスの輸出は図にみるようにすでに全世界に及んでいるが、この図はその全体を一〇〇パーセントとして、輸出先各地域の相対的に占める割合を一〇〇パーセントまで積み上げて示す仕組みになっている。

地域的には、下からヨーロッパ、アジア・アフリカ、アメリカ、オーストラリア・ニュージーランドと大分けし、さらにその中を点線で小分けして、[24]相互の比重の年々の移り変わりを示している。いくつもの図を用意するほどのこともないと、簡便化をはかって一つにまとめたため、細かい変化の見にくい点があるかもしれないが、ご容赦願いたい。

まず最初にこの図を見るとき心に留めておくべきことを、二、三指摘しておく。第一にイギリスの国産品輸出は、図中に取り扱う時代に全体として大きく伸びており、そこに示されている諸地域のいずれに対しても輸出の絶対額は増加していることを忘れてはならない。唯一の例外といえるのは、西インドでわずかに減少傾向が計算されるが、意味が確かといえるほどの大きさの数字ではなく、まずは現状維持が続いたものとみておいていいであろう。

第二に図の左端の二、三年は、対オーストラリア・ニュージーランドおよび対アメリカ諸地域への輸出が急増したピーク時に当たるため、結果的にヨーロッパ、アジア・アフリカの比重が一時落ち込んだ谷底からの出発ということになっている。この低いレベルが長く続いた時代が左にあって、そこからヨーロッパ、アジア・アフリカが急上昇したというわけではないので、むしろ左端の二、三年ははずしてこの図を見た方が正しい印象をえられるかもしれない。

そこで図中に認められる全体的傾向であるが、何よりもまずアジア・アフリカが初期の二割前後のシェアから出発して期間中に三割の水準へと伸び、さらにオーストラリア・ニュージーランドもいくらか拡大の様子を見せ、その分アメリカが縮小しているのを注意したい。[25]さらにその内訳に入ると、アジア・アフリカの伸びの中ではとくにアフリカ（地中海岸地方を除く）のケースが顕著である。オーストラリア・ニュージーランドについては、図中に示しきれなかったが、ニュージーランドの急伸があってオーストラリアの微減が救われているというのが実情であった。

他方アメリカ大陸の縮小の方の代表は、この期間に約二割から一割以下に減少（絶対的には微増）した合衆国と、同じ期間に約三分の一に縮んでしまった西インドであろう。とくに西インドはこのころすでに一七、八世紀当時の華やかな舞台は過ぎ去った過去のこととなり、『宝島』（一八八三）や『ピーター・パン』（一九〇四）も遠い昔への国民的追憶を背景とする作品であった。

これに対してカナダと中南米は当時かなりの拡大基調にあり、その中でもとくにアルゼンチンが顕著な伸びを見せた。またヨーロッパの相対的地位はほぼ現状維持であるが、その中では北欧（たとえばそこに含められているロシア）の拡大があって、その分だけ他の比重が微減となった。

アフリカ（イギリス領諸地域）・ニュージーランド・アルゼンチン、さらに少々遅れて北欧——輸出の拡大がとくに顕著な地名を挙げてみると、初めは輸出先としてごく目立たぬ存在であっても、当時さかんに資本が投下され、開発が推進されていた地域だという特徴を示している。とすると、前章にわれわれが考察した多くの歴史的事例とも通ずるところがある。

ただし当時における輸出入貿易を取り上げるとき、それを単にそれだけの問題として考えてすますことはもちろんできない。有利な投下の場所を求めてやまない豊かな資本、経常的には常に大きな貿易外収入、そして巨大な海外投資を行ないながら拡大し続ける入超というイギリス経済のあり方を、いつも頭に置かなければならない。第二章で扱った時代にもある程度そのような条件が生じ始めていたけれども、この時代になるとすでに問題の重心が移るほどの影響が生じていた。その変化の大きさは、例えば後出図54に表わされた貿易収支の動向一つを見ても察することができるであろう。イギリスをとりまく世界市場の問題状況は、ここでも様相が一変しつつあったのである。

このような世界史的変動が進行すれば、第二章8節でもふれたように、世界市場への参入や市場の情報へのアクセスに必要とされる条件という側面からみても、世界市場が構造的にもつ先進経済中心的な歪みや不均質性が倍加されることを考えておかなければならない。第二章の同じ個所でも多少ふれたが、人類史の文明論的解釈、未開・蒙昧の世界と近代・文明世界とを対置する図式が、思想的に世界市場のこの構造的特質をさらに補強する役割を果たしていたのである。

　なお図51に続く時代について付言すれば、アフリカの拡大はその後も続き、アジア・アフリカはヨーロッパと肩を並べて、全体の三割余を占める大市場となる。一方、カナダ・アルゼンチンの健闘はあるものの、アメリカは総体として二割程度に落ちる。そしてニュージーランドの拡大が持続したオーストラリア・ニュージーランドは、約一割の線に到達する——というところで、第二次世界大戦の開幕を迎えることになる。全体として右の経過には、合衆国などのアメリカの比重低下と英帝国の比重増大という傾向を指摘しうるであろう。

　ここで以上を補う意味でイギリスの再輸出について事実関係を確認しておこう。一九世紀後半に再輸出は総輸出の約五分の一の線まで回復するが、以後また一方的な下降傾向に陥る（図5参照）。その再輸出がおもにどこに向けられていたかに関してつぎの図52[26]を検討して頂きたい。ご覧のように一八八〇年代から合衆国向けの再輸出が急激にシェアを広げてヨーロッパのシェアを押し縮めるようになり、その趨勢は第一次大戦に至るまで変わらない。ただしこの傾向は両大戦間の時代に逆転している。すなわち再輸出総額はその絶対額においても縮小に向かい、とくにその中でも再輸出市場としてのアメリカの地位低下が著しい。そこで合衆国のシェアは二割以下の水準に落ちることになり、一方ヨーロッパは五割五分程度に降下していたその相対的地位を七割を超す線に戻して第二次大戦を迎え

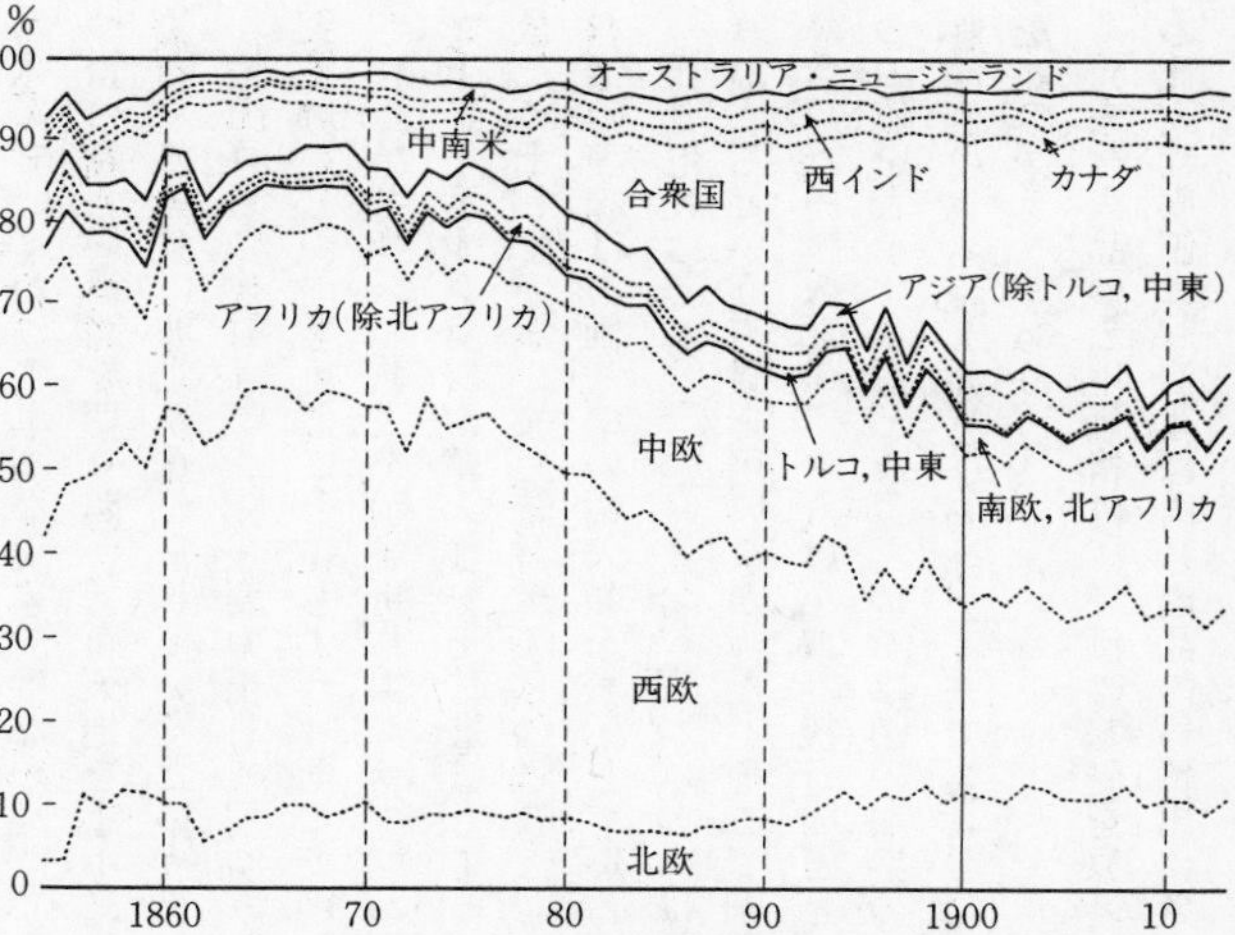

図52　イギリスの再輸出相手地域

ることになる。ここで図5に見られる一八六〇年代以降の再輸出の全般的下降と以上の観察とを考えあわせると、まず図52の期間にヨーロッパ向け再輸出が落ち、ついで両大戦間に合衆国向け再輸出が退くという経過で、問題の全般的下降が導き出されたことが分かる。

こうして図3・4・5の示すような、一八世紀のころのイギリス再輸出貿易の、世界市場の花形ともいうべき役割はもう遠い昔の物語となっていたのである。イギリスの輸出・再輸出に関するこれまでの考察からも明らかなように、世界市場の拡大・深化といっても、それはけっして同じひとつの市場がただ周囲を呑み込んでいくだけの単調な現象ではなかった。それは既存の市場関係を前提としながらも、つねに新しい活路を切り開いて新天地を手中にしようとする試みに結びつき、この試みが競合して波乱に波乱が重ねられていくという世界史的過程として現われたのである。

輸出貿易の検討はここで一度中止して、つぎにイギリスの輸入の考察に入り、適宜輸出入を対比しつつ考えることにしよう。そこで図53[27]であるが、これは図46と同じ要領で用意されたイギリスの輸入を示す折れ線グラフである。念のため簡単に説明すると、下方の急な上昇を示すグラフが輸入額をそのまま示し、上方のゆるやかなグラフが同じデータを対数尺で示している。また統計データの性質としては、左半の点線は公用価格基準の輸入額、右半の実線は市価基準の輸入額を表示している[28]。

上述したように（三五五～六頁）、われわれは再輸出を輸入から減じて「正味輸入」額を算出するという方式を用いなかった。そこで全期間を通じて輸入額は再輸出のための輸入を含めた総輸入額データだけを取り扱うこととなり、グラフは図46と異なって毎年ただ一つの値を表示する形となった。では図の左半の二重の線は何なのかというと、これは仕入れ原価による輸入額といわゆるc.i.f.（運賃・保険料込み価格）による輸入額とをあらわすためのグラフである。

元来輸入品の公用価格は、評価の基礎を原産国での仕入れ価格におくものであった。その仕入れ原価は、例えば同じ商品の再輸出にさいしての評価、つまり再輸出品の公用価格

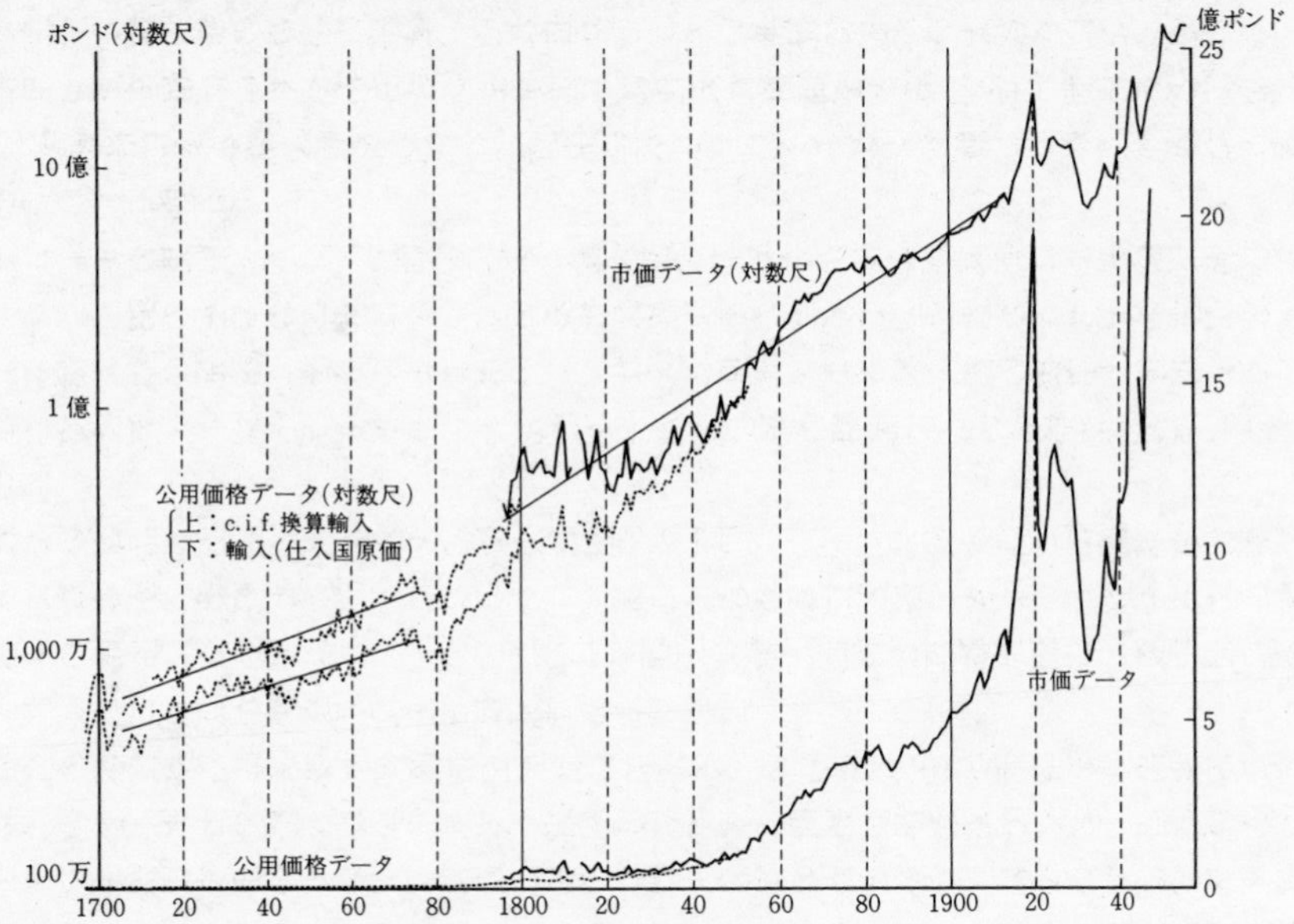

図 53　イギリスの輸入額の動き

と比べればずっと安価なものであった。そこで、年々の輸入額として仕入れ地原価によるデータを生のまま用いていて、はたしてそれで十分なのかという点については、例えば続く時代のデータとの整合性から見ても当然考慮すべき問題が浮かんでくる。当時にあっては相当の額になる輸送費や保険料を原価に加えて、いわゆるc.i.f.価格を算出することができれば、この点がかなり救えるはずである。

個々の商品についてみるとc.i.f.価格は原理上は輸入価格と再輸出価格との中間にあることになるが、そのどの辺りになるかは容易にはきめることができない。もちろん再輸出されない商品もある。となると、輸入総額をc.i.f.ベースで見積ることは簡単な仕事ではない。

ここではディーンとコールが一六九七〜一八〇〇年の期間について推算したc.i.f.価格による輸入額の見積りをそのまま用いて、仕入れ原価による輸入額の数字と併用することにした。図53の左半の二重になっている折れ線はそのためで、二本のうち上の方がディーンとコールの見積ったc.i.f.価格による輸入額、下の方が仕入れ原価による公用価格輸入額を表わしている。[29]

c.i.f.価格による輸入額をわざわざ図中に示し、以下これも参照してゆくべきだと考えるに至った事情はいくつかある。まず第一に仕入れ原価をとるかc.i.f.価格をとるかによって生ずる輸入額の数字の差は、それ自身とうてい無視できない大きさになっている。図

53ではその大きさを二つの並行する折れ線の間隔として読むことができるが、対数尺図上で直覚的にとらえるよりずっと両者の差が大きいことを忘れてはならない。

とくに輸出入のバランス状態（貿易収支）を考える時、この差がものをいってくる。というのは、与えられたままの仕入れ原価による輸入額データと、総輸出額データ（国産品輸出額データと、仕入れ原価に輸送費・保険料・商業利潤、その他の積み上げられた再輸出額データとの合計）とを用いて、無神経に輸出入の全体的差額を算出すれば、当然その中に貿易外収支などの一部がまぎれこんで事態の把握を誤らせるからである。

またc.i.f.価格による輸入額は、図53右半の折れ線グラフとのつながりを考えるとき、仕入れ原価を用いることが原則の公用価格を基準とする輸入額よりも、ずっと具合がいいという事情もある。右半のグラフは市価基準の輸入額を示すが、その計算の基礎となる市価はイギリスでの市価であるから原理的に仕入れ国の原価よりかなり高く、c.i.f.価格による輸入額の方がもともとこれとなじむ性質なのである。実際に図53の一八〇〇年付近の数年でみる限り、c.i.f.価格によるグラフの方が右半のグラフとの格差が少なくなっている。

だがもしこのようにc.i.f.価格による数字の方がすぐれているとするなら、なぜ仕入れ原価によるデータにこだわってこれを残しておくのかと問われるかも知れない。そこにはもちろん、種々問題の多い推算を施していないもとの数字を簡単には見捨てられない歴史家的な嗜好があるかもしれない。しかし実はそれだけではない。一八〇〇年あたりでc.i.f.価格によるグラフの方が市価基準のグラフとの関係がいいのは明らかだとしても、この時点だけにとらわれると思わぬ見落としをするおそれがあるのである。

ディーンとコールのc.i.f.価格による数字は、一八〇〇年までしか提供されていない。今もしこの数字だけを用いて仕入れ原価による数字を捨てることとすると、図53の左半は上の方の一本の線だけとなる。この場合その右半とのつながりは実にうまくいって左右のグラフがしっかり手を結び、図46の輸出の場合と事態はかなり異なるという印象を残すことになる。

だがこの印象は正しくない。いまもしディーンとコールのc.i.f.価格によるグラフを一八〇〇年以後にまで延長できたとすれば、それは輸出の場合とまったく同様に、右半の市価基準のグラフと大きく交差するはずである。これは一八五三年までデータのえられる公用価格基準のグラフを見て始めて明らかとなる。

すなわち、図53の左半にはっきり認められるように、c.i.f.価格によるグラフと公用価格によるグラフとはほぼ並行する動きをみせ、前者のデータが後者のそれを基礎として推算されていること[30]を表わしている（ということはつまりc.i.f.価格による輸入額も、大きくみて輸入の量的動向を反映する変数だと考えてよいことを示している）。そこでもし、同じ方式で求められるc.i.f.価格によるグラフを一九世紀前半にまで延長すれば、それまでと同様な間隔でそれは公用価格基準のグラフの上方に現われ、しばらくは市価基準グラフの下方を動いていても、まもなくこれと交差してその上方へ突き抜けてしまうはずである。市価基準のグラフとうまく接合するどころの話ではない。

ディーンとコールは、市価からのへだたりが大きくなり、次第に現実離れしてしまう数字に興味がなかったこともあって、その推算を一八〇〇年で打ち切ったのであろう。左右両者の円滑な接合の方を重視したとすれば無理もない話であるが、しかし、われわれのここでの考察のためには簡単に打ち切らず、何とか続けておいてくれれば有難かったと思う。

さきにわれわれは輸出の場合に関して同様のグラフの交差現象（図46参照）を認め、それを一方において輸出品の市価が一時的上昇から大きく下降に向かったことと、他方において取引量が一貫して上昇し続けたこととのもたらした結果と考え、さらに前者を二つの史的要因によって説明しようと試みた。すなわちその第一は、対仏戦争期の全般的物価上昇とやがて始まるその揺り戻しとしての下落であり、第二は産業革命に伴う輸出品価格の下降であった。

ただし右の後者、すなわち輸出貿易取引量の上昇については、そこでとくに説明を加えなかった。だがそれがとくに不当だとは受け取られなかったものと思う。おそらく、産業革命による生産性の向上、安価になる製品価格、あるいは全体的な生産力の上昇などによって、輸出の量的増大は自然にもたらされる結果なのであって、特別の説明など必要がないと考えられたのではないか。

だがもちろん一国の輸出の急上昇はそれだけが独走できる現象ではない。とくに当時の世界市場のあり方やその中でのイギリスの地位を考えると、この点はいっそう明らかであろう。イギリスの資本輸出や貿易外収支の詳細を検討することは今は見送らなければならないが[31]（これに関する問題のいくつかは前章にも何度かふれたが）、ここではイギリスの輸入がこの点にとりわけ重要な係わりをもつことを注意したい。

すなわち輸出の動向と同じペースとはいいがたいとしても、輸入についても輸入品価格が一時的上昇から下降に向かい、したがって市価基準輸入額のグラフが停滞傾向に陥る一方、その間も取引量が一貫して上昇し続けたから、量的動向を反映するディーンとコールのc.i.f.価格基準輸入額のグラフは上方へ突き抜けて、図53で左右のグラフの交差現象が生ずることになる、あるいは延長線上に生ずるはずということになる。

以上の点はその後の時代にまで係わる重要な問題を含むので、その背景をなす事情を明らかにするために、この図をもう一度見直しながら基本的事実を確かめておくことにしよう。

さきにわれわれは輸出の場合について、一八世紀の七〇年間（前期、すなわち一七〇六〜七五年）と一九世紀を包み込む一一八年間（後期、すなわち一七九六〜一九一三年）とを対比し、この間に人類史上の大事件が生起したことを示唆するひとつの二次的統計情報を拾いだした。そこでつぎに同じ情報を輸入の場合について求めればどうなるのか計算し対比してみることにしよう。結果は左記の通りである。

	前　期	後　期
輸出額の成長率	一・四パーセント	二・五パーセント
輸入額の成長率	一・三（一・四）パーセント	二・七パーセント

右のうち輸出額の成長率のデータは前出の数字であり、われわれはそこに「産業革命期」を転機として世界史的に見ても大きな出来事の生起したひとつの証左を認めたのであった。ところが同じ期間の輸入額の成長率は、前期において輸出とほぼ等しく（一・三は公用価格に基づく輸入額、一・四はc.i.f.価格に基づく輸入額よりそれぞれ算出[32]）、後期においてはこれよりやや大になっているから、前期から後期への変化はむしろ輸出を上廻っている。

いまもし輸出の長期的高成長を産業革命以後のイギリス経済の「離陸」によって説明することにすれば、産業革命や「離陸」にはさしあたり縁の薄いはずの諸地域からの輸入の高成長を、いったいどのように説明することになるのか。もちろん一国が持続的経済発展によってその輸出を拡張し続ければ、取引の相手となる諸地域から逆にその国へ向けられる輸出の方もそれに即応しつつ自動的に増大してバランスがとれてくる、というものではあるまい。

　しかし歴史的事実としてイギリスの輸入は増え続けている。図53には図45と同様に前期と後期の成長の傾向線が描き込んである。この図についても左半と右半の傾向線の傾きの差を、下方の折れ線グラフを参照しつつ輸出の場合と同じように確認して頂きたい。ただし後期においては輸入は輸出と同様に成長率を高めている。いやむしろイギリスからの輸出以上にイギリスの輸入の方が伸びているのである。単に成長率だけに頼った推論が不安ならば、輸出入の差額の動きを調べて、直接この点を確かめることができる。

　図54[33]を見て頂きたい。この図は貿易収支の帳尻の、同じ年の総輸出額（再輸出額を含む）に対する比率（パーセンテージ）を約二世紀半にわたって図示している。一見して明らかなように、この間イギリスはほとんど一貫して入超国であった。[34]しかも一七〇〇年から一九〇〇年にかけて、マイナスの数値であるこの比率は時のたつとともにその絶対値を増加させる傾向にあり、図上では右下がりの大勢が明白である。

　この点は二〇年程度のスパンの移動平均をとって短期的上下動を整理してしまえばいっそう見やすくなる。図中にはその移動平均（二一年スパン）を細線で示した。一見して明らかなように、一八世紀の一〇年代に小さな山Aがあり、以後同世紀の半ばごろに同じくB、さらに一九世紀の初頭に同じくC、そしてその半ば過ぎに同じくDと、一八、九世紀

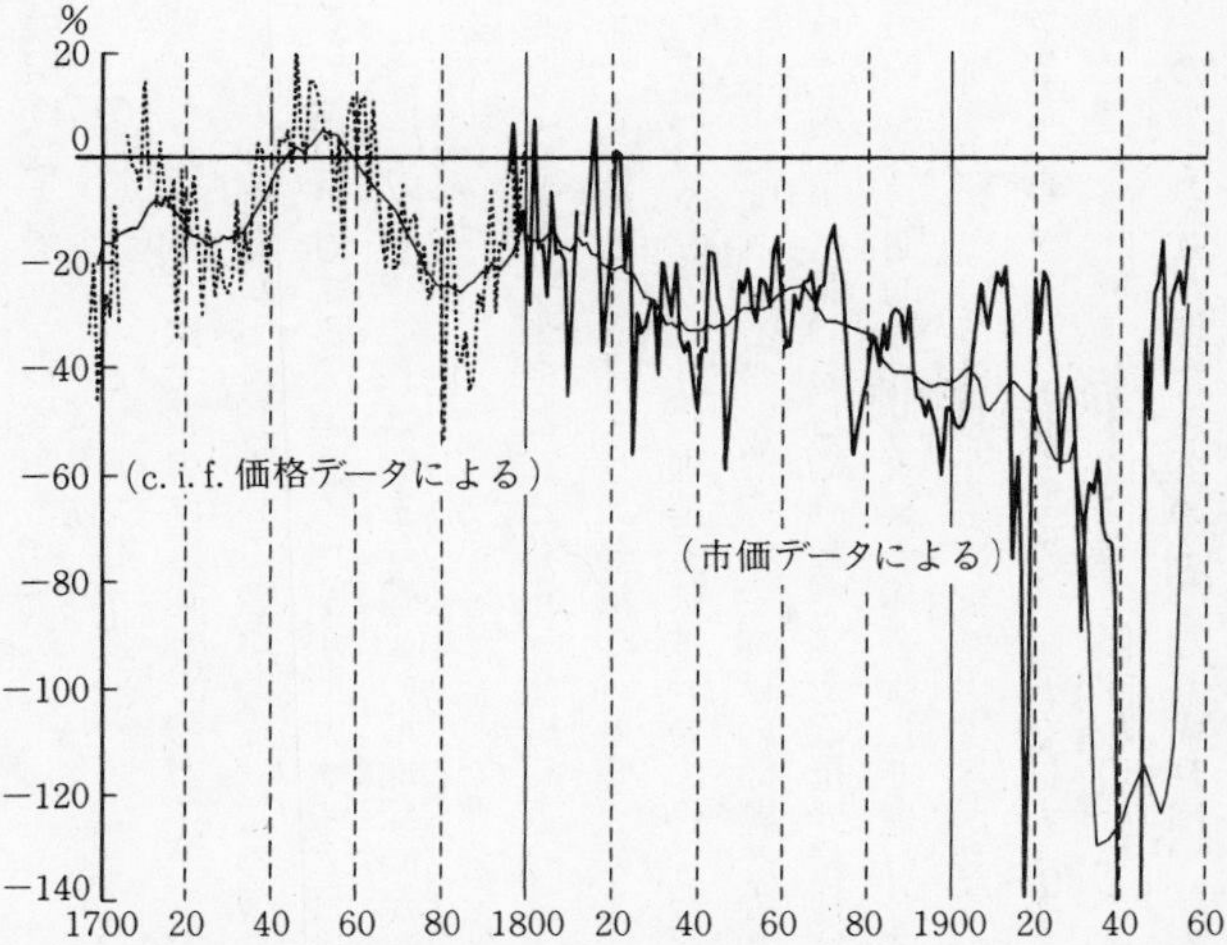

図54　イギリスの貿易収支（総輸出額にたいする100分比）の動き

のイギリスの貿易収支（の輸出に対する比率）の動きに四つの山を認めることができる。

その中で、収支がつり合って差引ゼロとなる水面の上に頭が出ているのは一八世紀半ばの山Bのみで、それも出ているのは山頂部分だけである（そのことだけで説明できるかどうかは別にして、これはイギリス史上穀物輸出の大きかった期間と一致する。図12参照）。以後のC・Dはもう水面下の山ですべては水底の動きとなり、しかも岸から沖へ向かって進んでゆく時のように水深はどんどん深くなる。一九世紀の初めごろ水面下一〇パーセント余にとどまったものが、世紀末には四〇パーセント以下の深度にまで下がっている。

二〇世紀になるとまるで話が変わって、とくに二つの世界大戦期には図54ではもう底が見えない。第一次大戦中には約一五〇パーセント、第二次大戦中には実に五八〇パーセントという海溝が出現しているのだから。この辺りのことはおいておくことになるが、ともかく輸出に対する入超額の比率が増大することは、輸出に対する輸入の比率が増大することに他ならず、これはつまり輸入の増加傾向が輸出のそれを上廻ったことを意味すると考えていい。

そこで先の設問をここでもう一度繰り返せば、イギリスの輸出の長期的成長を「産業革命」を転機とするイギリス経済の「離陸」によって説明するとすれば、これを上廻る輸入の高成長をどのように理解すればいいのか。いま、これに一言で答えようとすると、我田引水の気味となるが、おそらく本章の標題そのものになる。すなわち世界市場のいっそうの拡大と深化が、そしてそれを支える世界諸地域の経済開発ないし経済発展が、イギリスの輸入の長期的上昇と表裏一体をなして進行しているのである。

この点についてはしかし、少々但書きが必要である。すなわち輸出の場合については産業革命を背景として取引量の飛躍的な拡大がある。今もし輸入の量的拡大がこの輸出の伸びに追いつけず、全体的に品薄傾向が現われて価格が上昇し、その結果として輸出額上昇とのバランスが保たれているのだとすれば、話が少々別のことになる。そこで、この辺りの事情を明らかにする基礎的データを、以下においてしばらく確かめておこう。

まず価格動向であるが、イムラーによって提示された輸入品価格指数[35]の動きを輸出の場合と対比することから手をつける。図55はそのために用意した図であるが、イムラーも注意しているように、ここで扱っている指数をふつうの「物価指数」の同類と思うと少々誤りがある。[36]輸入品それぞれの市価にウェートをかけて合計し、一八八〇年の市価にも同じウェートをかけて合計した数値に対するパーセンテージを算出する。これがその計算手続きであるが、そのウェートとしてふつうの物価指数の場合と違って、年々変化する各品目の取引量そのものを用いるのである。

換言すれば、ある年の輸入の全品目について、それぞれの輸入量 $q_i, i=1, 2, \ldots, n$ をその年の市価 $p_i, i=1, 2, \ldots n$ で評価して合計した総額（すなわち総輸入額）$P=\Sigma q_ip_i$ を分子とし、同じ輸入量を基準年の市価 $p_{oi}, i=1, 2, \ldots n$ で評価して合計した総額 $Q=\Sigma q_ip_{oi}$ を分母として、両者の百分比 $V=100\times P/Q$ を計算することになる。要するにウェートを毎年の取引量に従って改定する価格指数、ないし（これも少々問題があるが）平均価格指数といっておこうか。

輸出についても同様の手順で輸出品価格指数を計算するのであるが、いずれの場合でもこの指数には量的変動の因子が、いわばウェートの変化という形で紛れ込んでいることを頭においておかなければならない。しかし輸入品の平均的価格の長期的上昇傾向は存在し

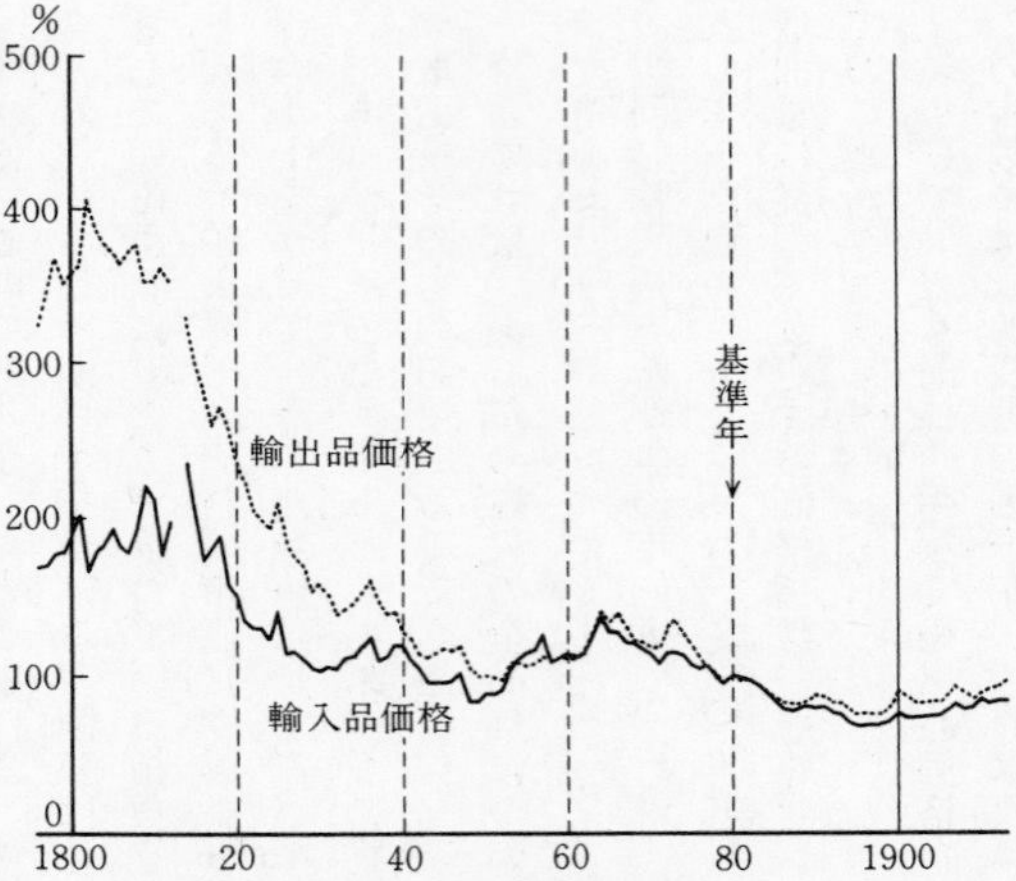

図55　輸出入価格の動き

ない、ということだけを確かめるのであれば、この指数を図示した図55で足りるであろう。

ところでこの図には一九世紀の前半と後半とでかなりはっきりした様相の差が現われている。そこでまず世紀前半について少し詳しく検討してみよう。

最初に目につくのは、おそらく輸出品価格指数の約三六〇から一〇〇までの見事な下降に違いあるまい。いうまでもなくそこには産業革命が結びついている。しかし別の要因も背後に見ておく必要がある。すなわち、対仏戦争期に大きくはね上がった高価格水準からの復帰、という要因がその第一である。これについては前出の図47が一応目安になる情報の提供源として役に立つであろう。

第二に、この指数の計算方法上の問題が関係してくるが、技術革新によって価格下降のいちじるしい綿織物が、輸出品の中でとくに大きな量的増加を示せば、そのこと自身によって全輸出品の平均的な「価格指数」が下方へ向けて動く、ということを注意しなければならない。既出図48にその一端を察することができるが、この図の示すシェアはあくまでも価格上のシェアであり、量的にはこの図の与える印象よりさらに大きく伸びていることも、念頭におくべきであろう。

一方この間における輸入品価格の動きであるが、輸出の場合には及ばないとしても、二〇〇に近い線から九〇あたりまで下がってゆくかなりの下降がそこにあり、少なくとも対仏戦争期の上昇分はすんなりと落としているものとみてよい。この下降の大きさを評価するには、輸出の場合との比較にとどまらず、一般的なイギリス国内物価水準との比較がかなり有効と思われる。

図56は、図55と同じ輸入品価格指数のグラフを、P・ルソーの計算によるイギリス国内の農産物価格指数および工業製品価格指数[37]のグラフと重ねて描いた図である。ルソーの指数はすべて一八八〇年を一〇〇とするよう計算しなおしたが、もともと卸売価格をウェートをつけずに単純平均して計算された指数で、ここに用いた輸入価格指数とはかなり性質が異なる。

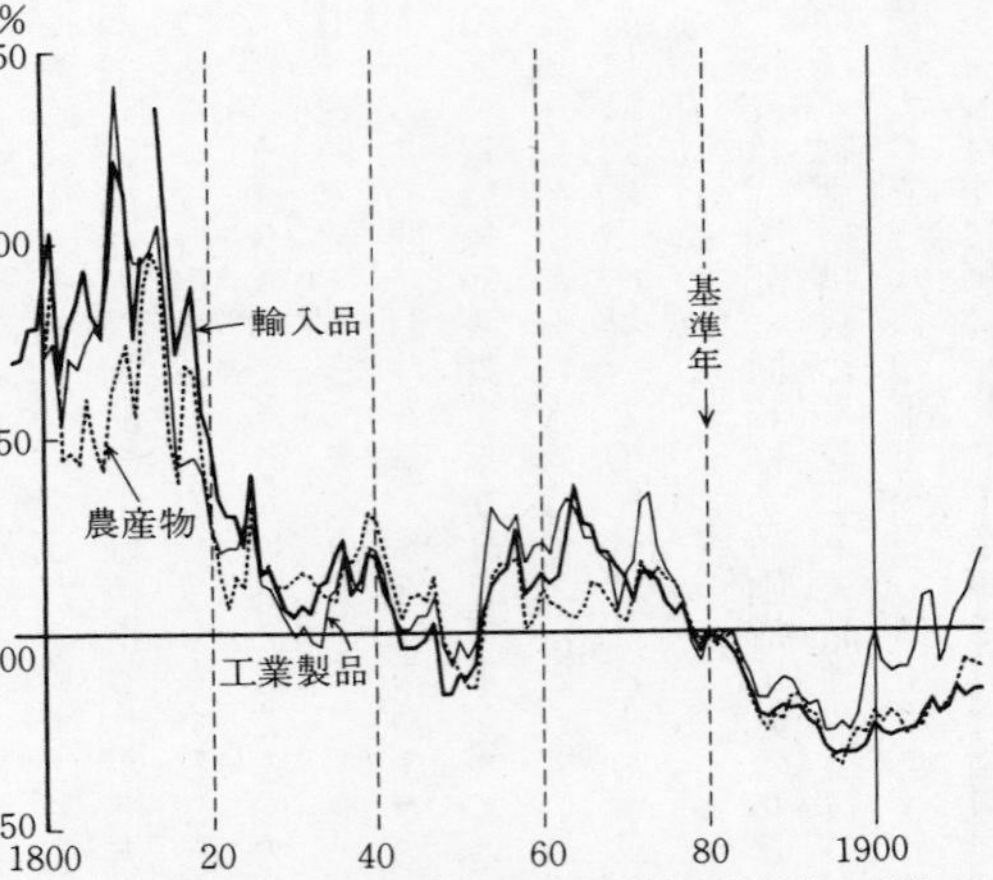

図56　農産物・工業製品価格および輸入品価格の動き

その両者を同一図上で比較するのはかなり乱暴な話であるが、捨ててしまうには惜しいほど動きが符合してくるので、あえてここに収録することにした。この図を素直に読んでいいとすれば、一九世紀前半イギリスの輸入品は、国内物価と歩調を揃えて、あるいはそれよりほんの少し早めの歩調で価格を下げている。とくに工業製品価格一般ともほぼ同一歩調をとっていることと一八八〇年以降の輸入品価格の低迷とは、注目に値する。

輸出入の価格の動きを対比するのであれば、当然交易条件の変化を考えることになろう。これについて図55の示すところでは、一九世紀の前半において交易条件は明らかにイギリスに不利の方向に傾いて行く。だがJ・ヴァイナーやイムラーの認めるように、個々の取引に際しての利益ではなく一国の「貿易から受ける総体的利益」を考えるときには、素朴な交易条件だけにとらわれていてはならないはずである。[38] しかしかれらによって代わりに提案される、貿易総量の動きを取り入れた一般的指標にも疑問を感ずる点がある。

交易条件に関係する理論的問題については第一章にも多少ふれたが、本書でこの点に深入りすることはとうていできない。ここでは具体的な歴史的条件として、イギリス側については、交易条件の変化の背景に労働生産性の向上と大きな経済成長のあったこと、イギリスの取引相手の側については、安価になった輸入製品の第一の消費者はしばしばその地の産業開発に関係した社会上層の少数者であり、また輸入製品の取引から大きな利益をえるのも開発資本の相当部分を提供したのも多くの場合かれらであったこと、したがって輸入品の価格低下が一般的生活水準の向上という事態に容易には結びつかなかったこと、さらにまた安価な製品の自由な流入によって土地の産業が直接競争にさらされとかく犠牲になりがちであったこと、そしてこれらすべてが当時の世界市場の性格そのものの反映に他ならなかったことなどを、思いあわせるにとどめておこう。

そこで話をもとに戻して、図55・56を参照しつつ、つぎに一九世紀後半の事情を考察しよう。図55で明らかなように、この時期になると輸出入品の価格動向の間には大差がなくなっている。もし差があるとすれば、輸入品の値下がりの方がやや大きいのでないか。いずれにせよ前半にきわめてはっきりしていた動きの差が、後半に至ってこのように消滅してしまった理由は検討に値するであろう。

図56にみるように、イギリス国内市場における輸入品の価格は、世紀の前半と後半とでほとんど差がない動きを、つまり一般の物価動向に即した動きを示している。一方、輸出品の価格を大きく引き下げた技術革新が古典的産業革命期だけで突如うち止めになり、世紀後半になくなってしまったはずはない。少なくともこの二点は前半にも後半にも共通のはずである。

しかし、前半においては、技術革新が綿工業に集中して現われており、しかもそれによって安価になった綿織物が輸入品中のシェアを飛躍的に伸ばしている。これと並ぶような事情は世紀後半には認められない。おそらくこの点がある程度まで右に述べた前半後半の差の理由を説明するのに役立つであろう。つまり、われわれの用いた価格指数の性質がここにからんでいるのである。

だが、世紀前半に認められた交易条件の変化が、イギリス側の輸出産業に何らかの技術革新や生産性向上の続いていたはずの一九世紀後半において、長期的にもまるで現われてこないとすれば、そのこと自身は問題として残る。当然、イギリスの技術革新が相対的にあまり大きなものでなくなり始めていたということも考えておかなければならない。しかし、もし見るべき技術革新や生産性向上が相手地域側の輸出産業に存在しなければ、その地からの輸入品価格に比べてイギリスからの輸出品価格は、相対的に高い水準にへばりついて動かないということになってくるのでないか。とすれば当然イギリスの「先進」工業分野の性格、イギリスの取引相手の方の変化、さらには世界市場の構造・性格なども、この時期についてあらためて検討すべきことになる。

これに関連して一言付け加えれば、図55・56を通じて価格の動きには長期的なうねりが現われており、しかもこれが先述のコンドラチェフの長期的波動と重なっている。ここでとくに留意したいのは、輸入品の価格もこの波に即して動いているという事実である（さらに図56をそのまま読んでよいとするならば、より短期的にイギリス国内物価動向に即して輸入品価格は動いている）。コンドラチェフの波動自身の理論的解明がすっきり終わっているわけではないけれども、もしこれがヨーロッパ内的要因によって説明するべき現象だとすると、長期的にみて輸入品の価格がヨーロッパ内的（ないしイギリス内的）要因に左右されてきまってくるという傾向を示唆するひとつの証拠を、われわれは手にしたことになる。[39]世界市場の性格の一端が、ここにも捉えられるのでなかろうか。

以上の考察に用いたデータをただ変換して検討することになるが、[40]つぎにイギリスの輸出入貿易の量的側面について一言しておこう。われわれは一七九六～一九一三年の期間について、国産品輸出、これに再輸出を加えた総輸出、および輸入という、三者それぞれの数量指数時系列[41]を算出することができる。いまこれに指数関数をフィッティングして全期間を通じての成長率を求めると、最初の二者についてはすでにふれた通り（三五八～九頁）、それぞれ三・九パーセント、および三・六パーセントという計算結果を得る。これに対して輸入の成長率は三・五パーセントとなる。

イギリスの国産品輸出量の一一八年に及ぶ期間を通じての伸びが顕著なのはもちろんとしても、これと比べて同じ期間における輸入の量的拡大もまた相当のものといわざるをえない。「相当のもの」という評価であるが、一世紀余りの長期にわたって持続する三・五パーセントという成長率は、少なくとも産業革命以前というべき諸地域の経済の量的動向に関するデータとして、すでにきわめて大きな数字である。世界市場の史的変動は先進経済の工業的発展だけでは説明しきれぬ多くの局面をその中にはらんでいることが、ここにも明らかである。

ただしもう少し時代を限定して、約半世紀の期間について同様な成長率を計算すると、さらに考慮を要する様相が浮かび上がってくる。

	一八〇〇～五〇年	一八五〇～一九〇〇年
輸出量の成長率	三・九パーセント	三・〇パーセント
総輸出量の成長率	三・二パーセント	三・一パーセント
輸入量の成長率	二・七パーセント	三・七パーセント

一九世紀の前半に、イギリスの輸出、とくに国産品の輸出は、平均的な価格が急速に安価に向かう（図55参照）と同時に量的には全体として大きな膨張を見せた。右の数字の示すところによればこの半世紀間の全体的傾向として、年々三・九パーセントという量的成長が持続されたことになる。しかし再輸出の方がこれに追いつかないため、総輸出としては三・二パーセントの成長に落ちる。この間輸入も平均的にその価格が下がる一方、量的には二・七パーセントという拡大を見せているのであるが、価格降下も量的成長も、いずれにおいても輸出には後れをとっている。

ところが世紀後半にはいると、この関係は逆転する。輸出に比べて輸入の方が、総体的に価格も安目に推移し（図55参照）、しかも量的には三・七パーセントという大きな拡大傾向を示している。輸出の方が三・〇パーセント（再輸出の健闘があって総輸出では三・一パーセント）の量的成長にとどまっているのに対して、これは世紀前半の輸出の場合にも匹敵するほどの成長である。

いったいこの間に何が起こり、世界市場の拡大・深化はどのような局面に入ったのか。これを正確に捉えるためには原史料操作の大きな作業と、さらに多くの情報の収集による立ち入った分析を行なう必要があり、本書ではこれを宿題として残すほかはない。ただこの点にも関係して、つぎに輸入の内容をごく大ざっぱに捉える二つの試みを行なっておきたい。

ひとつはイギリスの主要な輸入品が何であったか、その歴史的推移の検討である。ただしこの点についての輸入のデータは、輸出の場合に比べてはるかに扱いにくい。品目の数が比較にならないほど多く、しかもその取引額は年々の上下動が著しい。出入りの激しいどんぐりの背比べの全体を見渡して、「主要輸入品」をどこまでどう選べばいいのか途方に暮れる場合もある(原データを整理してわれわれに手渡してくれる統計史料そのものが、すでにこの難関のために不完全ということまである)。そこでここでは、多少乱暴に見えるかもしれないが、ひとつの形式的処理を試験的に導入し、その結果を第一次接近のために提供するにとどめておきたい。

そのデータ処理の方式であるが、ある時期の「主要輸入品」とはつぎの条件にかなうものと定義する。すなわち

A　ある輸入品目の年内の取引額の大きさが、全体の中で上から三位以内に入っている

B　同じその取引額が、その年の全輸入額の五パーセント以上に達している

という二条件を設定し、このA、Bのいずれかが当てはまるということが、同一品目について五年またはそれ以上連続するようなケースがあれば、はじめてこの品目を「主要輸入

品」の一つだと定める。

ただしこれを主要輸入品として扱う期間Pは、問題の五年（またはそれ以上の期間）だけに限らず、その前にも後にも延長して考えることとするが、どこかで五年連続してAもBも当てはまらない事態に出会うと、その五年のうちの三年目でPは打ち切りとする（つまりPは二年目まで）。いってみれば五連勝で三役に入り、五連敗で平幕に落ちることになるが、もちろんまた条件が整えば、三役復帰もありうる。ただし陥落・復帰の時期は三役期間少々拡大扱いで要注意であるけれども。

この定義に特別の理論的根拠があるわけではない。ただ、当面の長期間にわたるデータを何とか手に負える形にまとめようと、試行錯誤を繰り返して試作した実際的手段であると受け取って頂きたい。「主要輸入品」というより、時代の「花形輸入品」といった方が適切かもしれないが、この方式によってデータを整理した結果を、図57[42]で見て頂くことにしよう。

この図は「主要輸入品」の生データではなく、輸入総額に対する百分比の五カ年移動平均値を用いているが[43]、要するに、各時代の「花形輸入品」の輸入額が全体の中で占める比率を、積み上げて図示したものと考えて頂きたい。

注意しておきたいのは、例えばぶどう酒・たばこ・砂糖・茶などはある時点から後、突然輸入されなくなったのではない。ただその花形輸入品たる資格を失い、「その他大勢」一

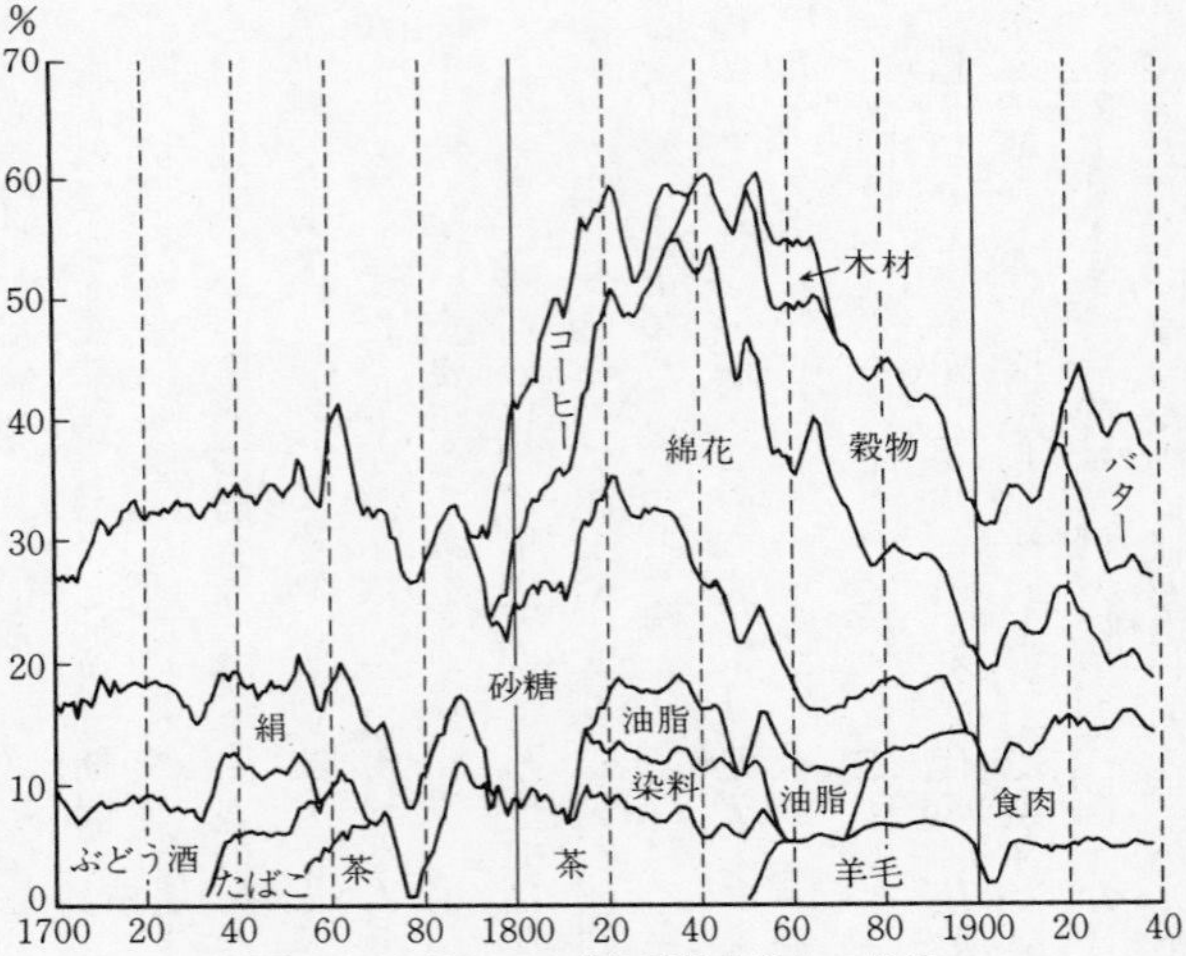

図57　イギリスの「主要輸入品」の推移

ないし「平幕」の中に格落ちしてしまったので、「三役」偏重のこの図の中に名前が挙がってこなくなっただけの話である。また染料・油脂・木材などは古くから輸入されていたけれども、「花形輸入品」の仲間入りができたのはごく短期間だけということになる。

右のようなデータ処理の方式によってもたらされる当然の結果であるが、「主要輸入品」の百分比を積み上げても、とうてい一〇〇パーセント近くまでは背が届かない。一九世紀の五〇、六〇パーセントという高さは「三役」だけでずいぶんよくやっている方であろう。

その上、一八世紀などでは、主要

輸出品の中に数えられておかしくない品目のデータが、もとになるシュンペーターの統計に拾われてないために図中に含めることができず、積み上げた背がその分さらに低くなるという結果を招いている。例えば既出の図16・17によって見ても、少なくとも世紀初期には花形輸入品であるはずの亜麻布や綿織物が、シュンペーターの統計には落ちている。だからといって、まったく別系統の統計史料（例えば図41）をここだけ継ぎはぎ細工で用いることも困難と判断したため、一八世紀についてはこの図は要注意の資料ということになった。

いろいろ問題が多いが、輸入統計の取り扱いの難しさのためとご容赦願って、ここではおもに一九世紀に限って、それもその前半と後半の違いに的を絞って、この図を見ながら考えることにしよう。

まず世紀の前半について。当時の花形輸入品は第一に一八世紀以来の砂糖であるが、すでにこの期間に少しずつ落ち目になり始めている。同時に初めはほとんど西インド産のものばかりであったのが、アジア・アフリカ産砂糖の輸入が漸増している。[44]同じく一八世紀後半以来の由来をもつ中国産の茶も、イギリス人の嗜好をかちえた国民的飲料としてこの期間の代表的輸入品の一つとなっているが、そして世紀後半も一八六〇、七〇年代まで輸入額の増勢を保ってはいるが、その後はまったくの横ばい状態となり、それでなくても大きな輸入全体の上げ潮に呑み込まれて、ちょうど世紀半ばごろ、重要輸入品の視野から消え去ってしまう。

そのほかに、一八世紀の主要輸入品としてはアジア産の綿織物・絹織物があったが、右記のようにこの図には前者を含めることができなかった。絹織物については、一八世紀末に力尽きた様子を図中に認めることができる。綿織物に関しても事情はさほど変わらず(図41参照)、これと絹織物とを合計することにしても、それほどの延命効果は期待できない。

一八世紀以来の輸入品でこの期間にかなり大きな地位を占めたものにはまた、新世界産のコーヒーがあり、続いて北欧・北米などの油脂、おもにアジア産の染料(インド産インディゴなど)がある。さらに続けて拾うとすれば、南欧・西欧・西インド産の酒類、北米・北欧産の木材などの名が挙がってくるが、この図に姿を現わすほどの大きさにはほとんど達することがない。

しかし、なんといっても産業革命の時代である。一九世紀前半を特徴づける輸入品の横綱は、一八二〇年頃までに急増し、以後も一八六〇年代まで上昇傾向を保った綿花であろう。

地域的には、一八世紀末頃は西インドから半分、あと半分は近東・アフリカ産のものを直接ないし南欧・西欧経由で入手するといった情勢であった。それが一九世紀にはいると、西インドのみならずアメリカ合衆国南部やラテンアメリカの、プランテーション産綿花の輸入が増大した。なかでも英米戦争後は合衆国産のものが急伸して、一〇年代にはイギリスの綿花輸入全体の中で三割であったものが、二〇年代には六割、三〇年代以降には八割ないしそれ以上のシェアを占めるようになる。

こうして、世界市場の中核イギリスの大舞台から、由来の古いアジア産織物類がひっそりと退場したその後で、新興綿工業のための原料がどっと入場し、遠い新世界でそのためのプランテーション開発が多数の移民や奴隷を受け入れつつ推進されるというのが、まさに時代の趨勢であった。

ところが一九世紀後半にはいるころ、以上のような情勢に変化が起こる。残念ながらこの時期について輸入品の産地を系統的に捉えることは、現状においては問題が多く、本書では見送らざるをえない。しかし情勢の変化そのものは図57を見るだけでも明らかである。まず世紀前半から引続き主要な地位を占める砂糖と綿花であるが、後半にはいると輸入額全体の中のシェアは両者とも停滞に陥り、やがてしだいに低落気味となる。とくに砂糖は輸入額そのものが一八八四年から四半世紀も横ばいとなり、その後一時回復を見せるものの、全輸入中のシェアは四パーセントの線にすらほとんど手が届かない。輸入額の全体的上昇の大勢に取り残され甘味料の国際競争に揉まれて、図の示すところでは、世界市場形成期以来代表的な国際商品であり、イギリスの最大の輸入品のひとつであり続けたその長い歴史は、一九世紀末に閉じている。

落ち目になる過去の商品に入れ替わるように登場するのは、まず穀物（穀粉を含む）である。これが主要輸入品の中でもとくに大きな存在になる時期は、明らかに穀物法廃止と結びついており、一八四八年以後この図の最後に至るまで、先の主要輸入品条件のAまたはBを、穀物は連続して満たし続ける。主要輸入品定義に援用した譬えでいえば、何と八一連勝ということになる。とくに一八七四年から一九一七年までの四四年間は全輸入品のトップを走り続け、一九二〇年代に入るまで全輸入中のシェアが一割を割ることはほとんどない。

なおこの穀物とくに小麦の輸入元は、一八五〇年頃まではおもにロシア・プロシアなどであったが、その後合衆国の参入があり、南北戦争後の落ち込みから回復した一八六九年から世紀末ぐらいまで、合衆国は他を圧して一位の座を占めるようになる。他にもカナダ、スエズ開通後はインド、そして世紀末近くからはアルゼンチン・オーストラリアなども、小麦貿易に加わるようになった。[45]

食料輸入の増大という点で同様に注目に値するのは、一八七〇年代から目立ち始める食肉（肉牛など生きた家畜を含む）の場合で、一八八〇年代からずっと、二位または三位という、いわば「大関」の座をゆずらない。これを追うように登場して一九二〇年代からついにトップに躍りでるバター（マーガリンを含む）も、同じ意味で注意しておいてよい。

食料ではないが、同じく牧畜業の産物としての羊毛も、一九世紀後半にこの図に登場した代表的輸入品のひとつである。世紀半ば近くイギリス毛織物業に対する新しい原料供給地としてオーストラリアが浮上したころが、そもそもの始まりであった。イギリスは、この伝統産業の原料自給もできなくなりだしていたのである。レセフェールの原則で農産物・畜産物輸入の自由化が行なわれたとき、イギリス産業構造に大きな変化が起こることは、この図あたりからも察することができよう。[46]

ついでながら以上に続く輸入品として何があったかというと、まず第一に木材と油脂（動物性・植物性などあらゆる油脂を含む、油脂種子類のようなその原料も含む、ただし石油は別とする）を挙げるべきであろう。さらにこれに続くものとしては、金属原料、茶、亜麻・ジュートなどの繊維原料、そして大戦間期に入れば石油なども頭におかなければならない。

以上を要するに、一九世紀後半は穀物・食肉・羊毛などという農畜産物輸入の新しい拡大が何よりも目立つ時代だということになり、他については多少落ち目のものがあり、二流の新顔があったとしても、ざっと見渡してこれほどの変化は見当らないといっていい。

このような上位輸入品の変動からもある程度察しがつくであろうが、つぎに、輸出の場合と同じ方法で作図された図58[47]を参照しながら、一九世紀後半にイギリスの輸入相手地域がはたしてどのように変化しているかを検討することにしよう（これに先立つ事情については図32、34、37など参照）。

この図も輸出・再輸出の場合（図51・52）と同じように、単に相対的な地域間の比を表

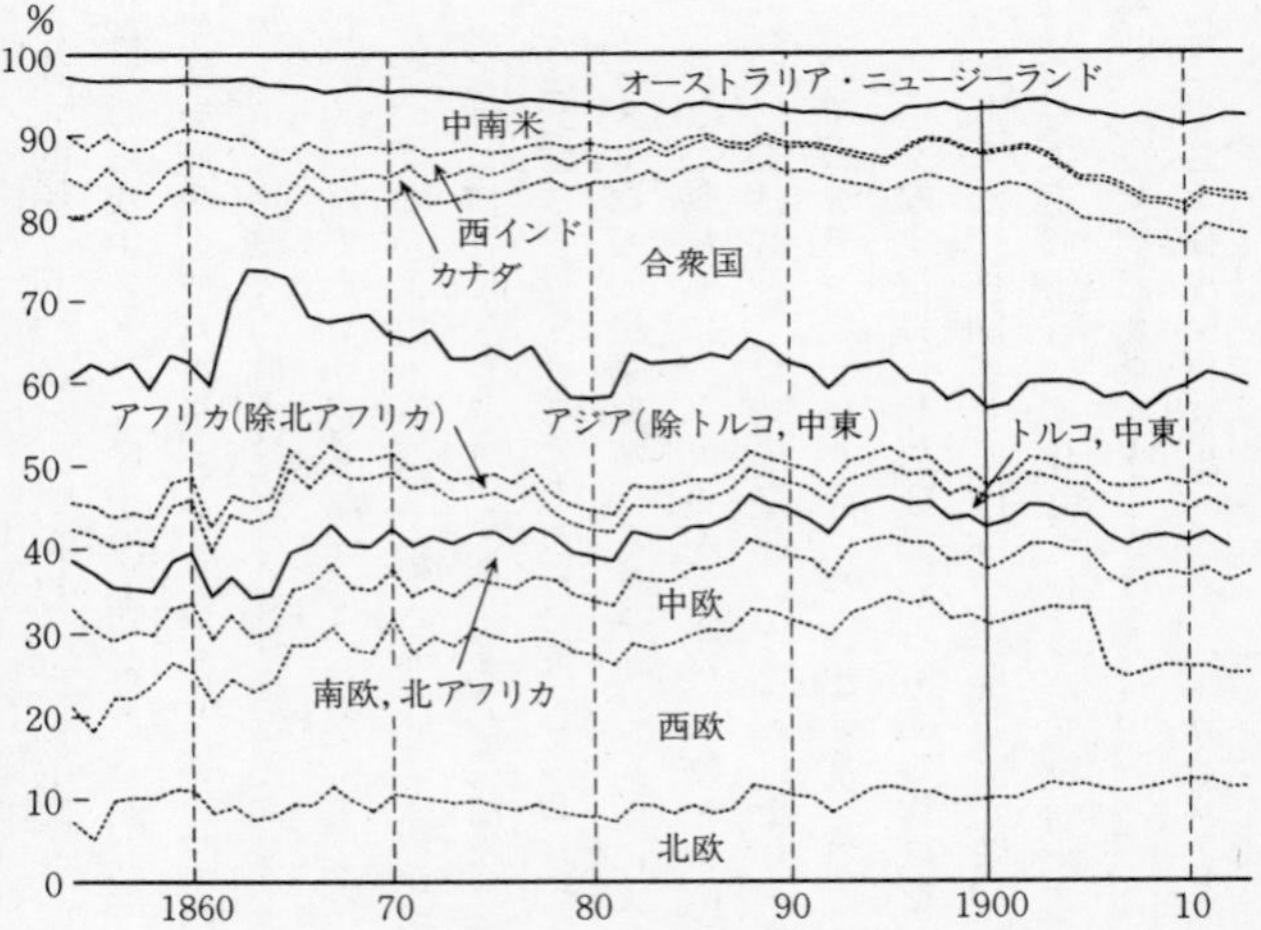

図58　イギリスの輸入相手地域

示している。ただし図の期間（一八五四～一九一三年）における輸入総額の上昇傾向が大きい（図53）ため、たとい相対比（シェア）が落ちる所があっても、取引の絶対額そのものはいずれの地域も増勢を保っている。例外はここでも西インドで、イギリスのこの地からの輸入額は期間中マイナス二・七パーセント程度の年率で下降し、この地は砂糖貿易と命運をともにしているといっていい。

全体的傾向として目立つのは、オーストラリア・ニュージーランドの拡大、アジア・アフリカの縮小であり、ついで西インドを除くアメリカ大陸と、南欧を除くヨーロッパの増勢といったところであろう（注47の付表を参照）。先の輸出の場合と対比すると、オーストラリア・ニュージーランドの拡大は変わらないが、アジア・アフリカとアメリカ大陸については、縮小・拡大の関係が逆転しているのが注意をひく。

地域ごとに内訳を見ていくと、まず羊毛（二〇世紀に入れば穀物も）貿易を中心とするオーストラリア・ニュージーランドであるが、そのうちとくにニュージーランドの伸びがきわだっており、年率七・三パーセントという輸入額の拡大が、六〇年の期間全体にわたるものとして算出される。きわめて低位から出発した開発初期の現象であるとはいえ、刮目すべき急成長といっていい。これに比べるとオーストラリアからの輸入拡大は影が薄くなるが、それでも年率三・二パーセントの伸びを保っている。イギリスからみると地球の裏側のこの地域が、たとえばオスマン・トルコ領全域に中東を加えた地域より重要となっていく過程は図中でも注目に値する。

つぎにアジア・アフリカとアメリカ大陸の相反する動向であるが、これについては、何よりもまずアメリカ南北戦争の世界綿花取引に与えた衝撃を考えておかなければならない。一八六〇年代において、奴隷労働に依存する合衆国南部の綿花プランテーションが受けた打撃の大きさや、二〇年近くも残る戦禍の傷口の深さはこの図に一目瞭然である。

いうまでもなくランカシア綿業にとって、原綿の確保はまさに死活問題であった。合衆国が駄目となれば、ただちに他所に供給源を求めなければならない。そこで浮かんでくるのは、まず古い綿業の歴史をもち、当時イギリスの直轄支配下にあった植民地インドであり、ついでアジアではオスマン・トルコ領、中東、アメリカでは中南米、西インドなどであった。合衆国の急落によって生じた凹みがこれらの地域、なかでもインドの膨らみでカヴァーされている有様は印象的であろう。[48]

と同時に、図中のこの凹凸関係が漸次消滅してもとに戻って行く様子も、また同じように印象的である。だとすると、期間全体について、イギリスの輸入中のシェアがアジア・アフリカは縮小し、アメリカ大陸は拡大するという結果が算出されるのも、初期に発生してしだいに原状へ復帰する原綿供給事情によるところが大きい、ということになる。しかしはたしてそれだけで説明しきれるかというと、かならずしもそうではない。

第一に合衆国自身のイギリス向け輸出の回復・拡大は、綿花輸出の立ち直りのみによるものではない。そこには穀物など農産物の伸びが大きく係わっている。さらにアメリカ大陸全体では、カナダの木材・穀物、アルゼンチンの畜産物・穀物などの寄与も見落としてはならない。とくに今取りあげている期間中のアルゼンチンの伸びは、年率六・七パーセントにも及び、先のニュージーランドとともに当時急速にイギリス経済との関係を深めつつある代表例となっている。

一方アジア・アフリカの相対的な地位低下であるが、その後のインド財閥に急成長のきっかけを与えた六〇年代の綿花ブームがあえなくしぼんでいったことは、たしかに何より大きい。しかし、域内諸国のイギリス向け輸出が一応の増大を示しながら、これといって急成長を見せる大きな産物が登場していないことも見落とせない。けっきょくイギリスの輸入の全体的増大の大勢に押し流された形で、相対的シェアを低下させることになったのである。ただしアジア・アフリカの側から見た域内および欧米に対する輸出貿易のことになれば、話はもちろん別である。

この関係でイギリスの再輸出貿易の動向は考え合わせておく価値がある。第二章に検討したように、そもそもこの貿易は、ヨーロッパの外の産物をイギリスが取り次いで大陸側に供給する仲介貿易としての性格が濃厚であったが、上述のように（三七五頁）一八六〇年代以降はその総輸出中に占める割合が下降し始め（図5）、その中でもとくに西欧向け再輸出の比重縮小がいちじるしい（図52）。このことは当然、ヨーロッパ大陸への再輸出のために、アジア・アフリカあるいは西インドなどからイギリスが行なっていた輸入の、急速な相対的低下をもたらさざるをえない。

ただし、だからといってイギリスの手を経て入手していたこれらの地域の産物を、大陸側ではもうそれほど必要としなくなったというわけではない。もちろんビート糖のような代替物生産の例もあるが、イギリス経由でない方途で、たとえばイギリス以外の手を介してそれらの物産を入手したり、あるいは直接自らの手で生産地の開発を推進したり、そうでなくても産地から直輸入したりすることが多くなったのである。レセフェールの原則がそのままには守られないケースがあったとしても、イギリスの掌握しきれぬ領域が世界市場の中に増えてくるという時代の趨勢が、このあたりにも見えているといっていい。

図58の検討の最後に、イギリスの輸入貿易相手諸地域の中でヨーロッパ大陸の占めるシエアを見てみると、南ヨーロッパ（地中海沿岸地方のアフリカを含む）を一応別にすれば、そこにはアメリカの場合以上の上昇傾向を認めることができる。反対にイギリスからの輸出市場としてのヨーロッパの地位を調べてみると、北欧は多少例外になるが、そこには全般的低下傾向があり、輸出入の動向が対照的であった。ここにもイギリスの地位の変化を読みとることができるであろう。

なお図中で一九〇五年直後に西欧が急落し、その分を中欧（および額は大きくないが南欧・北欧）が埋めている点については、説明が必要であろう。これはこの年にイギリスの貿易統計の基礎作業に変更があり、積み出し港による区分が原産地による区分に改められたために生じた結果である。その影響をもろにかぶったのが「西欧」で、具体的にはそれまでオランダ・ベルギー・フランスなどからの輸入として扱われていた中欧（ドイツ・スイスなど）の産物が、その本来の産地からの輸入品として表面に姿を現わしてきたにすぎない。ただしドイツ（オスト・エルベなど）からの穀物輸入はもうこの時にはすっかり衰退してしまっていたけれども。

こうして世界市場におけるイギリスの輸入の動きを大きく捉えると、オーストラリア・

ニュージーランド、アルゼンチン、合衆国、カナダ、ヨーロッパ（地中海一帯を除く）などが伸びて、アジア・アフリカ全般がシェアを落としていくということになるであろう。ついでに図58のつぎの時代に一瞥を与えると、オーストラリア・ニュージーランド、アルゼンチン、カナダの上昇はその後も続くが、大戦間期の合衆国やヨーロッパ大陸は全体として下降が目立つようになる。これとの対比でアジア・アフリカ、ことに英領アフリカ諸地域の浮上が明らかとなり、今はもう物が小さくなってしまったが、西インドも立ち直りを見せる。要するにこの時代になると輸出の場合と同様に、全体として英帝国の比重の高まりが顕著となり、そのまま第二次大戦に突入する事態となるのである。

一九世紀後半のイギリスの輸出と輸入に関する以上の観察で気になることのひとつは、両者の相手地域の変化がかなり食い違っていることであろう。そこで地域ごとのイギリスの貿易収支がどうなっているのか一考するため、大づかみながらつぎに図59[49]を用意してみた。図26・39・45あたりのその後の事情ということになるが、これまで述べたところから当然予想されるように、比率上輸入が上昇し輸出が下落したアメリカ大陸・ヨーロッパ大陸に対する貿易が、急激に入超の幅を拡大している。

またオーストラリア・ニュージーランドは、資本輸出や移民などにともなう輸出拡大がありながら、世紀末九〇年代からははっきり入超地域に変じていく。これに対してアジア・アフリカは、イギリス製品のますます重要な市場となる一方、輸入は相対的に縮小傾向を見せたから、その長年の歴史を変じてイギリスの出超地域になることになった。

付言するまでもないが、この間においてイギリスの貿易収支は全体として急速に赤字幅を広げており（図54参照）、経常収支上それを埋めるために、運輸・保険などによる収益、植民地支配などにまつわる無償の移転（本国向け公私送金など）、そして金利・利潤などの投資収益、などにますます大きく依存するようになっていた。というより、貿易収支の赤字はこれら貿易外収支の黒字で埋めつくしてなお大きく余りがあり、それが対外投資の増大を支えるというのが、当時年々続いたイギリス国際収支の構造であった。[50]

ただしイギリスの貿易収支・貿易外収支・純投資を合わせた全体が、各地域それぞれに対してバランスするというにはおよそほど遠い状態であったから、国際間で総合的にバランスする多角的構造の決済が必要であった。図59の示すように貿易収支のアンバランスが地域的偏りを急速に高めていく一八七〇年代ごろから、国際的多角決済機構が成長したのもまさにこのことと結びついていた。

その内容を詳しく検討することはもはや本書の任ではないが、貿易面に注目して一例を挙げれば、ヨーロッパ大陸側の新しい工業諸国は、アジア・アフリカ、オーストラリア・ニュージーランド、南アメリカなどから大きく原料・食料を輸入するようになり、その支払いにイギリスおよび合衆国に対する貿易収支の黒字をあてる、その合衆国はヨーロッパ大陸諸国、アジア・アフリカなどに対する赤字をイギリスやカナダに対する黒字で決済す

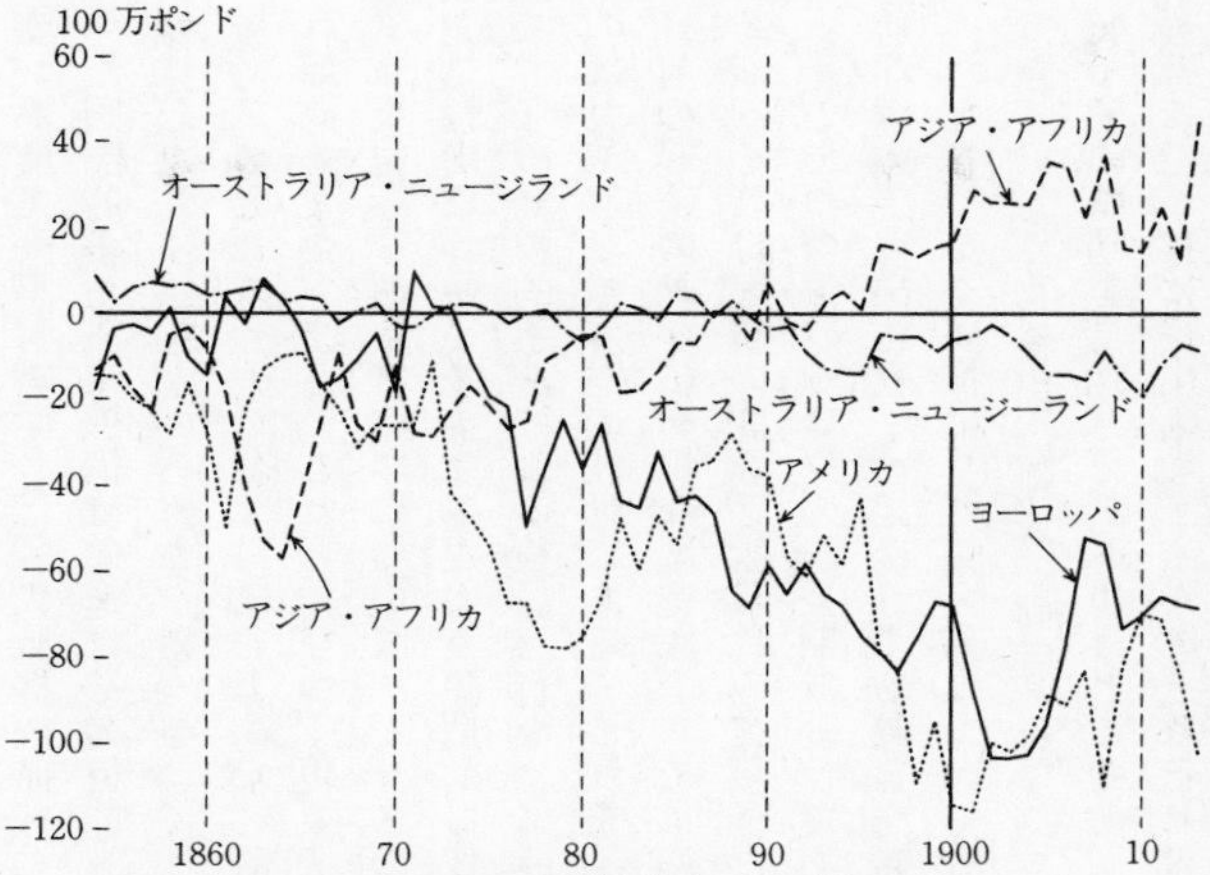

図59　イギリスの貿易収支（相手地域別）

る、そのカナダは合衆国に対する赤字をイギリスに対する黒字で埋め合わす、そして当のイギリスはアジア・アフリカに対する黒字で埋めきれない大きな貿易収支の赤字を多様な貿易外収支でやりくりし、余りを投資に廻す……、いわばこのような国際的仕組みが機能し始めたのである。[51]

こうして世界市場の規模は急速に拡大し、その構造も複雑化が進んだ。そして図59にみるような継続的で拡大し続けるイギリスの出超や入超も、その中に取り込まれて始めてそのまま維持することが可能になり、けっきょく、世界を包む多角的決済全体の中の一局面にすぎないことになったのである。なおこの図の右側に続く時代は本書の守備範囲から外れるが、あえて一言付言すれば、大戦間の時代に入って、とくに大恐慌以後において、右にのべた国際的多角決済機構は急速にその機能を失っていった。それがイギリスにとって何を意味したかは議論があろうが、けっきょくイギリスが英帝国内での決済に依存する傾向を強めることになったのはよく知られている通りである。すでに述べた貿易面での英帝国依存傾向もまた、まさにこれと結びつく現象であった。

二世紀半を超える期間についてイギリスの輸出入を考察してきた本節の最後にあたって、先に輸出について多少試みたより短期的な変動の観察に立ち戻り、輸出入を対比しつつ、二、三の経験的手法による検討を行なってみたいと思う。といっても、当面まず頭にあるのはコンドラチェフの波動である。これを「短期的」などと見るのはおよそ気の長い話で、目前の経済の動きに鷹揚な歴史家ならではののんびりさ加減だと評されそうな恐れを感じるが、そこは表現の問題と大目にみて頂きたい。

そこでコンドラチェフの「長期波動」であるが、われわれはイギリスの輸出額がその趨勢曲線の上へ出たり下へ出たりする動きを観察して、それが存在すると考える根拠を確かめた。まったく同様にして輸入額についても、この波動の存在を示す動きを認めることができる。しかし輸出・輸入の両者の動きがどの程度までたがいに重なってくるかを、図46・53の両図を見比べて調べようとすると、ことはそれほど簡単でない。

そこでつぎに輸出入額データのそれぞれについて、つぎに述べる同じ操作を施しその結

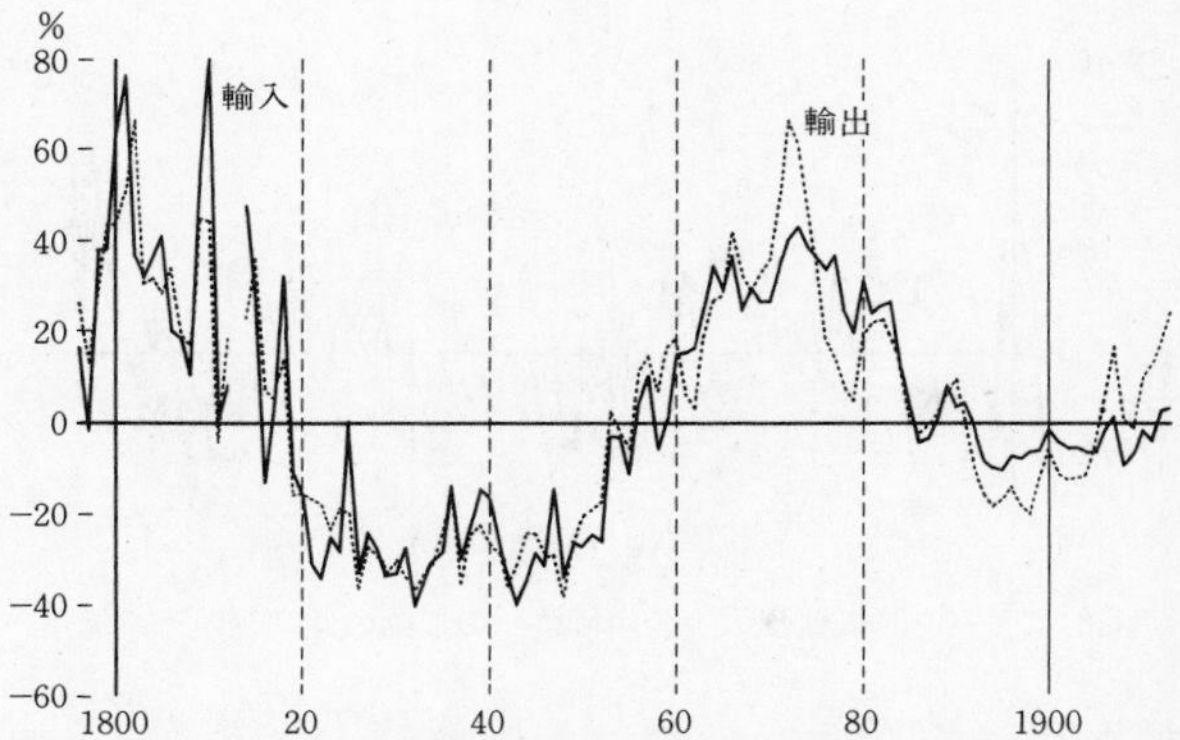

図 60　イギリスの輸出入額の変動の傾向線からの偏差

果を同一図上に示してみた（図60）[52]。すなわち図の全期間について輸出あるいは輸入の時系列データに当てはまる趨勢曲線（指数曲線）を求め、この線上の趨勢値 Y から各年の貿易実額 y がどれだけはなれているかを示す指数 $d=100\times(y-Y)/Y$（趨勢値 Y に対する偏差 $y-Y$ の百分比）を算出し、趨勢を除去して正になったり負になったりするこの値を図上に表わした。

そうすると、時に多少のずれはあっても、輸出（点線）と輸入（実線）とがまるで呼吸を合わせてでもいるかのように相携えて動いている様子を、そこに認めることができる。とくに巨視的には約六〇年の長い波長で振幅の大きいうねりが二つ、ぴったり重なってそこにあるのが印象的である。それはとうてい偶然といって済ますことのできない何かであり、ここで取り扱ったデータだけからみてもコンドラチェフの提

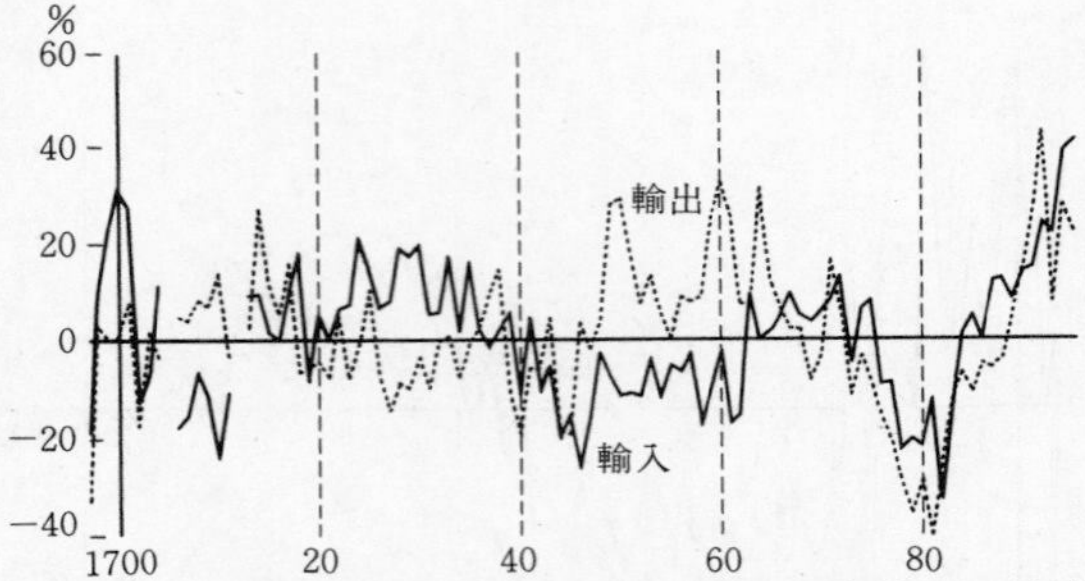

図61　イギリスの輸出入（公用価格）の変動の傾向線からの偏差

起した問題の、素材としての確かさは明白である。

では、はたして同じことが産業革命以前の時代にも認められるであろうか。一八世紀について前図とまったく同様な手順で作成された図61[53]を参照して頂きたい。その中での輸出入の動きはかなりチグハグで、うまく重なりあっていない。ただ一七八〇年前後から急に両者の呼吸が揃ってきてそのまま前図につながっていくように見える。

ただしここで失念してはならないことがある。図61の依拠するデータと図60の依拠するデータとはデータの性質が違うのである。

既述のように、図61の時代については、われわれは公用価格基準のデータを使わざるをえない。ということは、前図が市価で評価した輸出入額の動きを示すのに対して、この図は輸出入の量的動向だけを表示していると考えなければならない。前図と比べて波の振幅が約半分くらいしかないのも、価格の動きが加わって

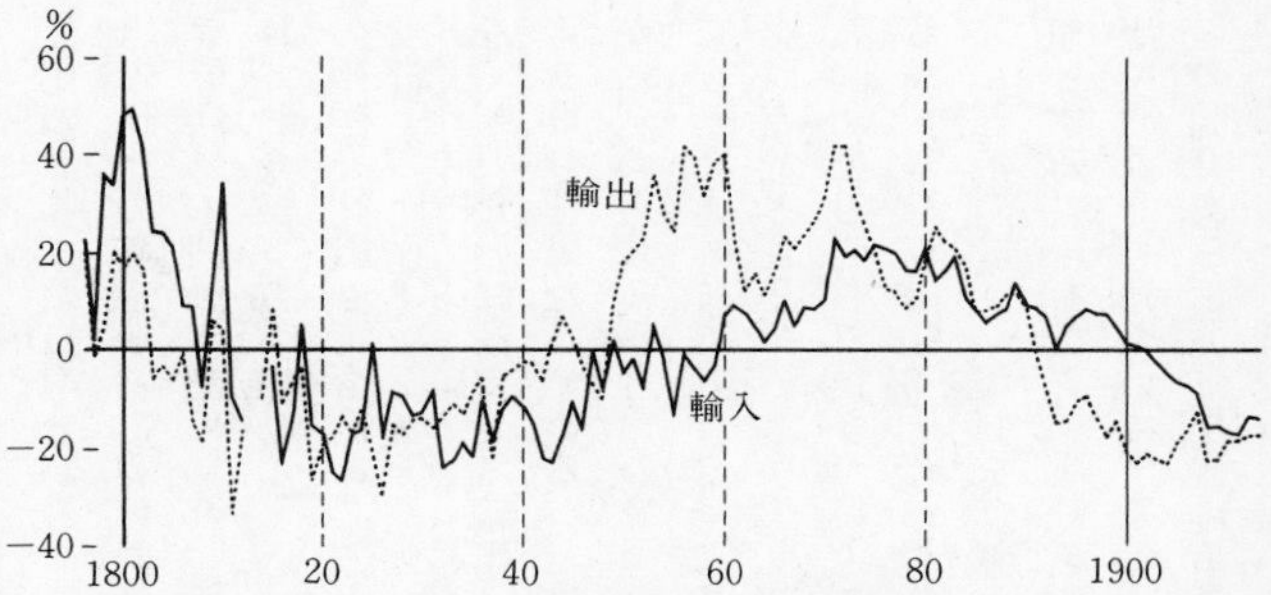

図62　イギリスの輸出入の量的変動の傾向線からの偏差

いないためかもしれない。

これでは比較が正しく行なわれていないおそれがある。そこで、一九世紀についてもイムラーの用意してくれた輸出入の量的動向を示すデータ(前出)を用い、ふたたび同じ手法で処理した結果を図62[54]に示しておいた。

市価の動きという要因が落とされたとき、波の振幅が図60より明らかに縮んでおり、同時に、世紀後半以降において波の位相にも何らかのズレが生じて乱れが見えてくる。しかしそれにもかかわらず、やはり図61とは様相が異なっていて、そこには、コンドラチェフの波動が見えるといって大きな誤りはないものと思う。

なお右に述べたことは、価格という要因が、輸出・輸入の量的動向の示す波動に対して、第一に増幅作用をもち、第二にこの二つの波動の位相や振幅を揃える作用をもつということにほかならない。このうち第一については、今もし価格が一定であるなら、上記の百分比の計算式からも分かるように何の増幅作用もありえない。それがあるのは、量的な動きと価格の動きがある程度同調したものであるからである。つまり価格の動きにもコンドラチェフの波動が認められ、輸出入が量的に上方へ振れるときには価格も同様に上方へ振れており、下方へ振れるときも両者がほぼ足並みを揃えているのである。それは図55・62の両図を比較しても認めることができるのではないかと思う。

また、上記の第二の点はけっきょく、量的な動きと価格の動きが完全に同調するのではなく、たがいに補完して輸出入の波形の振幅や位相を調整し、図60にみるように見事に揃える役割を果たしている、ということになる。一八世紀末ごろから輸出入額の動向に明らかに認められるようになるコンドラチェフの波動は、おそらくこのように分解して考えることができるであろう。そこでつぎに同じ輸出入額データについて、別の角度からの分析を試みてみよう。

図63[55]を参照して頂きたい。この図は、以下に述べるように各年ごとにその年を中心とする成長率を算出し、それをグラフに表わしたものである。すなわち、ある年の前に五年、後に五年の計一一年間をとり上げ、その間における成長率を計算してこれをその中央年の値とする。そしてこの手続きを各年ごとにくりかえして移動計算する。輸入・輸出・再輸出のそれぞれについて、このような同じ処理を行ない、それを三段重ねにして示したのがこの図である。混乱を避けるため各段を一五ないし二〇パーセントずつ上下にずらして表

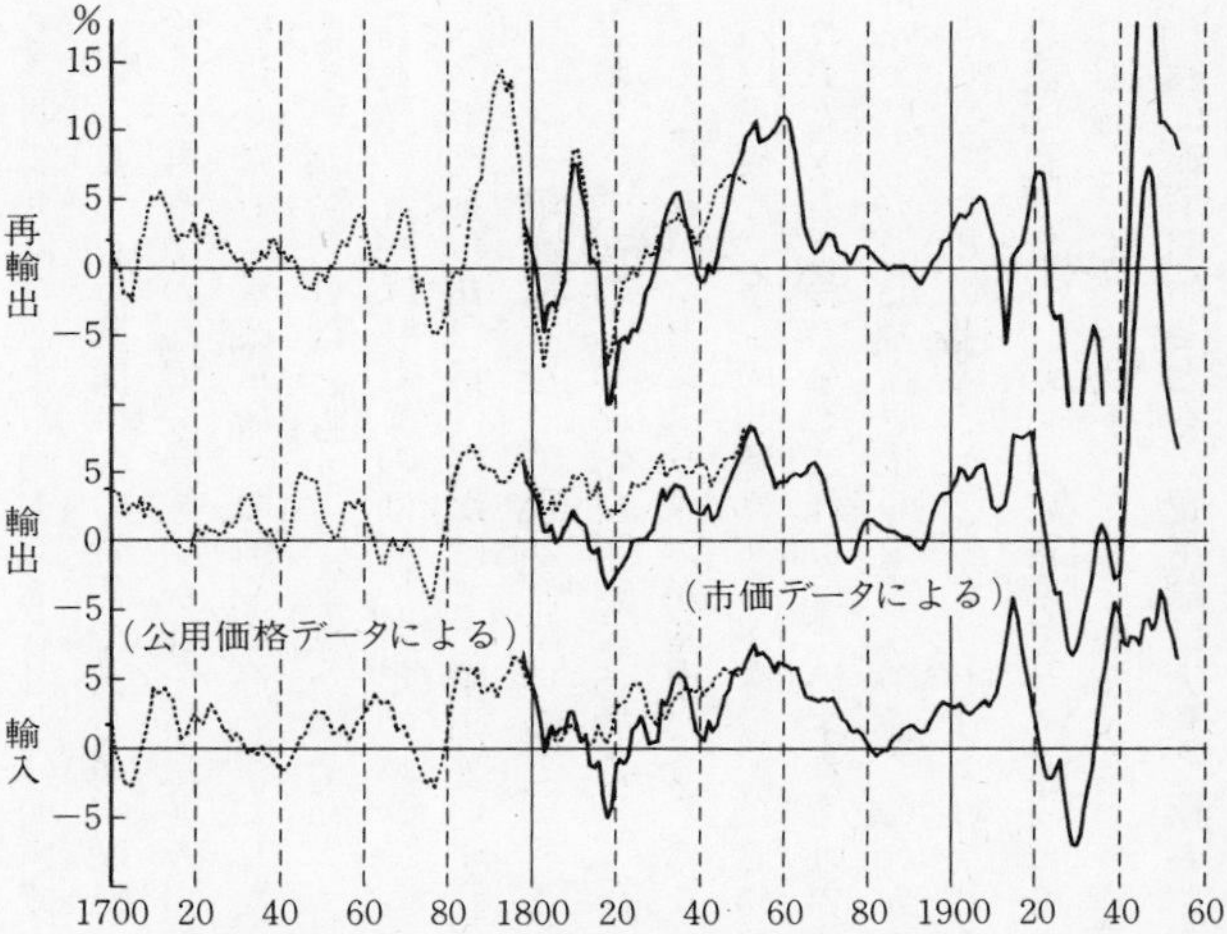

図63　イギリスの輸出入の成長率の動き

わし、同一年の三者の動きを対比する便をはかってある。

この図を一見して気付くように、再輸出の動きは一七八〇年ごろからかなり荒れ加減である。しかし少なくとも輸出・輸入については、いずれも一七八〇年ごろから一九三〇年ごろの間に五〇、六〇年のスパンの三つの大きなうねりがあり、波の位相も一致している。額が小さい割に変動の大きい再輸出は、半分ぐらいの波長の波が重なって波形が複雑化しているように見えるけれども、輸出入の場合と矛盾する動きではない。もちろん原データの変換に用いた式が異なる以上、図60などとは波の位相がずれてくるが、コンドラチェフの長期波動に対応する動きであることは明白である。

ところで右の期間の前の時代であるが、図61と同じ事情によって動きが小さく、輸出・輸入・再輸出の間で波の位相が狂い、足並みの揃わない傾向が現われている。おそらくこの辺りにも「産業革命」の前後の違いが、したがってその史的意義が汲みとれるのではあるまいか。それはともかく、数字の上でいうと、「産業革命」による「目もくらむような急上昇」と呼ばれたものは、一一年スパンで算出される五パーセント前後の成長率が一七八〇年代から九〇年代にかけて、輸出入いずれについても約二〇年続き、図上に標高五パーセントの高原となって現われているということにほかならない。これはやはり、人類史上おそらく初めての異常な事態であった。

ただし五パーセントラインが基準になるのなら、類似の連続的な「急上昇」は一八五〇、六〇年代と、多少の問題はあるが今世紀はじめのころの約二〇年間とに、同様に認めることができる。おそらくこれらは、いずれも世界市場の持続的成長期とみなして大過あるまいと思う。図63で高原状の山並みの続くこれらの区間は、図61・60などでは斜面を上ってゆく連続上昇期間にほかならず、上りつめたところでコンドラチェフの波の頂上に出て、以後成長率はゼロから負に落ちて行くことになる。

図63にはまた、戦争の影響をかなりはっきり読みとることができる。戦況にもよるが、一般に戦争開始とともに貿易額は大きく落ち、戦争が収まり戦後に入ると急速な回復に向

かうことが多い。したがってこの図で戦争は、一般にまず成長率が落ち込んで、つぎにその低いレベルから高いレベルへ上昇する、という形で姿を現わす。よい例が二度に及ぶ世界大戦であるが、一八世紀でもオーストリア継承戦争・アメリカ独立戦争などにその典型的な事例が現われている。戦後の立ち直りの難しかったナポレオン戦争など例外はあるものの、大局的に見て一八世紀の上下動はかなり戦争に結びつくものと考えてよいようである。

しかし戦争の影響は、もっと短期の変動の中に明確にその姿を現わす。いうまでもなく経済事象の短期的変動を理論的にどのようにとらえるかは、本書で立ち入るべき筋合いのものではない。またここで時系列データの動きのひとつひとつにこだわり、山や谷で期間を区切り史的要因を重ね合わせて説明を試みても、手ばかりかかって全体として得るところが少ない。

代わりにひとつの素朴な経験的手法を導入して、少々乱暴でも二百数十年間を通じてイギリスの貿易データに同じ形式的処理をほどこしてみたいと思う。すなわち、まずわれわれの手にしている時系列データから五カ年移動平均系列を作り、これを用いて「短期的」でない変動を除去し、そこにえられた系列の各項について、その年を中心とする前後五年間のデータの変動係数を算出する。これを今かりにその年の「短期（五カ年）変動指数」とよぶことにしよう。[56]

そこでイギリスの輸出入それぞれについて、全期間にわたってこの短期変動指数を移動計算し、折れ線グラフで表示すると図64[57]になる。ただし輸出と輸入は一五パーセントずらして二段重ねに積み上げてあり、両者の同年の短期的変動を対比する便がはかってある。額が小さい割に変動の大きい再輸出の短期変動指数の折れ線グラフは同一図上に示すことが困難であるため、これだけ別の図65[58]に示すことにした。

この短期変動指数はあくまでも試作段階にあり、その取り扱いについてはいろいろ問題があるであろうが、えられる結果はこの場合意外に面白いようである。何よりも、われわれのカヴァーする二世紀半の時代全体について、両図が戦争の影響を見事に拾い出しているのに注目したい。見られるようにわれわれの短期変動指数の動きは、二世紀半の時の経過の中からナポレオン戦争、第一次及び第二次の世界大戦という三つの国際的大戦を拾い出している。さらにそれだけでなく、図46・53などでは何の変哲もなくみえる一八世紀の上下動の中から、スペイン継承戦争・オーストリア継承戦争・七年戦争・アメリカ独立戦争の影響もそれぞれに応じて捉えて見せる。

ところがその反面において、経済の内因的変動としての恐慌などの影響が、この図にあまりはっきり出てこないことは注意してよい。たしかに一九二九年の世界恐慌は明らかな山となって現われているが、そのほかでは一八二五年・一八三七年のあたりにそれと思われる上昇が認められる程度である。

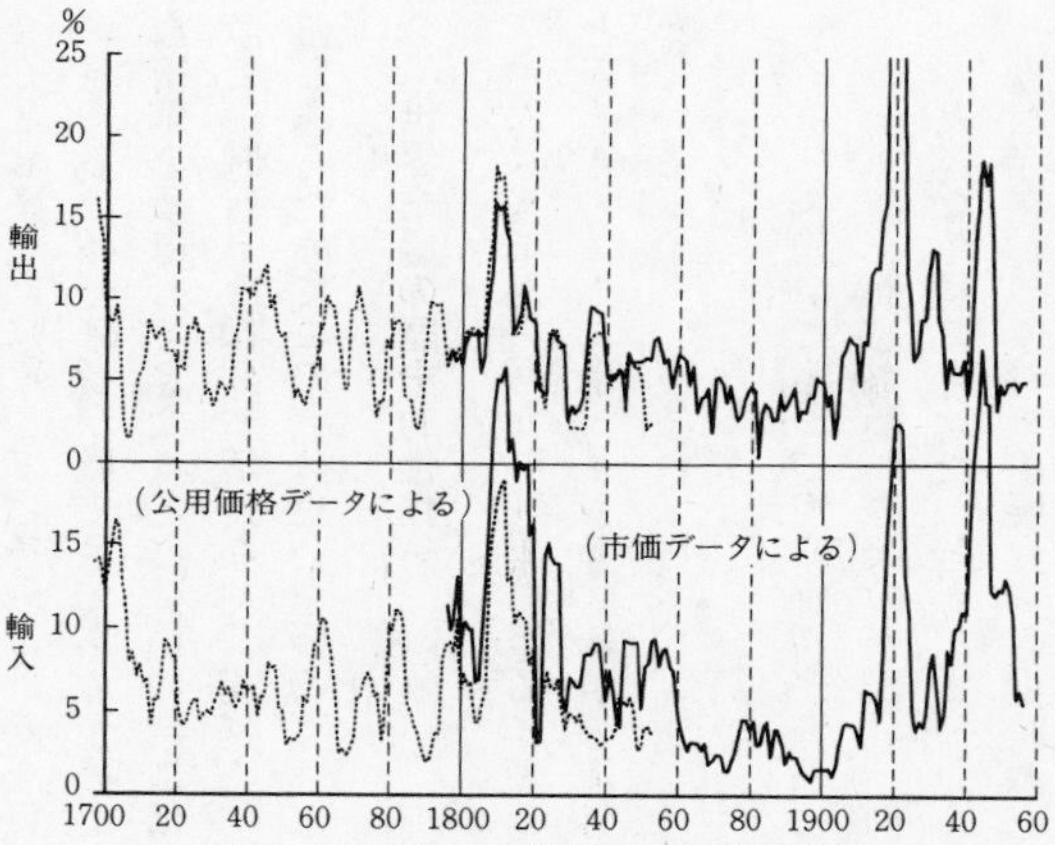

図 64　イギリスの輸出入の短期的変動

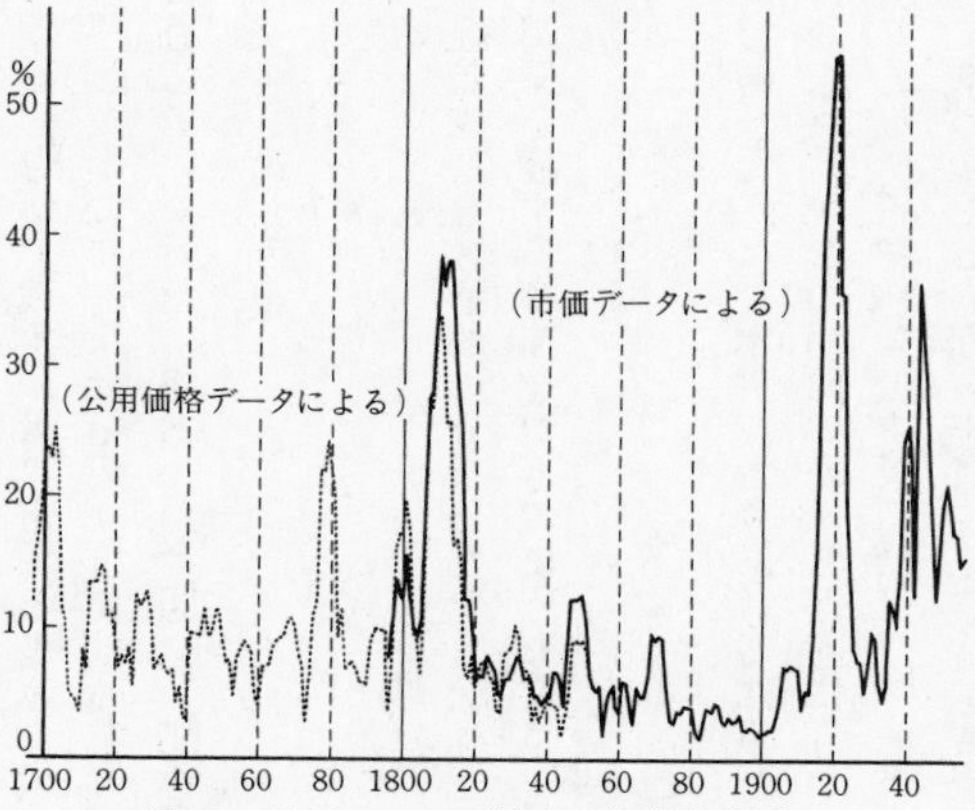

図 65　イギリスの再輸出の短期的変動

戦争のもたらす衝撃を外部からの攪乱として捨象する理論的立場もあるであろうが、少なくとも歴史家にとってはそうはいかない。何かそういうことがこの図に書いてあるように見える。多分筆者が歴史家であるためであろう。ともかく戦争が世界市場の歩みに大きな衝撃を及ぼしてきたことに疑いの余地はない。というより一八世紀辺りまでは商業と戦争と海賊行為とは間に境がなく、相携えて同じ道を歩いていたのであった。図64・65を見るとあらためてこの点に思いをいたさざるをえない。

2 世界市場の歴史的性格

一六八八年から一九五九年に至るイギリスの経済成長を数量的に分析したP・ディーンとW・A・コールは、イギリス経済の海外との関係を論ずる章節をつぎのような文章で始めている。[59]

イギリス経済にとって国際貿易がいかに重要であったかは、本書でとりあげる二世紀半の全期間を通じて疑問の余地がない。同時に国際貿易がこの期間の経過とともにきわめて大きな発展を見せたことも、まったく明白である。イギリス工業製品に対して海外市場が存在し、原料・主要食料の供給源を海外に求めえたという事実は、工業化進展過程のあらゆる段階で戦略的重要性をもつ要因であった。一九世紀末までにイギリス経済は世界市場に大きく依存するようになり、イギリスの経済成長はその速度もその形態も、世界他地域の生産者・消費者の対応如何によって大きく条件づけられるに至ったのである。

これにさらに付け加えるとすれば、一七、八世紀において新世界やアジアの物産をヨーロッパに取り次ぐことを中心に、イギリスは大きな再輸出貿易を行ない、この再輸出貿易を包み込みつつ、とくに大西洋貿易において取引品目の多様化が進み、地域間を結び合わせる三角貿易などをともないながら、「イギリス工業製品に対して海外市場が存在し、原料・主要食料の供給源を海外に求めえた」という世界市場が形成されていった。ヨーロッパ人移住植民地の急速な発展と熱帯・亜熱帯地域の開発、および世界市場への編入が、この間において大きな意味をもったのは既述の通りである。

こうしてヨーロッパ経済、とくにイギリス経済の活性化が顕著となり、国内市場の網の目が細かくなるとともにその常設化が進み、ヨーロッパにおける日常消費生活が多様で豊富なものになり始めた。この間においてイギリスの貿易収支は赤字基調となったが、貿易外収支の黒字が膨張してそれを埋めあわせ、さらには余りも出るという事態が生ずるようになった。海運収入や投資収益はむろんのことであるが、植民地支配にまつわる本国向け送金など無償の移転が追加されたのは、おもに一八世紀後半からのことであった。

ディーンとコールによって、イギリス工業の発展に「戦略的重要性」があった要因と評価された海外市場が、ヨーロッパの経済発展に対して実際はどのくらいの貢献をし、何パーセントの寄与をしたのか、という問題の決着は、第一章のオブライエン・ウォーラーステイン論争のその後の成りゆきにまかせたいが、時とともに拡大する「世界市場」の存在が明らかにそこに介在し、それを背景にして、はじめて歴史事実としての「産業革命」があのような形でイギリスに始まったということは、動かしがたいであろう。

そこで、一九世紀前半は安価となったイギリス工業製品が世界市場に大進撃を見せることになるが、一方において世界市場がこれを吸収する力をもっていたこと、イギリスからの輸出増大に対してやがてこれを上廻るイギリス向け輸出をもって応じたこと、イギリスの貿易収支の赤字もこれをうけてさらに大きくなっていったことを見落としてはならない。大小の波長の景気変動の波はあるものの、その後も世界市場は拡大傾向を持続し、それにともなってイギリスの輸出入は、その赤字幅を広げつつも上昇基調を堅持した。そして商品・相手地域ともにいっそうの多様化が進んだが、とくに世紀後半、海外温帯地域からの食料・原料の輸入増大も目立ちはじめ、同時に取引相手ごとの貿易が輸出入の一方に偏って、貿易収支の地域によるアンバランスが急速に膨張した。イギリスが世界市場の中核であり、その廻りに世界市場が廻っていくという様相はこの頃になると揺らぎつつあった。西部・中部ヨーロッパ諸地域の参入が顕著となり、全世界を包む多角決済機構の発展によってつなぎ合わされつつ、世界市場の拡大・深化・多様化が進行する時代となっていたのである。

以上第二章から本章にかけて述べてきたところをざっと辿りなおしてみたが、これを通じて頭に浮かぶ論点を二、三ひろって、従来の通説的見解の前提となってきたと思われるポイントを再考し、多少の問題整理ないし問題提起をつぎに試みてみたいと思う。

まず第一に、われわれは世界市場の形成を起こるべくして起こった世界史的プロセスとうけとりすぎてきた嫌いがないであろうか。換言すれば、われわれは一九世紀以来のヨーロッパ的世界史観の強い影響下において、例えば文明の進展とか、レセフェールの勝利とか、あるいは生産力の上昇、近代化・工業化とかいうような、人類一般に普遍妥当的な論理や価値体系と結びつけて、世界市場の形成をすっきりと説明しすぎてきたのではないか。とくに理論的には世界市場の形成を、ややもすると西欧を中心とする生産力の発展にともなう副次的付随現象としてうけとり、人類史の必然的な展開が生み出したひとつの派生的局面と考えてあやしまない風潮がなかったであろうか。だが生産力の発展さえあれば、その結果として商業貿易・金融・保険、あるいは流通のインフラストラクチュアなどのために生産諸要素が自動的に配分され、同時にそれらの中に技術発展が生じて人々がその運用に習熟し、発展する生産力を支えるのに必要な市場拡大が自然に達成され、ヨーロッパを中心とする市場圏の発展が必然的に全世界をカバーしていく、——世界の歴史はそのような筋道にそって動いたのであろうか。

逆に、もし事がそうはうまく運ばず、世界市場の拡張が不十分で市場の追加もなかったならば、それだけ生産力の発展に遅滞が生じたのではないであろうか。いやむしろ、現実の世界市場の形成は生産力の単なる従属変数などではなく、そこにはいくつかの偶然性が係わっているのではないであろうか。あるいは幸運な出会いによるともいうべき「複合した史的要因」がこれに係わっており(第二章3節参照)、換言すれば「コンジョンクチュール」に助けられて世界市場が招来されたという側面があるのでなかろうか。考えてみると、大西洋の向こう岸の新世界との出会いなどまさにその代表的事例のひとつといえるのではないか。

たしかに、新世界はその多彩な自然条件と豊富な資源、その先住民たちの到達していた文化的・社会的発展の水準、そしてそこに潜在する豊かな経済的可能性が発見されるタイミングなどによって、ヨーロッパ経済につぎつぎと新しい地平を開き、人々の企業心を駆り立ててその活動に自信と活力を与え、生産力と市場とが手を携えて拡大に向かうための好機を用意した。

もしコロンブスが考えたように、かれの西へ向かう航海の行き着いた先が本当に東インドであったとするならば、その後の世界史の展開はかなり異なるものになったであろう――というと、話がまったくの架空物語になってしまうけれども、ともかく最初に「大西洋の時代」を経験できたことが、現実の世界市場の形成にきわめて大きな意味をもったのは疑うことができない。J・K・エリオットの『旧世界と新世界』[60]を、このような見地から読んでもいいと思う。

世界市場の形成に、市場経済の内的発展とはいえない外生的な要因が係わっていた、ということであれば、考えておくべき問題は他にも多い。アメリカとの出会いにしても、単なる出会いでは終わらず、その地の先住民に対してあからさまな暴力を振るい、権力を笠にきた略奪や酷使や搾取が行なわれ、時にはその人口を絶滅に追いやり、また時にはこれを居住地から放逐してあやしまず、またアフリカからは人口そのものを奪いとって奴隷貿易と奴隷制プランテーションを発展させ、さらにアジア・アフリカなど各地で既存社会の自立性を奪ってこれを植民地・半植民地に変じ、力を背景に開発を強行するとともに、直接的な剰余の収奪を制度化した。およそこのような活動のすべてが、世界市場の形成・拡大・深化やその円滑な運営に、疑いもなく重要な役割を果たした。

その意味で世界市場の発展には、単なる偶然のみならず多くの無理・無法が係わっており、その残した傷痕も深く、文明化・開発・近代化などの人類的普遍性を主張する概念の適用によっては、とうてい説明しきれない生臭さがそこにただよっている。

またこのようなあからさまな暴虐や無法を一応別にするとしても、現実に史上に出現した世界市場の性格そのものが均質で透明な理想形態というには程遠く、抽象化された市場一般の概念からははるかに離れたものであったことを、つぎに注意しておかなければならない。

そもそもこの「世界市場」は、商業・保険業・運輸・コミュニケーションなどの特定の技術的発達に裏打ちされ、旺盛な企業心に人間関係・情報システム・言語・慣習などが結びついた、ひとつの歴史的・文化的総体をなす現象であった。そこでこれは、世界のいずれの国のどこの誰でもその中へ自由に参入できるという意味での均質・透明な世界市場ではけっしてなかった。例えばその中に蓄積されている情報へのアクセス、さらに進んで具体的な市場システムそのものへのアクセスが、長くヨーロッパ人のみに、とくに有利であったのは、第二章8節にもふれた通りである。

もっともこれは、制度的にそう規制されていたというよりは、結果としてそうなっていたという話であって、類似の事例は史上他にも求めることができる。

世界諸地域に「世界市場」の拡大・深化のおよぶタイミングは、単に地理的な距離やその地の商品の魅力のみによって決せられる問題ではなかった。一七、八世紀のインド洋貿易圏にヨーロッパ人の「世界市場」が拡大していくプロセスを観察すると、インド半島を中心にしてその東側と西側とでは距離的に差があり、東側の方がずっと遠いにもかかわらず一歩も二歩も早く「世界市場」に組み込まれていくという傾向を認めることができる。おそらくこれには高度に発達したムスリム商人たちの市場圏がその西側に存在していたという事情がからんでいる(第二章6節参照)。

つまり、ムスリム市場圏の中核地域が西側にあり、これをそっくりそのままヨーロッパ人の「世界市場」に取り込むことなどは、急には考えることもできなかった。ヨーロッパ人がその中に蓄積された情報を自由に手にいれ、その中の市場機構を自己の都合にあわせて利用しようなどと画策しても、なかなか思うように事が運ばず、けっきょくかれらの参入には事実上多くの障害が伴った。第二章6節でとりあげたタヴェルニエのごときは少なからずその例外であり、かれの書物がいち早くフランス語から英語に訳されたのも、かれの知見の希少価値の故であった[61]。

現実の世界市場の組成が、抽象的・普遍的な理論や価値体系で均一には説明しきれないという論議については、とくに強調しておきたいポイントがもう一つある。それは世界各地域と世界市場との結びつき方、各地内部市場と外部市場との連係形態のあり方が、けっして一様ではないということに他ならない。

先にもふれたようにヨーロッパ先進地域では、その内部市場の網の目が細かくなるとともに常設化の道を歩み、空間的・時間的に充実に向かう市場経済の展開があって、それが世界市場とさまざまな形で結び合わされていく過程が進行した。

ところが世界の他地域の世界市場への編入のされ方は、この点でいちじるしく異なっていた。もちろん、先進ヨーロッパ型に接近していくアメリカ合衆国のような例もある。しかし一九世紀後半にイギリスとの特殊関係を深めた（本章1節）アルゼンチンのような場合は、明らかにこれとは異なっていた。極端なケースはプランテーション型開発の先行した場合であろう（第二章8節）。

一般に外部市場への結合が独走し、内部市場の発展はそれに付随する必要最小限の付属物でしかない、あるいはせいぜいそれの生み出す副産物程度にとどまる、少なくとも世界市場との連係という面からみたかぎりではこの限度を超えることがない、というのがむしろ先進ヨーロッパ以外の通例であった。

この場合、先進ヨーロッパ経済の成長力が世界市場を経過してこれらの地域の内部経済に十分の刺激を及ぼすことも期待できない。世界市場の埒外に置かれたセクターは、たといその中に伝統的市場組織があったとしても、ただそのままに放置される。むしろそれは意識的に放置される。第一章3節にふれたように、ルイスは、外部市場向け商品生産のためにいくら外来資本が投下されても、内需向け生産の生産性向上を生み出さないかぎり、実質賃金の上昇には結びつかないと強調した。右のような市場の観点からする接近は、このルイスの議論につながるところがあるであろう。

ここでわれわれの考察に具体的イメージを与えるために、この問題に係わる典型的な一例を一九世紀後半のインドに対するイギリスの鉄道投資の場合に求めて、多少立ち入った検討を試みることにしよう。[62]

よく知られているように、イギリスにおいて最初のリヴァプール・マンチェスター間の鉄道が運転されたのは一八三〇年のことであるが、その三〇年代にすでに植民地インドにおける鉄道建設がイギリス人の間で話題に上りはじめ、四〇年代にはそのための会社がイギリスで設立され、話が具体化した。その後しばらく試験的な鉄道建設の時期が続いたが、一八五三年に本格的な建設の大筋がきまり、六〇年代にはブーム状況に入って、一九世紀末までに今日のインド鉄道網の主要部分が完成してしまった。このために投下されたイギリス資本の大きさは、一九世紀における国際的資本移動の中で一項目としては世界最大のものであったと推定されている。

試みに、これによって実際に建設された鉄道路線長の総計をマイル数で表わせば、一八六八年までで四〇〇〇マイル、一八八一年までで一万マイル、一九〇二年までで二万六〇〇〇マイルとなり、当時の世界にあっては驚異的な開発の進行であった。一八四〇年代の数字に相当し、一万マイルというのはイギリスやアメリカの一八四〇年代の数字に相当し、一万マイルというのは一九五七年の日本の旧国鉄の一万二六〇〇マイルと対比できる大きさであろう。一九〇二年の二万六〇〇〇マイルという数字はこの一万二六〇〇マイルのほぼ二倍に当る。第一次大戦前夜のイギリスの鉄道が二万三〇〇〇マイル程度であったことを考え合わせると、イギリス資本はまず本国で世界にさきがけて鉄道建設に着手していながら、一九世紀末には植民地インドにおいて、すでに本国よりも大きな鉄道網を建設していたことが分かる。

いうまでもなくこの鉄道建設は、インド開発を支えるインフラストラクチュアの整備そのものであり、多数の関係者の期待を集めた大事業であった。すなわち、一方においてイギリス工業製品の市場をインド内陸深く開発してゆくことへの期待があり、他方においてヨーロッパ、ことにイギリスを中心とする当時の国際市場へ向かって輸出しうるような商品の生産を、インドの中に振興してゆくことへの期待があった。[63]

インド内陸の「流動化」こそ最大のねらいであったことになるが、それをとくに望み、その推進を積極的に支持したのは、まずアジア・ヨーロッパ間の貿易に従事していたイギリス商社であり、ランカシア財界であり、またインド内陸の開発をもくろむイギリス人商社・プランテーション業者であり、さらにはこれらすべてにまつわる金融業者・投資家などであった。

こうして世紀後半の当時の世界を見渡して、まったく異常ともいうべきスピードで建設されたインドの鉄道網は、期待通りとまではいえないとしても、一種のコミュニケーション革命をもたらした。これに汽船の定期航行の開始、スエズの開通、インド内の舗装幹線道路の整備、河川交通への蒸気船の導入、さらには電信の実用化などが加わって、インド内陸部とヨーロッパとの距離は飛躍的に縮小された。これに伴ってイギリス工業製品の市場がインド内陸部深く拡大され、同時に国際市場向け輸出商品の生産がインド内で増大していったことはいうまでもない。

その代表的な商品は、インドへの輸入では、まずランカシア綿布、そして鉄道建設そのものと関係の深いイギリス産の鉄鋼・機械類・石炭など、他方インドからの輸出では、アメリカ南北戦争期にイギリス向けがブーム状態となり、その後も中国・日本などへさかんに送られた綿花、スエズ開通後にイギリス向けが大きな飛躍を見せる小麦、プランテーション開発の進んだ茶、その他原料・食料貿易に関係の深いジュート、中国向けのアヘンなどであった。

すなわち本章1節でも述べた一九世紀後半の世界市場の上位商品がまさにそこに並んでおり、世界市場の拡大・深化がインド内陸に及んでいったことを、この点からも察することができる。ただしこの場合、この商業的開発がけっして一般的な市場経済の充実・発展として捉えられる性質のものでなく、ただ特定の方向のみに沿って異常に進行したそれであったことを見落としてはならない。

このことは、開発の重要な支えとなった鉄道建設のあり方の中にも象徴的に示されている。何よりそれはインド内陸を植民地的大港市へ向かって流動化し、ここを通じて世界市場へ結びつけるという方向性を明示しており、性格的には「港市志向性」の濃厚な商業的開発に結びついていた。

すなわち、インドの鉄道路線は建設当初からカルカッタ・ボンベイ・マドラスというような植民地的大港市を起点として、これから内陸へ向かって放射状に延びてゆくという性質をもち、しかもこの性質がその後も消えず長くそのまま保たれた。港市から放射状に延びてゆく鉄道路線が、やがて内陸で互いに交差し連続して地図の上では網の目状となっても、この特色に大きな変化が生じにくかったのである。

この点についてはまず、実際に建設された鉄道の軌間距離（レールとレールの間の内側の距離、幅）の問題がからんでいる。インドでは本線・地方的路線・支線などにさまざまの軌間距離が採用されたが、この場合地図の上では連続・交差している路線でも、相互の連絡に非常な困難が伴った。車両の大きさが違うから乗換え・積換えの必要が生じたが、それは単に時間がかかるというだけの話ですまないことが多かった。そのための施設や人員の準備が十分には整えられていなかったからである。

そこで、すべて輸送は計画され建設されたときの路線の方向に沿ってしか円滑には機能せず、鉄道網が「網」としては働かず放射状的性格をかなりあらわに残すこととなる。さらに、港市から内陸へ向かって延びる放射状路線を、その放射的形態に即して各線ごと別々に所有する多くの企業体があって、かれらによって「鉄道網」がばらばらに経営され、他社線への乗換え・積換えにとかく不便が伴ったために、この傾向に拍車がかけられることになった。

鉄道料金問題がまたこの点にからんでくる。概して当時のインドの鉄道料金は複雑な等級別制度をその顕著な特徴としていたが、一般的にいって、港市と内陸とをつないで貨物を輸送する特定の場合に限ってきわめて有利な割引料金が適用されていた。たとえば長距離割引が同一会社線の中だけに限られており、いくつかの会社の路線を乗り継いで輸送されるような場合には、たとい全体として長距離輸送になっていても全然割引特典にあずかれず、ひどい場合には逆に料金割増しすら請求されたという。結果はつねに「港市志向」型の割引制度であった。

このように、アジアの先端をきって建設が推進され、いち早く世界有数の規模に達したインドの鉄道は、内陸部を外部市場へ結びつけて世界市場を拡大・深化するという目標と固く結びつけられており、営業開始後も長くこれによって性格づけられることとなった。こうして地図の上の鉄道網も、現実には「網」としては十分機能せず、内部市場の発展を支えるインフラストラクチュアとしての機能においては、はなはだしく不十分な状態が続いたのである。

一九世紀後半のインドをしばしば襲った飢饉・疫病も、以上のような鉄道建設や商業的開発と無関係ではない。直接的には農産物を海外向け商品として売る機会が増えたために、従来なら備蓄用穀物の栽培にあてられた土地や労働力が、遠い海外市場に送られる穀物の栽培にあてられ始めたこと、つまりインド農村の伝統的諸制度のうちの飢饉対策部分が、「開発」の波に足をすくわれたこと、また近代的運輸手段も豊作地帯から凶作地帯へ嵩のはる食料を急送しようとすると、種々不便・非能率がついて廻って十分機能しなかったことなどを、ここで思い合わせていいであろう。

ところでインド内部の市場経済育成という観点からみたとき、鉄道建設自体がさらに大きな別の問題をかかえていたことを注意する必要がある。

一般に一九世紀インドにおける鉄道の建設については、レセフェールの原則が完全に適用されたためしがなかった。まず企業の出発点からして、話がおかしかった。先にも述べたように、イギリスの植民地インドでは、本国よりも大きな鉄道網が本国よりも急速に建設された。その結果インドは、一九世紀末の主要鉄道国の中で唯一アジアに属する異例の国となり、イギリス植民地支配は世界に大きな印象を与えた。

ただしそれはけっして、この地における鉄道が本国の場合より企業としてずっと有利であったことを意味するわけではない。いや実際は採算が合って利潤が残ることの方がはるかに珍しかった。とすると、市場経済の論理はここではあまり通じていないことになる。

このようなインドにおける鉄道事業については、インド政庁が独自の立場で起債し、財政資金もつぎこんで路線を建設し、車両を買い入れ、駅舎を作り、以後も直接事業の経営に当たるという方式が試みられたこともあった。一種の公有・公営制度である。しかし、一九世紀を通じて鉄道の建設・経営の主役となったのは、イギリス民間資本による「私企業」に他ならなかった。その資本はおもにロンドンで募られたが、インドの鉄道は一般にきわめて条件のいい投資対象とみなされていたという。

インドで採算の合わない企業が、どうしてロンドンでは好条件の投資対象となりえたのか。それは当時、対インド鉄道投資を、投資家にとってきわめて有利な元利保証制度で保護するのが慣例化しており、たとい採算がとれそうな路線の場合ですら、その企業を保証制度で守るのが普通となっていたからである。[64] そこで当時この投資は、イギリスで一般に安全確実性がきわめて高いものと受け取られ、ほとんど政府債券同等とみなされてロンドンの投資家たちに歓迎されたのである。

ただし、この場合投資家たちに元利保証を行なうのは、他ならぬインド財政であった。つまり植民地支配の現地最高機関であるインド政庁が、自らの財政によって保証の責を負った。会社の経営状態に係わりなく、元金の返済とかなり高率の収益とを投資家に保証したのである。となるとこの保証制度は、インド財政にたいして収入面での寄与に乏しく、ただ支出増加を生み出す一方のシステムとなり、その重荷はつまるところインド納税者たちの肩にのしかかってこざるをえない。

要するに一方で鉄道建設の必要を唱えるものと、他方で安全な資本投下の機会を欲するものと、両方のイギリス人利害関係者たちが協力して圧力団体をつくり、イギリス政府や植民地支配当局者を動かして、インド人の税金で元利保証するという話し合いを、インド人の手の届かぬところでつけたのであり、これに基づいて募られた資金によって、同じくインド人の手の届かぬところで決定された路線の鉄道建設が進められたのであった。

こうしてインド財政による元利保証を受け、同時にインド政庁の監督下に置かれた一群の「私企業」が、インド鉄道のおもな担い手となった。公的ファクターと私的ファクターの奇妙な交配の生み出したさまざまな形態の鉄道会社が、建設・経営の実務にあたることになったのである。

この場合、ややもすると両ファクターの内包する害悪ばかりが寄せ集められる傾向が現われ、そのために、鉄道建設がインド経済にもたらしえたはずの、近代的発展をうながす刺激がいちじるしく減殺されることとなった。たとえば元利保証制度に守られて「私企業」の財政はとかく放漫となり、資金提供者側の要望に答えて必要以上の出費すら行なう傾向すら現われてくる。これに対して、会社の出費を統御すべき公的監督は額面通りに機能せず、むしろ非能率・不合理の上塗りをする作用を果たした。
二、三の例を挙げてみよう。まず先にふれた軌間距離の問題であるが、初期においてその標準と定められたものが、当時のインドの事情から見てかなりの広軌であったことを注意したい。それは日本の新幹線やイギリス本国の標準的鉄道と比べて、二四センチも広かった。いうまでもなく当時におけるこのような広軌は異例というの他なく、その建設には非常な費用を要した。土台の建設、レール、車両、機関車、駅の施設など、どれをとっても金がかかった。三倍から一〇倍にも及ぶ建設コストであったという。

こうして広軌が一般に採用されたインド鉄道の幹線的部分の建設は、マイル数の比較だけでは想像もできぬ大事業となった。それはインドの経済的水準から見て不釣合い・不必要な浪費というに近かった。このような広軌鉄道を多くの「私企業」が出費もかまわず建設し、経営不振が続いても意に介さないでいられたのは、いうまでもなくただ元利保証制度あるがゆえであった。

鉄道会社社員についても同様であった。すなわち、これらの会社は一般に、多少なりとも技術を要し、責任を分担するような地位にはすべてヨーロッパ人を雇い、これにイギリス本国とは比較にならぬ高給を支給して長く改めなかった。そのような高給を支払う必要のないインド人を雇用すること、そのためにインド人被雇用者の教育に努めることなどはほとんど顧みられなかった。そこには企業努力のいちじるしく欠如した放漫な経営を指摘することができる。これもまた元利保証制度のなせるわざであった。

同時にそこには、世界市場を支える新しい技術に外部のものを容易に招き入れず、新しい雇用の機会を一般に公開しようともしない、「世界市場」の閉鎖性の現われを指摘することができよう。インドの商業的開発、内陸部の世界市場への編入が、インド経済の近代的発展への刺激をいちじるしく欠いたことを象徴的に示す事例といっていい。この意味ではレール・車両・機関車などがすべてイギリスに発注され、当時世界屈指の大事業でありながら、インド経済に新しい産業発展の機会を直接与えることがきわめて少なかったことも見落としてはならない。[65]

こうして元利保証制度の保護を受けた「私企業」は生気を失い、常習的な浪費に陥り、非能率で熱意の欠けた経営が十年一日のごとく繰り返され、乗客や貨物についてのサービスは極端に悪化していった。これに対する公的監督は「私企業」なるがゆえに十分に立ち入れず、むしろ逆に官僚の介入が独特の非能率・不合理の温床となった。ことに減価償却や追加投資にかんする公的統制の無策無計画や不合理性はおおうべくもなく、二〇世紀に入るころ、資材老朽化・交通渋滞は手もつけにくい事態となった。

さらにいたるところで信じられぬほどの非能率がはびこってこれに重なったから、駅長・駅員・乗務員など各所にチップを配らないと、貨物がいつ届くか見当もつかぬ状態も現われ、三等乗客の取り扱いなどは恐るべきものとなった。ひとつには鉄道が最初の予想を超えて利用され始めたからでもあるが、他方において、市場経済の近代的インフラストラクチュアが導入されながら、市場経済の長所をデモンストレートする効果が不十分であり、むしろ逆に新しい「前近代性」ないし「低開発性」をすら生み出す母胎となったという側面を、ここに見ておく必要がある。

インドの鉄道建設は一例にすぎず、他にもさまざまなケースがあるであろう。しかし、世界市場の拡大・深化が容易に内部市場の発達に結びつかず、ややもすると市場経済を充実させる道からはずれて「低開発」を放置し、さらにはこれを育成する作用すら果たしえたことは、この事例においても明らかであろう。

こうして世界市場の拡大と既存の社会経済との関係は、けっして一面化して捉えることができない。しかしその拡大の直接係わってくる局面においては、すなわち既存社会を外部市場へ結びつけ世界市場に編入していく過程そのものにおいては、当然破壊的な作用が現われてくる。その意味では世界市場の拡大は、つねに何ものかを犠牲にし、何らかの代償を払いつつ進行する歴史過程であり、それまでとくに何もなかったところに突然新しく有益なものが出現するという発想では、ほとんどの場合歴史を十分に捉えることができない。

インドにおける鉄道建設に際しても、明らかにそれによってこわされたものがある。既存の市場・情報伝達システムに直接の影響が及ぼされたことはいうまでもない。例えば古くから行なわれてきたコミュニケーションの手段としての駅伝"dak"の制度は急速に崩壊し、ただ鉄路の上を走る列車の呼び名として、このことばが残るだけとなった。鉄道の供する便益によって工場製綿布の輸入が拡大すれば、古来著名なインドの綿織物業はそれだけ打撃を受けた。小麦や綿花の輸出が上昇すれば、特定の作物の栽培が他を犠牲にして伸び、古くからの混作・輪作・休作を伴う農業技術・農業経営にひびがはいった。

何よりも、インド経済から吸い上げられた貴重な財政収入の中から、イギリス側の利害に即した巨大な鉄道建設を支えるための支出が他をさしおいて毎年行なわれ、さらにそれが無意味な浪費で上塗りされ続けたことは、急にはとりもどせない損失であり、経済発展のための施策の枷となり後れとなった。これは、世界市場の拡大・深化のためにインド経済の支払った犠牲、そのものであった。

いうまでもなく第二章で考察した時代においては、世界市場の形成・拡大ははるかに大きな犠牲を伴った。その過程で破壊されたのは「新世界」の先住民の土地であり、国土であり、生活権であり、生存権であった。プランテーション開発に際しては多数のアフリカ住民が自分自身をその居住地から奪われ、かれらの人格そのものが犠牲となった(第二章8節)。植民地化・半植民地化に世界市場拡大が直結していたという意味では、アジア諸地域で政治的独立、つまり主権が犠牲に供せられた(第二章6、7節)。

このように顕著ではなく、ややもすると見落とされるが、その意味するところがけっして小さくない類似の事例は、その後の歴史にも多々認めることができる。ここではふたたびインドに立ち戻って、一九世紀後半の綿花輸出拡大の周辺の事情を検討してみよう。[66]

産業革命を経過したイギリスは、国内に産出しない原料綿花の供給を海外に求めざるをえず、そのために綿花輸入が急増したことはすでに述べた通りである。この場合、どうすればその海外からの供給を安定したものにできるかがランカシア工業の死活に係わる問題とならざるをえない。イギリスの植民地となって年月の経過したインドは、すくなくとも一八世紀までは大綿業国であり、その後も大きな綿花の産出があったが、それにもかかわらず、この地からのイギリスの綿花輸入はごく限られたものにとどまり、けっきょく新世界のプランテーション産綿花が輸入の大部分を占めるようになった（第二章7節、第三章1節）。

しかし原料の供給源が世界の一地域に局限されてしまうことは、ランカシア工業の将来の安全のためにけっして好ましいことではない。いったいどうしてインド産綿花の輸入を思うように伸ばすことができないのか。それにはもちろん喜望峰廻りの輸送の距離なども関係してこようが、何よりもまずインド内陸の原産地から積み出し港までの陸上輸送に問題がある、と当時は考えられた。

そもそもインドの在来綿業にあっては、綿毛から種子を取り除く加工工程や手紡ぎ工程の行なわれる場所は綿栽培地のごく近くにあった。そこで綿花の荷造りや輸送は簡単な方法ですませて十分であった。しかしこれを世界市場に編入して、インド内陸からランカシアまで荷を運ぼうということになると話は別であった。

不規則なよごれた荷が悪い条件の中を牛やラクダの背でゆっくりと運ばれて、何週間もかかって積み出し港につく。これでは、ついた綿花がすでにひどい状態となっていて不思議でなかった。種子を取り除く工程や梱包方法を改善して一定規格に従う商品の荷を作ることと、輸送方法を根本的に改めることが何よりの急務と考えられるようになったのはそのためであった。

こうして綿花輸送のために鉄道を導入することが考えられるようになり、それがインドにおける鉄道建設推進の大きな動機の一つとなった。またこの点が路線決定にあたって最優先的配慮の対象となり、大きく見れば世界市場の拡大過程が、つまりそのための近代的輸送手段の建設が、積み出し港から内陸の主要綿産地へ向かってまっすぐに進行していった。この努力はアメリカ南北戦争の時さっそく実を結んだ。それまでの主要な原料供給の道が閉ざされて窮地に陥ったランカシアの、急場を救う役割を果たしたのはインド綿花であった。そしてこの時、ボンベイは綿花輸出ブームにわいたのであった(本章1節参照)。

しかしそれにもかかわらず、ブームの去ったあとのインド綿花のイギリス向け輸出は、イギリス人の期待したほどの伸長を見せなかった。それにはインド綿花の品質問題がからんでいた。繊維の長さが平均して短く、ランカシア工業の原料としてあまり適当でなかったからである。

イギリス人はこの点をインド綿花の「品質劣悪問題」として受けとった。そしてこれに関する調査をくり返し、試験農場では品質改良のために大きな費用を注ぎ込んだ。にもかかわらずこれらの努力は確たる成果に乏しく、インドをランカシアにたいする主要原料供給地に変える試みは十分の成功をおさめることができなかった[67]。だがここにいう「品質劣悪問題」には、当時のランカシア工業にとっての問題を人類文明にとっての問題と同一視した上での評価が含まれている。

一九世紀末ごろの植物学的調査によると、そもそもインドの綿の木には非常に多数の栽培品種が存在して、分類学的にも取り扱いが容易でないほどだったという。一般にこのような栽培品種の多様性の背後には、伝統農業が長年にわたって蓄積した知識と経験が隠されており、品種改良に品種改良を重ねてきた農業技術発展の歩みを認めることができるはずである。

もちろんこの場合、特定の優良品種をそれまでの多くの品種に代えていっせいに栽培し、そのために大量の施肥や土質改良、大灌漑工事などを行なって自然条件を画一化する、という方向の農業技術の発展を考えているのでない。

農事については素人の旅行者の目には、どこまで行っても一望千里ただ平らなだけに見える大平原ですら、個々の耕地に根を下ろした耕作者の目からみると、地方的気候条件、河川流路との位置関係、わずかな土地の高低・傾斜・日照・地下水位、灌漑の便・不便、そして何種類にも分けられる土質など、農耕のための局地的条件は千変万化さまざまである。その細かいエコロジカルな条件の差異に応じて、それぞれの条件にもっとも適応する多様な品種を作り出し、それらを適地に栽培してはその経験を受け継ぎ、さらにまた改良を重ねていくということを、いまわれわれは農業技術発展の歴史と考えるのである。

当時のインドの主要綿産地であったグジャラートやカンデーシにおいては、「土壌・気候・高度・海洋からの影響など各種各様の条件のあらゆる細かい変化に応じて、畑ごとに異なる——とまではいえぬとしても、各地でそれぞれに異なる、特殊な綿の木の形態が生み出されてきた」という状態が存在し、事情に通じたイギリス人ミドルトンは、一八九四年に農事調査のためにこの地方を訪れた『インドの商業的産物』の著者を各地に案内しつつ、「綿の木の品種の万華鏡のような移り変わりを、道々それと指摘するばかりでなく、その推移がひとつひとつ、土壌の変化に即応するものであることを指摘することができた」[68]という。ひとつの優良品種にあわせて自然を作りかえるのでなく、多様な自然条件にあわせて、それぞれに適応する多様な品種を生み出してゆく、そういう方向の技術的発展の成果がそこにあったのである。

そこで問題であるが、このように多様な品種が栽培されているとき、生産される綿花の品質がすべて一様に劣悪であると簡単にいえるであろうか。なるほどランカシア向けの輸出は期待されたほど伸びなかったかもしれない。しかしランカシア機械紡績に対する品質の適・不適が、すなわち品質の上下をきめる唯一の基準だといって、それですむ問題であろうか？

当時のインドにつぎのような事実がある。インド手織綿布の最高級品はランカシア綿布もまねることのできぬ優れた品質をもち[69]、いわば手工芸の生み出す逸品として今世紀に至るまで生産が続けられてきたのであるが、その原料としては、とくに特定種のインド産綿花を原料とする手紡ぎ高級綿糸が好まれたという。

この場合、アメリカ産「優良」綿花を原料とする工場製綿糸を用いることも十分可能であったはずである。にもかかわらず、インド産手紡ぎ綿糸の方が好まれたのであるが、これについては実ははっきりした理由があった。すなわち、アメリカ産綿花から作られた綿糸は漂白したときわずかにふくれて太くなり品質が落ちるのに、インド産綿花から作られた綿糸は締まってより細くより強くなるからであった[70]。

イギリス人はただ当時の機械紡績の原料としての適・不適という見地から、インド綿花を本来的劣悪品とみなして疑わず、これを世界市場に迎え入れて「世界の工場」の原料とするため、その品質を「改良」しようと努力を重ねた。ここには、「産業革命」によって象徴される当時のヨーロッパ近代文明のみが進歩と文明の名に値し、人類の達成すべき一般的価値の実現形態にほかならぬものと考える、ぬきがたい一九世紀ヨーロッパ的信念が姿をのぞかせているのでなかろうか。

インド綿花の品質問題については、さらにその加工工程についても考えておくべき点がある。すなわち世界市場への編入に際しては、先にふれた綿毛を種子から分離する工程にも「改良」が試みられ、新たに機械が導入された。機械 engine が導入されてから、この工程は"ginning"(gin は engine の省略形)と呼ばれるようになる。たしかに"ginning"は手早く安上がりで生産効率を高める技術革新であった。しかし、同時にそれなりに乱暴な方法でもあり、インド古来の手廻しのローラーによるていねいな分離工程に比べて、どうしても繊細な繊維をひきちぎり原料綿花の質を傷めることが避けがたかった。

一九世紀後半、インドの綿産地帯には、この"ginning"と圧縮・梱包とを行なう加工工場が多数設立されていった。またこのような綿産地帯をつなぎつつ原綿積み出し港へ直航する鉄道が、何よりも優先順位を与えられて建設された。そしてほとんどすべての場合、つみとった綿花は産地近辺の加工工場へ集荷され、ここで加工・梱包されてもよりの鉄道の駅へ送られるようになった。それはたしかに、加工・流通過程の能率化・規格化であり、ひとつの技術革新であるに相違なかった。しかし他面においてこれが、原料綿花の品質を一様に傷める結果を伴ったのを見落とすことはできない。

古くは原料生産地と紡織工程の行なわれる場所とが、地理的にも社会経済的にもたがいにずっと近かったから、もともとこのような技術革新は不必要であった。すなわちこの技術革新はあくまでも遠隔地の工場制工業のためのそれであり、しかもそれが手工業用綿花の取り扱いに不適なものであったために、一様に原綿品質の損傷がもたらされていたことになる。

さらにいっそう重要な問題は、個々の畑地の条件に即応する多様な品質の綿花が生産されても、キメ細かくそれぞれ別の取り扱いをすることが、この技術革新導入後は不可能になったことであった。集荷された綿花はすべて一様に同じ機械"gin"に投げ込まれ、まとめて圧縮して同じ荷に梱包されたからである。またこれに伴って綿花生産者に対する支払いも画一化され、「下級」規格のインド綿花として一様に安い価格が綿作農民に支払われるようになった。

となれば、当然農民の方もこれに応ずる対応が生じる。限られたよい条件の土地だけで作ることができ、産出される綿花の品質こそ優れているが栽培に手が掛かり、収穫量もけっして多くない、という品種は見捨てるほかないことになったのである。

繊維の長い、品質の優れた綿花が、かつてヨーロッパでかくも賞賛され、ただちに買い手のついたあのインド綿花が、過去三〇年ほどの間に次第に姿を消して、品質は劣るが収穫量が多く、木が丈夫で実りが早いという品種がこれにとって代わったとしても(完全にとって代わってはいなくても急速にそうなりつつある)、まったく驚くにあたらないのである。[71]

これについてはまた、"ginning"によって分離される種子も、その差を細かく識別する取り扱いが不可能となり、以後は上級品種であろうと下級品種であろうと、乱雑に混合した状態でしか種子は手に入らない、という結果になったのも注意していい。この面でも古くからインド農業の蓄積してきた成果が見事に失われ、自然条件にあわせて多様な品種を細かく使い分けてゆくことが困難となったのである。

こうして、世界市場の拡大とともに綿花の生産・流通の中に導入された技術革新によって、すなわち当時の"gin"のレベルが代表するような「文明の進歩」によって、下級品へ揃える方向でインド綿花が規格化された結果、ローラーでならすようにその品質の「劣悪性」が生み出された、という側面のあることを見落としてはならない。

もちろん世界市場の尺度で測った時、そこには明確な経済開発があり、生産の規格化・能率化があったであろう。遠い先進資本主義国のために生産し、遥かかなたの工業地帯まで荷を送るということになれば、綿花の生産や流通が全体として拡大し、農業・農産加工業、さらには流通関係諸産業など、多方面における生産力上昇が生じ、したがって綿作地一帯の「一人あたり生産」も増加したであろう。それには何の疑いもあるまいが、しかしこの開発の間に失われたものはいったい何であったのか、世界市場は何を犠牲にして何を達成したのか、われわれはこの点にも十分思いを致すべきであろう。

これまでわれわれは世界市場の歴史的展開を考察して、(A)産業革命以前、(B)それが始まってから一九世紀の半ばまで、(C)その後、というように時代を区分したとき、時代によってその様相がかなり大きく変化することを認めることができた。そのことの意味はそれなりに重要でありけっして軽視するわけにはいかないが、しかし本書においては、世界市場そのものの発展の中に段階を設定しようとする試みはあえて行なわなかった。

たしかにわれわれは世界市場の形成・拡大・深化を一応区別して考察した。しかしこの区別に、それほど厳密な方法論的意味づけを用意したわけではない。ヨーロッパを中心とする市場が明らかに環大西洋的規模に達して、世界市場の骨組みが「形成」され、それがほぼ全地球的規模にまで「拡大」され、世界市場にすでに組み込まれた地域の内部に向かってさらにそれが「深化」していく。けっきょくこのような常識的意味以上に出るものでなく、またこのような意味においてすら、個々のケースにあたってはこれらの言葉の厳密な使い分けを無理に行ないはしなかった。世界市場の発展そのものの中に時代を画する変化を読みとるよりは、むしろ現在にまで尾を引く、ひとつの連続した史的過程を見ていくことの方を重視したかったからである。[72]「世界市場の歴史的性格」についての全般的考察で本章を締めくくることにしたのも、しいていえばそのためである。

すなわちその形成・拡大・深化の歴史的プロセスは、経済の内的要因によっては説明しきれず、外生的な要因の複合がこれにからんでおり、しばしば物理的な力関係、権力や大砲が重要な役割を果たし、またさまざまな破壊がこれに伴った。強者と弱者の出会いによって弱者が犠牲となり、これを人類史的に見れば、多大な代償を支払いつつ世界市場が形成され拡大され深化された。その間において人類はいったい何を失って何を得たのか、そのことの意味はいったい何なのか。

また現実の世界市場は理想化された市場概念からは程遠く、けっして均質なものではなかった。市場へのアクセスが一様に保証されたことはなく、とかく世界市場は先進経済の側にばかり有利にはたらく傾向を示した。長期的・全体的には人類に与えられる富や福祉の総量増大に寄与したことが明白だとしても、その偏在ないし格差の拡大を招く趨勢はとうてい否定しがたかった。個々の地域や国をとって見たときも、その内部市場の世界市場との連係のあり方がけっして一様なものでなく、現実の世界市場が各地域の内部経済充実の方向へまっすぐには作用せず、時にはそれを押し曲げてしまうことすら生じえたのであった。

およそこのような世界市場の歴史的性格は今日に至ってもまだ十分に解消されていないのでないか。それが作り出す困難な条件は世界各地域の、また世界全体の与件となって今も残り、容易には解決できない人類史的課題を作り出しているのでないか。世界市場の「形成」を主題とする本書を書くにあたって、つねに念頭を離れることがなかったのもこの点であった。

1　第二章の注17を参照。

2　一貫性が欠ける一例を挙げれば、一七八四〜八六年のデータから地域分けに変更があること、さらにまた公用価格基準の貿易統計から市価基準の貿易統計に移っていることなどがそれである。これについては、前章4節一三五～八頁および本節三五二～三頁などを参照。さらに次を参照。Davis, R., "The statistics of British overseas trade, 1784-1856," in idem, *The Industrial Revolution and British overseas trade*, pp. 77-86.

3 データに間違いのあることは、多くの場合、各種の小計、縦横の合計を検算してみることによって容易に発見される。それが校正ミスであることは、(A)一カ所の訂正をうまく行なえば数カ所の計算上の不整合がいっぺんに消滅すること、(B)しかもその訂正が八二〇九を八七〇九に、三〇三七を三〇七三に、六三七五を一万六三七五に改めるとか、ある行の六をその一つ上の行の一二八と入れ換えるとかいう性質のものであることによって、ほぼ確実に確かめることができる（これらはいずれも後ろに〇がいくつかつくデータで、実際に行なわれた誤りの訂正の例である。本書では、デイヴィスの統計の全体にわたってすべての合計の検算を行ない、このような誤りを残らず訂正した）。

4 厳密にいえば、最初の原データは時々刻々書き込まれる日ごとの記録であろうが、それを品目ごとにまとめた各年の各種合計額が、公式文書として作られることになる。

5 例えばつぎを参照されたい。藤瀬浩司『資本主義世界の成立』ミネルヴァ書房、一九八〇。Foreman-Peck, James, *A history of the world economy, international economic relations since 1850*, Brighton, 1983. Hobsbawm, E. J., *Industry and empire, from 1750 to the present day*, 1968, in Penguin Books, 1969. 浜林・神武・和田訳『産業と帝国』未來社、一九八四。

6 図46の中で、一八世紀から一九世紀前半に至る「公用価格」の原データについては本章の

注7を、一九世紀から二〇世紀前半までの市価による原データについては同じく注9を参照されたい。それらのデータはまた、他のデータとともに左記にも収録されている。Mitchell, B. R. and Deane, Phyllis, *Abstract of British historical statistics*, Cambridge, 1971, pp. 279–84.

7 以上の点について、つぎを参照。Ashton, T. S., "Introduction," in Schumpeter, Elizabeth Boody, *English overseas trade statistics 1697–1808*, Oxford, 1960, pp. 1–14. Clark, George N., *Guide to English commercial statistics*, 1696–1782, Royal Historical Society, *Guides and handbooks*, no. 1, 1938.

具体的な一八世紀の公用価格データはつぎを参照。Deane, Phyllis and Cole, W. A., *British economic growth 1688–1959, trends and structure*, Cambridge, 1962, pp. 319–22.

なおアイルランドとの貿易額の取り扱いについては本章の注13を参照。そのデータおよび一九世紀に入ってからのデータはつぎを見よ。Mitchell and Deane, *loc. cit. Sessional Papers*, 1898, LXXXV.

8 Schumpeter, Elizabeth Boody, "English prices and public finance, 1660–1822," *Review of Economic Statistics*, Feb. 1938. Gilboy, Elizabeth W., "The cost of living and real wages in eighteenth century England," *Review of Economic Statistics*, Aug. 1936.

この図と同じシュンペーターのデータを、後の図56に用いたデータなどとつなげて、より長期にわたる価格動向を大まかに捉えたつぎのグラフも参照。"The long-term trend in British prices, 1661–1959," Fig. 7 appended to Deane and Cole, *op. cit.*

9　一八五三年までのデータについてはつぎを参照。Imlah, Albert H., *Economic elements in the Pax Britannica, studies in British foreign trade in the nineteenth century*, Cambridge, Massachusetts, 1958, pp. 20-41, esp. pp. 37-38.

一八五四年からは時価基準の原データがえられるが、これについては一九二〇年までは年々の *Sessional Papers* の中に含められたつぎを参照（なお以後は Parliamentary Papers としてではないが、続けて年々発行されている）。*Annual statement of trade*. Esp. see *Sessional Papers*, 1898, LXXXV.

簡単にはつぎを見よ。Mitchell and Deane, *op. cit.*, pp. 282-84.

10　たとえば藤瀬、前掲書、二八八、二九一頁も、Deane and Cole, *op. cit.*, p. 48 なども、そのような扱いをしている。

11　もっとも国産品輸出の上に再輸出を乗せた場合も、総輸出の意味が明瞭になるとはいいがたい。ただし、意味の不鮮明な部分がはっきりと示される利点はある。とくに、続けて述べる第二の論点に注意を払いたいと思う。

12　第二章4、5、7節を参照。

13　図46のような長期的な時系列データを取り扱おうとすると、他にも技術的問題が多々出てくるのを避けることができない。図上にこそ現われていないが、そのひとつに、取り扱う時系列の地域的一貫性にかかわる難問がある。すなわち、われわれが手にしうるデータは一八世紀末（一七九一年）まではイングランド・ウェールズの輸出入に関するものであるのに対して、一八世紀第三四半紀から一九世紀にかけて（一七七二〜一八〇四年）はスコットランドの入った大ブリテンにかかわるデータとなり、さらに一八、一九世紀のかわり目（一七九六ないし一八〇一年）以降はアイルランドを含めた連合王国のデータになる。

このうち、スコットランドを追加するということは数字の上では一般に増加として現われる。すなわち、イングランド・ウェールズのスコットランドとの取引は貿易統計に現われる限りでは額が小さく、これに比べてスコットランド自身の外国貿易額がずっと大きいためである。他方、領域内にアイルランドをとりこむという場合は事情が異なり、とくに輸出額については常に数字の減少として現われる。大ブリテンからアイルランドへの輸出の方が、アイルランドから諸外国への輸出より大きいためである。

以上のような統計の対象領域の変化については、一定期間は新旧両系列のデータがともに得られるためその影響の大きさを測ることができる。しかし期間経過後は新しい領域に関するデータしか得られなくなるため、旧系列から新系列へどうしてもどこかで乗りかえなければならない。

その方法が問題であるが、図46では一七九二年に大ブリテンの数字へ、一八〇一年に連合王国の数字へと、じかに乗り移る方法を採用することとした。ただし一八〇一年以前のイギリスの貿易については、一貫して対アイルランド貿易の数字も手にしうるので、これをつねに減じておくという措置をとった（この場合一八〇一年以前のアイルランドのイギリス以外との貿易は無視することになる）。統計数字の一貫性を保つ代償としてアイルランドの対外貿易の一部が検討対象から外れることになるが、これは別個の研究でとりあげるべき問題として今回は見送ることにした。

かなり乱暴な処置にきこえるかもしれないが、これについては重合期間の両系列の数字を対比し、時系列としての一貫性が大きく損なわれはしないことを確認した。「大きく損なわれはしない」というときの目安は、図46ていどの精度の図上では数字の違いを表わせない、しいて表わしてもあまり意味がない、ということに置いてある（本書では他所でも、問題の図上では区別しても意味がない程度の差違は、そのことを確かめた上で無視する方針をとっている）。

最後に、たとえば一八一三年がそれであるが、データ欠落の取り扱いについて一言しておく。この年はロンドン港火災のため記録が焼失したのであるが、このような場合はグラフ上では図46のごとくその年を空白とし、データに計算を加える時にも安易に欠落情報を補わず、その年を除いて処理を進めるのを原則とした。これについても問題がなくはないが、ここでは立ち入らない。

14 Mantoux, Paul, *The Industrial Revolution in the eighteenth century, an outline of the beginnings of the modern factory system in England*, (tr. and rev. of the original French edn.: *La révolution industrielle au XVIII*ᵉ *siècle*, 1906), London, 1928.

15 Cf. *ibid.*, pp. 103–05.

16 Imlah, *op. cit.*, pp. 94–98, 205–07.

17　藤瀬、前掲書は、この長期波動に即した段階区分を採用している。理論的問題についてはつぎなど参照。Kondratieff, N. D., "The major economic cycles," *Review*, vol. 2, 4, pp. 519-62 (tr. of original Russian ver.: *Voprosy kon'iunktury*, 1925); abridged English tr.: "The long waves in economic life," *Review of Economic Statistics*, vol. 17, 6, 1935, pp. 105-15; reprinted in Haberler, G., ed., *Readings in business cycle theory*, Philadelphia, 1951. Schumpeter, J. A., *Business cycles*, 2 vols., New York, 1939. 金融経済研究所訳『景気循環論』全五冊、有斐閣、一九五八〜六四。Gayer, A. D., Rostow, W. W. and Schwartz, A. J., *The growth and fluctuation of the British economy 1790-1850*, 2 vols., Oxford, 1953, vol. 2, pp. 631-45, etc., Garbey, G., "Kondratieff's theory of long cycles," in Hansen, A. H. and Clemence, R. V., eds., *Readings in business cycles and national income*, New York, 1953. Solomou, Solomos, *Phases of economic growth, 1850-1973, Kondratieff waves and Kuznets swings*, Cambridge Univ. Press, 1987.

18　Cf. Schumpeter, E. B., "English prices and public finance, 1660-1822," *Review of Economic Statistics*, Feb. 1938. Gayer, Rostow and Schwartz, *op. cit.*, vol. 1, pp. 468-70. Rousseaux, P., *Les mouvements de fond de l'économie Anglaise, 1800-1913*, Louvain, 1938.

19　原データの出所は、注21を参照。

20　原データの出所は、注21を参照。

21　この図50も、左半と右半では計算の基礎になる史料の性質上の差がある。

(A)このうち左半（一六九七〜一八一三年、公用価格基準）であるが、その大部分はつぎのE・B・シュンペーターの労作の提供する数字を用いている。Schumpeter, E. B., *English overseas trade statistics 1697–1808*, Oxford, 1960, pp. 19–22, 25–43. ただし毛織物についてはいくつかの史料をB・R・ミチェルとP・ディーンに従って併せ用いた。Mitchell and Deane, *op. cit.*, pp. 293–95. 一九世紀に入ってからは、すべて議会文書（*Sessional Papers* の年々の *Finance accounts* の一部）の *Trade and navigation accounts* の数字を用いている。また国産品輸出総額は、図46に用いたデータ（注6、7を参照）をそのまま採用した。地域的には、一七九一年まではイングランドとウェールズ、以後一八〇四年までは大ブリテンに関するデータであるが、一八〇五〜一三年については、輸出各品目のデータは大ブリテン、総計は連合王国に関するデータになり、この間明らかに地域的一貫性を欠くことになった。

(B)つぎに図の右半（一八一四〜一九三八年、時価基準）であるが、その大部分は *Trade and navigation accounts* および *Annual statement of trade* により、一八一四〜五三年の総額についてのみA・H・イムラーの数字を用いた（注9を参照）。地域的には一八一四〜二九年の間は、各品目について大ブリテン、総計については連合王国に関するデータであって、この点またしても一貫性を欠くこととなった。ただ一八三〇年以降においては、連合王国に関する同一史料の数字を用いることができるようになり、ようやく形式的整合性が保たれるようになる。

多数の統計史料をつなぎあわせ、地域的にも一八〇五〜二九年の間で食い違いをそのままに残したが、長期間のデータ全体を整合的に用意するのは容易ならぬ仕事である。たといそれが筆者にとって可能だとしても、大変な時間と経費と労力を要し、本書のためにそれに手をつけることは不可能であった。しかし不備は多々残るとしても、現状では最善を尽くし、この図程度の精度なら大勢に影響なしという水準には、一応漕ぎつけているものと思う。

22 例えば、一八五四〜五六年のデイヴィスの統計（図43参照）とこの図49の同時代の統計とを比較せよ。前者はそれまでの時代の分析に重点をおいた品目分けを採用しているため、鉄鋼、石炭、機械類という品目が立っていない。これらのデータは「他の製品」、「原料」の中に含まれることになる。そのかわり図50に捉えられていない約三〇パーセントが何であるかの見当が図43でつくであろう。

23 データの出所はつぎのとおり。*Annual statement of trade.*（本章の注9を参照）Mitchell and Deane, *op. cit.*, pp. 315–27.

24 地域区分の細部についてはつぎを参照。Mitchell and Deane, *op. cit.*, p. 327.

25 単に漠然と図を眺めるばかりでなく、各地域に対する輸出の成長率を計算してみると、次頁の表のとおりである（期間は一八五四〜一九一三年）。なお図51に対応する数字はシェア成長率の方である。

26 本章の注23を参照。

27 データは、つぎの注28および29を参照。

28 この図のデータは、左半の点線のうち上方のもの（c.i.f.価格基準）以外については図46

の輸出の場合と同様である。本章の注6、7、9を参照されたい。

29 c.i.f.価格による輸入額についてはつぎを参照。Deane and Cole, *op. cit.*, pp. 319–22.

30 ディーンとコール自身がこの数字の計算過程の説明に"Notes on the estimates of the offi-

地　　域	輸出額成長率	輸出シェア成長率
ヨーロッパ	2.05%	0.02%
北　　欧	3.56	1.50
ロシア	3.10	1.10
西　　欧	1.98	−0.05
ベルギー	3.40	1.35
中欧(含東南欧)	1.75	−0.27
南欧(含北アフリカ)	1.66	−0.36
アメリカ	1.35	−0.67
合衆国	0.51	−1.48
西インド	−0.05	−2.04
カナダ	2.22	0.19
ラテンアメリカ	2.21	0.18
アルゼンチン	4.99	2.91
オーストラリア ニュージーランド	2.20	0.17
オーストラリア	1.83	−0.20
ニュージーランド	4.74	2.66
アジア・アフリカ	2.61	0.57
トルコ・中東	1.18	−0.83
アフリカ(除北アフリカ)	4.48	2.41
アジア(除トルコ・中東)	2.58	0.54
インド(含ビルマ)	2.27	0.23

cial values of imports, c.i.f." と題している。詳しくはつぎを見よ。*Ibid.*, pp. 318–19.

31 Cf. Imlah, *op. cit.*, pp. 42–81.

32 コールとディーンは、(A)イングランドとウェールズに関する統計から、(B)スコットランドの入った大ブリテンの統計に乗り移るため、一七七二年から一七七四年にかけて、A、B両系列のデータを与えている。ここの計算では期間の最後の数年での無理な乗り移りを避け、A系列の数字だけを用いて最後の一七七五年は情報欠落とした。なお、今もし一七七二年にじかにB系列に乗り移って同じ計算を試みると一・五パーセントという成長率がえられる。四捨五入の端数処理の関係もあって、この差は微妙なところにあるが、由来がはっきりしている差なので一応明記しておく。

33 この図のデータは、図46・53と同じものを用いた。ただし一八世紀の輸入額については、c.i.f. 価格によるものを採用した。

34 ただし前注にも注意したように、一八世紀については c.i.f. 価格による輸入額データを用いる。なお輸入については図54では一七七二年から大ブリテンのデータに乗り移っている。輸出の場合（本章注13参照）の取り扱いと並べると一貫性に欠けることとなるが、やむをえぬ処置であった。長期的傾向を見るためのこの図上では実際上ほとんど問題にならないものと考えるが。

いうまでもないことと思うが、イギリスが大きな入超を続ける背景となった事情としては、その貿易外収支における受取額が大きかったことを挙げておかなければならない。運輸・保険などのサービスに対する支払い、海外投下資本の金利・利潤の送金、植民地支配にからむさまざまな名目の私的・公的送金などがその内容をなしている。

35 Imlah, *op. cit.*, pp. 94-98, 205-07.

36 そのためイムラーは、「価格指数」price index numbersという用語を避け、「価格比」price relativesないし「平均価格指数」index numbers of average pricesなどと呼んでいる。しかしそう呼んでもそれほど事態は改善されないように思えるので、ここでは簡便のため、問題はあるが「価格指数」としておいた。Cf. Imlah, *op. cit.*, pp. 83-84, 91.

37 輸入品価格については本章の注35を参照。農産物、工業製品価格はつぎを見よ。Rousseaux, P., *Les mouvements de fond de l'économie Anglaise, 1800-1913*, Louvain, 1938. Mitchell and Deane, *op. cit.*, pp. 471-73.

38 Viner, Jacob, *Studies in the theory of international trade*, New York, 1937, pp. 563-64. Imlah, *op. cit.*, pp. 91-93.

39 個々の輸入品をとり上げれば、その産地側の事情によって逆にヨーロッパ市場の価格が左右されるという例を挙げることができる。左記を参照されたい。ここで問題にしているのは、しかし、輸入品価格を全体としてみたときの話である。松井透『北インド農産物価格の史的研究』I、東京大学東洋文化研究所および東京大学出版会、一九七七年刊、一七〇～二頁。

40 Cf. Imlah, *op. cit.*, pp. 94-98, 205-07, etc.

41 ここにいう数量指数は、常識的な意味におけるそれである。すなわち、ある年の輸出入の各品目について、それぞれの取引量 $q_i, i=1, 2, \ldots, n$ を基準年（一八八〇年）の市価 $p_{oi}, i=1, 2, \ldots, n$ で評価してその取引額を求め、全品目についてこれを合計して総額を計算し、これを分子とする。つまり、これは前出の「価格指数系列」の計算のとき作られた分母の数値（ポンド表示の総量情報 $Q=\Sigma q_i p_{oi}$）そのものにほかならない（この数値は性質上は一八世紀の公用価格基準の貿易額と同じものであり、ただ基準年が違うだけだと考えていいであろう）。分母となるのは、基準年について計算された同様の数値 $Q_o=\Sigma q_{oi}p_{oi}$ である。この比を百分比の形に直して $100\times Q/Q_o$ を計算すればここにいう数量指数となる。ただしつぎに述べる成長率の計算には、しいてこの手続きを各年について繰り返すまでのことはなく、右記の分子の数値の時系列さえ求めてあればよい。

42　この図も、左半と右半では計算の基礎になる史料の性質上の差がある。ただしこのうち公用価格基準の「左半」は、この図の場合一八五三年まで続き、一八五四年以降が市価基準の「右半」となる。この点で図50などの今までのグラフとはかなり性質が異なることになる。しかし、図53にみるように、輸出の場合（図46など参照）よりは無理が少ない。価格変動の幅が輸出品に比べて小さいためである（図55）。いずれにせよ、当面われわれが手にすることができるのはこういうデータのみである。

(A)　左半（公用価格基準、一七〇〇～一八五三年）のデータはつぎによる（本章注21を比較・参照されたい）。Schumpeter, *op. cit.*, pp. 48–51, 56–59. *Trade and navigation accounts.* Mitchell and Deane, *op. cit.*, pp. 285–92.

なおこの間の輸入額総計は、図53に用いた公用価格のデータ（本章注6、7を参照）をそのまま流用した。地域的には、一七九一年まではイングランドとウェールズ、以後一八〇四年までは大ブリテンに関するデータであるが、一八〇五〜二五年については、輸入各品目のデータは大ブリテン、総計は連合王国に関するデータになり、この間明らかに地域的一貫性を欠くことになった。一八二六年以降は、いずれも連合王国に関するデータとなり、ようやく形式的整合性が保たれるようになる。

(B) 右半（一八五四年以降、時価基準）のデータはつぎによる（なお本章注21を参照）。*Annual statement of trade.* Mitchell and Deane, *op. cit.*, pp. 283–84, 298–301.

43 図に取り上げている品目、およびそれを取り上げている期間は、本文で定義した「主要輸入品」に限る。「主要輸入品」がきまってから、そのそれぞれの輸入額の生のデータ系列について、一、各年の総輸入額に対する百分比を算出し、二、その百分比系列に五カ年移動平均を行なって年々の上下動を除いた傾向値を算出する、という二段の操作を加える。その結果の各品目の百分比系列を、なるべく見やすい形で積み上げたのが、この図57である。

44 以下輸入元についての叙述は、主として世紀半ばころまでのR・デイヴィスの統計（第二章の注17を参照）に基づく。

45 Mitchell and Deane, *op. cit.*, pp. 100–02.

46 Cf. *ibid.*, pp. 78–79.

47 データの出所は、つぎのとおり。*Annual statement of trade.*（本章の注9を参照）Mitchell

and Deane, *op. cit.*, pp. 315-27.

なお各地域からの輸入の成長率を計算してみると、次表のとおりである（期間は一八五四～一九一三年）。図58に対応する数字はシェア成長率の方である。

地　　　域	輸入額成長率	輸入シェア成長率
ヨーロッパ	2.49%	0.28%
北　　欧	2.69	0.48
ロシア	2.31	0.10
西　　欧	2.46	0.26
ベルギー	3.32	1.10
中欧（含東南欧）	2.70	0.48
南欧（含北アフリカ）	1.83	−0.37
アメリカ	2.36	0.16
合衆国	2.89	0.68
西インド	−2.71	−4.80
カナダ	2.83	0.61
ラテンアメリカ	2.03	−0.17
アルゼンチン	6.65	4.35
オーストラリア ニュージーランド	3.94	1.70
オーストラリア	3.16	0.94
ニュージーランド	7.30	5.10
アジア・アフリカ	1.07	−1.11
トルコ・中東	1.02	−1.16
アフリカ（除北アフリカ）	1.81	−0.39
アジア（除トルコ・中東）	0.98	−1.20
インド（含ビルマ）	0.99	−1.19

48 Mitchell and Deane, *op. cit.*, pp. 180-81.
49 本書の注23を参照。
50 Imlah, *op. cit.*, pp. 42-81. Mitchell and Deane, *op. cit.*, pp. 333-35.
51 Imlah, *loc. cit.* Saul, S. B., *Studies in British overseas trade 1870-1914*, Liverpool, 1960, pp. 43-89. 久保田英夫訳『イギリス海外貿易の研究』文眞堂、一九八〇。竹内幹敏「貿易と海外投資」、米川伸一編『概説イギリス経済史――現代イギリス経済の形成』有斐閣、一九八六、所収(4章、一一五~四四頁)。
52 図46(国産品輸出)と図53(輸入)との市価基準データを用いた。本章の注9を参照して頂きたい。
53 図46(国産品輸出、ただし公用価格基準データ)、図53(輸入、ただしc.i.f.価格換算データ)の両図と同じデータを用いた。本章の注7、29を参照して頂きたい。
54 Imlah, *op. cit.*, pp. 94-98.
55 左半の点線は公用価格基準のデータに、右半の実線は時価基準のデータに、それぞれ対応している。依拠したデータは図46と図53に同じ。本章の注6、7、9を参照。
56 計算方法を説明しなおせば、まず初めの時系列 y_i, $i=1, 2, \ldots n$ (iについては以下同じ)から五カ年移動平均系列 Y_i を算出する。つぎに後者で前者を除して短期変動のみを取り出した系列 $u_i=y_i/Y_i$ を作成する。というよりそのような系列を作成しえたものとみなす。この系列の各項についてその項を中心とする前後五年間のデータの平均値 u_{oi} および標準偏差

d_iを求め、それらからその年の短期（五カ年）変動指数 $v_i = 100 \times d_i / u_{oi}$ を算出する。これを各年について移動計算する。

57　左半は公用価格基準データを用いて、右半は時価基準データを用いて、両者が中央部で一定期間重なり合うように作図されている。依拠したデータは図46と図53に同じ。本章の注6、7、9を参照。

58　左半は公用価格基準データにより、右半は時価基準データを用いて、両者が中央部で一定期間重なり合うように作図されている。依拠したデータは図46に同じ。本章の注6、7、9を参照。

59　Deane and Cole, *op. cit.*, p. 28. なお、第二章の注14も参照。

60　Elliot, J.H., *The old world and the new 1492-1650*, Cambridge Univ. Press, 1970. 越智武臣、川北稔訳『旧世界と新世界１４９２－１６５０』岩波書店、一九七五。

61　第二章の注68を参照。

62　以下については、つぎなど参照。角山栄「イギリス資本とインドの鉄道建設」、『社会経済史学』三八—五。松井透「イギリス帝国主義とインド社会——鉄道建設を焦点にして」、岩波講座『世界歴史』二二、一九六九　所収。Sanyal, N., *Development of Indian railways*, Calcutta, 1930. Thorner, Daniel, *Investment in empire, British railway and steam shipping enterprise in India, 1825-1849*, Philadelphia, 1950.

63　以下においては、話を経済面に限る。もちろん植民地インドの鉄道建設については、治安維持や軍事目的の施設としてそれが果たすことのできる役割も強調された。イギリスの植民地官僚・軍人などが中心になって鉄道の政治的・軍事的必要性を主張し、これに英本国の帝国主義的政治家・論客などが唱和した。広大な植民地で兵力を効率的に活用し、帝国の強化・安泰をはかるための手段として、鉄道は大きな期待をかけられたのである。

また、一九世紀後半、イギリスとロシアの対立が高まると、インド西北辺境地帯の守りに神経が集中され、この方面こそイギリス帝国の生命線だという叫びがヒステリックなまでに繰り返されたが、その勢いに押されて、有事の際に兵力を急送すべき鉄道の建設が強く要請されるようになった。圧力がいかに大きかったかは、通常とくに急いで行く用などなさそうなただの山道ともいえる辺境地帯へ向かって、既設の狭軌鉄道を廃棄して平原の幹線と同じ広軌の鉄道を建設させ、乗り換え不必要にして兵力移動の便をはかったという一事をもってしても、推しはかることができよう。

後に述べることと関係があるが、同じ時期に、飢饉の時の救援物資輸送のためにも鉄道建設を推進すべきだ、という意見も幾度か述べられた。この主張にはもちろん治安対策的意味が含まれていたが、主張が繰り返された割には、飢饉対策路線の建設は進展しなかった。一般に軍事目的や商業目的の方がとかく優先されたのである。

64 渡辺昭一「一九世紀中葉期イギリスの対インド鉄道投資政策——旧元利保証制度の展開と撤廃をめぐって」、『土地制度史学』一〇六。同「インド鉄道建設における旧元利保証制度とその特質」、『西洋史研究』新一一。同「旧元利保証制度下におけるイギリスの対インド鉄道投資とロンドン金融市場」、『歴史』六九、一九八七。

65　Cf. Mitchell, B. R., "The coming of the railway and United Kingdom economic growth," *Journal of Economic History*, XXIV, 1964; reproduced in Reed, M. C., ed., *Railways in the Victorian economy*, Newton Abbot, 1969. Hawke, G. R., *Railways and economic growth in England and Wales 1840-1870*, Oxford, 1970. Aldcroft, D. H., "Railways and economic growth," *Journal of Transport History*, new ser., I, 1972. Gourvish, T. R., *Railways and the British economy 1830-1914*, London, 1980. Jenks, L. H., "Railroads as an economic force in American development," *Journal of Economic History*, IV, 1944; reproduced in Carus-Wilson, E. M., ed., *Essays in economic history*, vol. 3, 1962. Fogel, R. W., *Railroads and American economic growth*, Baltimore, 1964. Fremdling, R., "Railroads and German economic growth," *Journal of Economic History*, XXXVII, 1977.

66　インドの綿花に関する史料・文献はきわめて多い。さしあたり次を参照されたい。松井透『北インド農産物価格の史的研究』全二巻、東京大学東洋文化研究所および東京大学出版会、一九七七年刊、I、四九～五二頁、一八六～七頁。

67　もちろんある程度の成果はあった。またインド綿花の流通性が大きくなったことが、インド手工業綿布生産の地方都市への集中や、ボンベイなど大都市における工場制綿業発展をうながす素因となった。さらに少し時代が下ると、日本・中国など、アジアの後発綿業国へ送られることも多くなり、多様化した世界市場に対する原料供給者ともなった。

68 Article "Gossypium," (pp. 570-624) in Watt, George, *The commercial products of India*, London, 1908, p. 583. Cf. Watt, George, *A dictionary of the economic products of India*, 6 vols., London and Calcutta, 1885-94, vol. 4, pp. 1-174.

69 一七・一八世紀にインドに来て、ヨーロッパ向けの綿布を仕入れたイギリス人は、当時の多数の銘柄について細かい記録を残している。高級品の方の例をあげると、花柄の織布で高価なものは、一七七六年に一反四五〇ルピーもしたという。もちろん当時の四五〇ルピーといえば大変な金額であった。また非常に細い糸で織った薄手の高級品は、婦人が身にまとったときすっかり透けて、今日のことばでいえばみごとなシースルーであったという。このような布地はしばしば清らかな流れの水にたとえられた。あるいはまた、たそがれ時の露にたとえられた。この布地を草の上に広げると、草葉におりた露にも見まがうというのである。当時のオランダ人の旅行家のひとりは、感に堪えぬ口ぶりでこう書いている。「綿布（モスリン）は本当に繊細に織ってあって、二〇ヤード以上もある反物がふつうのポケット用煙草入れの中にそっくり納まってしまうほどなのだ」。Datta, Kalikinkar, *Survey of India's social life and economic condition in the eighteenth century* (*1707–1813*), Calcutta, 1961, pp. 83-85.
Sinha, Narendra Krishna, *The economic history of Bengal, from Plassey to the permanent settlement*, 2 vols. Calcutta, 1961-62, vol. 1, pp. 177-78.

70 Watt, *Commercial products*, p. 617.

71　*Ibid.*, p. 621.

72　ただし、この三者をすくなくとも史的現象としては区別して、別個に捉えることはもちろん可能であるしその意味もある。ただここでは本書の視角から、まだ答えの出ていない一連の史的過程という側面の方をまず重視した。将来新しい答えが出る時がくれば、その時こそ時代を劃する新段階を設定することになろうと思う。なお上記の点に関連してつぎの論文は興味がある。そこにはウォーラーステインの理論的発想が珍しく簡明に示されている。かれと立場を同じくするわけではないが、本書の第一章の世界史論的検討を引き継ぐ議論の手がかりとしても有益であろうと考える。Wallerstein, Immanuel, "From feudalism to capitalism: transition or transitions?" in Wallerstein, I., *The capitalist world-economy*, Cambridge Univ. Press, 1979, pp. 138–51.

解説　『世界市場の形成』の魅力

秋田　茂

本書の著者、松井透（一九二六～二〇〇八年）は、日本の南アジア学界を代表する歴史学者であり、一九八八年に設立された日本南アジア学会の初代理事長を務めた。代表的著作としては、いずれも東京大学出版会から出版された専門書、『北インド農産物価格の史的研究』（一九七七年）と、『イギリス支配とインド社会——一九世紀前半北インド史の一研究』（一九八七年）がある。本書はその松井透が、南アジア地域研究を基盤としながら、壮大な「世界史」を構想する過程で、三〇年前の一九九一年に出版した一般読者を対象とした著作である。二一世紀の現代において、新たな世界史である「グローバルヒストリー」研究が注目されて、その有効性と意義をめぐり賛否両論が展開されるなかで、数多くの著作や翻訳書が出版されている。こうした歴史学の Global-turn（グローバルな転回）とも言うべき現代において、本書は、三〇年の時の経過を感じさせない問題提起と、史実の確認、歴史的なデータ確認の重要性に、改めて気づかせてくれる名著である。筆者は、イギリス帝国史研究会の事務局長として、また英領インド史研究の一研究者として、長年にわたり大先達の松井から多くのことを学んできた。以下では、学説的な観点から、松井が遺したこの本の重みを考えてみたい。

本書の魅力は、以下に述べるように三点あり、本書の各章に関連してくる。

第一の長所は、I・ウォーラーステインが提唱した「近代世界システム論」[1]の刷新を示唆する提言を、三〇年前に行っている点である。第一章では、近世以降のヨーロッパの経済成長に対する、植民地・従属諸地域の貢献をめぐる、オブライエン＝ウォーラーステイン論争の紹介が行われる。当時のP・オブライエンは、イギリスの正統派・主流派を代表する経済史家で、イギリス産業革命の画期性（世界で初の工業化）と、それが実現したイングランド特有の内部事情（先行した科学革命・農業革命や重商主義政策など）が決定的に重要であることを強調していた。植民地などの「周辺」「半周辺」諸地域が、「中核」地域の経済成長に対して果たした役割を重視するウォーラーステインとは、真っ向から対立していた。一九七〇年代以降の世界の学界では、従属論から派生した世界システム論が注目され、一九九〇年代からは、日本でも近代世界システム論が高校世界史の学習指導要領にも取り入れられて定着したため、オブライエンの主張は、この松井の紹介を通じて、旧主派の反動的で、西洋中心主義的な歴史解釈であるとの印象を与えられ、進歩的な歴史家の間では「不評」であった。

しかし、そのオブライエンの主張も、二〇世紀末から劇的に変わった。現在の彼は、産業革命にいたるイギリス近世の経済発展を相対化して、近世アジア、とりわけ清朝時代の中国沿海部の経済発展を高く評価している。イギリス経済史学界の長老の、百八十度の「変身」である。オブライエンは一九九六年から、ロンドン大学歴史学研究所（ＩＨＲ）で「グローバルヒストリー・セミナー」を開始した。二〇〇三〜二〇〇六年には、ＬＳＥ（London School of Economics）を中心とする国際共同研究 Global Economic History Network（ＧＥＨＮ）を立ち上げ、日本の杉原薫を含めた世界の主要な経済史家を巻き込んで、グローバル経済史研究を展開した。そのＧＥＨＮが実現した直接のきっかけは、アメリカ・カリフォルニア学派のＫ・ポメランツによる、二〇〇〇年の「大分岐」（Great Divergence）論の提唱であった。[2]「大分岐」論自体が、一六世紀以降の西欧諸国を中心とした「世界経済」の拡張、ウォーラーステインのように西洋中心主義的な近代世界システムの理解に再考を迫る問題提起を行っている。とりわけ同論は、一八世紀の「近世の時代」（Early Modern）の根本的な再考を求めている。すなわち、西欧、中国の長江デルタ、江戸時代の畿内・関東、北インドのベンガルという四つの主要な地域では、同時並行的で、共通した経済発展がみられたとされる。大分岐論の出現により、従属的な発展＝「低開発」を余儀なくされたとされてきた、「周辺」「半周辺」の非ヨーロッパ諸地域に対するネガティヴな評価や、中華帝国（清朝）やムガル帝国など、近世のアジア諸帝国の歴史の見直しが行われるようになった。

本書が、こうした研究史上の大幅な見直しが始まる前に、「古い」オブライエンに代表される西洋中心主義的な歴史解釈の問題性を早々と指摘して、私たちの常識や通説的な歴史理解に再検討を迫った点は、先見の明があったと言える（逆説的に、主流派オブライエン自身の見解が劇的に変化したため、松井による論争の紹介自体のインパクトが減じてしまった、と言えるかもしれないが）。

第二の長所、本書の最大の魅力は、イギリスを中心に、一七〜一八世紀の近世の「世界市場の形成」を実証的に論じた第二章にある。本書には、第二章を中心に、全部で六五個の図表が収録されている。これら一連の図表を作成するにあたり、松井は、近世期イギリスの貿易データを徹底的に収集・統合・編集して、その過程で七〇〇を超える図表を作成していた。本書に収録されたものは、この膨大で気の遠くなるようなデータ処理と分析の成果である。初期のコンピュータを駆使して作成された諸図表には、松井の史実探求への熱意と、読者への分かりやすさを追求する姿勢が反映されており、AI時代の現代の私たちにはわからない、苦労と努力があったと思われる。本書を読み解くには、本論である第二章の図表を的確に把握して、そのつながりを理解することが大切である。

非常に長い第二章を通じて、松井が提起した論点は二つある。第一の論点は、近世を通じて、環大西洋世界を中心として、「輸入先導型」の世界市場が形成されて、南北アメリカの新大陸における植民地開発を前提とした、「環大西洋型」の世界市場の出現を明らかにした点である。はじめは奢侈品であった新大陸産のモノが大量に輸入される過程で、イギリス本国では、砂糖・タバコなどの輸入品を通じた消費の多様化（消費革命）と、日常生活の質的な向上が見られた。また、インド製の綿布に代表されるアジアからのモノの輸入は、ヨーロッパで消費社会が誕生する重要な要因になったが、まだ一八世紀末までは、世界市場はアジアにおいて未完であったことも指摘している。

第二の論点は、この環大西洋型の世界市場は、ジャマイカなどの西インド諸島（カリブ海諸地域）や、北米植民地の南部を巻き込んで、多角的で多様な三角貿易を通じてつながる一方で、アジア諸地域との貿易は、一八世紀中葉以降、「植民地収益」で決済されるようになった、という指摘である。この第二点目は、近世の世界市場が、植民地支配を長期にわたって支えるテコとなったという「重大な史的契機」を指摘するもので、第一章で紹介されたオブライエン＝ウォーラーステイン論争で、ウォーラーステインの主張を支持する松井の立場と論点を確認できる。

以上の第二章での主張は、ＬＳＥの経済史教授であったＲ・デイヴィスの優れた先行研究に大幅に依拠しており、その研究史上での価値を改めて確認している。この点で、本書には、川北稔が一九八三年に刊行した著書『工業化の歴史的前提――帝国とジェントルマン』（岩波書店）で展開した議論を環大西洋世界で再確認するにとどまっている、という辛口の批評も当てはまるかもしれない。とは言え、本来は南アジア史が専門で、南アジア（インド）における植民地主義の功罪をめぐって、*Indian Economic and Social History Review* 誌上で展開された「Morris-Matsui 論争」[3]で有名な松井が、あえてイギリス経済史の領域に踏みこんで議論している点は、世界史的視野をもって、世界の学界を相手に勝負してきた松井ならではの独自性がみられる。イギリスの統計資料に限定されてはいるものの、徹底したデータ分析を行って引き出した議論は、狭義の西洋（イギリス）経済史の専門家による視野が限定された考察と比べると、はるかに説得力がある。特に、イギリスによる「輸入先導型」の世界市場形成の特異性を解明した点は、高く評価できる。

　本書の第三の長所は、第三章「世界市場の拡大と深化」で、世界市場の発展を「複合した史的要因」「外生的な要因」で説明する点である。特に、いくつかの偶然性と、幸運な出会いともいうべき「大西洋の向こう岸の新世界との出会い」（四二六頁）を、その代表的事例として指摘する点は、K・ポメランツの「大分岐」論に先行した同じ論点として、注目に値する。新大陸と石炭に着目するポメランツの「大分岐」論よりも、本書の松井の議論の方が、先に提起されていた。さらに松井は、世界市場の発展が、単に経済の内的要因だけでは説明しきれないこと、世界市場は多大な代償を払いつつ形成されたことを強調する。

この点は、一九世紀後半への展望として、本書の最後の部分で論述されている。具体的には、南アジア（インド）経済史研究のプロとして、一九世紀後半の英領インドにおける、アジア初の鉄道建設の進展と、それを促した利子保証制度との関係性や、南アジアからイギリス本国に向けたカネの流出（本国費、「富の流出」論争）を取り上げて、富の偏在と格差の拡大のメカニズムを説明している。また、同じく一九世紀後半のインドにおける綿花栽培の変容も、生態系（自然環境）や文明観への影響も含めて、次のように論じている。

世界市場の拡大とともに綿花の生産・流通の中に導入された技術革新によって、すなわち当時の"gin"のレベルが代表するような「文明の進歩」によって、下級品へ揃える方向でインド綿花が規格化された結果、ローラーでならすようにその品質の「劣悪性」が生み出された、という側面があることを見落としてはならない（四五〇頁）。

ここでは、生産の規格化・能率化の追求、「一人当たり生産」の増加を目標とした経済開発が植民地支配下で進展するなかで、インド古来の農業が蓄積してきた綿花生産の環境・生態系に配慮した多様性が失われ、一様に原綿品質の損傷（粗悪化）がもたらされたことが指摘されている。現代における、生態系の悪化と持続的な経済成長の実現可能性、効率至上主義と環境問題との連関性などを想起させる、控えめではあるが貴重な問題提起がなされている。

以上、本書の見どころを三点にまとめて論じた。一見すると無味乾燥な、近世イギリスの貿易統計データの収集と分析にとどまるように見える本書が、実は、三〇年も前に、現在の新たな世界史、グローバルヒストリー研究の興隆につながる貴重な問題提起を行っていることが、読者の皆様にはご理解いただけたと思う。松井が遺した数少ない一般書の一冊が、こうして文庫版としてよみがえることを喜ぶとともに、著者の遺志を継いで、西洋中心主義にとらわれない、新たな「アジアから見たグローバルヒストリー」の構築をめざしたいと思う。

（あきた・しげる　大阪大学大学院文学研究科教授）

1　ウォーラーステインの近代世界システム論については、川北稔『知の教科書　ウォーラーステイン』（講談社選書メチエ、二〇〇一年）を参照。

2　K・ポメランツ（川北稔監訳）『大分岐――中国、ヨーロッパ、そして近代世界経済の形成』(名古屋大学出版会)。「大分岐」論とカリフォルニア学派については、岸本美緒「グローバル・ヒストリー論と「カリフォルニア学派」」成田龍一・長谷川貴彦編『〈世界史〉をいかに語るか――グローバル時代の歴史像』(岩波書店、二〇二〇年)を参照。

3 M.D. Morris, 'Towards a Reinterpretation of Nineteenth-Century Indian Economic History'; T. Matsui, 'On the Nineteenth-Century Indian Economic History—A Review of a "Reinterpretation"', *Indian Economic and Social History Review*, Vol. V, No. 1 (1968).

[B]

[A]

1)　輸出入総額

2)　貿易収支

3)　相手地域

4)　輸出の内容

図表索引

以下の図表索引は［A］、［B］、［C］の3つの部分に分けて用意した。

［A］においては本書所収の各図を大まかな内容によって形式的に分類し、それぞれの図の掲載されているページを付して、内容的に関連する図や互いに時間的に連続する図を検索する便をはかることとした。

［B］ではすべての図を番号順に並べて、各図についてその図のあるページ（太数字）と、本文中にその図について言及のあるページとを記した。また続けてその図に関連する注の番号も付記した（この場合、例えばII-*n12* とあれば、第二章の注12に図の説明のあることを示す）。これらのページ数や注番号の中で、図のもとになるデータの出所、史料上の問題、原データに施した圧縮・変換などの処理について、その箇所になんらかの説明がある場合、とくに斜体の活字を用いてそれを示した。

［C］多くの図に共通する説明が本文や注の1箇所にまとめて記されているような場合には、繰り返しをいとわずそれぞれの図についてそのページ数ないし注番号を記すように努めたが、煩雑にすぎるときは略したこともある。Cにおいては、このようないくつかの図に共通する説明のおもなものの所在を、内容別にまとめて表示し参照の便に供することにした。

注意：図表の標題、説明に用いた記号について。

/、-　年号とともに用いた/の記号は平均を示し、-の記号は期間の始めと終わりを示す。例えば1784/86 - 1854/56とあれば、1784年から86年の平均値に始まり、1854年から56年の平均値に終わる、そのような幅の時代が、そこにとりあげられていることを示す。

*　年号の後につけられた*は、その年についてはロンドン港のみに関する統計が原史料であることを示す。1663/69*とあれば、この1663/69の間の平均は、ロンドン港のみに関する統計からえられた数字であることになる。

ワ 行

ハ　行

ナ 行

タ行

サ 行

カ 行

事項索引

ア行

真珠湾収容所の捕虜たち　オーテス・ケーリ

流暢な日本語を駆使する著者の「人間主義」は、「戦陣訓」の日本兵をどう変えたか。戦前・戦後の日本および日本人の、もうひとつの真実。（前澤猛）

クワイ河収容所　アーネスト・ゴードン　斎藤和明訳

「戦場に架ける橋」の舞台となったタイ・クワイ河流域の日本軍俘虜収容所での苛酷な経験を綴った、イギリス将校による戦争ノンフィクション。

虜人日記　小松真一

一人の軍属が豊富な絵とともに克明に記したジャングルでの逃亡生活と収容所での捕虜体験。戦争の真実、人間の本性とは何なのか。（山本七平）

八月の砲声（上）　バーバラ・W・タックマン　山室まりや訳

一九一四年、ある暗殺が欧州に戦火を呼びこむ。情報の混乱、指導者たちの誤算と過信は予期せぬ世界大戦を惹起した。'63年ピュリッツァー賞受賞の名著。

八月の砲声（下）　バーバラ・W・タックマン　山室まりや訳

なぜ世界は戦争の泥沼に沈んだのか。政治と外交と軍事で何がどう決定され、また決定されなかったのかを克明に描く異色の戦争ノンフィクション。

最初の礼砲　バーバラ・W・タックマン　大社淑子訳

独立戦争は18世紀の世界戦争であった。豊富な挿話を積み上げながら、そのドラマと真実を見事な語り口で描いたピュリッツァー賞受賞作家の遺著。

米陸軍日本語学校　ハーバート・パッシン　加瀬英明訳

第二次大戦中、アメリカは陸海軍で日本語の修得を目的とする学校を設立した。著者の回想によるその実態と、占領将校としての日本との出会いを描く。

アイデンティティが人を殺す　アミン・マアルーフ　小野正嗣訳

アイデンティティにはひとつの帰属だけでよいのか？　人を殺人にまで駆り立てる思考を作家は告発する。大反響を巻き起こしたエッセイ、遂に邦訳。

世界の混乱　アミン・マアルーフ　小野正嗣訳

二十一世紀は崩壊の徴候とともに始まった。国際関係、経済、環境の危機に対して、絶望するのではなく、緊急性をもって臨むことを説いた警世の書。

震災画報　宮武外骨

混乱時のとんでもない人のふるまいや、同じ町内で生死を分けた原因等々を詳述する、外骨による関東大震災の記録。人間の生の姿がそこに。（吉野孝雄）

独裁体制から民主主義へ　ジーン・シャープ　瀧口範子訳

すべての民主化運動の傍らに本書が。独裁体制を研究しつくした著者が示す非暴力による権力打倒の実践的方法。「非暴力行動の198の方法」付き。本邦初訳。

国家と市場　スーザン・ストレンジ　西川潤／佐藤元彦訳

国際関係を「構造的権力」という概念で読み解いた歴史的名著。経済のグローバル化で秩序が揺らぐ今、持つべき視点がここにある。（鈴木一人）

私の憲法勉強　中野好夫

戦後、改憲論が盛んになった頃、一人の英文学者が日本国憲法をめぐる事実を調べ直し、進行する事態に警鐘を鳴らした。今こそその声に耳を傾けたい。

法の原理　トマス・ホッブズ　高野清弘訳

ホッブズ最初の政治理論書。十七世紀イングランドの政治闘争を背景に、人間本性の分析を経て、安全と平和をもたらす政治体が考察される。（加藤節）

戦略の形成（上）　ウィリアムソン・マーレー／マクレガー・ノックス／アルヴィン・バーンスタイン編著　石津朋之／永末聡監訳　歴史と戦争研究会訳

戦略の本質とは！　統治者や国家が戦略を形成する際の錯綜した過程と決定要因を歴史的に検証・考察した事例研究。上巻はアテネから第一次大戦まで。

戦略の形成（下）　ウィリアムソン・マーレー／マクレガー・ノックス／アルヴィン・バーンスタイン編著　石津朋之／永末聡監訳　歴史と戦争研究会訳

戦略には論理的な原理は存在しない！　敵・味方の相互作用であり、それゆえ認識や感覚の問題である。下巻はナチス・ドイツから大戦後のアメリカまで。

アメリカ様　宮武外骨

占領という外圧によりもたらされた主体性のない言論の自由の脆弱さを、体を張って明らかにした、ジャーナリズムの記念碑的名著。（西谷修／吉野孝雄）

組織の限界　ケネス・J・アロー　村上泰亮訳

現実の経済において、個人より重要な役割を果たす組織。その経済学的分析はいかに可能か。ノーベル賞経済学者による不朽の組織論講義！（坂井豊貴）

資本主義から市民主義へ
岩井克人
聞き手＝三浦雅士

来るべき市民主義とは何か。貨幣論に始まり、資本主義論、法人論、信任論、市民社会論、人間論まで、多方面にわたる岩井理論がこれ一冊でわかる！

有閑階級の理論［新版］
ソースタイン・ヴェブレン
村井章子訳

流行の衣服も娯楽も教養も「見せびらかし」にすぎない。野蛮時代に生じたこの衒示的消費の習慣はどう進化したか。ガルブレイスの解説を付す新訳版。

資本論に学ぶ
宇野弘蔵

マルクスをいかに読み、そこから何を考えるべきか。『資本論』を批判的に継承し独自の理論を構築した泰斗がその精髄を平明に説き明かす。（白井聡）

社会科学としての経済学
宇野弘蔵

資本主義の原理は、イデオロギーではなく科学的態度によってのみ解明できる。マルクスの可能性を極限まで突き詰めた宇野理論の全貌。（大黒弘慈）

満足の文化
J・K・ガルブレイス
中村達也訳

なぜ選挙で何も変わらないのか。それは政財官学が作り出した経済成長の物語に、多くの人がのっかっているからだ。先進資本主義社会の病巣に迫る。

ノーベル賞で読む現代経済学
トーマス・カリアー
小坂恵理訳

経済学は世界をどう変えてきたか。ノーベル経済学賞全受賞者を取り上げ、その功績や影響から現代経済学の流れを一望する画期的試み。（瀧澤弘和）

経済政策を売り歩く人々
ポール・クルーグマン
伊藤隆敏監訳
北村行伸／妹尾美起訳

マスコミに華やかに登場するエコノミストたち。実はインチキ政策を売込むプロモーターだった！　危機に際し真に有効な経済政策がわかる必読書。

クルーグマン教授の経済入門
ポール・クルーグマン
山形浩生訳

経済にとって本当に大事な問題って何？　実は、生産性・所得分配・失業の3つだけ!?　楽しく読めてきちんと分かる、経済テキスト決定版！

自己組織化の経済学
ポール・クルーグマン
北村行伸／妹尾美起訳

複雑かつ自己組織化している経済というシステムに、複雑系の概念を応用すると何が見えるのか。不況発生の謎は解ける？　経済学に新地平を開く意欲作。

比較歴史制度分析（上）　アブナー・グライフ　岡崎哲二／神取道宏監訳

中世後期は商業的統合と市場拡大が進展した時代と言われる。ゲーム理論に基づく制度分析を駆使して、政体や経済の動態的変化に迫った画期的名著。

比較歴史制度分析（下）　アブナー・グライフ　岡崎哲二／神取道宏監訳

中世政治経済史の理論的研究から浮き上がる制度の適用可能性とは。本書は、その後のヨーロッパの発展と内部に生じた差異について展望を与える。

企業・市場・法　ロナルド・H・コース　宮澤健一／後藤晃／藤垣芳文訳

「社会的費用の問題」「企業の本質」など、20世紀経済学に決定的な影響を与えた数々の名論文を収録。ノーベル賞経済学者による記念碑的著作。

貨幣と欲望　佐伯啓思

無限に増殖する人間の欲望と貨幣を動かすものは何か。経済史、思想史的観点から多角的に迫り、グローバル資本主義を根源から考察する。（三浦雅士）

意思決定と合理性　ハーバート・A・サイモン　佐々木恒男／吉原正彦訳

限られた合理性しかもたない人間が、いかに最良の選択をなしうるか。組織論から行動科学までを総合しノーベル経済学賞に輝いた意思決定論の精髄。

「きめ方」の論理　佐伯胖

ある集団のなかで何かを決定するとき、望ましい方法とはどんなものか。社会的決定をめぐる様々な理論・議論を明快に解きほぐすロングセラー入門書。

増補 複雑系経済学入門　塩沢由典

なぜ経済政策は間違えるのか。それは経済学の理論と現実認識に誤りがあるからだ。その誤りを正し複雑な世界と正しく向きあう21世紀の経済学を学ぶ。

発展する地域 衰退する地域　ジェイン・ジェイコブズ　中村達也訳

地方はなぜ衰退するのか？　日本をはじめ世界各地の地方都市を実例に真に有効な再生法を説く、地域経済論の先駆的名著！（片山善博／塩沢由典）

市場の倫理 統治の倫理　ジェイン・ジェイコブズ　香西泰訳

環境破壊、汚職、犯罪の増加――現代社会を蝕む病理にどう立ち向かうか？　二つの相対立するモラルを手がかりに、人間社会の腐敗の根に鋭く切り込む。

増補 モスクが語るイスラム史 羽田正

モスクの変容——そこには宗教、政治、経済、美術、人々の生活をはじめ、イスラム世界の全歴史が刻み込まれている。その軌跡を色鮮やかに描き出す。

日本大空襲 原田良次

帝都防衛を担った兵士がひそかに綴った日記。各地の空爆被害、斃れゆく戦友への思い、そして国への疑念……空襲の実像を示す第一級資料。（吉田裕）

餓死《うえじに》した英霊たち 藤原彰

第二次大戦で死没した日本兵の大半は飢餓や栄養失調によるものだった。彼らのあまりに悲惨な最期を詳述し、その責任を問う告発の書。（一ノ瀬俊也）

城と隠物の戦国誌 藤木久志

村に戦争がくる！　そのとき村人たちはどのような対策をとっていたか。命と財産を守るため知恵を結集した戦国時代のサバイバル術に迫る。（千田嘉博）

裏社会の日本史 フィリップ・ポンス　安永愛訳

中世における賤民から現代社会の経済的弱者まで、また江戸の博徒や義賊から近代以降のやくざまで——フランス知識人が描いた貧困と犯罪の裏日本史。

古代の朱 松田壽男

古代の赤色顔料、丹砂。地名から産地を探ると同時に古代史が浮き彫りにされる。標題論考に、「即身佛の秘密」、自叙伝「学問と私」を併録。

横井小楠 松浦玲

欧米近代の外圧に対して、儒学的理想である仁政を基に、内外の政治的状況を考察し、政策を立案し遂行しようとした幕末最大の思想家を描いた名著。

古代の鉄と神々 真弓常忠

弥生時代の稲作にはすでに鉄が使われていた！　原型を遺さないその鉄文化の痕跡を神話・祭祀に求め、古代史の謎を解き明かす。（上垣外憲一）

増補 海洋国家日本の戦後史 宮城大蔵

戦後アジアの巨大な変貌の背後には、開発と経済成長という日本の「非政治」的な戦略があった。海域アジアの戦後史に果たした日本の軌跡をたどる。

日本の外交 添谷芳秀

憲法九条と日米安保条約に根差した戦後外交。それがもたらした国家像の決定的な分裂をどう乗り越えるか。戦後史を読みなおし、その実像と展望を示す。

世界史のなかの戦国日本 村井章介

世界史の文脈の中で日本列島を眺めてみるとそこには意外な発見が！ 戦国時代の日本はそうとうにグローバルだった！ （橋本雄）

増補 中世日本の内と外 村井章介

国家間の争いなんておかまいなし。中世の東アジア人は海を自由に行き交い生計を立てていた。私たちの「内と外」の認識を歴史からたどる。 （榎本渉）

武家文化と同朋衆 村井康彦

足利将軍家に仕え、茶や花、香、室礼等を担ったクリエイター集団「同朋衆」。日本らしさの源流を生んだ彼らの実像をはじめて明らかにする。 （橋本雄）

古代史おさらい帖 森浩一

考古学・古代史の重鎮が、「土地」「年代」「人」の基本概念を徹底的に再検証。「古代史」をめぐる諸問題の見取り図がわかる名著。

大元帥 昭和天皇 山田朗

昭和天皇は、豊富な軍事知識と非凡な戦略・戦術眼の持ち主でもあった。軍事を統帥する大元帥としての積極的な戦争指導の実像を描く。 （茶谷誠一）

明治富豪史 横山源之助

維新そっちのけで海外投資に励み、贋札を発行してまで資本の蓄積に邁進する新興企業家・財閥創業者たちの姿を明らかにした明治裏面史。 （色川大吉）

つくられた卑弥呼 義江明子

邪馬台国の卑弥呼は「神秘的な巫女」だった？ 明治以降に創られたイメージを覆し、古代の女性支配者たちを政治的実権を持つ王として位置づけなおす。

北一輝 渡辺京二

明治天皇制国家を批判し、のち二・二六事件に連座して刑死した日本最大の政治思想家北一輝の生涯。第33回毎日出版文化賞受賞の名著。 （臼井隆一郎）

資本主義と奴隷制
エリック・ウィリアムズ　中山毅 訳
産業革命は勤勉と禁欲と合理主義の精神などではなく、黒人奴隷の血と汗がもたらしたことを告発した歴史的名著。待望の文庫化。（川北稔）

中華人民共和国史十五講
王丹　加藤敬事 訳
八九年天安門事件の学生リーダー王丹。逮捕・収監後、亡命先で母国の歴史を学び直し、敗者たちの透徹した認識を復元する、鎮魂の共和国六〇年史。

増補 中国「反日」の源流
岡本隆司
「愛国」が「反日」と結びつく中国。この心情は何に由来するのか。近代史の大家が20世紀の日中関係を解き、中国の論理を描き切る。（五百旗頭薫）

世界システム論講義
川北稔
近代の世界史を有機的な展開過程として捉える見方、それが〈世界システム論〉にほかならない。第一人者が豊富なトピックとともにこの理論を解説する。

インド文化入門
辛島昇
異なる宗教・言語・文化が多様なまま統一された稀有な国インド。なぜ多様性は排除されなかったのか。共存の思想をインドの歴史に学ぶ。（竹中千春）

中国の歴史
岸本美緒
中国とは何か。独特の道筋をたどった中国社会の変遷を、東アジアとの関係に留意して解説。初期王朝から現代に至る通史を簡明かつダイナミックに描く。

大都会の誕生
喜安朗　川北稔
都市型の生活様式は、歴史的にどのように形成されてきたのか。この魅力的な問いに、碩学がふたつの都市の豊富な事例をふまえて重層的に描写する。

共産主義黒書〈ソ連篇〉
ステファヌ・クルトワ／ニコラ・ヴェルト　外川継男 訳
史上初の共産主義国家〈ソ連〉は、大量殺人・テロル・強制収容所を統治形態にまで高めた。レーニン以来行われてきた犯罪を赤裸々に暴いた衝撃の書。

共産主義黒書〈アジア篇〉
ステファヌ・クルトワ／ジャン＝ルイ・マルゴラン　高橋武智 訳
アジアの共産主義国家は抑圧政策においてソ連以上の悲惨を生んだ。中国、北朝鮮、カンボジアなどでの実態は我々に歴史の重さを突き付けてやまない。

ヨーロッパの帝国主義
アルフレッド・W・クロスビー
佐々木昭夫訳

15世紀末の新大陸発見以降、ヨーロッパ人はなぜ次々と植民地を獲得できたのか。病気や動植物に着目して帝国主義の謎を解き明かす。（川北稔）

民のモラル
近藤和彦

統治者といえど時代の約束事に従わざるをえなかった18世紀イギリス。新聞記事や裁判記録、ホーガースの風刺画などから騒擾と制裁の歴史をひもとく。

台湾総督府
黄昭堂

清朝中国から台湾を割譲させた日本は、新たな統治機関として台北に台湾総督府を組織した。抵抗と抑圧と建設。植民地統治の実態を追う。（檜山幸夫）

増補 大衆宣伝の神話
佐藤卓己

祝祭、漫画、シンボル、デモなど政治の視覚化は大衆の感情をどのように動員したか。ヒトラーが学んだプロパガンダを読み解く「メディア史」の出発点。

ユダヤ人の起源
シュロモー・サンド
高橋武智監訳
佐々木康之／木村高子訳

〈ユダヤ人〉はいかなる経緯をもって成立したのか。歴史記述の精緻な検証によって実像に迫り、そのアイデンティティを根本から問う画期的試論。

中国史談集
澤田瑞穂

皇帝、彫青、男色、刑罰、宗教結社など中国裏面史を彩った人物や事件を中国文学の碩学が独自の視点で解き明かす。怪力乱「神」をあえて語る！（堀誠）

ヨーロッパとイスラーム世界
R・W・サザン
鈴木利章訳

〈無知〉から〈洞察〉へ。キリスト教文明とイスラーム文明との関係を西洋中世にまで遡って考察し、読者に歴史的見通しを与える名講義。（山本芳久）

図説 探検地図の歴史
R・A・スケルトン
増田義郎／信岡奈生訳

世界はいかに〈発見〉されていったか。人類の知が全地球を覆っていく地理的発見の歴史を、時代ごとの地図に沿って描き出す。貴重図版二〇〇点以上。

同時代史
タキトゥス
國原吉之助訳

古代ローマの暴帝ネロ自殺のあと内乱が勃発。絡みあう人間ドラマ、陰謀、凄まじい政争を、臨場感あふれる鮮やかな描写で展開した大古典。（本村凌二）

明の太祖　朱元璋　檀上寛
貧農から皇帝に上り詰め、巨大な専制国家の樹立に成功した朱元璋。十四世紀の中国の社会状況を読み解きながら、元璋を皇帝に導いたカギを探る。

歴史（上・下）　トゥキュディデス　小西晴雄訳
野望、虚栄、裏切り——古代ギリシアを殺戮の嵐に陥れたペロポネソス戦争とは何だったのか。その全貌を克明に記した、人類最古の本格的「歴史書」。

日本陸軍と中国　戸部良一
中国スペシャリストとして活躍し、日中提携を夢見た男たち。なぜ彼らが、泥沼の戦争へと日本を導くことになったのか。真相を追う。（五百旗頭真）

カニバリズム論　中野美代子
根源的タブーの人肉嗜食や纏足、宦官……。目を背けたくなるものを冷静に論ずることで逆説的に人間の真実に迫る血の滴る異色の人間史。（山田仁史）

帝国の陰謀　蓮實重彦
一組の義兄弟による陰謀から生まれたフランス第二帝政。「私生児」の義弟が遺した二つのテクストを読解し、近代的現象の本質に迫る。（入江哲朗）

交易の世界史（上）　ウィリアム・バーンスタイン　鬼澤忍訳
絹、スパイス、砂糖……。新奇なもの、希少なものへの欲望が世界を動かし、文明の興亡を左右してきた。数千年にもわたる交易の歴史を一望する試み。

交易の世界史（下）　ウィリアム・バーンスタイン　鬼澤忍訳
交易は人類そのものを映し出す鏡である。圧倒的な繁栄をもたらし、同時に数多の軋轢と衝突を引き起こしてきたその歴史を圧巻のスケールで描き出す。

フランス革命の政治文化　リン・ハント　松浦義弘訳
フランス革命固有の成果は、レトリックやシンボルによる政治言語と文化の創造であった。政治文化とそれを生み出した人々の社会的出自を考察する。

戦争の起源　アーサー・フェリル　鈴木主税／石原正毅訳
人類誕生とともに戦争は始まった。先史時代からアレクサンドロス大王までの壮大なるその歴史をダイナミックに描く。地図・図版多数。（森谷公俊）

ちくま学芸文庫

世《せ》界《かい》市場《しじょう》の形成《けいせい》

二〇二一年四月十日　第一刷発行

著　者　松井透（まつい・とおる）

発行者　喜入冬子
発行所　株式会社　筑摩書房
東京都台東区蔵前二―五―三　〒一一一―八七五五
電話番号　〇三―五六八七―二六〇一（代表）
装幀者　安野光雅
印刷所　株式会社精興社
製本所　株式会社積信堂

ISBN978-4-480-51041-9 C0133